기독교문서선교회(Christian Literature Center: 약칭 CLC)는 1941년 영국 콜체스터에서 켄 아담스에 의해 시작되었으며 국제 본부는 미국 필라델피아에 있습니다.
국제 CLC는 59개 나라에서 180개의 본부를 두고, 약 650여 명의 선교사들이 이동 도서차량 40대를 이용하여 문서 보급에 힘쓰고 있으며 이메일 주문을 통해 130여 국으로 책을 공급하고 있습니다. 한국 CLC는 청교도적 복음주의 신학과 신앙서적을 출판하는 문서선교기관으로서, 한 영혼이라도 구원되길 소망하면서 주님이 오시는 그날까지 최선을 다할 것입니다.

추천사 1

김 영 선 박사
협성대학교 명예교수, 웨슬리신학연구소 소장

　이 책은 '성령을 통한 하나님의 사랑'을 존 웨슬리와 토마스 아퀴나스의 성령론을 중심으로 심도 있게 조명한 '유일한' 신학 전문 연구서이다.
　이 책은 현대 감리교 신학이 성령론적 사유를 경시하는 경향을 주목하고, 웨슬리 신학의 진수인 성령론적 성화론, 즉 거룩하게 하는 성령을 통한 하나님 사랑의 회복을 주문한다. 하나님의 삼위일체성은 상호 내재(perichoresis), 즉 성부, 성자, 성령의 상호 사랑을 표현한다. 웨슬리가 가장 강조하는 성령의 사역은 인간을 삼위일체 하나님의 상호 사랑(mutual love)의 신비로 인도하는 것이다. 저자는 이 같은 점을 아퀴나스의 성령론에서, 특히 '위격 안의 사랑'과 '상호 사랑'(amor mutuus)으로서의 성령을 본질적, 관념적, 구원론적으로 풀이한 아퀴나스의 『신학대전』에서 간파하고, 이를 성령을 통한 하나님의 사랑과 그 회복을 구원과 성화의 관점에서 역설한 웨슬리의 성화론에 접목하여 연구했다.
　이 책은 토미스트와 감리교는 물론 성령의 능력 안에서, 성령의 은사를 통해, 하나님의 생명과 사랑에 참여하는 삶(성화)을 가르치는 여타 교단과의 폭넓은 대화와 협력의 장을 제시해 주고 있다는 점에서 그 가치가 중시된다. 그리고 류재성 박사의 세밀하고 깔끔한 번역은 이 책을 더욱 값지게 한다. 일독을 권한다.

추천사 2

조 종 남 박사
서울신학대학교 명예총장, 한국웨슬리신학회 초대회장

   아우틀러가 지적했듯이 웨슬리 신학은 가톨릭의 배경에서 시작하여 성령 안에서의 온전한 사랑(온전한 성화)을 강조하는 신학이다.
   이번에 류재성 박사가 번역한 케네스 로이어의 『성령을 통한 하나님의 사랑』은 그런 성령론, 특히 성령을 사랑으로 연결하는 면(성화)에서 토마스 아퀴나스와 웨슬리 신학에 유사점이 있었다고 지적했다. 그러나 그 후의 메소디스트 특히 북미의 메소디스트들이 정치적, 사회적 성화를 강조하므로, 본래의 성령론에서 벗어나고 있다고 지적하면서, 그는 토마스 아퀴나스의 성령론을 사용하여 평이한 언어로 기술된 웨슬리의 성령, 사랑, 성화에 관한 관심을 체계화하면서 증폭시킬 것을 제안하고 있다. 이런 면에서 이 책은 모든 신학도에게 크게 도움이 되는 책이라고 사료된다.

추천사 3

황 덕 형 박사
서울신학대학교 총장

　한국 웨슬리 신학계에 꼭 필요한 책입니다. 류재성 박사의 역서 『성령을 통한 하나님의 사랑』은 가장 발전한 두 신학 전통의 상보적 합류를 소개하고, 기독교 신앙의 본래 목적(telos)인 온전한 성화(사랑)의 삼위일체론적, 성령론적 토대를 매우 설득력 있게 재조명합니다.
　웨인라이트가 잘 지적했듯이, 존 웨슬리의 구원 이해는 삼위일체론적입니다. 하나님의 구원은 세 위격들 간의 구별되지만, 연합된 행위입니다. 이 놀라운 신적 행위는 삼위일체 하나님의 각 위격과 우리 사이의 깨어진 관계를 회복합니다. 그리고 우리를 하나님의 신성한 성품 안으로 초대합니다. 성부 하나님의 인도하심을 통해, 성자 하나님의 계도(啓導) 안에서, 성령 하나님의 거룩하게 하시는 역사(성화)를 체험하게 합니다. 하지만 이처럼 삼위일체론적으로, 그리고 성령론적으로 균형잡힌 웨슬리의 구원론과 성화론은 대체로 '간결하고' '평이한' 언어로 진술되어 있습니다. 따라서 그 언어가 좀 더 '이론적'이고 '체계적'인 언어로 재정립되어야 한다는 필요가 제기된 지 오래입니다.
　류 박사의 역서 『성령을 통한 하나님의 사랑』은 그 오래된 필요를 웨슬리-아퀴나스 사이의 호혜적인 독해를 통해 건설적으로 채우고 있습니다. 그런 점에서 이 책은 웨슬리의 후예인 감리교, 성결교, 구세군 등의 신학도에게 크게 도움이 되는 책이며, 무엇보다 좀 더 발전된 웨슬리의 삼위일체론적 구원론 및 성령론적 성화론을 만날 수 있는 계기를 만들어 줍니다.

성령을 통한 하나님의 사랑

존 웨슬리와 토마스 아퀴나스의 성령론

God's Love through the Spirit: The Holy Spirit in Thomas Aquinas and John Wesley
Written by Kenneth Loyer
Translated by Jaesung Ryu

Copyright ©2014 by Kenneth Loyer
Originally published in English under the title
God's Love through the Spirit: The Holy Spirit in Thomas Aquinas and John Wesley
by The Catholic University of America Press
620 Michigan Avenue, NE Washington, DC 20064, USA.
All rights reserved.

Translated and printed by permission of The Catholic University of America Press.
Korean Edition Copyright © 2022 by Christian Literature Center, Seoul, Korea.

성령을 통한 하나님의 사랑
존 웨슬리와 토마스 아퀴나스의 성령론

2022년 9월 20일 초판 발행

지 은 이 | 케네스 로이어
옮 긴 이 | 류재성

편　　 집 | 한명복
디 자 인 | 박성숙, 박성준
펴 낸 곳 | (사)기독교문서선교회
등　　 록 | 제16-25호(1980.1.18.)
주　　 소 | 서울특별시 서초구 방배로 68
전　　 화 | 02-586-8761~3(본사) 031-942-8761(영업부)
팩　　 스 | 02-523-0131(본사) 031-942-8763(영업부)
이 메 일 | clckor@gmail.com
홈페이지 | www.clcbook.com
송금계좌 | 기업은행 073-000308-04-020　(사)기독교문서선교회
일련번호 | 2022-99

ISBN 978-89-341-2479-5(93230)

이 한국어판 저작권은 The Catholic University of America Press와(과) 독점 계약한 (사)기독교문서선교회가 소유합니다. 신저작권법에 의하여 한국 내에서 보호를 받는 저작물이므로 무단 전재와 무단 복제를 금합니다.

성령을 통한 하나님의 사랑

존 웨슬리와 토마스 아퀴나스의 성령론

케네스 로이어 지음 | 류재성 옮김

God's Love through the Spirit: The Holy Spirit in Thomas Aquinas and John Wesley

CLC

차례

추천사 **김영선 박사** 협성대학교 명예교수, 웨슬리신학연구소 소장   1
        조종남 박사 서울신학대학교 명예총장, 한국웨슬리신학회 초대회장   2
        황덕형 박사 서울신학대학교 총장   3

저자 서문   10

역자 서문   15

제1장 감리교운동과 성령의 역사   23
    1. 현대 감리교 신학의 정신: 성령론적 사유의 결핍과 정치적 프로젝트로의 축소   24
    2. 성령론 개발 및 회수에 대한 전망   39

제2장 거룩하게 하는 사랑   40
    1. 완전 성화에 대한 신학   41
    2. 웨슬리의 성화론에 대한 삼위일체적 이해   55
    3. 결론   98

제3장 토마스 아퀴나스의 위격적 사랑(*amor*)으로서의 성령   100
    1. 성령론의 삼위일체적 기초   107
    2. 성령: 위격 안의 사랑   109
    3. 결론   149

God's Love through the Spirit

The Holy Spirit in Thomas Aquinas and John Wesley

제4장 아퀴나스의 성령론: 상호 사랑(*amor mutuus*)이신 성령 하나님 150
  1. 아퀴나스의 상호 사랑으로서 성령에 대한 두 가지 해석 153
  2. 『신학대전』 안에서 살펴본 상호 사랑 165
  3. 결론 201

제5장 성령의 은사: 아퀴나스의 성령, 사랑 그리고 그리스도인의 삶 203
  1. 성부와 성자의 은사(선물)인 성령 204
  2. 사랑: 성령의 은사 210
  3. 은사로서 그리스도인의 삶 237
  4. 결론 257

제6장 더 위대한 사랑을 향해: 아퀴나스, 웨슬리 그리고 성령 하나님 안에 거하는 삶 259
  1. 성령론 회복의 원천이 되는 아퀴나스와 웨슬리 259
  2. 토마스 학파와 웨슬리안 학파: 성령 안에서, 성령에 대하여 상호 개선하기 315
  3. 가톨릭-감리교 대화에서 성령과 은사의 나눔 356
  4. 성령에 관한 웨슬리와 아퀴나스의 교훈: 하나님의 삶(생명)과 사랑에 참여하는 정치 370

결론: 토미스트와 감리교도 간의 더 나은 상호 개선을 위한 추가 경로 379

참고 문헌 383

저자 서문

케네스 로이어 박사
연합웨슬리신학교 교수, 스프리감리교회 담임목사

성령론은 기독교 신학에서 종종 간과되어 왔다. 이것은 현대 서구 신학에서 특히 그렇다. 그러나 성령의 교리가 항상 그렇게 무시된 것은 아니다. 사실 성령론은 초기 기독교 사상사 전반에 걸쳐 상당한 주목을 받았을 뿐만 아니라 중세 스콜라 신학을 통해 정교화되는 과정을 거쳤다. 그리고 마지막으로 성 토마스 아퀴나스를 통해 성령의 위격과 사역에 대한 발전된 함의가 제공되었다.

아퀴나스는 역동적이면서도 정교하게 구조화된 성령론을 제시한다. 그의 성령 교리에서 특히 중요한 것은 성령과 사랑 사이의 관계이다. 아퀴나스에 따르면, 이 연결은 복잡하고 다면적이며 그의 도덕신학뿐만 아니라 삼위일체에 대한 그의 설명과도 밀접하게 관련되어 있다. 예를 들어, 성령과 사랑 사이의 연결은 다음 세 가지 주제에서 작동한다.

(1) 위격적 사랑이신 성령
(2) 성부와 성자의 상호 사랑이신 성령
(3) 사랑에 기초한 성령론의 구원론적 함의

이 세 가지 주제는 삼위일체 하나님의 내재적 삶에서 시작하여 기독교적 삶의 방식에 이르기까지 광범위한 신(神)학을 다루고 있다. 따라서 그것은 우리가 성령에 대한 아퀴나스의 이해를 탐구하는 데 쉽게 접근할 수 있는 방법을 나타낸다. 성령의 교리가 등한시되는 시대에 성령 하나님에 대한 온전한 묵상이 그 어느 때보다 필요하다.

성령에 대한 체계적인 지식도 재정립되어야 하며, 기독교 신학에서 성령론이 차지하는 본연의 위치도 회복되어야 한다. 그러기 위해서는 현대 서구 신학의 문제, 즉 성령론을 둘러싼 문제에 대한 해법을 아퀴나스의 성령신학에서 찾아야 한다.

아퀴나스의 성령론은 광범위한 신학적 의미를 갖는다. 그것의 의미는 서구 기독교 전통의 웨슬리 신학을 포함할 수 있다. 실제로 존 웨슬리와 토마스 아퀴나스의 성령신학 사이에는 상당한 수준의 신학적 수렴과 양립이 존재한다. 물론 아퀴나스가 웨슬리에게 직접적인 영향을 미쳤다고 보기는 어렵다. 이것은 웨슬리의 문헌 전체에서 아퀴나스가 단지 몇 번만 인용되었다는 것만 봐도 알 수 있다. 더욱이 두 신학자의 차이도 간과할 수 없다. 그들은 서로 다른 역사 속에서 살았고 서로 다른 신학적 사명과 이해를 갖고 있었다.

간단히 말해서, 아퀴나스는 사변적 접근을 통해 신학을 수행한 반면, 웨슬리는 보다 실제적인 관심을 통해 신학을 수행했다. 그러나 그들 사이의 이러한 차이점에도 불구하고 웨슬리와 아퀴나스의 신학적 관심은 유사하다. 예를 들어, 그들 각각의 신학에는 성령에 대한 자력적(operative) 이해가 있고, 기독교적 사랑과 거룩한 삶에 대한 성령론적 강조가 있다. 일찍이 웨슬리와 아퀴나스 사이의 이러한 기본적인 유사성은 가톨릭-감리교 전통 사이의 에큐메니컬 대화에서 관찰된 바 있는데, 이는 앞으로도 두 신학 전통 사이의 더 큰 일치를 위해, 그리고 오늘날 기독교 신학에서 성령에 관한 더 풍성한 성찰을 축적하기 위해, 더욱 발전될 필요가 있다.

제1장은 현대 감리교 신학의 한 가지 성가신 문제, 즉 성령론에 대한 신학적 오류와 성령의 사역(성화)을 정치적 프로젝트로 치환(환원)시키는 행태를 비판적으로 진단한다. 이 과정에서 필자는 감리교 신학의 중심이 흔들리고 있음을 지적하면서, 한 가지 핵심적인 의제, 즉 감리교 전통의 성령론 회수 및 발전에 대한 전망을 내놓을 것이다.

제2장은 웨슬리를 가장 잘 해석하는 방법을 다룬다. 이 방법에 대한 연구는 웨슬리의 문헌 전반에 걸쳐 성화의 문제를 탐색함으로써 수행되며, 다음과 같은 순서로 전개된다. 먼저 다른 (웨슬리) 신학자들의 해석을 요약한다. 그런 다음 기독교인의 삶에 대한 웨슬리의 비전이 성령을 통한 삼위일체 하나님의 삶에 참여하는 것임을 드러낸다.

마지막으로 웨슬리의 성화에 대한 이해가 (비록 암묵적이긴 하지만) 삼위일체적임을 말함으로써, "더 설득력 있는 신학적 용어로 성화를 설명"하려는 감리교 신학자들의 최근 도전에 대한 적절한 응답을 제공하고, 웨슬리의 기독교 완전(Christian perfection)—또는 완전한 사랑(Perfect love)—에 관한 교리를 건설적으로 이해하고 발전시킬 방안을 제시한다.

우리의 관심은 이제 아퀴나스로 향한다. 여기서 초점은 삼위일체와 성령에 대한 웨슬리의 언외적이고 관조적인 암시를 더 심화하는 것이다. 따라서 다음 세 장에 대한 논의는 아퀴나스의 더 깊은 신학적 구조 내에서 사랑(amor)에 기초한 성령론을 분석하는 것으로 구성된다.

먼저 제3장과 4장은 삼위일체 하나님의 내재적 삶 안에 있는 성령과 사랑을 다루는 『신학대전』 제1권 1부의 제33-43문을 검토한다. 그런 다음 성령의 '고유한' 이름이 사랑(amor)인지, 성부와 성자의 '상호 사랑'이 성령인지에 대한 논쟁으로 넘어간다. 이를 통해 필자는 아퀴나스의 성령신학을 여는 핵심 주제가 위격적 사랑(또는 위격-내-사랑)이신 성령임을 밝힐 것이다.

제4장에서는 상호 사랑(amor mutuus)으로서의 성령의 신학적 의미를 탐구하기 위해 아퀴나스의 사랑에 기초한 성령론을 확장한다. 이 확장은 먼저 삼위일체의 맥락에서 성령의 위격과 사역에 대한 아퀴나스의 이해를 확립하기 위한 질문으로 시작한 다음, 성령 교리에 대한 아퀴나스의 이해에 필수적일 뿐 아니라 웨슬리와의 신학적 관련성을 드러내기에도 유용한 통찰을 밝히는 연구로 이어질 것이다.

제5장은 이 책의 연구 범위를 더욱 확장하여 사랑에 기초한 아퀴나스의 성령론에서 제3의 길이라고 부를 수 있는 것을 탐구한다. 본 탐구의 주된 관심은 아퀴나스가 『신학대전』 제1권 1부의 제38문에서 소개한 "선물"이

라는 주제에 주목하면서 앞의 두 장에서 살펴본 두 가지 질문에 비추어 사랑이신 성령의 구원론적 의미를 살펴보는 것이다.

이 과정에서 필자는 특히 사랑의 주입과 함양에 관련하여—그리스도인의 삶에 대한 아퀴나스의 비전에서 사랑의 중심 위치에 관련하여—"선물"이라는 칭호를 성령과 성령의 고유한 사역들에 적용할 것이다.

정리하면, 제1장과 2장은 현대 감리교와 웨슬리 안에서 성화의 문제를 평가한다. 제3장, 제4장 그리고 제5장은 사랑에 기초한 아퀴나스의 성령론에 관한 탐구를 진행한다. 그리고 이어지는 제6장에서는 성령에 대한 다양한 견해를 보다 건설적으로 분석하고 종합하여 다음 논거를 도출한다.

각 사상가의 신학은 저마다의 뉘앙스가 있지만, 성령을 사랑으로 연결한다는 점에서 아퀴나스와 웨슬리 사이에는 신학적 유사점이 있으며, 이러한 점에서 그들은 성령론을 구출하려는 현대 서구 신학에서 주목할 만한 쌍(pair)이다.

(1) 사랑 안에서의 성결(성화)에 대한 웨슬리의 열렬한 관심과
(2) '성결'(성화)과 '사랑'의 두 개념에 깊이와 목적을 부여하는 아퀴나스의 삼위일체론을 고려할 때, 현대 서구 신학이 성령론의 회복을 위한 결실을 맺기 위해 걸어온 길[1]은 아퀴나스와 웨슬리의 저작에서 나타난 성령론적 추진력을 평가함으로써 정립될 수 있다.

그러므로 이 책의 마지막 장에서 필자는 웨슬리안들이 어떻게 아퀴나스의 성령론을 사용하여 성령, 사랑, 성화에 대한 그들의 관심을 신학적으로 증폭시킬 수 있는지 탐구하면서 아퀴나스와 웨슬리 연구의 새로운 지평을 열

---

1 예를 들어, Clark Pinnock, *Flame of Love: A Theology of the Holy Spirit* (Downers Grove, Ill.: InterVarsity Press, 1996); Gary D. Badcock, *Light of Truth and Fire of Love: A Theology of the Holy Spirit* (Grand Rapids: Eerdmans, 1997); Eugene F. Rogers Jr., *After the Spirit: A Constructive Pneumatology from Resources Outside the Modern West* (Grand Rapids: Eerdmans, 2005); and Amos Yong, *Spirit of Love: A Trinitarian Theology of Grace* (Waco, Tex.: Baylor University Press, 2012).

것이다.

   제6장의 후반부는 성령의 교리에 관해 아퀴나스와 웨슬리로부터 배운 삼위일체적 교훈을 현대 감리교 신학의 문제(정치적 담론의 일부로 성화론 대체)에 적용한다. 이 적용을 통해 필자는 성화의 정치적 의미가 세속적인 정치 프로젝트가 아니라, 삼위일체 하나님의 삶에 참여하는 것임을 드러낼 것이다. 즉, 하나님의 내재적 삶에 참여하는 것이 정치적인 것이다. 이 신(神)학적 정치는 성령의 능력과 인격적 내주를 통해 일어나고 성령의 역사하심으로 우리 마음에 사랑으로 부어진다(롬 5:5).

   마지막으로, 이 책의 결론은 가톨릭 신학과 감리교 신학의 상호 발전 가능성을 제시하고, 이 책과 다른 책에서 이미 행해진 성령 연구를 더욱 확장할 수 있는 방안을 모색한다.

역자 서문

류 재 성 박사

스프리감리교회(Spry Church)의 담임목사이자, 연합웨슬리신학교의 부교수인 케네스 로이어 박사는 『성령을 통한 하나님의 사랑』에서 자신의 논지를 아주 분명하게 밝힌다. 그 논지는 토마스 아퀴나스가 성령에 대한 웨슬리안들의 이해를 심화하면서 성령론을 발전시키기 위한 이론적, 신학적 틀을 제공한다는 것이다.

웨슬리안들은 은총에 대해 많은 이야기를 나눈다. 하지만 그들이 성령에 대해서는 충분히 나누고 있지 않다고 로이어는 비판한다. 물론 그의 이러한 비판은 북미의 감리교 단체―그 가운데서도 특별히 United Methodist Church(미감리교)―에 해당한다. 실제로 역자가 나고 자란 기독교대한성결교회를 비롯한, 19세기 북미 성결운동의 후예들은 성령을 강조할 뿐 아니라, 성령 사역을 비롯한 '영성' 또는 '오순절' 운동의 정신을 지속적으로 계승해 왔다.

따라서, 로이어의 저 비판적인 주장은 웨슬리안 전체를 가리키는 보편적인 표지라고 볼 수는 없다. 그러나 적어도 북미의 연합감리교회를 비롯한 일부 웨슬리안 학자들의 신학 사상에서 성령에 관한 교리가 상당히 주변화되었다는 것은 누구도 부인할 수 없는 사실이다.

로이어의 책, 『성령을 통한 하나님의 사랑』(God's Love through the Spirit)은 바로 이와 같은 비판으로부터 제1장의 논의를 시작한다. 로이어에 따르면, 최근 웨슬리 신학의 행보는 '해방신학'에 관한 여러가지 신학적 담론과 함께 발을 맞춰 왔다. 그 결과, 웨슬리 신학의 정수라고 할 수 있는 '성화의 교리'가 "정치화"되고, 성결에 관한 신학적 관념이―즉, 사회적 정의를 위한 정치적 담론을 포용하면서도, 그것을 경륜적으로 초월하는 신(神)학적 '성결' 담론이―"세속화"되는 지경에 이르렀다.

'성결' 또는 '거룩'에 관한 기독교의 이해는 세속의 영역을 초월한다. 그것은 '직관'을 초과(超過)하고, '이성'의 영역을 포화(飽和)시킨다. 인간력(人間力)의 경계를 허물어뜨리는 '신비'가 바로 거기에 가득 차 있다. 그리고 그 신비는 오직 성령을 통해서―그러니까, 오직 성령 하나님에 관한 건전한 신학과 교리적 토대 위에서만―사유될 수 있다.

그러므로, 로이어는 성령 하나님에 관한 자신의 '건설적인' 교의학 서설(序說)을 전개한다. 제2장에서 그 서설(序說)은 특별히 존 웨슬리의 저서를 토대로 기술되는데, 여기서 로이어의 초점은 최근 웨슬리 신학의 행보 속에서 '세속화'된 것을 '비세속화'―즉 '재-성화'시키는 것에 있다. 다시 말해, 그는 '성화의 교리'를 인간의 마음속에서 일하시는 성령 하나님에 연결 짓고, 이 교리가 지닌 삼위일체적 차원을 실천적인 형식으로 풀어낸 웨슬리의 설교나 편지―소논문과 신구약 주석 노트―를 전면에 부각시킨다.

이러한 그의 독해는 성화에 관한 보다 전통적인 해석에 부합할 뿐만 아니라, 로이어가 오늘날 웨슬리안들을 향해 촉구하는 신학적 갱신에 대한 필요성을 독자들에게 설득적으로 확신시킨다.

하지만, 그 독해는 또한 웨슬리의 실용적인 관심이 지닌 한계도 지적한다. 실제로, 존 웨슬리의 삶, 연구 그리고 유산을 면밀히 검토한 웨슬리안 소장 신학자들의 논문집인 *The Cambridge Companion to John Wesley*의 서두에서, 랜디 L. 매닥스 교수는 웨슬리의 신학사상이 오늘날 우리가 흔히 생각하는 조직신학과는 어느 정도 거리가 있다고 밝힌다. 다시 말해, 웨슬리는―적어도 그의 생애에서만큼은―어떠한 이론적 체계나 철학적 엄밀성을 추구하는 일에 몰두하지 않았다는 것이다. 순회 전도자, '그노시스'(gnosis)보다는 '프락시스'(praxis)에 더 치중한 설교가―매닥스 교수는 웨슬리가 바로 그와 같은 "실천신학자"라고 정의한다.

또한, 우리는 로이어의 『성령을 통한 하나님의 사랑』에서 한 문구를 인용하여, 웨슬리를 "가르멜 성산에 올라 '관상'의 삶으로 상승하는 길이 아니라, 가르멜 평지로 내려와 '실천'의 삶으로 강하하는 길"을 제시한 '아남카라'(*Anamchara*)라고도 부를 수 있을 것이다(*God's Love through the Spirit*, 241). 그래서 로이어는 단순히 웨슬리의 성령 연구에 담긴 실천적 함의를 승인적으로 검토하는 것에서 끝나지 않고, 그의 성령론이 지닌 체계적 미흡함을 겸허하게 인정한다.

그리고, 더 나아가, 로이어는 웨슬리의 성령론을 이론적으로—소위, 조직신학적으로—체계화하기 위한 추가적인 논의의 필요성을 적극적으로 제기한다.

제3장과 제4장, 그리고 제5장은 로이어가 제기한 그와 같은 필요성에 부합한 연구를 포함하고 있다. 여기서 그의 초점은 토마스 아퀴나스를 향해 있다. 오늘날 우리에게는 'Angelic Doctor'(천사적 박사)라고 하는 칭호로 더 잘 알려진 아퀴나스는 도미니크회의 수도사이다. 그는, 당대 최고의 지성인이었던 알베르토 마그누스로의 지도에 따라, 아리스토텔레스의 그리스 철학과 위-디오니시우스의 신비신학을 연구했다.

이후, 아퀴나스는 파리와 나폴리에 있는 도미니크회 복속학교와 로마 교황청을 오가면서 교수직과 저작에 전념했다. 이 시기에 그는 저 유명한 『대이교도대전』과 『신학대전』을 집필했는데, 이 당시의 아퀴나스를 가리켜 우리는 흔히 '위대한 스콜라 신학자'라고 칭한다.

그러나 그의 전반적인 삶의 행적을 가만히 살펴보면, 우리는 아퀴나스가 저 높아져 가는 학문적 지위나 명성과는 별도로 늘 겸손하고 성실한 수도자요, 성직자였다는 사실을 알 수 있다. 실제로 우리는 그와 같은 사실을 아퀴나스가—저 위대한 대작들을 저술하던 때와 동일한 시기에 작성한—성서 주해나 설교를 통해서 확인할 수 있는데, 로이어는 특별히 아퀴나스의 성령에 관한 이해를 담은 『요한복음 주해』와 『오순절 설교』를 자신의 책에서 참조한다.

아퀴나스가 웨슬리의 성령론을 학문적 신중함과 정교함으로 변모시켜 체화/교리화할 수 있다. 로이어의 책에서 제3장과 제4장 그리고 제5장의 명제를 뒷받침하는 대전제를 우리는 바로 이 한 문장으로 요약/정리할 수 있다. 다시 말해, 중세의 한 수도사였던 아퀴나스가 도미니크회의 수도원 영성을—그리고 그 영성이 담은 실천적이며, 성령론적인 함의들을—신학적으로 교리화시킬 수 있었다면, 웨슬리의 그 '것' 또한 그렇게 할 수 있을 것이라는 믿음. 그 믿음이 로이어의 논증에 골자(骨子)이다.

이제 그 골자(骨子)를 자세히 풀어낸 저 세 장(章)을 간략히 요약하면, 로이어는 아퀴나스의 성령론을 크게 세 가지 측면에서 읽고 분석한다. 로이어가 밝힌 첫 번째 측면은 제3장에서 다루어지는데 여기서 핵심은 성령 하나님이 삼위 하나님의 위격(person)들 간의 '사랑'(*amor*)이라는 것이다. 이는 성 아우구스티누스가 성령을 이해하는 방식과 동일한 것인데, 로이어는 이 같은 아퀴나스의 아우구스티누스적인 성령론을 『신학대전』 제1권 1부의 제37문에서 읽어 낸다. 성령은 "사랑, 즉 아버지와 아들이 서로 사랑하는 바로 그 사랑"이다(*God's Love through the Spirit*, 100).

하지만 그 '성령이 곧 사랑'이라는 도식은, 신학적으로, 신중한 접근을 요한다. 왜냐하면, 아퀴나스의 『신학대전』 제1권 1부의 제37문에서, 그 '사랑'이라고 하는 성령론적 개념이 다음과 같은 '이중적' 함의를 내포하고 있기 때문이다. 하나는 하나님의 세 위격(person) 모두에 공통된 "본질적 (essential) 사랑"을 의미하고, 다른 하나는 성령 하나님께 "관념적"(notional)으로 동일시된—또는 더 정확하게 말해서, 성부와 성자로부터 발출(procession)하여 성령 하나님께 "특유한 방식으로 속성된"(attributed specifically to)—"위격적(personal) 사랑"을 의미한다(*God's Love through the Spirit*, 152).

한마디로, '성령이 곧 사랑'이란 도식은 오직 위격적인 차원에서만 신학적으로—특히, 아퀴나스의 성령론의 경우에 한에서는—성립될 수 있다.

제3장이 지닌 유용성은 바로 위와 같은 신학적 엄밀성/정밀성으로부터 나온다. 하지만 로이어의 아퀴나스 독해는 여기서 멈추지 않는다. 다시 말해, 우리가 성령의 삼위일체적인 발출, 관계 그리고 위격에 대한 유용한 맥락을 내재적(immanent)인 차원에서 얻는 것도 중요하지만, 로이어에게 있어서 더 중요한 것은 아퀴나스의 '사랑에 근거한 성령론'이 지닌 '경륜적(economic)인 함의'에 있다(*God's Love through the Spirit*, 113). 제4장과 제5장

은 이 '더 중요한 것'에 대한 로이어의 건설적인 제안을 포함하고 있는데, 먼저 전(前) 장은 아퀴나스 성령론의 두 번째 측면을—즉, 하나님의 내재적(immanent)인 삶 속에 현존하는 "삼위 위격들 간의 상호-참여"를—심도 있게 다룬다(*God's Love through the Spirit*, 96).

이 신적인 상호-참여의 본질은, 아퀴나스에 따르면, "하나님의 내적으로 운동(*ad intra*)하는 사랑"—곧, 성부와 성자와 성령의 상호-내재적(mutual-immanent)인 과잉(역동)성에 있다. 하지만 이 과잉(역동)하는 사랑은 세 위격들 간의 내재적(immanent)인 삶 '속(안)'에 갇혀 있지 않고, 하나님의 경륜적(economic)인 구원의 섭리 안에서—성자와 성령의 지상적 선교를 통해—'밖'으로 운동(*ad extra*)한다. 제4장에서 로이어가 주목한 것이 바로 이 '밖'으로 운동하는 하나님의 사랑이다.

다시 말해, 로이어의 주된 초점은 성령 하나님에 관한 '삼위일체적-내재적 단상'이 아니라, '삼위일체 하나님의 성령론적-경륜적 열매'에 있다. 따라서 로이어는 성령에 관한 자신의 신학적 연구를 '기독교인의 성화(聖化)된 삶'과 '사랑의 성사인 성찬'에 연결시킨 아퀴나스의 저서—*SCG* IV, cc. 20-23과 *Emitte Spiritum*—를 분석한다.

이 분석의 요지는 제5장에서 잘 정리되고 있는데, 우리는 그것을 로이어의 말을 인용해 다음과 같이 요약할 수 있다. 토마스 아퀴나스에게 있어서, "성부와 성자의 선물로서 성령"은 "구원의 경륜 안에 나타난 성령의 위대한 사랑의 선물"에—그리고 다시, "성령의 선택 아래서 선물 그 자체인 기독교인의 삶[과 성찬]"에—근본적으로 연결되어 있다(*God's Love through the Spirit*, 142).

바꿔 말해, 인간이 하나님의 성성(聖性)에 참여하는 성화 또는 성찬이라고 하는 아퀴나스의 교리는 오직 '성령론적'(pneumatological) 차원 안에서만 이해되어야 한다. 즉, 성화—또는 성찬—란 하나님의 신비가 인간 안에 나타난 계시-운동(*motus*)이요 인간의 노력(본성)이 아닌, 성령의 내주하시고 교통하시는 삼위일체적 사랑의 경륜적(economic) 역사다. 그러므로 우리는 앞선 4장의 논의과 더불어 아퀴나스의 성령론에 관한 로이어의 논증을 다음과 같이 요약적으로 종합할 수 있다.

> 성부와 성자로부터 "발현(發現)적"으로 운동하는 "사랑"(*amor*)은―"위격적인" 차원에서 고려될 때―하나님의 성령이라고 할 수 있다. 하지만 그 신적인 사랑은―"본질적인" 차원에서 고려될 때―성부와 성자와 성령 사이에 공통적인 자아(*proprium*)요, 그 위격들 안에서 신비롭게 통교되는 "사랑 그 자체"를 가리킨다. 그리고 이 후(後)자에 해당하는 '것'―이른 바 '세 위격-내-사랑'은―성부와 성자의 '시간-내-선교'를 통하여 한 가지 영속적인 "참여" 사건을 하나님 외(外)에서 일으킨다. 즉, 삼위일체 하나님 내(內)의 '무한한 신비'를 '밖'으로―즉, '나'와 '너'라는 유한한 피조 세계로―"분유"시킨다. 그러나 그 '분유된 사랑'은 정적(靜寂)이지 않고, 우리 안에서 살아 역동하면서 동시에 우리를 역동시킨다. 하나님의 사랑은, 그러니까, 우리 인간을 "사랑의 성사로서 우리에게 주어진 성찬"을 통하여―그리고, "사랑에 근거한 우리의 삶과 성화"를 통하여―하나님 내(內)의 신비한 사랑의 삼위일체적 통교 '안'으로 끌어들인다(*God's Love through the Spirit*, 125-6, 142).

이 책의 가장 흥미로운 장(章)은, 아마도, 마지막이자 로이어의 가장 긴 논증을 담은 제6장일 것이다. 거기에서 로이어는 이 책에서 각 장의 목표로 분류한 것들을 한데 묶어 종합한다.

웨슬리안들이 아퀴나스의 성령론으로부터 배울 수 있는 것이 무엇인가?

가톨릭 교인들이 웨슬리의 성령 이해로부터 배울 수 있는 것은 무엇인가?

그리고 오늘날 기독교 신학 내에서 '주변화'된―또는 '세속화'된―성화의 교리를 본래의 자리로 회복시키는 일에 있어서 이 두 신학 전통의 성령 이해가 기여할 수 있는 바는 무엇인가?(*God's Love through the Spirit*, 181-2).

로이어의 종합은 웨슬리와 아퀴나스 사이의 신학적인 유사성을 증명한다. 그러나 그들의 개별성을 손쉽게 지우려고 시도하진 않는다. 따라서 로이어가 웨슬리와 아퀴나스의 신학에서 '확신'과 '공로'에 관한 교리를 설명할 때, 그들은 마치 정반대 위치한 것처럼 보인다.

하지만 심지어 여기에서조차 로이어는 이 두 신학자들 간의 놀라울 정도로 '공통적인' 기반을 증명한다(God's Love through the Spirit, 255). 뿐만 아니라, 그는 웨슬리의 '성질'(temper)과 아퀴나스의 '미덕'(virtue) 간에 존재하는 용어적인 차이를 이론적으로 화합하기도 한다. 그래서 로이어는, 궁극적으로, 웨슬리의 성령 이해가 지닌 한 가지 '송영론적'(doxological) 목표가 아퀴나스의 그 '것'과 동일하다는 것을 다음과 같이 입증한다. 존 웨슬리와 토마스 아퀴나스는 성령 하나님의 영광을 회복하고자 노력하였다.

그들은 우선

(1) 사랑(amor)에 근거한 삶이 지닌 삼위일체적 깊이와 실천적 목적을 제시하였고,
(2) 성화의 교리에 대한 성령론적 문법을 세웠으며,
(3) "성령의 사역을 축소(환원)시키거나 성령의 진정한 위격을 모호하게 만드는" 서구 신학의 세속화를 "성령-중심적으로" 회복시켰다 (God's Love through the Spirit, 204, 207, 245).

로이어의 『성령을 통한 하나님의 사랑』은 철저하게 성령에 관한 책이다. 이 책의 전반적인 요지는 성령 하나님에 관한 기독교의 사상을 '재발견'하는 것에 있다. 하지만 오늘날 이 성령에 관한 웨슬리의 신학은 여전히 북미와 한국의 개신교 신학에서 외면당하고 있다. 물론 이렇다 할 출판이나 번역 부수도 올리지 못하고 있다. 따라서 성령에 관한 웨슬리의 가르침은 여전히 '미완(未完)의 교리'로 우리 웨슬리안들 곁에 남아 있다.

그러한 점에서 로이어의 『성령을 통한 하나님의 사랑』의 출판 및 번역은 참으로 반가운 '소식'이 아닐 수 없다. 이 책은 성령에 관한 웨슬리

의 '단편적이고 파편화된' 사상들을 체계적으로 종합한다. 그리고 성령에 기반한 웨슬리의 가르침을—그중에서도, 특히 '성화의 교리'와 '성찬례'(사랑의 성사)를—삼위일체적 맥락에서 파악하고, 성령론에 근거하여 설명할 수 있는 창구(窓口)를 개방한다.

따라서 바라기는, 한국에 계신 여러 웨슬리안 목사님과 신학자가 이 책을 통해 아직 완성되지 않은 '웨슬리안 성령론'을 온전히 독해할 기회를 얻고, 더 나아가 하나의 '정치신학'이나 '사회 변혁을 위한 프로젝트'로 축소(환원)되어 가는 기독교 성령신학의 세속화 물결을 이겨 낼 사유의 힘과 단초를 얻을 수 있길 소망한다.

2021년 12월 25일
주님 성탄 대축일(*Festum Nativitatis Domini*)에

제1장

감리교운동과 성령의 역사

결핍(缺乏) 개선하기

존 웨슬리는 '실천신학'(practical divinity)을 강조했다.[1] 그는 실천에 기초한 신학적 교리로 온 인류를 도유(塗油)하려고 시도했다.[2] 오늘날 웨슬리안은 이 같은 웨슬리의 실천신학 정신을 뒤따른다. 따라서 몇 가지 예외가 거기 있을 수 있지만,[3] 대체로 그들은 교의(또는 이론)신학에 과도한 시간

---

1 예를 들어, 웨슬리는 자신의 1780년도 『감리교도라고 불리는 사람들을 위한 찬송가 모음집』(Collection of Hymns for the Use of the People Called Methodists)을 "실증적이고 실천적인 신학의 소조직"으로 묘사했다(Preface to *A Collection of Hymns for the Use of the People Called Methodists* [1780], in *The Works of John Wesley*, ed. Albert C. Outler, et al., 35 vols. [Nashville: Abingdon Press, 1984 ff.], 7:74; 여기서부터는 Wesley, *Works*, ed. Outler, et al.로 각주에 표기한다).

2 웨슬리가 1746년 첫 번째 설교집 『여러 경우에 행한 설교들』(*Sermons on Several Occasions*)의 서문에서 설명했듯이, 그는 자신의 신학을 "일반 대중에게, 즉 말하는 기술을 좋아하지도 이해하려고 하지도 않지만, 그럼에도 불구하고 현재와 미래의 행복에 필요한 진리에 대한 유용한 판단을 내릴 수 있는 사람들에게 전달했다. … 나는 평범한 사람들을 위해 명백한 진리를 설계하고자 한다. 그러므로 나는 모든 좋은 철학적 추측, 모든 혼란스럽고 복잡한 추론을 삼가고, 성경의 원문을 가끔 인용하는 것을 제외하고는 가능한 한 과장된 배움의 과시를 삼간다. 나는 이해하기 쉽지 않은 모든 말, 일상생활에서 사용되지 않는 모든 말을 피하려고 노력한다. 특히, 신학 분야에서 매우 자주 발생하는 그런 종류의 전문 용어, 즉 독서를 즐겨하는 이들에게는 친밀할 수 있으나 보통 사람들에게는 잘 알려지지 않은 말하기 방식을 되도록 피한다(Preface to *Sermons on Several Occasions*, § § 1–3, Wesley, *Works*, Outler, et al., 1:103–04).

3 아마도 가장 주목할 만한 예외는 18세기 신학자 존 플레쳐(John Fletcher)일 것이다. 플레쳐의 삶, 저서 및 신학 유산에 대한 새로운 평가는 Geordan Hammond and Peter S. Forsaith, eds., *Religion, Gender, and Industry: Exploring Church and Methodism in a Local Setting* (Eugene, Ore.: Wipf and Stock, 2011)을 참고하라.

과 정성을 기울이지 않는다. 그리고 그들의 신학적 깊이와 엄격함은 거의 알려져 있지 않다.[4] 오히려 그들은 그들의 신학적 중심이 하나님이 아니라 인간이라는 인상(印象)을 주는 성령론적 허점으로 고통받고 있다.

기독교 유산에는 성령론에 관한 광범위하고 중요한 자료가 있다. 이러한 자료는 현대 감리교 신학의 단점을 보완하고 특히 성령론과 관련된 신학적 내용을 강화할 가능성이 있다. 현대 감리교 신학의 시급한 과제는 바로 이러한 자료를 식별하고 비판적으로 회수하는 것이다. 이를 위해서는 감리교운동의 창시자인 존 웨슬리를 생각할 필요가 있다. 그러나 성령론의 또 다른 중심 인물인 토마스 아퀴나스(Thomas Aquinas)도 고려해야 한다. 물론 아퀴나스는 일부 웨슬리안 독자들에게 생소할 수 있다.

그러나 그는 성령론의 발전에 있어 필수적인 신학자이며, 위격적 사랑(*amor*)과 카리타스(*caritas*, 우정)적 사랑으로 성결의 기초를 닦는 데 노력한 것으로 알려져 있다. 그러므로 이 책의 제3장에서는 이른바 현대 감리교 신학의 성령론 복원을 위한 예비 조로서 아퀴나스의 성령론에 대한 연구를 수행할 것이며, 이 책 전체에 걸쳐 다음과 같은 논리가 흐를 것이다. 감리교 외부의 출처에 의해 뒷받침되고 있는 방대한 양의 기독교 유산을 비판적으로 회수하는 데 실패하면, 현대 감리교 신학이 위험에 처하게 된다.

1. 현대 감리교 신학의 정신: 성령론적 사유의 결핍과 정치적 프로젝트로의 축소

지난 60년 동안, 웨슬리 연구의 출현과 감리교 연구 분야 내의 괄목할 만한 발전이 있었다.[5] 그러나 한 가지 중요한 문제가 남아 있는데, 그것은

---

[4] 한 사람의 정직한 감리교 신학자로서 나(필자)는 이 평가를 내가 속한 기독교 전통에 대한 자기비판적 시도로 만들 것이다. 감리교 신학은 보다 더 신학적이어야 한다. 그리고 단지 감리교 전통뿐만 아니라, 보다 광범위한 기독교 전통에서 성령론에 대한 실증적 평가 및 담론을 이끌어 내야 한다.

[5] 윌리엄 J. 아브라함(William J. Abraham)과 제임스 E. 커비(James E. Kirby)가 언급한 바와 같이, "감리교 연구는 존 웨슬리의 작품 모음집(총서)을 제공하기로 결정한 1950년대에

오늘날 웨슬리안들이 성령의 위격과 사역에 대한 신학적 성찰을 시도하지 않는다는 것이다. 물론 성령에 대한 연구가 전혀 없었다는 말은 아니다. 그러나 현대 감리교 신학의 주된 접근 방식이 성화의 문제를 성령의 성화 사역이라는 측면에서 제대로 강조하지 않고 인간의 조건과만 연결시키고 있다는 것은 참으로 큰 문제다. 성령에 대한 강조는 적절한 위치에 있어야 한다. 사람의 영과 시대의 영을 고양시키는 배경에 성령을 두는 것은 위험하다. 그러나 현재의 감리교 신학은 만물에 참 자유를 주시는 하나님의 영을 만물의 근원으로 여기지 않고

(1) 사람과 시대의 정신을 해방시키는 도구로 전락시키거나
(2) 일반 대중의 은혜 언어로 대체시키거나 또는
(3) 정치 프로젝트의 일부로 축소시킨다.

1) 성령 위에 은총과 성령에 대한 방목(放牧)

현대 감리교 신학은 은혜에 대한 웨슬리의 삼중 교리(선행, 칭의, 성화)와 구원의 길(*via salutis*)에 많은 빚을 지고 있다. 한마디로 이것이 웨슬리 신학의 핵심이다. 불행히도 이 두 교리를 강조하고 발전시키는 과정에서 현대 감리교 신학자들은 성령의 교리를 거의 완전히 무시했다. 그러나 리차드 하이젠레이터(Richard Heitzenrater)가 잘 지적했듯이 초기 웨슬리운동과 구원신학의 중심축은 성령 하나님에 있다. 웨슬리의 구원론은

> 삼위일체적이며, 협동적이며, 역동적이며, 무엇보다 철저한 은총의 신학이다. 하나님의 임재-권력-영향은 모든 단계에서 능동적으로 시작하고 힘을 실어 주는 요소이다. 전형적인 개신교 방식 안에서, 그의 견해는 물론

새로운 학문적 벤처로 부상했다"(*The Oxford Handbook of Methodist Studies*, ed. William J. Abraham 및 James E. Kirby [Oxford: Oxford University Press, 2009], vi).

그리스도-중심적이다. 하지만 웨슬리의 입장은 매우 삼위일체적이기도 하다. 구원은 하나님으로부터, 그리스도 안에서, 성령을 통해 이루어지기 때문이다. 어쨌든, 웨슬리의 신학은 다른 여러 주류 개신교 입장보다 더 강력한 성령론적 강조점을 가진다.[6]

웨슬리의 신학이 그 본질상 성령론적이라면 현대 감리교 신학은 그것이 웨슬리의 유산을 유지하는 한 비슷한 방식으로 특징지어져야 한다. 그러나 현대 감리교 신학은 내용 면에서 삼위일체론적이지 못했고, 앞서 하이젠레이터가 지적한 것처럼 성령론적 강조 대신 일반 대중의 은혜 언어에 집착했다. 그 결과 웨슬리 유산의 성령론적 특성을 전달하는 데 크게 실패했다.

성령의 위격이나 사역에 대한 구체적인 언급 없이 일반 대중의 은혜 언어에만 초점을 맞추는 현대 감리교 신학의 경향은, 예를 들어 마조리 수코키(Marjorie Suchocki)의 최근 에세이 "웨슬리안 은총"(Wesleyan Grace)에서 볼 수 있다.[7] 이 에세이에서 수코키는 웨슬리의 은총 개념이 주로—선행은총과 칭의 은총과 성화 은총의 세 가지 범주를 포함한—하나님의 구속 사역을 의미한다고 진술한다.

그리고 그녀의 주된 관심이 웨슬리가 "구속의 은혜"(redemptive grace)라고 부르는 것의 미묘한 의미를 발견하는 것이 아니라 "창조적 행위와 구속적 행위를 포함한 하나님의 모든 일"에 대한 동의어로 은혜를 탐구하는 것임을 시사한다.[8] 또한, 수코키는 웨슬리가 특징적으로 제시한 여러 전제를 살피고 요약한 뒤, 다음과 같은 주장을 펼친다.

---

6 Richard P. Heitzenrater, "God with Us: Grace and the Spiritual Senses in John Wesley's Theology," in *Grace Upon Grace: Essays in Honor of Thomas A. Langford*, ed. Robert K. Johnston, L. Gregory Jones, and Jonathan R. Wilson (Nashville: Abingdon Press, 1999), 87–109, 특히 97.

7 Marjorie Suchocki, "Wesleyan Grace," in Abraham and Kirby, eds., *The Oxford Handbook of Methodist Studies*, 540–53.

8 위의 책, 540.

오늘날 21세기에는 웨슬리의 은혜에 대한 이해를 넓혀서 그 안에 하나님의 활동 전체를 포함시키고, 하나님의 구속적 은혜가 하나님의 모든 것을 아우르는 창조적 은혜의 한 형태로 보이도록 할 필요가 있다.[9]

웨슬리의 은혜 개념을 이해하고 재구성하려는 수코키의 의도를 주목하는 것이 중요하다. 그러나 불행하게도 이 에세이 전체에서 성령에 대한 언급은 단 한 번뿐이다. 삼위일체에 대한 언급도 전혀 없고 '성령의 증거'만 간략히 언급되어 있다.[10] 물론 수코키는 성화 은총, 성화, 하나님의 사랑을 여러 차례 논한다. 그러나 삼위일체 하나님의 세 번째 위격(웨슬리의 관점에서 성결의 대리인 또는 행위자)으로서의 성령에 대한 언급의 부재는 수코키의 에세이가 내용에 있어서 성령보다 은혜에 더 관련이 있음을 시사한다.[11] 그리고 이러한 성령론 연구의 축소는 웨슬리의 성화 교리를 성령론과 연관시키지 못하는 현대 감리교 신학의 현 상태를 잘 보여 주는 대표적인 예이다.

수코키의 에세이 외에도 성령보다 은혜 연구를 선호하는 다른 예가 또 있다. 그중 하나가 랜디 매닥스(Randy Maddox)의 『책임적 은총: 존 웨슬리의 실용주의 신학』이다. 웨슬리 신학 연구의 토대(또는 기준서)로 칭송을 받는 이 책을 통해 매닥스는 웨슬리 사상에서 성령의 위격과 사역보다 은혜의 교리가 우선한다고 주장한다. 그는 웨슬리의 일차적인 관심을 "책임적 은총"이라고 불렀는데, 이는 웨슬리의 사상에 나타난 하나님의 은혜로운 주도권과 구원을 위한 은혜의 절대적인 필요성을 강조하는 용어다.

---

9 위의 책.
10 위의 책, 544.
11 다음 섹션에서 논의되는 바와 같이, 웨슬리는 예를 들어 『로마가톨릭에게 보내는 편지』에서 성결과 성령의 관계를 분명히 한다. "나는 성부와 성자와 동등하신 하나님의 무한하고 영원하신 영이 그 자신 안에서 완전하게 거룩할 뿐만 아니라 우리 안에 있는 모든 거룩함의 직접적인 원인이심을 믿습니다"(in *The Works of John Wesley*, ed. Thomas Jackson, 14 vols. [London: Wesleyan Conference Office, 1872; reprint, Grand Rapids: Zondervan, 1958–1959], 10:82); 여기서부터는 Wesley, *Works*, ed. Jackson으로 각주에 표기한다.

또한, 매닥스는 구원에 대한 웨슬리의 이해가 책임적 은총을 "촉진하고 가능하게 하지만" 결코 인간 참여를 제한하거나 강요하지 않는다고 설명한다.[12] 그리고 성령론을 은혜 교리의 하위 범주로 내세우며, 그러한 은총이 임할 때 하나님이 성령으로 말미암아 우리 안에 거하신다는 것이 웨슬리 구원론의 핵심이라고 해석한다.[13]

은총은 웨슬리 신학의 중심이다. 그러므로 은총의 교리가 웨슬리 신학자들 사이에서 많은 주목을 받았다는 것은 어찌 보면 당연한 결과라고 할 수 있다. 하지만, 또 다른 의미에서, 그것은 위험을 무릅쓰는 것이다. 즉, 우리가 은혜에 지나치게 주의를 기울이면 은혜의 언어가 아무리 성령을 암시한다고 해도 성령의 교리를 은혜의 교리에 복종(종속)시킴으로써 성령의 일차적인 활동에 대한 설명을 흐리게 만들 위험이 있다. 성령은 "거룩하게 하는 일을 하시나니 이것이 없이는 아무도 주님을 볼 수 없다" (히 12:14).

성령과 은혜는 떼려야 뗄 수 없는 관계지만 분명히 구별되어야 한다. 그렇지 않으면 강한 악센트로 나타나던 웨슬리 신학의 성령론적 억양이 불가피하게 묵연(默然)되거나 약해진다. 그러나 더 심각한 위험은 성령보다 은혜를 강조하는 현대 감리교 신학의 교리적 편향이 성령론의 발전을 억누르고 역사적 웨슬리 운동의 성령론적 비전을 만질 수 없고 도달할 수 없는 불가촉(不可觸) 상태로 몰아가고 있다는 점이다.[14]

---

12 Randy Maddox, *Responsible Grace: John Wesley's Practical Theology* (Nashville: Kingswood Books, 1994), 86.
13 예를 들어, 성령에 관한 매닥스의 장 제목을 생각해 보라. "성령—책임적 은총의 임재"(*Responsible Grace*, 119-40). 매닥스가 계속해서 성령을 하나님의 "새롭게 하고 능력을 주시는 임재"(119)로 더 구체적으로 설명하는 동안, 이 장의 제목은 성령이 은혜의 보다 결정적인 범주와 관련되어 있다는 사실을 효과적으로 보여 준다.
14 혹자는 올바른 내부 어휘를 갖는 것이 중요한 문제가 아니라고 말할 수도 있다. 그리고 결국 중요한 것은 '그리스도인들이 하나님과 이웃을 사랑할 수 있는 것은 하나님의 임재와 능력(그런 의미에서 성령의 임재와 역사)에 달려 있다는 단순한 이해'라고 주장할 수도 있다. 그러나 그러한 현실을 명확하고 적절하게 명명하는 것도 마찬가지로 중요하다. 우리가 같은 실상을 기술한다 해도 우리의 묘사가 너무 쉽고 빠르게 일반적인 은혜의 언어로 대체된다면, 우리는 더 신학적으로 올바른 성령의 언어에서 멀어질

2) 정치 프로젝트로의 이동: 성화론의 세속화를 향하여

성령의 역사를 정치적 기획으로 축소시키는 것만큼 현대 감리교 신학의 성령론적 결함을 더 잘 보여 주는 사례는 없다. 성령 교리의 신학적 정치화의 결과로, 빈곤, 권력, 민족과 같은 정치적 문제들이 상당한 주목을 받고 있다. 하지만 여기서 문제는 인간 생명에 대한 정당한 관심이 본질적으로 신학적이기보다는 사회적이라는 전제에 있다.

물론 기독교 신학의 정치적 기획에서 얻을 수 있는 이점이 있다. 그러나 이 전제는 웨슬리의 성화론을 탈교리화하고 더 나아가 일종의 세속 활동을 구성하는 비신학적, 정치적 이론 및 실천으로 만들기 때문에 오늘날 웨슬리안들에 커다란 신학적 도전을 제기한다.

웨슬리가 기독교 신앙의 사회적 영향에 관심을 기울인 것은 사실이지만 그가 가장 중요하게 여겼던 것은 구원이었다. 웨슬리는 구원이 하나님의 형상으로 영혼을 새롭게 하는 것이라고 보았다.[15] 반면 현대 감리교 신학은 점차 웨슬리의 구원 이해를 확장하여 인간의 구원을 사회적 차원으로 해석하게 되었다.[16] 인간 구원에 대한 더 넓은 이해는 인간의 광범위한 문

수밖에 없다. 더 정확하고 구체적인 설명은 우리의 은총에 대한 이해가 성령론적으로 적합한 초점과 동인을 얻도록 할 수 있다. 그러한 정확성은 또한 감리교 신학이 웨슬리 신학의 암묵적 전제(성령론적 함의)가 결여된 모호한 일반성에서 방황하는 것을 방지하는 데 기여할 수도 있다. 이제 필자가 곧 주장하겠지만, 이러한 종류의 기본 요점과 이점은 감리교인들이 아퀴나스와 같은 학자로부터 배울 수 있는 이른 바 제3의 방법이다.

15 웨슬리는 구원을 개인의 죄에 대한 하나님의 용서라는 개인주의적 상태로 축소하는 것을 거부한다. 그가 이해한 구원은 하나님의 형상으로 우리의 영혼을 새롭게 함으로써 지금 여기에서 광범위한 사회적 의미를 갖는 영적 변화를 포함한다. "내가 말하는 구원이란 지옥으로부터 간신히 건짐을 받아 천국에 들어가는 관념이 아니다. 그것은 현재의 죄로부터의 구원, 영혼이 원시적인 건강(원의)으로 회복되는 것을 의미한다. … 즉 구원은 하나님의 형상을 따라 의와 참된 거룩함과 정의와 긍휼과 진리로 우리 영혼을 새롭게 하는 것을 일컫는다"(*A Farther Appeal to Men of Reason and Religion*, Pt. I, I.3, in Wesley, Works, ed. Outler, et al., 11:106).

16 앤드류 톰슨(Andrew Thompson)은 자신의 논문 "From Societies to Society: The Shift from Holiness to Justice in the Wesleyan Tradition" (*Methodist Review* 3 [2011]: 141-72)에서 이러

제와 상황에 대한 적절한 보살핌과 조치를 지속적으로 제공했으며 앞으로도 그렇게 할 것이다.

그러나 이것이 오늘날 웨슬리안 학파가 직면한 문제적 현실, 즉 인간 구원에 대한 그들의 사회적 설명이 하나님의 교리(특히, 성령론)에 거의 또는 전혀 의존하지 않는다는 문제를 피할 수 있는 길을 열어 주지는 않는다.

테오도르 런연(Theodore Runyon)의 연구인 『새로운 창조: 오늘의 웨슬리 신학』은 더 넓은 사회적, 정치적 쇄신의 신학적 욕구를 해결하는 데 어려움을 겪으면서도 성화에 대한 신학적 강조를 충분히 유지하고 있다. 여기서 런연은 웨슬리 신학의 기본 주제를 신적인 형상의 회복, 즉 '새로운 창조'라고 하는 개념에서 되찾으려고 시도한다.

그러나 그는 또한 새로운 창조에 대한 웨슬리의 신학적 비전을 확장하기 위해 우주적 갱신의 더 넓은 신학적 맥락을 제시한다.

> 창조를 갱신하는 우주적 드라마는 … 인류의 신적인 형상을 갱신하는 것으로 시작한다. 허나 이는 웨슬리의 총체적 구원론에 있어서 필수 불가결한 열쇠다.[17]

이 더 넓은 맥락은 성화의 개념을 확장하여 런연이 인권 문제—예를 들어, 인권, 빈곤, 여성의 권리, 환경 보호, 에큐메니즘 및 종교적 다원주의—를 웨슬리의 관점에서 다룰 수 있도록 한다.[18]

그리고 사회적, 정치적, 생태학적, 에큐메니컬적 쇄신의 문제에 웨슬리의 신학 사상을 적용할 수 있게 한다. 그러나 성화론 자체에 대한 연구는 런연이 이러한 현대적 관심사를 다룰 때 희미하게 존재하며 어떤 경우에는 아예 보이지 않는다. 이것은 아마도 런연의 광범위한 성화 개념이 웨슬

한 관점의 변화를 추적한다.
17 Theodore Runyon, *The New Creation: John Wesley's Theology Today* (Nashville: Abingdon Press, 1998), 12.
18 위의 책, chapter 6, "Wesley for Today," 168–221.

리 본인의 저작과 큰 관련이 없다는 사실에서 비롯된 것처럼 보인다. 실제로 런연의 책 전반에 걸쳐 웨슬리의 성화론은 충분히 탐구하지 못한 채 남겨져 있으며, 이는 거룩한 삶과 내면의 성결이 하나님이 약속하신 새로운 창조와 직접적인 연관성이 없다는 오해를 불러일으키기에 충분하다.

그러나 웨슬리의 새로운 창조 개념에 대한 이해를 다시 얻는 과정에서 런연은 초기 웨슬리안 운동의 신학적 유산을 회복하고 갱신하기 위한 몇 가지 의제를 설정한다. 필자가 나중에 더 자세히 논의하겠지만, 이 의제가 지닌 한 가지 귀중한 통찰은 그리스도인의 완전(Christian perfection)을 우리가 하나님으로부터 받는 완전한 사랑에 참여하는 것으로, 또한 그 완전한 사랑을 우리의 삶에 반영하는 것으로, 재고하겠다는 런연의 제안이다.

이 제안은 현대 감리교 신학에서 하나님에 대한 신학적 통찰이 더욱 심화되어야 함을 시사한다. 그러나 다른 한편으로 '그것'은 또한 현대 감리교 신학이 삼위일체(특히 성령론)에 대한 철저한 교육 없이 이처럼 광범위한 사회-정치적 문제를 다루고 있음을 보여 준다.

웨슬리의 성화론이 세속화되는 경향과 상관없이, 사회-정치적 쟁점에만 관심을 두는 현대 감리교 신학이 가장 많이 참여하는 신학 분야는 해방신학이다. 해방신학에 대한 현대 감리교 신학의 관심은 웨슬리가 가난한 사람들에 대한 관심뿐만 아니라 광범위한 사회 개혁을 요구하는 데 전념했다는 사실에서 비롯된다. 일례로 1980년대 초 이래로 '옥스퍼드감리교신학연구소'(Oxford Institute of Methodist Theological Studies)는 매 5년마다 전 세계의 감리교 및 웨슬리안 학자들을 한 데 모으는 행사를 주최하고 있다. 이 괄목할 만한 행사가 1987년도에 개최되었을 때, 더글라스 믹스(Douglas Meeks)는 '감리교 가정'(Methodist household)에서 구체화되기 시작한 일련의 변화와 성과에 주목하면서,[19] 한 가지 새로운 신학적 출발점을 요청했다.

---

19 그해 학회에서 발표된 주요 에세이들로 구성된 책의 제목은 *What Should Methodists Teach? Wesleyan Tradition and Modern Diversity* (M. Douglas Meeks, ed. [Nashville: Kingswood Books, 1990])이다. 참조. Meeks's observation: "Things are changing in the Methodist household"(위의 책, 138).

이 옥스퍼드감리교신학연구소의 제3세계와 제4세계 신학자들, 흑인 신학자들 그리고 페미니스트 신학자들은 지금껏 비난과 저항의 위험을 무릅써 왔습니다. 왜냐하면, 그들은 감리교 신학이 전통이나 개인의 내적 경험에서부터 시작할 수 없고, 도리어 삶을 이루거나 노동하는 데 필요한 것들로부터 접근이 거부된 가정(household), 자신의 이름과 이야기를 갖기 위해 구조적이고 체계적으로 쫓겨난 가정(household)의 경험으로만 시작할 수 있다고 믿었기 때문입니다.[20]

이런 관점에서는 억압받는 사람들의 경험이 우선시된다. 그리고 기독교 신학의 합목적성은 그것이 우리 시대의 정치적, 경제적, 인종적, 성적 억압에 대한 비판의 구성적 원칙 또는 도구라는 점에서 해방적이어야 한다.

이 견고한 1980년도의 호소는 현대 감리교 신학 내에서 열렬한 지지를 얻고 있다. 거의 30년이 지난 지금도 그것은 여전히 강력하게 추동(推動) 중이다. 하지만 거기에는 강점과 약점이 모두 존재한다. 긍정적으로 볼 때, 그것은 우리로 하여금 예언자적 전통의 정신을 가지고 오늘날 세계가 직면한 여하한 사회-정치적 문제들, 특히 도덕적으로 긴박한 문제들에 대응하게 한다. 그리고 그 과정에서 저 견고한 20세기의 호소는 매우 유용한 질문을 던진다. 이러한 질문 중에서 믹스(Meeks)는 다음을 열거한다.

> 왜 가난한 자들이 빈곤에 처해 있습니까?
> 왜 8살 소녀가 남아공 보안군의 총탄에 맞아 죽어야 합니까?
> 왜 브라질의 소작농은 자신들을 수십년 동안 연명하게 한 검은콩이 아니라 대두(大豆) 콩을 자신의 밭에 심습니까?
> 왜 그들이 자기 자신을 북부 시장에 점점 더 의존하게 만듭니까?
> 왜 미국의 부유층 가정에서 가사 노동하는 흑인, 히스패닉, 북미 원주민, 아시아계 미국인은 자신의 삶을 이루거나 노동하는 데 필요한 조건으로부

---

20 위의 책, 136.

터 여전히 배제되고 있습니까?²¹

그러나 이 모든 질문은 "고난과 역경의 문제에 직면하여 기독교와 기독교 신학이 건설적으로 제안하는 것은 무엇인가"라는 하나의 총체적 질문의 다른 형태일 뿐이다. 만일 그러한 질문에 우리가 주의를 기울이지 않는다면, 기독교 신학과 윤리는, 조지 라이거(Joerg Rieger)와 같은 이들이 정당하게 경고하는 것처럼, 어느 좁고 고립된, 특별 이익 집단의 사변적 기획처럼 보일 수밖에 없다.²²

믹스(Meeks)는 전통적인 신학 범주 내에서 이러한 문제를 검토할 가능성을 제안하면서 다음과 같이 말한다.

> 옥스퍼드감리교신학연구소에서 일부는 우리가 이러한 문제에 대해서 성령의 교리와 성화 그리고 복음 전도에 몰두하는 것과 정확히 일치하는 방식을 취해야 한다는 데 뜻을 모으고 있다.²³

그러나 "우리가 이러한 질문에 대해서 성령의 교리와 성화 그리고 복음 전도에 몰두하는 것과 정확히 일치하는 방식을 취해야 한다"는 믹스(Meeks)의 제안은 정확히 반대 방향으로 흘러 나갔다. 실제로 1987년 옥스퍼드연구소의 감리교 신학 현황에 대한 믹스(Meeks)의 보고서 이후, 웨슬리안들은 그들이 신학적으로 계류(繫留)할 곳을 찾지 못할 정도로 급속히 떠밀려 내려갔다.

---

21 위의 책.
22 예를 들어, 조지 라이거(Joerg Rieger)는 다음과 같이 썼다. "우리는 더 이상 특수 이익 집단을 위한 신학을 감당할 수 없습니다. 실제로 심각한 형태의 고통과 신음은 세계의 나머지 지역에 영향을 미치고 있으며, 우리는 더 이상 그들로부터 면제된 집단을 위해 신학을 할 수 없습니다"("What Do Margins and Center Have to Do with Each Other? The Future of Methodist Traditions and Theology," in *Methodist and Radical: Rejuvenating a Tradition*, eds. Joerg Rieger and John J. Vincent [Nashville: Kingswood Books, 2003], 29).
23 *What Should Methodists Teach?*, 136-37.

그들의 성령론은 더 이상 신학이 아니라 정치적 기획으로 대체되었다. 어쩌면 이 축소의 문제는 믹스(Meeks) 자신에 의해, 특히 그가 자신의 보고서 말미에서 성령의 역사를 "성령 안에 있는 우리 삶에 효과적인 사회-경제적 분석"으로 해석할 때, 이미 어느 정도 예견된 것인지도 모른다. 믹스(Meeks)의 분석에 따르면, 우리의 회심은 "죽음에 대한 두려움과 생명에 대한 자기 소유"가 일어난다.[24] 그리고 어떤 의미에서 그러한 종류의 회심은 가난한 사람들의 경험을 통한 하나님의 독특한 행위에 기초한다.

> 오직 가난한 사람들과 함께 식탁에 앉아야만 우리가 오늘날 하나님에 대하여 증언하고, 하나님께 아뢰고, 하나님의 임재 속에 살아가는 패턴을 깨뜨릴 수 있다.[25]

결국, 믹스(Meeks)의 보고서의 초점은 해방신학의 틀에서 벗어나지 않는다. 그것은 웨슬리안들의 복음 전도와 사회 활동 전반을 뒷받침하고, 형성하고, 유지하는 성령 하나님을 통한 그리스도와의 성사적 만남보다 가난한 사람들과 식탁 교제를 더 우선시한다.

물론 믹스(Meeks)는 "사회-경제적 분석 하나가 (신학적 분석 이상으로) 하나님의 구속을 끌어올 순 없다"는 사실을 인정한다.[26] 그러나 믹스(Meeks)가 실제로 시도한 것은 가난한 사람들에 대한 사회적 관심을 장려하면서 사회 경제적 관점에서 성령의 역사를 재고하는 것이었다. 따라서 믹스(Meeks)가 "그래서, 내가 보기에, 우리 앞에 놓인 길은 새 가정(household)을 갈망하는 주님의 은총을 통해 가난한 사람들의 경험과 감리교 신학의 전통과 성령의 회심 사역을 웨슬리적으로 중재하는 것이다"[27]라고 말할 때 몇 가지 질문이 제기된다.

---

24 위의 책, 138.
25 위의 책.
26 위의 책.
27 위의 책, 139.

'웨슬리적 중재'의 목표는 무엇인가?
성령의 회심 사역의 목적은 무엇인가?
이렇게 설정된 목표와 목적이 충분히 신학적인가?
사도적 신앙과 연속성을 지니고 있는가?[28]

이러한 질문은 현대 감리교 신학에 심오한 영향을 미친 해방신학의 약점과 한계를 지적한다. 해방신학은 복음의 전부가 아니라 단지 일부만을 전달한다. 더욱이 사회적, 경제적, 정치적 해방은 삼위일체 하나님 안에 있는 구원의 핵심 주제가 아니다. 그러므로 오직 해방신학에 기초한 접근은 기독교 신학이 추구하는 바를 충분히 설명할 수 없으며, 심지어 예수 그리스도를 통한 신적 계시의 규범보다 경제학, 사회학, 인류학의 지배를 받는 담론이 될 가능성이 크다.

해방신학을 포함한 일반 세속 연구의 통찰은 삼위일체론을 대체할 수 없다. 신학의 목적은 성격과 의도 모두에서 항상 신학적이어야 한다. 그렇지 않으면 기독교의 기존 가르침을 왜곡할 뿐만 아니라 그 가르침에 담긴 약속의 유토피아를 전하는 데도 실패할 수밖에 없다.

기독교 신학이 예수 그리스도 안에서 성육신하신 하나님께 충실하려면 사회-경제적 지위와 삶의 질 문제를 결코 소홀히 할 수 없다. 그러나 궁극적으로 이러한 종류의 정치적 기획은 적절한 신학적 깊이와 목적(telos)에 기초해야 한다. 그것은 성경적 증거와 더 크고 포괄적인 기독교 전통에 뿌리를 둔 체계의 일부여야 한다. 그렇지 않으면 신학적으로 결함이 생길 위험이 크다. 예를 들면, 마치 정의(正義)를 주로 우리 인간에 관한 문제인 것처럼, 단지 우리 인간 자신의 문제를 다루기 위해 남겨진 조건인 것처럼

---

28 이 마지막 질문은 제프리 웨인라이트(Geoffrey Wainwright)가 제기한 우려를 반영한다. "우리는 그것이 과연 우리가 예배와 선교와 봉사를 통해 고백한 믿음과 동일한 것인지 여부를 확인해야 한다." 마치 이러한 자신의 우려에 스스로 답하듯, 웨인라이트는 자신의 에세이를 마무리하면서 "기독교(및 감리교)가 초기부터 **다양한 문화적 맥락**에서 목표로 삼았던 것, 즉 **하나의 복음**을 선포하고 구현하는 것"의 중요성을 강조한다 ("Methodism and the Apostolic Faith," in *What Should Methodists Teach?*, 117).

다룰 위험이 기독교 해방신학 전통 안에는 존재한다.

하지만 정의(正義)의 확고한 기초는 기독교의 정의신학에 내재되어 있다. 기독교의 정의신학이란, 공평과 정의와 공정(시 99:4)을 세우시는 공의의 하나님의 이름으로 '행하는 정의'(미 6:8)를 약화시키거나 모호하게 만들지 않는다. 도리어 영감을 주고 명확하게 만든다. 그리고 가난과 억압의 현실 속에서 하나님 나라의 지상 통치에 협력하려는 우리의 헌신과 노력을 신학적으로 한 단계 더 발전시킬 수 있다. 그러나 불행하게도 현대 감리교 신학은 해방신학의 영향을 너무 많이 받아 이제는 스스로 설 수 있는 신학적 토대나 내용이 부족한 지경에 이르렀다.

그렇다면 웨슬리 전통 내에서 어떻게 이러한 형태의 신학은 확립되고 또 발전되었을까?

이 질문에 답하려면 우선 두 가지 공통적인 주제를 해방신학 안에서 파악해야 한다.

첫 번째, 공통 주제는 세상에서 하나님의 사역이 계속된다는 것이고,
두 번째, 공통 주제는 세상에 생명을 주는 가르침과 관습과 사회 구조가 점차 진화한다는 것이다.

일반적으로 해방신학의 공통된 주제가 지향하는 바는 그리스도의 위격이 아니라 그리스도의 사역이나 직분에 관련한다. 따라서 선지자 이사야의 글을 인용한 예수 그리스도의 사명 선언문을 즐겨 인용한다.

> 주의 성령이 내게 임하셨으니 이는 가난한 자에게 복음을 전하게 하시려고 내게 기름을 부으시고 나를 보내사 포로 된 자에게 자유를, 눈 먼 자에게 다시 보게 함을 전파하며 눌린 자를 자유롭게 하고 주의 은혜의 해를 전파하게 하려 하심이라(눅 4:18-19; 참조. 사 61:1-2; 58:6).

이 사명 선언문은 인간 사회의 경계에 머물러 있는 사람들을 향해 시선을 고정한다. 웨슬리를 해방신학과 연관시키는 데 앞장선 연합감리교 신

학자 조지 라이거(George Reiger)와 영국 감리교 신학자 존 빈센트(John Vincent)도 그리스도의 사역과 직분에 초점을 두고 다음과 같이 확언한다.

> 웨슬리 시대와 마찬가지로 우리는 오직 타자와 함께, 특히 사회적 경계에 머물러 있어서 우리가 자주 간과하는 사람들과 함께 하나님의 일에 동참하는 것을 통해서만, 하나님이 누구인지를 알게 될 것이다.[29]

이러한 방식으로 라이거와 빈센트는 "하나님의 지속적인 지상 선교"에서 현대 감리교 신학을 "다시 일으킬"(rejuvenating) 전망을 발견하고,[30] 사회적 지위나 상황의 특수성에 따라 지상에서의 하나님의 선교를 성취할 수 있는 방식을 제시한다.

한 때는 마치 신학 자체가 문제의 일부로 여겨진 적이 있었다. 하지만 그러한 비관적 견해는 얼마든지 변할 수 있고, 또 변하고 있다. 실제로 기독교 신학의 전통이 '도덕적으로 무능하다'거나 '빈축을 살 만하다'는 중평(衆評)에 반하여, 최근 해방신학자들은 자신의 신학적 견해를 일부 수정하여 전통적인 기독교 신학을 읽는 새로운 방식을 가져왔다.

일례로 『그리스도와 제국: 사도 바울로부터 탈-식민주의 시대에 이르기까지』에서 라이거는 그리스도의 위격과 그리스도의 사역 사이의 도덕적 연관성을 밝히는 놀라운 시도를 한다. 우선 그는 어떻게 에큐메니컬 공의회 신조가 로마 제국의 단결과 위계를 유지하는 수단으로 사용되었는지를 밝힌다. 그리고 이어서 어떻게 니케아-칼케돈 신조가 제국에 저항하는 수단이자 "제국을 넘어 하나님께로 더 가까이 나아가는" 도구로 사용될 수 있었는지를 보여 준다.[31]

---

29 Rieger and Vincent, *Methodist and Radical: Rejuvenating a Tradition*, 208.
30 책의 전체 제목인 *Methodist and Radical: Rejuvenating a Tradition*을 보라.
31 Joerg Rieger, *Christ and Empire: From Paul to Postcolonial Times* (Minneapolis: Fortress Press, 2007), 70.

그 다음 마지막으로 라이거는 그리스도의 인성(人性)과 인간의 인성(人性) 사이의 동일성을 풀이하면서 다음과 같은 해석을 덧붙인다.

> 그러나 여기에는 약간의 과잉이 있다. 문제의 인성(人性)이 복음서에 기록된 그리스도의 것―즉 억압과 고통 속에서 제국의 힘에 대항한 인성(人性)―과 유사하다면 말이다.[32]

전통적인 기독교 신학에 대한 라이거의 해방신학적 해석은 희생과 순종이라는 관점에서 그리스도의 사역을 강조하지 않는다. 그리고 니케아-칼케돈 신조를 통해 공언된 전통적 기독론이 "우리를 새로운 방향으로, 즉 죽음이 아니라 생명을 선사하는 것이 무엇인지를 역설하는 방향으로 밀어 넣는다"라고 결론한다.[33]

이 목표를 위해, 아니 이 목적에 부합하기 위해 오늘날 웨슬리안은 성령에 대해서―특히 이 아래에 언급된 니케아-콘스탄티노플 신조를 통해 "생명의 수여자"로 확인된 하나님의 영에 대해서―더 깊이 묵상할 필요가 있다.

오늘날 많은 웨슬리 신학자의 초점은 단순히 영적인 것이 아니라 사회적, 물질적 차원을 포함한 다양한 관점을 통해 '지금 여기'에서 인간의 삶과 질을 돌보려고 시도하는 것이다. 해방신학과의 지속적인 교류의 역사는 이 시도를 현대 감리교 신학의 주된 연구방법론으로 만들었다.[34] 그러나 최근 주목할 만한 흥미로운 사실 중 하나는 기독교 신학의 전통에 기초한 전통적인 기독론적 진술들이 해방신학자들에 의해 적극적으로 수용되고 있다는 점이다.

---

32 위의 책, 98.
33 위의 책, 100.
34 예를 들어, Joerg Rieger(신학과 경제, 계급과 제국), James Cone(흑인신학), José Míguez Bonino(라틴 아메리카 해방신학), Harold Recinos(이웃신학), Rebecca Chopp(페미니스트신학) 는 각자의 분야에서 상당한 기여를 한 감리교인들이다.

역설적이게도 그들이 기독교 전통을 받아들이는 것은 그들에게 너무나 큰 영향을 받아 기독교 신학을 정치적 기획의 일부로 축소시킨 현대 감리교 신학이 자신들의 과오를 반성하고, 더 나아가 성령에 대한 새로운 신학적/교리적 관심을 불러일으키는 데 도움을 줄 수 있다.

2. 성령론 개발 및 회수에 대한 전망

현대 감리교 신학은 지난 세기 동안 사회적, 정치적 영향이나 관련성에 너무 많은 관심을 기울였다. 그 결과 신학적 내용이 약화되거나 극적으로 변해 우리와 전통 신학 사이의 본질적인 연속성을 찾기 어렵게 되었다.[35] 일례로 성령론은 주로 일반적인 은총론의 한 차원으로 대체되었다. 그 밖에도 이 성령의 교리는 복잡한 인간의 삶과 조건을 심층적으로 고려하기 위한 대용물 정도로 치부되었다.

그 결과 성령에 대한 참된 성찰은 사라지고 그 어느 때보다 더 많은 인간학적 전제만 남게 되었다. 그러므로 현대 감리교 신학은 성령 하나님의 위격과 사역에 더 많은 관심을 기울일 필요가 있다. 만일 그렇지 않고 성령론이 결여된 이러한 경향이 계속된다면, 현대 감리교 신학은 그 신학적 메시지를 상실하고 전통적인 신학과의 연속성조차 상실한 학문으로 몰락할 위험이 있다. 그렇다면 현대 감리교 신학의 회복과 발전을 위해 오늘날 웨슬리안들은 무엇을 전망해야 할까?

사실, 이 질문은 필자가 처음 이 연구를 시작하면서 가슴에 품은 질문이다. 따라서 이 질문에 답하기 위해서는 다음에 이어지는 장들을 통해 제시되는 필자의 구체적인 논의를 추적할 필요가 있다.

---

35 이 신학 전통에 있는 신학적, 본질적 연속성을 최대한 활용하기 위한 시도에는 Thomas A. Langford, *Practical Divinity*, vols. 1 and 2 (Nashville: Abingdon Press, 1998 and 1999)가 있다.

제2장

거룩하게 하는 사랑

존 웨슬리의 성령과 성화의 신학

존 웨슬리는 조직신학의 현대적인 범주에 포함되지 않는다. 그는 복잡한 교리 논증을 펼치지 않았고, 기술적으로 정교한 논문도 쓰지 않았다. 도리어 일반적인 수단을 통해서—예를 들면, 설교, 전도지, 편지, 일기, 혹은 찬송시를 통해서—자신의 신학적인 가르침을 전달했다. 참고로, 이 중에서 찬송시는 그의 남동생 찰스와 협력하여 출판되었다. 어쨌든, 웨슬리의 신학은 '실천신학'의 범주에 속하며, 이는 구원론을 중심으로 한다. 아니 보다 정확히 말하자면, 거룩한 사랑에 대한 깊은 관심이 웨슬리의 신학적 정수(精髓)이다.[1]

구원론에 대한 웨슬리의 이해는 시간이 지남에 따라 발전했다. 그러나 성화에 대한 이해는 크게 변하지 않았다. 웨슬리에게 성화의 본질은 삼위일체이지만 특히 성령에 대한 강조가 두드러진다. 물론 웨슬리가 삼위일체의 교리적 체계를 명확히 세운 것은 아니다. 그러나 이것이 웨슬리의 글에서 삼위일체의 흔적을 찾아볼 수 없다는 말은 아니다. 왜냐하면, 삼위일체에 대한 웨슬리의 비전이 그리스도인의 실존에 대한 그의 설명에서 암

---

1 랜디 매닥스(Randy Maddox)는 *Responsible Grace: John Wesley's Practical Theology*에서 "실천신학"이라는 제목으로 웨슬리의 신학 저작에 대한 포괄적인 분석을 제공한다. 위에서 언급했듯이 웨슬리는 구원론자였다. 따라서 그의 삶의 저작을 이해하는 데 필요한 한 가지 방법은 웨슬리의 설교와 다른 저작들에 널리 퍼져 있는 주제(구원의 교리)에 초점을 맞추면서 실천신학의 개념을 보완하는 것이다.

시되기 때문이다.

그리스도인의 실존의 기초가 삼위일체라는 웨슬리의 사상을 재발견하는 것은 성결의 참된 본질이 무엇인지를 분명히 보여 준다는 점에서 중요하다. 그러나 더 중요한 것은 그러한 재발견이 그리스도인의 완전 교리에 대한 극단적인 해석(예. 완전주의)을 수정하고 그것을 더욱 건설적으로—특히 웨슬리가 자주 언급하는 완전한 사랑의 개념으로—발전시키기 위한 신학적 단초를 제공한다는 것이다.

웨슬리의 완전 성화의 교리는 삼위일체의 관점에서 검토되어야 한다. 그래야만 웨슬리가 그 교리를 통해 말하고 지향한 바가 무엇인지 명확해질 수 있고, 특히 웨슬리가 그리스도 안에 있는 자들을 거룩(성화)하게 하는 성령의 즉각적이고 지속적인 사역에 대한 가르침을 주면서 의도한 바가 무엇인지도 분명해질 수 있다.

1. 완전 성화에 대한 신학

감리교 역사의 가르침과 자기 이해의 중심에는 그리스도인의 완전 또는 완전 성화의 교리가 있다. 이 교리는 은총 아래 있는 그리스도인이 실존적으로 지니고 있는 목표다. 비록 이 교리가 감리교 역사 전반에 걸쳐 서로 다른 해석을 낳았지만, 웨슬리가 묘사한 완전 성화의 본질은 두 가지 큰 계명, 곧 "하나님을 너의 온 맘과 영혼과 뜻을 다하여 사랑하고, 네 이웃을 네 몸과 같이 사랑하는 것이다."(마 22:37-39).

완전 성화의 교리는 하나님의 은혜의 선물(은사)이다. 그 선물은 인간의 마음을 채우고 영혼의 모든 능력을 차지하며, 신자들로 하여금 하나님의 명령에 온전히 순종하도록 이끈다. 웨슬리는 완전 성화를 인간의 영혼 안에서 일어나는 하나님의 순간적인 역사라고 보았고, 이 순간적인 역사가 인간의

행위보다 앞설 뿐 아니라 은총의 점진적인 역사에 의해 계속된다고 믿었다.[2]

그러므로 이러한 현실은, 어느 한 특정한 순간에 시작되지만 결코 정적인 상태나 고립된 사건은 아니다. 그것은 도리어 하나님의 은혜에 대한 경험이다. 웨슬리는 이 경험을 보다 더 넓은 맥락, 즉 하나님을 향한 지속적인 여정에 위치시켰다. 그리고 이 지속적인 은총의 경험에 관한 교리의 전파를 하나님이 감리교운동을 일으키신 주요한 목적 가운데 하나라고 보았다. 실제로 그는 완전 성화를 가리켜 세상에 대한 감리교운동의 대(大) 유산이라고 가르쳤다.[3]

즉, 웨슬리는 완전 성화의 교리가 감리교인의 성격에 기초가 되는 것으로 묘사한 것이다. 하지만 그것은 웨슬리가 완전 성화의 교리를 엄밀하거나 좁은 의미에서 감리교의 표식으로 이해했다는 말은 아니다. 오히려 그는 그것을 더 넓은 의미에서 진정한 그리스도인의 표식으로 이해했다.[4]

오늘날 많은 현대 감리교인은 온전한 성결의 이 넓은 의미를 회복할 필요가 있다. 그리고 무엇보다 온전한 성결의 신학을 보다 체계적이고 설득력 있게 세워야 한다. 이러한 요구에 합당하게 응답하려면 먼저 이 주제(완전 성화)를 하나님에 대한 사랑(참여)으로 이해해야 한다. 그런 다음 그것을 삼위일체의 교리적 기초 위에 세워야 한다.

---

2 "Brief Thoughts on Christian Perfection," § 2. 이러한 종류의 성찰은 웨슬리의 *A Plain Account of Christian Perfection as Believed and Taught by the Reverend Mr. John Wesley, from the Year 1725, to the Year 1777* (Bristol, 1777; reprint edition, London: Epworth Press, 1952), 112에도 포함되어 있다.

3 "이 교리는 하나님이 감리교인이라고 불리는 사람들에게 위탁한 대(大)유산입니다. 이 유산을 세상에 전파하기 위해 우리 감리교인들은 하나님의 부르심을 받았습니다"(To Robert Carr Brackenbury, September 15, 1790, in John Wesley, *The Letters of the Rev. John Wesley, M. A.*, ed. John Telford, 8 vols. [London: Epworth Press, 1931], 8:238; henceforth referred to as Wesley, Letters).

4 *The Character of a Methodist*, § 17, in Wesley, *Works*, ed. Outler, et al., 9:41.

1) 완전 성화에 대한 보다 더 설득력 있는 신학적 설명의 필요성

최근에 웨슬리의 글을 해석한 많은 학자는 완전 성화에 대한 보다 설득력 있는 신학적 설명이 필요하다는 견해를 갖고 있다. 예를 들어, 토마스 오드(Thomas Oord)와 마이클 로달(Michael Lodahl)은 그리스도인의 완전이나 완전 성화와 같은 '고전적인 용어'가 "더 이상 많은 사람의 상상력을 사로잡지 못한다"라고 주장한다.[5] 그들은 성결(holiness)에 대한 전통적인 언어가 우리의 마음과 상상력을 재차 사로잡을 수 있는 방식으로 갱신되어야 한다고 입을 모은다.

그러면서 그들은 웨슬리에 대한 비판적 해석에 기초하여 '성결의 핵심'이 사랑이라고 제안한다. 그런 다음 그들은 웨슬리에게서 성결의 관계적 요소로 볼 수 있는 것을 강조한다.[6]

오드와 라달 외에도 기독교 신학의 성결과 사랑에 대한 무감각한 이해의 위험성을 인식한 학자들이 있다. 그중 한 명이 케네스 콜린스(Kenneth Collins)다. 그러나 여기에 한 가지 주의 사항이 있다. 콜린스의 접근 방식은 오드와 라달의 접근 방식과 약간 다르다. 실제로 자신의 책 『존 웨슬리의 신학: 거룩한 사랑과 은총』에서, 콜린스는 오드와 라달이 취한 해결책에 문제를 제기한다.[7]

콜린스에 따르면, 성결을 사랑과 동일시(본질적으로)할 때 웨슬리가 식별한 성결과 사랑 사이의 미묘한 관계를 놓치게 된다. 일례로 웨슬리는 성결과 사랑이 서로 간에 친밀한 관계를 유지하긴 하지만, 오드와 라달이 해석하는 것처럼 동일하지는 않다고 본다. 그리고 무엇보다 웨슬리는 '기독교 성결의 본질'을 사랑이 아니라, 단순함(simplicity)과 순전함(purity)으로 보

---

5   Thomas Jay Oord and Michael Lodahl, *Relational Holiness: Responding to the Call of Love* (Kansas City, Mo.: Beacon Hill Press, 2005), 25.
6   위의 책, 70.
7   Kenneth J. Collins, *The Theology of John Wesley: Holy Love and the Shape of Grace* (Nashville: Abingdon Press, 2007).

았다.[8] 다시 말해, 웨슬리의 관점에서 본 성결과 사랑 사이의 관계는 어떠한 직접적인 동일성이 아니라 일종의 긴장을 내포한 '결합'(conjunction)을 의미한다는 것이다. 따라서 콜린스는 웨슬리의 성결과 사랑을 다음과 같이 구분한다. 먼저 성결은 "순전함을 이루기 위해 분리(구별)하는 운동"이다. 하지만 사랑은 "계시, 관여, 그리고 최고 수준의 친교를 이루는 운동"이다.[9] 이처럼 콜린스는 웨슬리의 고유한 어휘나 용법을 참조하면서, 웨슬리의 독특한 사상이 지닌 미묘한 뉘앙스를 조심스럽게 검토한다. 그리고 "가장 훌륭하고 정확한 요약은, 즉 웨슬리의 궁극적인 해석학은" "사랑" 그 자체가 아니라, "거룩(성결)한 사랑"이라고 주장한다.[10]

콜린스의 웨슬리 해석은 성결과 사랑의 신학적 특성을 각각 확증하는 동시에 성결과 사랑 사이의 건설적인 상호 결합의 가능성을 강조한다. 그리고 더 나아가 성결과 사랑의 분열이 야기할 수 있는 긴장보다는 상호 결합 속에 유지되는 긴장에 주목한다.

> 사랑과 분리된 성결은 소멸하는 불이다.[11]

하지만 성결과 사랑이 ― '거룩(성결)한 사랑'이란 웨슬리의 유명한 문구에서와 같이 ― 창조적 긴장 속에 서로 결합되면, 그들은 "삼위일체 하나님의 신적인 본성 '안'에서와 같이 거룩한 그리스도인의 삶 '속'에서도 드러나는" "미묘한 균형"을 이룰 수 있다.[12] 웨슬리가 성결과 사랑을 어떻게 연관시키는지 설명하고 있는 콜린스의 해석은 여러 가지 이유에서 주목할 만하다.

8　"단순함(simplicity)과 순전함(purity)이 기독교적 성결의 본질이라는 것을 기억하십시오. 하나의 계획, 하나의 의도, 하나님에 대한 하나의 전적인 헌신"(To a Member of the Society, April 4, 1771, in Wesley, *Letters*, 5:238).
9　Collins, *The Theology of John Wesley*, 8.
10　위의 책.
11　위의 책.
12　위의 책.

첫째, 그것은 그리스도인의 삶에 대한 웨슬리의 설명과 삼위일체 하나님의 본성에 대한 이해 사이에 존재하는 신학적 관계를 조명한다.
둘째, 그것은 성결과 사랑의 신학적 근거가 무엇인지 보여 준다.

이 두 가지 이유에 대해서는 본 장의 뒷부분에서 더 상세하게 다뤄질 것이다. 그러므로 지금은 성결과 사랑 사이의 신학적 관계에 더 많은 관심을 기울일 것을 요구해 온 여러 웨슬리안 신학자 중에서 콜린스의 위치가 어디인지를 아는 것만으로 충분하다.

오드와 라달의 건설적인 해석과 콜린스가 제안한 웨슬리 해석에 더하여, 최근의 몇몇 웨슬리안 신학자는 보다 실질적인 신학적 이해를 통해 성화를, 특히 웨슬리의 완전 성화의 교리를, 비판적으로 재검토하고 있다. 예를 들어, 윌리엄 아브라함(William Abraham)은 현대 감리교인이나 웨슬리안 사이에서 "웨슬리의 완전 성화의 교리가 단지 틀에 박힌 말이나 과장된 수사 외에 다른 어떤 방식으로 작동하지 않는다"는 놀라운 주장을 펼친다.[13]

만일 이것이 사실이라면, "이제 문제는 기독교의 한 전통이 지닌 본질을 풀어내는 것에 있다. … 즉, 감리교 교리의 핵심적인 가르침에는 치명적인 결함이 존재한다. 만일 저 결함으로 인해 고통받고 있는 자가 요행히 살아 있다면, 그는 즉시로 저 고통에 적합한 치료와 효과적인 처방을 받아야 한다."[14]

그렇다면, 무엇이 저 "고통에 적합한 치료"이고 "효과적인 처방"일까?

아브라함이 제안한 치료 및 처방은 웨슬리의 복잡한 사상과 교리에 대한 비판적인 분석에서 비롯된다. 완전 성화의 교리는 아브라함이 "수덕신학의 실천, 실현된 종말론의 비전, 영신 수련의 심리학"이라고 묘사한 내용으로 구성되어 있기 때문에 다소 복잡한 구석이 있다.[15] 하지만 웨슬리의 완전 성화의 교리에 대한 비전은 일반적으로 다음과 같이 이해되고 있다.

---

13 William J. Abraham, "Christian Perfection," in Abraham and Kirby, eds., *The Oxford Handbook of Methodist Studies*, 587-601, 특히 587.
14 위의 책.
15 위의 책.

우리 그리스도인의 실존적인 목표는 하나님의 은총에 의해 이생에서 실제로 달성될 수 있는 '사랑 안에서의 완전'이다. 이 완전 개념에는 신자들이 더 이상 죄책감이나 하나님과의 분리 문제로 고통받지 않는다는 비교적 단순한 의미가 내포되어 있으며 다음의 신학 주제로 다룬다. 그리스도의 대속적 죽으심, 살아 역동하는 믿음의 본질, 회개 그리고 하나님께로 나아가는 거룩한 삶의 지향, 죄 사함의 확신, 신생에서 경험되는 성결과 그리스도의 은총 안에서 지속적으로 경험되는 성화.[16] 이밖에도 완전 성화의 교리를 더 복잡하게 만드는 것이 있다. 그것은 다름 아닌 웨슬리의 저작이다. 웨슬리는 설교, 전도지, 소책자 등의 저술활동을 통해 완전 성화의 개념적, 신학적 문제를 실로 다양한 각도에서 설명하고 해석했다. 더욱이 그는

(1) 신앙을 고백하고, 배우고, 낭송하기 위해 고안된 찰스의 찬송시,
(2) 경험을 바탕으로 진정한 성결이 무엇인지 밝혀낸 알미니안 매거진,
(3) 감리교 설교자들 사이의 완전 성화 논쟁을 문서화한 회의록을 가지고 완전 성화에 대한 자신의 견해를 계속 발전시켰다.

그리고 연합 신도회, 속회, 신도반 등 감독 체계에 실질적으로 접목될 수 있는 기독교 제자도의 한 형태로 재구성했다.[17]

확실히 이 완전한 형태의 성결에 대한 웨슬리의 설명은 복잡하다. 그리고 이러한 교리적 복잡성은 완전 성화에 대한 웨슬리의 진정한 이해가 무엇인지 분별하기 어렵게 만든다. 그러나 그보다 더 큰 문제는 이러한 구분의 어려움이 놀라울 정도로 다양한 해석의 가능성을 열어 준다는 것이다. 그중에서 특히 문제가 되는 것은 웨슬리 자신도 자유롭지 못했던 인간 중심적 해석이다.

---

16 위의 책, 590.
17 참조. 아브라함은 말한다. "성경의 주석, 신학적 언술, 경험적 증언, 독창적인 영적 및 교회적 실천의 전면에서 우리가 완전 성화를 발견하게 되면, 감리교의 핵심이었던 영적 삶의 거대한 실험을 눈으로 보기 시작할 수 있다"(위의 책, 591).

웨슬리는 성결이 기독교의 핵심이라고 말하면서도 인간이 성결을 추구하는 데 앞장서야 한다고 가르쳤다. 하지만 기독교 신학이 말하는 성결은 복음적이다. 인간 중심적이지 않고, 하나님 중심적이다. 인간의 능력으로 말미암은 것이 아니라, 그리스도 안에서 이루어지는 것이다. 그러므로 어떤 해석이 성화에 대한 인간 중심적 이해의 여지를 남겨 놓는다면, 그것은 매우 조심스럽게 다루어 져야 한다. 불행하게도 웨슬리의 후손들은 이 점에서 실패했다.

더욱이 아브라함에 따르면 성화에 대한 인간 중심적 해석은 이미 웨슬리의 설교에서 암묵적으로 발생했으며 그것을 수용한 후기 웨슬리안 학파에 의해 분명하게 표현되었다.[18] 물론 혹자는 웨슬리가 이미 이 문제를 극복했고 기독교인의 삶과 신앙의 핵심을 다루는 감리교의 성화 교리는 웨슬리의 생애뿐만 아니라 그 이후로도 결코 타협된 적이 없다고 주장할 수도 있다.

그러나 웨슬리가 구원의 길(*via salutis*)에 대한 제한된 시각으로 신앙의 유비(*analogia fidei*)를 설명하면서 저 인간 중심적 해석의 문제가 다시 표면화되었던 것은 부인할 수 없는 사실이다.[19] 결국, 우리는 원하든 원하지 않든, 웨슬리 자신이 명시적으로(또는 암묵적으로) 진술한 것보다 더 깊고, 더 넓은 신학적 인식을 가져야 할 필요성에 직면할 수밖에 없다. 그리고 이는 궁극적으로 완전 성화에 대한 타당한 해석이 신학의 자리가 아닌 다른 곳에서는 나올 수 없음을 시사한다.

---

18 위의 책, 593-94.
19 웨슬리는 로마서 12:6의 주석에서 "신앙의 유비를 따라 예언하자"라는 구절과 관련하여 "신앙의 유비"가 의미하는 바를 가장 자세히 설명한다. "사도 베드로는 그것을 다음과 같이 표현한다. '하나님의 말씀으로'[벧전 4:1]. 하나님의 말씀의 일반적인 취지에 따라, 원죄, 믿음으로 말미암은 칭의 그리고 현재의 내적 구원을 다루고 있는 그 장 대한 교리의 구도에 따라. 이 모든 것 사이에는 놀라운 유비가 있다. 그리고 '성도들에게 단번에 주신'[유 1:3] 믿음의 머리들 사이에도 긴밀하고 친밀한 관계가 있다. 따라서 어떤 문제가 있는 신조든지 간에, 그것은 모두 이 규칙(유비, 관계)에 따라 결정되어야 한다. 그리고 모든 의심스러운 구절은 전체를 관통하는 위대한 진리에 따라 해석되어야 한다"(*Explanatory Notes Upon the New Testament* [London: William Bowyer, 1755; reprint Epworth Press, 1954], 롬 12:6).

아브라함에 따르면, 가장 유망하고 신학적으로 유효한 해석은 완전 성화의 교리를 기독교 교회의 전통적 신앙과 깊이 통합하는 것이다. 따라서 그는 다음과 같이 주장한다.

> 감리교의 역사는 다음과 같은 사실을 우리에게 보여 준다. 즉, 완전 성화의 교리는, 그것이 가진 인간-중심적 경향을 창조와 타락과 구속으로 구현된 기독교적 사고로 소탕(掃蕩)시켜야 한다. 그렇지 않으면, 그 교리는 생존할 수 없다.[20]

다시 말해, 완전 성화의 교리는 갱신되어야 한다. 그리스도교 신조와 교회 전통의 모든 보화로부터 그 신학적 기초가 제공되어야 하며, 그 기초 위에 성결에 대한 웨슬리의 비전이 신 중심적으로 확립되어야 한다.[21]

아브라함 외에도 완전 성화를 신학적으로 정교하게 이해하려는 웨슬리안 신학자들이 있다. 그중 하나가 테오도르 런연(Theodore Runyon)이다. 런연은 자신의 책 『새로운 창조: 오늘의 웨슬리 신학』에서 완전 성화를 이미 완성된 상태의 완전으로 이해하는 두 가지 문제, 즉 완전주의(perfectionism)와 영적 엘리트주의(spiritual eliticism)의 문제를 제기한다.

런연에 따르면, 이 두 가지 문제는 웨슬리의 완전 성화 교리를 받아들일 수 없도록 만드는 대표적인 장애물이다.[22] 그래서 그는 그 장애물을 극복하려고 시도한다. 예를 들어, 런연은 완전 성화를 재해석하는 '가장 실천적인 출발점'으로 하나님의 완전한 사랑을 앞세운다. 그리고 그 이유를 다음의 두 가지 차원에서 설명한다.

---

20 Abraham, "Christian Perfection," 599.
21 위의 책, 597-98.
22 Theodore Runyon, *The New Creation: John Wesley's Theology Today* (Nashville: Abingdon Press, 1998), 특히 91-101, 222-33.

첫째, 하나님의 완전한 사랑에서 시작하는 것은 "자아와 완전히 죄 없는 상태에 대한 집착"을 배제하고, 웨슬리의 "죄 없는 완전"이란 구절이 지닌 의미를 더 신중하게 반영할 수 있다.

둘째, 하나님의 완전한 사랑에서 시작하는 것은 신자들을 "진정한 성화의 유일한 원천", 즉 삼위일체 하나님의 은총과 사랑에 "참여"하도록 "유도할 수 있다."[23]

---

23 위의 책, 231-32. 『신자 안에 있는 죄』에서 웨슬리는 "죄 없는 완전"에 대한 주장을 강하게 거부한다. 여기서 웨슬리가 인정한 것은 신자가 죄의 권세와 죄책으로부터 자유함을 얻는다는 것이지, 죄의 존재는 아니다(Sermon 13 [1763], IV.4, in Wesley, *Works*, ed. Outler, et al., 1:328). 『그리스도인의 완전에 대한 평이한 해설』에서 웨슬리는 더 자세한 내용을 제공한다. "이 주제에 대해서 내 나름대로 좀 더 설명하자면, (1) 죄라고 불러 마땅한 죄(즉 율법을 알고도 짐짓 범하는 것)뿐만 아니라, 다른 의미에서의 죄 곧 무의적 죄라고 불리는 죄(즉, 무의식 중에 하나님의 율법을 알고 모르고 간에 범하는 허물)도 그리스도의 속죄의 피를 필요로 합니다. (2) 나는 이런 무의적 죄들을 배제하는 완전은 이생에서는 없다고 믿습니다. 이런 무의적 죄는 사람이 죽음을 면치 못하는 인간성을 가지고 있음으로 말미암아 불가피하게 생기는 무지나 실수들 때문에 자연히 범하게 되는 것인 줄 이해하고 있습니다. (3) 그러기에 "죄 없는 완전"(sinless perfection)이라는 말은 자가당착되어 보일까 봐 내가 결코 쓰지 않는 어귀입니다. (4) 나는 하나님께 대한 사랑이 충만한 사람이라도 이런 본의 아닌 범과는 있을 수 있다고 생각합니다. (5) 그러한 범과를 죄라고 부르고 싶으면 부르라. 나는 이상의 이유로 이런 것을 구분하여 부릅니다."("Thoughts On Perfection" [1759], Q.-A. 6, included in *A Plain Account of Christian Perfection*, 45). 이와 유사하게, 웨슬리는 1763년의 편지에서 이렇게 썼다. "그러면 그들의 논쟁은 누가 완전에 반대하는지에 대하여 무엇을 증명합니까? '절대적이고 무오한 완벽함?' 나는 그것을 주장한 적이 없습니다. 죄 없는 완전? 나는 이 용어를 두고 굳이 논쟁하려 들지 않을 것입니다. 그 용어가 성경적이지 않은 것을 내가 알기 때문입니다. 만일 여러분들이 말하는 완전이 율법 전체를 완벽하게 완성하는 것이라면, 그 완전은 그리스도의 공로를 필요로 하지 않을 것입니다. 하지만 나는 그런 것을 인정할 수 없습니다. 지금도, 그리고 앞으로도 항상 그럴 수 없습니다. '정녕 온전한 자에게는 죄가 없습니까?' 아니, 그렇지 않습니다. 나는 그렇게 믿지 않습니다. 하지만 그들은 온전하기에 순전한 사랑 외에 다른 어떤 성미도 느끼지 않고, 계속 기뻐합니다. 기도하고 또 감사합니다. 나는 더 이상 죄가 중단되거나 소멸되는 것에 대해 논하지 않을 것입니다. 단지 온전한 자가 순전한 사랑 외에 다른 어떤 것도 느끼지 않는다는 설명으로 충분합니다. 그리고 이러한 설명이 당신으로 하여금 '매일 힘쓰도록' 하게 하는 것. 그것이 내가 주장하고자 하는 바의 전부입니다. 오 … 주님께서 오늘 당신으로 하여금 그 것을 맛볼 수 있게 해 주시길 빕니다!"(To Mrs. Maitland, May 12, 1763, in Wesley, *Letters*, 4:213). 웨슬리 자신이 그 구절의 사용을 피하고 있음에도 불구하고, 그의 추종자들 중 많은 사람이 그의 교리를 "죄 없는 완전"으로 이해했다. 참조. John L. Peters, *Christian Perfection and American Methodism* (New York: Abingdon Press, 1956). 결국, 제 아무리 그 용어를 한정해

그런 다음 이 두 가지 이유를 바탕으로 런연은 다음과 같이 『새로운 창조: 오늘의 웨슬리 신학』을 마무리한다. 완전 성화에 대한 웨슬리의 해석을 발전시키기 위해서는 그것을 하나님의 완전한 사랑의 신학적 맥락(삼위일체)에서 재해석해야 한다. 즉, 이 신적인 사랑은 본질상 소요(所要)될 수 없는 것이지만, 하나님은 성령의 거룩하게 하는 은혜(성화 은총)로 우리를 거룩하게 하시고 예수 그리스도 안에서 열린 삶으로 인도하여 우리가 그분의 완전한 사랑 안에 거할 수 있게 하신다.[24]

위에서 논의한 웨슬리안 학자들의 제안 사이에는 몇 가지 차이점이 있다. 하지만 거기에는 분명히 공통된 전제도 있다. 그 공통된 전제는 바로 완전 성화에 대한 웨슬리의 교리가 보다 더 만족스러운 신학적 설명으로 해석될 필요가 있다는 것이다.

필자는 앞으로 이어질 논의를 통해 콜린스, 아브라함 그리고 가장 직접적으로는 런연에 의해 제안된 저 공통의 전제를 되돌아볼 것이다. 그리고 이것을 삼위일체신학과 병치하면서 웨슬리의 완전 성화에 대한 교리를 더 깊고 건설적인 방식으로 진전시킬 방법을 숙고할 것이다.

이 과정에서 독자들은 웨슬리의 성화 사상을 신학적으로 설명할 뿐만 아니라 사랑 자체의 개념적 성화도 가능하게 하는 주제인 하나님 안에 있는 삶(참여)에 특별한 주의를 기울일 필요가 있다. 성부 하나님은 성령을 통해 그리스도 안에 있는 자들을 거룩하게 하시고 완전한 사랑 안에 거하게 하신다.

도 결국 완전은 오해의 소지를 불러일으킬 수밖에 없음을 안 웨슬리는 앞서 언급한 편지를 통해 "완전"이란 단어 자체의 사용을 정당화시켰다. "그 단어에 대해서 말하자면, 그것은 성경적입니다. 그러므로 우리가 거꾸로 성신을 보내어 우리로 방언을 말하게 하신 분을 가르칠 수 없다면, 당신이나 나나 양심상 그 단어에 반하는 주장을 할 수 없습니다"(To Mrs. Maitland, May 12, 1763, in Wesley, *Letters*, 4:212).

24 이 책 전반에 걸쳐 남성 대명사는 하나님을 지칭하는 데 사용된다. 하지만 이것은 하나님이 여성이 아닌 남성이라는 것을 암시하지 않고, 단지 하나님에 대한 인간 언어의 불가피한 한계를 반영할 따름이다.

2) 하나님 안에 거하는 완전: 거룩하게 하는 사랑과 사랑의 성화

완전 성화를 하나님의 완전한 사랑 안에 거하는 것으로 이해하는 것(런연)은 하나님의 사랑이 우리를 거룩하게 하는 사랑 외에 다른 것이 아니란 뜻이다. 하나님의 사랑은 이 사랑, 오직 이 거룩하게 하는 사랑이란 점에서, 본질상 축성(祝聖)적이다. 따라서 인간은 하나님의 거룩하게 하는 사랑의 은혜로 말미암아, 하나님의 삶(생명)에 참여함으로써, 하나님의 형상으로 새롭게 된다.

그리고 하나님이 거룩하신 것처럼 거룩하게 된다(마 5:48). 앞으로 더 자세하게 설명되겠지만, 웨슬리는 완전 성화를 바로 이러한 축성(祝聖)적 사랑 이해, 소위 참여적 성화(participatory sanctification)라고 불릴 만한 방식으로 전파했다.

지면상의 제약으로 인해 웨슬리가 그 '것'을 어떻게 전파했는지는 여기서 다루지 않을 것이다. 그러나 이 한 가지 사실만큼은 분명히 할 필요가 있다. 웨슬리에게 있어서 성도를 온전하게 만드는 성화의 주된 목표는 이 축성(祝聖)적 사랑이다.

이어서 거룩하게 하는 사랑의 두 번째 의미는 앞서 언급한 '사랑의 개념적 성화'와 관련이 있다. 사랑을 성화한다는 생각은 삼위일체 하나님의 경륜적 구원 사역에 뿌리를 두고 형성되는 사랑을 신학적으로 확인하고 이해하려는 것과 연관된다. 이것을 우리가 웨슬리의 (그리고 역사적 기독교 신앙의) 기준에 맞춰서 말해야 한다면, 그것은—간단히 말해서—사랑을 이해하는 우리의 방식 그 자체가 성화되어야 한다는 것을 의미한다. 그래야만 그것이 본래적으로 지향하고 있는 바를 신학적으로 적절하게 확보할 수 있기 때문이다.

하지만 우리가 그렇지 못하면, 우리의 사랑에 대한 이해는 개념적으로 성화되지 못하고, 참된 성결로부터 분리될 것이다. 그리고 더 나아가 일종의 감수성이나 자기-결정 혹은 (콜린스가 제대로 경고하면서 비판한) 자기-방

종에 취약한 관념이 될 것이다.[25]

그렇다면 여기서 필자가 강조한 사랑의 개념적 성화란 구체적으로 무엇을 의미하는가?

그것은 사랑을 구별하는 것이다. 사랑을 다른 비-신학적 용도로부터 분리하는 것이며, 사랑이 어떠한 감상에 젖거나 스스로 결정된 자의적 관념이 아니라, 오직 예수 그리스도 안에서 계시되고 성령을 통해 인간의 마음에 도유(塗油)된 관계적 개념이라는 것을 명시하는 것이다. 이것이야말로 참 사랑이다. 이것이 웨슬리의 생각을 사로잡은 사랑이고, 이것이 웨슬리의 그리스도인의 삶에 대한 비전에 활기를 불어넣은 사랑이다.

하나님 안에 거하는 삶(참여)은 완전 성화에 대한 웨슬리의 견해를 해석하는 데 유용한 모티브다. 단순히 웨슬리가 자신의 저작에서 그것을 사용했기 때문이 아니다. 그것이 하나님을, 모든 완전함의 무한한 근원으로서 하나님을 가리키고, 사랑의 개념 그 자체를 성화하기 때문이다. 따라서 "거룩하게 하는 사랑"이란 구절은 이중적 의미를 지닌다. 다시 말해, 첫째로, 그것은 완전 성화에 대한 웨슬리의 교리를 해석함에 있어서 발생하는 한 가지 주요 문제—즉, 완전주의—를 해결한다. 그리고 이어서 둘째로 그것은 하나님의 존재와 활동 안에 축성(祝聖)된 사랑의 개념을 확보한다.

우선 전자에 관련하여, 대체로 완전주의란 다음과 같은 생각을 뜻한다. 일단 완전에 도달하면, 거기에는 추가적인 성장의 여지가 없다. 이러한 견해에서 목표란 이미 도달된 것이다. 결승선이란 것도 이미 한참 지난 것에 불과하다. 하지만 웨슬리는 그렇게 가르치지 않았다. 비록 완전 성화란 것이 특정한 시점에 하나님이 신자의 영혼에 가하신 일이지만, 그것은 정적이고 완성된 상태(완료된 완전)가 아니다.

웨슬리는 도리어 그것이 하나의 여정(완전케 하시는 완전)이라고 가르쳤다. 즉, 웨슬리에게 완전이란, 우리가 믿음을 통해 은총 안에서 계속 성장함으로 말미암아 더 높은 수준의 사랑에서 항상 경험할 수 있는 어떤 것이

---

25 Collins, *The Theology of John Wesley*, 8–9.

다.[26] 빌립보서 3:12과 15에 대한 그의 주석을 예로 들어 보자. 거기에서 웨슬리는 완전한 것(being perfect)과 완성된 것(being perfected) 사이의 결정적인 차이를 언급한다.

> 완전한 것과 완성된 것 사이에는 차이가 있다. 전자는 경주에 적합하다(15절). 하지만 후자는 상 받을 준비가 되어 있다는 것에 적합하다.[27]

웨슬리는 여기에서 완전에 대한 사도 바울의 말씀을 참고하여, 그것이 믿음 안에서 강하고 성숙한 것을 의미한다고 말한다. 그리고 그것이 아직 끝나지 않은 경주에 적합하다고 덧붙인다. 따라서 웨슬리의 빌립보서 주석에서 완전이란, 하나님을 향한 우리의 여정의 끝에서 우리를 기다리고 있는 상을 향해 나아가라는 지시를 의미한다(빌 3:12, 14). 그래서 웨슬리는 완전주의에 반대한다. 그리고 언제나 완전에 대한 역동적인 관점을 권장한다.

즉, 예수 그리스도의 제자들이 사랑 안에서 더 성장할 수 있다는 관점. 성령의 지속적인 활동에 이끌리어 하나님 안에 있는 영원한 행복에 참여할 수 있다는 관점. 웨슬리는 바로 이러한 관점에 의거하여 완전의 개념을 소위 '참여적 성화'란 의미로 해석한다.

그렇다면 웨슬리가 그러한 개념적 해석을 받아들일 수 있었던 이유는 무엇일까?

웨슬리는 인간이 구원의 길 위에서 무한히 성장할 수 있다고 보았다. 구원을 일으킬 뿐 아니라 온전하게 하시는 하나님 안에서 인간의 성장이 끝이 없다고 가르쳤다. 더욱이 그는 하나님의 사랑 안에 거하는 성결의 삶이 '지금 여기에서' 얼마든지 가능하며, 언제나 더 깊어질 수 있다고 믿었다. 이미 하나님의 사랑으로 온전하게 된 사람도 예외는 아니다.

---

26   참조. Outler's introduction to *Christian Perfection*, in Wesley, Works, ed. Outler, et al., 2:98.

27   *Explanatory Notes*, Phil. 3:12, 15.

웨슬리의 관점에서 하나님은 그들이 날마다 하나님의 사랑 안에서 더 자랄 수 있도록 능력을 부어 주시는 분이다. 따라서 웨슬리의 완전에 대한 견해가 역동적일 수 있었던 이유는 그의 완전에 대한 이해가 바울의 구원관에 근거했기 때문이다. 웨슬리에게 있어서 완전은 결코 정적인 상태가 아니다. 도리어 완전은 완전한 사랑의 모든 충만함을 나누고자 하는 하나님의 끝없는 열망 안에서 더 성장하고 더 깊이 참여하는 것이다.[28]

그리고 완전주의라는 잘못된 개념에 반하여, 이 '거룩하게 하는 사랑'의 첫 번째 의미로서의 열망은 그리스도 안에 있는 자들을 거룩하게 할 뿐 아니라, 사랑 안에서 그들을 온전하게 하시고, 은혜 안에서 그들이 영광에 이르게 하사, 하나님과의 온전하고 최종적인 연합을 이루게 하는 성령의 지속적인 사역을 나타낸다.

한편 "거룩하게 하는 사랑"의 두 번째 의미는, 신론에서 발견된 사랑의 맥락과 신학적 내용에 주의를 요청하기 때문에 조금 더 명확히 해 둘 필요가 있다. 확실히, 사랑에 대한 웨슬리의 개념에는 특정한 의미가 부여되어 있다. 정리하자면, 웨슬리는 사랑의 개념적 기초를 삼위일체 하나님의 본성과 활동, 특히 성도들을 하나님의 삶(생명)으로 인도하는 성자와 성령의 지상 파견에 둔다.

따라서 웨슬리의 사랑 개념은 본질적으로 참여적 요소를 갖고 있다. 그리고 그 요소는 그리스도 안에서 풍성히 계시되고 성령께서 성화하는 은혜(성화 은총)를 통해 인간의 삶에 베푸시는 사랑으로 확증된다.

---

28 참조. Outler's introduction to *Christian Perfection*, in Wesley, Works, ed. Outler, et al., 2:98. 토마스 A. 랑포드(Thomas A. Langford)는 우정을 언급함으로써 "완전이 더 완전해지는 것"이라는 개념을 설명한다. "내가 생각할 수 있는 가장 좋은 예는 완전하고 충만하게 선한 우정(만일 그런 우정이 있다면)이 그 자질에 따라 더 풍성한 완전성을 위한 새로운 가능성을 만들어 내는 것이다"("John Wesley's Doctrine of Sanctification," *Bulletin of the United Church of Canada Committee on Archives and History*, 29 [1980-1982]: 63-73, 특히 69). 이 예화는 완전한 사랑에 대한 웨슬리의 이해의 관계적이고 역동적인 특징을 표현한다. 아퀴나스는 우리가 사랑할 수 있는 능력을 확장시키는 하나님의 사역에 대해 웨슬리의 말과 유사하게 말하고 물론 우정의 언어도 사용한다(e.g., *ST*, I, q. 12; II-II, q. 23 and I-II, q. 114).

오늘날 웨슬리 연구의 과제는 더 설득력 있는 신학적 언어로 성화를 재고하는 것이다. 이 과제는 앞서 확인된 바와 같이 웨슬리의 성화론에 대한 재평가를 통해 진전될 수 있다. 보다 정확하게는 성령론에 기초한 성화 이해를 통해 진행될 수 있다. 그러므로 지금 필요한 것은 웨슬리의 완전 성화 교리에 담긴 삼위일체 교리를 재검토하는 것이다.

2. 웨슬리의 성화론에 대한 삼위일체적 이해

웨슬리가 성화를 독해하는 방식은, 본질적으로, 성경과 초기 기독교 문서에 기초를 두고 있다.[29] 하지만 웨슬리는 단순히 그것들을 반복하진 않는다. 도리어 그는 자신의 고유한 입장을 여러 다양한 사상적 줄기와 창조적으로 결합시킨다. 다시 말해, 웨슬리는 그리스도인의 삶의 가장 중요한 목표를 하나님과 이웃에 대한 완전한 사랑으로 설명하기 위해 어느 정도의 독창성을 발휘한다.

완전한 사랑에 대한 웨슬리의 이 같은 견해는 지난 수년 동안 많은 관심을 받아 왔다.[30] 하지만 이 책의 목적은 이러한 관심을 전반적으로 검토하는 것에 있지 않다. 도리어 신론의 관점에서 웨슬리의 가르침을 분석하려는 것에, 즉 삼위일체의 교리를 사랑의 완전이란 개념으로 설명하려는 웨

---

29 그리스도인의 완전에 대한 웨슬리의 신학과 견해에 대한 성경적, 교부적 영향에 관해서는 Ted A. Campbell, *John Wesley and Christian Antiquity: Religious Vision and Cultural Change* (Nashville: Kingswood Books, 1991)를 보라.

30 Harald Lindström, *Wesley and Sanctification: A Study in the Doctrine of Salvation* (Stockholm: Nya Bokförlags Aktiebolaget, 1946)가 고전적인 연구다. 다른 주목할 만한 연구에는 Matthew R. Schlimm, "The Puzzle of Perfection: Growth in John Wesley's Doctrine of Perfection," *Wesleyan Theological Journal* 38/2 (Fall 2003): 124–42; Leonard D. Hulley, "An Interpretation of John Wesley's Doctrine of Perfect Love," *Theologia Evangelica* 23 (March 1990): 21–29; William M. Arnett, "The Role of the Holy Spirit in Entire Sanctification in the Writings of John Wesley," *Wesleyan Theological Journal* 14/2 (Fall 1979): 15–30; 그리고 D. Marselle Moore, "Development in Wesley's Thought on Sanctification and Perfection," *Wesleyan Theological Journal* 20/2 (Fall 1985): 29–53이 있다.

슬리의 시도를 읽어 내려는 것에 있다. 그런데 여기서 주의할 점은 '하나님'과 '사랑'이라는 이 두 가지 주제에 대한 웨슬리의 설명에 중요한 연결 고리가 있다는 것이다.

비록 이 연결 고리가 웨슬리에 의해 체계적이거나 포괄적으로 설명되지는 않았지만 다음과 같은 의미에서 웨슬리의 사상에 분명히 함축되어 있다. 웨슬리의 완전 성화 교리는 완전한 사랑에 뿌리를 두고 있으며, 삼위일체적 근거와 목적을 가지고 인간의 하나님과의 교제를 지향한다.

그렇다면 하나님과 사랑과 성화 사이의 관계에 대한 웨슬리의 일견을 얻기 위해 우리는 무엇을 어떻게 해야 할까?

직설적으로 말하자면, 우리는 웨슬리의 삼위일체론을 살펴야 한다. 그러나 더 구체적으로 말하자면, 우리는 웨슬리가 그의 신론을 발전시킬 때 고려한 두 가지 중요한 주제를 검토해야 한다.

(1) 웨슬리의 구원론적 삼위일체론
(2) 웨슬리의 신학적 인식론

1) "모든 생명력 있는 종교의 뿌리": 웨슬리의 삼위일체 하나님

초기 기독교 전통에 따라 웨슬리는 한 분 하나님, 즉 성부, 성자, 성령 삼위일체 하나님을 수용하고 전파했다. 그러나 웨슬리가 삼위일체에 관한 논쟁에 거의 참여하지 않았다는 것은 부인할 수 없는 사실이다. 게다가 웨슬리는 그의 시대의 삼위일체신학과도 어느 정도 거리를 두고 자신의 신학을 발전시켰다.

그럼에도 불구하고, 삼위일체는 웨슬리의 믿음을 이해하는 데 있어서 필수적이다. 일례로 웨슬리는 그의 설교 "삼위일체에 대하여"에서 삼위일체 하나님의 진리가 "기독교의 핵심에 들어간다. 그것은 모든 생명력 있는 종교의 뿌리다"라고 말한 바 있다.[31] 그리고 이어서 그 교리가 그리스도인의 삶에 중심이라고 강조한다.

> 그러나 개인이 어떻게 그리스도인이 되어 (성 요한이 말하듯) "자기 안에 그 증거를 갖게 되기까지 되고"(요 15:10), "하나님의 성령께서 그가 하나님의 아들임을 그의 영과 함께 증거하시기까지 되는지"(롬 8:16)—즉 실제로 성령 하나님이 성자 하나님의 공로로 인하여 성부 하나님이 그분을 받아들이셨음을 증거하시기까지 되는지—나는 잘 모릅니다. 그리고 이 증거를 가지고 그는 '성부 하나님을 경배하듯' 성자와 성령을 경배합니다. 모든 그리스도인이 삼위일체를 말하는 것은 아닙니다. 아마 처음에는 스무 명 중에 아무도 없을 것입니다. 그러나 당신이 그들 중 누구에게라도 몇 가지 질문을 한다면, 당신은 쉽사리 그것(삼위일체)이 그가 믿고 있는 것 안에 포함되어 있음을 발견할 것입니다.[32]

이 구절에서 알 수 있듯이 웨슬리는 기독교적 실존의 맥락에서 삼위일체의 의미를 펼친다. 한 마디로 웨슬리에게 있어서 삼위일체론은 단순히 하나님에 대한 지적인 진술을 하는 교리가 아니다. 그 교리는 그 이상의 의미를 가지고 있으며, 그리스도인의 삶의 기초를 구성하는 구원론을 지향한다.

다시 말해, 웨슬리의 삼위일체론은 머리의 문제가 아니라 마음의 문제이며, 하나님의 은혜로 말미암아 하나님 안에서 영원하신 하나님과 인격적으로 소통하는 문제를 말한다. 물론 웨슬리가 하나님의 내적인 삶을 체계적으로 조직한 사상가는 아니다. 삼위일체에 대한 연구가 충분한 것도 아니다. 하지만 성령과 그리스도의 위격에 대한 웨슬리의 해석은—우리가 앞으로도 볼 것이지만—세 신성한 위격 간의 일치와 평등에 관한 기독교 전통의 일반적인 가르침과 일치한다.

---

31 Sermon 55, *On the Trinity* (1775), § 17, in Wesley, *Works*, ed. Outler, et al., 2:384.
32 위의 책, § § 17-18, in Wesley, *Works*, ed. Outler, et al., 2:385.

더욱이 웨슬리가 삼위일체에 관한 이 설교에서 직접적으로 진술한 바와 같이, 어떤 사람이 삼위일체론자일 수 있는 이유는 그 사람이 기독교 신조에 따라 삼위일체의 신비를 분명히 표현할 수 있기 때문이 아니라 그 사람이 알고 사랑하는 분이 곧 삼위일체 하나님이시기 때문이다. 이것을 좀 더 신학적으로 말하면, 성부 하나님은 성자의 공로로 인간을 영접(迎接)하신다. 그리고 성령은 이 사실을 만천하에 증언하신다.

즉, 하나님은 자신의 위격의 삼위일체적 형태를 세상을 향한 은혜로운 구원의 역사를 통해 계시하신다. 모든 그리스도인이 이 계시를 같은 언어로 표현하지 않는다. 그러나 웨슬리의 관점에서, 그것은 전혀 문제가 되지 않는다. 그에게 정말로 중요한 것은 삼위일체 하나님의 삶 안에 거하는 사람들의 실재 안에 그 계시가 이미 실존적으로 내재되어 있다는 것이다.

『로마가톨릭에게 보내는 편지』에서, 웨슬리는 자신이 이해하는 삼위일체 하나님의 위격에 대해, 그리고 신자들의 삶 속에 역사하시는 성령의 사역에 대해, 더 자세히 설명한다. 이 설명은 웨슬리의 본질적인 사상적 기초가 삼위일체이며, 특히 성화의 경우에는 성령론과 깊이 연결되어 있음을 보여 준다.

> 나는 성부와 성자와 동등한 하나님의 무한하고 영원한 영을 믿습니다. 나는 그 하나님의 영이 완전하고 홀로 거룩할 뿐 아니라, 우리 안에 있는 모든 거룩함의 즉각적인 원인이란 것을 믿습니다. 그분은 우리의 이해를 밝히고, 우리의 의지와 사랑을 바로잡으며, 우리의 본성을 새롭게 하십니다. 그리고 그분은 우리의 인격을 그리스도에 연합하고, 우리의 양자됨을 보증하고, 우리의 모든 행동 안에서 우리를 인도하며, 우리의 영혼과 육체를 정화, 거룩하게 하사 하나님의 완전하고 영원한 행복을 누리게 하십니다.[33]

---

33 Wesley, *Letter to a Roman Catholic*, in Wesley, *Works*, ed. Jackson, 10:82.

성화의 모든 사역은 분명히 성령 하나님의 몫이다. 하나님의 영이 그리스도인의 삶에 임해야 비로소 성결이 임하고 사랑이 충만할 수 있다. 그러나 웨슬리의 관점에서 성령의 역사는 어느 한 위격의 전적인 사역이 아니라 세 위격의 공동 사역이다. 즉, 웨슬리가 성화의 설명을 통해 성령의 역사를 내세울 때 그 역사는 성령만의 역사가 아니라 본질적으로 성부/성자와 한 분이시며 완전히 동등하신 성령의 역사이다. 그러므로 웨슬리의 성화론에서 표현된 성령론적 강조는 반드시 삼위일체의 맥락에서 이해되어야 한다.

삼위일체 교리에 대한 웨슬리의 해설은 그 교리 안에 '구원'과 '경배'라는 두 가지 차원이 조화롭게 병합되어 있음을 보여 준다. '구원'은 삼위일체 하나님의 사역이다. 그것은 성부와 성자와 성령의 역사다. 그리고 하나님의 구원 사역에 합당한 인간의 반응은, 다름 아닌, '경배'이다. 성부 하나님은 우리 그리스도인들을, 성자 하나님 안에서, 자신의 아들과 딸로 삼으셨다. 이제 우리는 저 아버지되신 하나님뿐만 아니라, 그분의 아들(성자)과 영(성령)에게도 영광을 돌림으로써, 한 분 하나님을—삼위일체적으로—경배하게 되었다.[34] 따라서 웨슬리는 구원과 경배의 이 같은 교차점을 강조하면서, 삼위일체론의 구원론적이며 송영론적인 차원에—즉, 그리스도교 신앙의 실천적 의미에—주의를 기울인다.

이 실천적 의미에 대한 웨슬리의 관심에는 필연적인 결과가 따랐다. 웨슬리 학문 분야에서 웨슬리가 이른바 실천신학자로 불리게 된 것이다. 예를 들어 랜디 매닥스(Randy Maddox)의 『책임적 은총: 존 웨슬리의 실천신학』은 이러한 불가피한 결과를 아주 잘 보여 준다.

이 연구에서 매닥스는 삼위일체 교리가 그의 신학 사상에서 일종의 '문법'적 역할을 한다고 주장하면서 웨슬리를 실천신학자로 묘사한다. 웨슬리에게 있어서 삼위일체는 그리스도인의 삶과 관련된 하나님의 근본적인

---

34 *On the Trinity*, § 17, in Wesley, *Works*, ed. Outler, et al., 2:385.

진리의 표현이다.³⁵ 그러므로 그것은 일종의 화법(話法)이자 하나님에 대한 올바른 믿음을 판단하는 표준(標準)이다. 실제로 웨슬리는 그의 추종자들에게 교리적이든 실천적이든 일원론적 신학을 경계하고 실천적 무신론에 빠지지 말라고 촉구했다.³⁶

교의학적으로 말하자면, 웨슬리는 한때 기독교 삼위일체신학의 대안으로 논의되었던 소시니안주의와 아리우스주의로부터 자신과 동료 감리교인을 구별하면서 자신의 신앙을 다음과 같이 고백한다. 감리교인들은 "그리스도가 영원한, 지고의 하나님이심을 믿는다. 그리고 여기서 우리는 소시니안(Socinian)이나 아리안(Arian)과 구별된다."³⁷

달리 말하면, 웨슬리는 삼위일체에 관한 한 어떤 형태의 교리적 자유주의나 절충주의(latitudinarianism)도 거부한다. 이러한 확고한 입장은 주로 웨슬리의 설교 "관용의 정신"에 표현되어 있다.

> 진정한 관용의 정신을 가진 사람이라면 … 그는 이미 태양이 확고한 것처럼 기독교 교리의 중요한 원리에 대해 확고한 주장을 가지고 있습니다.³⁸

또 같은 설교에서 웨슬리는 그리스도교 신학의 기독론적 중심을 강조하면서, 지금 이야기하고 있는 사람이 그와 한 마음을 갖고 있는지 판단하기 위해 수사학적으로 여러 가지 질문을 던진다.

> 당신은 '영원히 찬양받으실 만유의 하나님이신' 주 예수 그리스도를 믿습니까?(롬 9:5)
> 그분이 당신의 영에 계시되셨습니까?(갈 1:16)

35　Maddox, *Responsible Grace*, 140.
36　On "practical atheism," 다음을 보라. Wesley, "Upon Our Lord's Sermon on the Mount, III," I.11, in Wesley, *Works*, ed. Outler, et al., 1:517.
37　*The Character of a Methodist*, § 1, in Wesley, *Works*, ed. Outler, et al., 9:34.
38　Sermon 39 (1750), III.1, in Wesley, *Works*, ed. Outler, et al., 2:93.

제2장 거룩하게 하는 사랑 61

> 당신은 십자가에 못박혀 돌아가신 예수를 알고 있습니까?(고전 2:2)
> 그분이 당신 안에 당신이 그분 안에 살고 계십니까?(요 6:5; 요일 4:13, 15)
> 그분이 믿음에 의해 당신의 마음에 가로 새겨져 있습니까?(갈 4:19; 엡 3:17)[39]

이밖에도 웨슬리는 기독교 신앙을 삼위일체적 패턴으로 제시하는데, 이는 그의 "관용의 정신" 또는 "관용의 사랑"이 다른 어떤 것도 아닌 삼위일체신학에 뿌리를 두고 있음을 의미한다. 그러므로 웨슬리의 관용은 결코 무조건적이지 않다. 실제로 웨슬리는 어떤 경우에도 교리적 통합주의(doctrinal unitarianism)를 용납하지 않았다. 그리고 무엇보다도 웨슬리는 성공회 신학 전통을 포함한 기독교 교회의 보편적 가르침인 기독론과 삼위일체론을 희생하지 않았다.[40]

인간이 자신의 삶에서 하나님의 (삼위일체적) 삶으로 개선되도록 도운 웨슬리는 신학을 함에 있어서 삼위일체적 균형을 유지하려고 노력했다. 그리고 이 균형을 잃은 실천신학이나 기능신학이 있으면 과감하게 쫓아냈다. 따라서 매닥스는 삼위일체 교리에 대한 웨슬리의 사상을 다음과 같이 특징적으로 묘사한다.

웨슬리는 삼위일체 하나님의 세 위격을 각 위격의 '가장 본질적인 행위'에 근거하여 구별한다. 사실 인간이 성부, 성자, 성령의 구별을 인식하는 방법은 각 위격의 행위에 근거한다. 따라서 웨슬리 자신도 세 위격을 인식론적으로 구별하기 위해 각 위격을 창조와 섭리(아버지), 구원(아들), 성화(성령)의 행위와 연관시킨다.[41] 그러나 이 시점에서 우리는 하나님과 그분의 구원 행위에 대해 균형 잡힌 견해를 가질 필요가 있다. 그렇지 않으면, 삼위일체 하나님의 삶에 참여하는 그리스도인들의 삶에 대한 웨슬리의 이

---

39 위의 책, I.13, in Wesley, *Works*, ed. Outler, et al., 2:87.
40 Geoffrey Wainwright, "Why Wesley Was a Trinitarian," in *Methodists in Dialog* (Nashville: Kingswood Books, 1995), 261–74, 특히 261–62.
41 우리가 이러한 방식으로 삼위일체의 위격을 구별하는 것은 위격들 사이의 구별에 대한 우리의 지식과 관련이 있지만, 이것이 실제로 그것들을 구별하게 만드는 것은 아니다. 아퀴나스는 삼위일체에 관한 그의 논문에서 이 점을 분명히 한다 (*ST*, I, qq. 27–43).

해를 왜곡시키는 세 가지 버전의 실천적 일원론이 생길 수 있다.

(1) 성부 일원론: 인간 죄의 현실과 이 현실로 인해 필요하게 된 은총을 충분히 인정하지 않고, 성부가 인간에게 주신 창조된 능력만을 강조.
(2) 성자 일원론: 인간의 순종을 원하시는 성부의 지속적인 의지와 그러한 순종을 일으키시는 성령의 능력을 무시하면서, 단지 그리스도에서 공급하시는 죄 사함만을 높임.
(3) 성령 일원론: 인간을 영적 은사와 황홀경에 매료시켜, 성부가 모든 사람에게 맡기시고 성자에 의해 온전히 계시된 도덕적 형상을 새롭게 하시는 성령의 목적을 망각하게 함.[42]

때때로 기독교 신앙은 이러한 실천적 일원론의 형태를 취한다. 물론 이 형태에도 삼위일체론의 희미한 흔적이 있다. 그러나 웨슬리는 그것을 받아들이지 않았다. 오히려 그는 기독교인의 삶과 신앙에서 삼위일체의 위치를 찾는 기독교 전통의 보다 총체적이고 성경적 관점을 장려했다. 그러므로 여기서 중요한 것은 웨슬리가 '기독교의 핵심'이라고 부른 것, 즉 인간과 하나님의 인격적 교제 안에서 일어나는 구원이지 다른 어떤 것이 아니다.[43] 따라서 매닥스는 웨슬리뿐 아니라 그의 형제 찰스와 그를 추종하는 자들의 신론을 다룰 때도 총체적이고 균형 잡힌 방식의 관점을 갖는 것이 중요하다고 설명한다.

> 그러한 모든 일원론과는 대조적으로, 존 웨슬리와 찰스 웨슬리는 감리교 신자들의 삶에서 다음과 같은 세 가지 요소의 삼위일체론적 균형을 형성하고자 애썼다.

---

42 Maddox, *Responsible Grace*, 140.
43 *On the Trinity*, § 17, in Wesley, *Works*, ed. Outler, et al., 2:384.

(1) 거룩한 사랑의 하나님과 인간의 삶을 위한 하나님/아버지의 독창적인 설계를 사모하는 경건,
(2) 우리를 그리스도 예수 안에서 우리의 죄책과 죄의식으로부터 해방시킨 하나님의 무상적인 섭리에 감사하는 마음,
(3) 우리의 삶에서 하나님의 형상을 회복할 수 있도록 하신 성령의 임재에 응답하는 자세.

우리 그리스도인들이 구원의 길을 따라 살아갈 때, 저 삼위일체론적 균형을 유지하는 것보다 더 분명하게 웨슬리의 신학을—특별히 웨슬리의 책임적 은총의 신학을—표현할 길은 없다.[44] 존 웨슬리 신학의 중심에는 구원론이—위에서 설명된 삼위일체론과 함께—이입(移入)되어 있다. 다시 말해, 웨슬리가 신학에서 다루고 있는 은총, 믿음, 기독교 생활 일반은 특히 하나님을 성부, 성자, 성령으로 이해하는 삼위일체적 균형에 뿌리를 두고 있다. 그래서 우리는 웨슬리가 추구하고 가르쳤던 성결에 대해 다음과 같은 예측을 해 볼 수 있다.

즉, 웨슬리가 말한 성결의 삶, 하나님의 은혜로 얻을 수 있는 성화의 삶은 삼위일체 하나님의 본질인 거룩하고 온전한 사랑의 빛 안에서만 적절히 이해될 수 있다. 그러므로 웨슬리가 '꼭 필요한 한 가지'라고 말한 것은 다름 아닌 인간의 삶과 마음에 신적인 형상을 새롭게 하시는 하나님, 특히 삼위일체 하나님의 거룩하고 완전한 사랑 안에서 한 인격의 전 존재를 성결하게 하시는 성령이다.[45]

44　Maddox, *Responsible Grace*, 140, 강조 추가.
45　참조. Sermon 146, "The One Thing Needful" (1746), in Wesley, *Works*, ed. Outler, et al., 4:351-59.

2) "당신의 영혼에 열린 새로운 감각의 등급": 웨슬리의 신학적 인식론

하나님에 대한 인간의 지식을 설명하는 웨슬리의 방식은 그의 구원론적 삼위일체 교리와 밀접하게 관련되어 있다. 웨슬리의 신학적 인식론이라고 불리는 이 연구는 주로 다음과 같은 질문을 다룬다.

인간은 어떻게 하나님을 알게 되는가?

이 질문은 웨슬리의 하나님 인식을 탐구할 때 중요하다. 그러나 이 질문에 대한 관심은 다른 분야, 특히 웨슬리 신학에서 삼위일체와 성화의 관계를 조명하는 연구에서도 매우 중요하다.

웨슬리는 하나님에 대한 인간의 모든 지식이 경험에서 우러나온 것이라고 믿었다. 그리고 생득(生得)적 관념을 폐지한 경험론자들처럼 처음부터 감각에 없었던 것은 지성에도 존재하지 않는다고 보았다.[46] 그래서 웨슬리는 지식이 감각을 통해 온다는 경험적 인식론의 기본 전제를 분명히 했다. 하지만 그 전제가 항상 유효했던 것은 아니다.

특히, 하나님을 아는 지식의 문제를 다룰 때 웨슬리는 당대의 경험론자들과 다른 인식론적 전제를 취했다. 웨슬리와 동시대에 살았던 학자들은—피터 브라운(Peter Browne)이 그의 책 『인간 이해의 한계』(*Limits of Human Understanding*)에서 잘 보여 주고 있는 것처럼—주로 인간은 세상에 대한 경험을 추론하거나 성경 외적인 체험에 동의함으로써 하나님에 대한 지식을 얻을

46　웨슬리는 종종 아리스토텔레스(*De Anima*, III.7)에서 파생되고 아퀴나스가 *ST*, I, q. 84, aa. 1, 7에서 설명한 스콜라적 격언—"감각에 먼저 있지 않은 것이 지성에 있을 수 없다"(*nihil est in intellectu quod non fuit prius in sensu*)—을 인용하거나 암시했다(e.g., Sermon 117, "On the Discoveries of Faith" [1788], § 1, in Wesley, *Works*, ed. Outler, et al., 4:29; Sermon 119, "Walking by Sight and Walking by Faith" [1788], § 7, in Wesley, *Works*, ed. Outler, et al., 4:51; Sermon 130, "On Living without God" [1790], §§ 3-4, in Wesley, *Works*, ed. Outler, et al., 4:170; Sermon 132, "On Faith, Heb. 11:1" [1791], § 18, in Wesley, *Works*, ed. Outler, et al., 4:200). 웨슬리가 주로 참조한 출처와 관련하여, 렉스 매튜스(Rex Matthews)는 웨슬리의 인식론이 피터 브라운(Peter Browne), 캠브리지 플라톤주의(Cambridge Platonism), 멜브랑슈적 플라톤주의(Malebranchean Platonism), 존 로크(John Locke)의 아이디어보다 옥스퍼드대학의 아리스토텔레스주의적 논리 전통에 빚을 더 지고 있다는 사실을 보여 준다("'Religion and Reason Joined': A Study in the Theology of John Wesley," Th.D. diss., Harvard University, 1986, 259).

수 있다⁴⁷는 인식론적 전제를 취하고 있었다. 물론 웨슬리의 신학적 인식론에서 경험적 지식의 역할이 완전히 무시된 것은 아니다.

그러나 이것은 그가 진정으로 찾고 있던 것이 아니었다. 그는 간접적 지식을 이끌어내는 체험이 아니라 보다 직접적인 형태의 지식을 추구했다. 엄밀히 말하면, 웨슬리는 신학적 인식론을 통해 성령 하나님의 역사하심에 의한 초자연적 지식을 설명하려고 했고, 이를 위해 영적 감각의 교리를 제시했다. 반면 웨슬리 시대의 경험주의자인 브라운은 영적 감각의 교리 대신 인간 오성론(悟性論)을 받아들였다.

이러한 이유로 웨슬리는 그의 전집 『그리스도인 문고』(Christian Library)에 『인간 이해의 한계』(Limits of Human Understanding)를 포함시키는 과정에서 브라운의 영적 감각 파트를 배제했다.⁴⁸

그렇다면, 웨슬리는 어떻게 영적인 감각을 설명하고 있을까?

『이성적이며 종교적인 사람들에게 보내는 진지한 호소』에서 웨슬리는 영적 감각을 육체적 감각과 유사한 방식으로 설명한다.

> 강조해서 말한다면 '듣는 귀'와 '보는 눈', 즉 당신의 혈육에 속한 기관에 의하지 않는 새로운 감관이 당신의 영혼 안에 열려야 한다는 것이다. 이것은 "보지 못하는 것들의 증거"(히 11:1)가 됨으로써, 당신의 육신 감관으로 가시적인 사물을 감지하듯이, 저 볼 수 없는 세계로 통하는 길이 되어 영적 대상을 식별하며, 외적인 "눈으로 본 적이 없고 귀로 들은 적이 없는"(고전 2:9; 사 64:4) 일들에 대한 관념을 우리에게 제공할 수 있어야 한다.⁴⁹

---

47 London: William Innys, 1728. 웨슬리는 이 작품에 대한 개요를 *Survey of the Wisdom of God in Creation*, in Wesley, *Works*, ed. Outler, et al., 5:149-96에서 제공한다.

48 Browne, *Limits of Human Understanding*, 94-96, 111. 참조. Wesley, Survey, in Wesley, *Works*, ed. Outler, et al., 5:157-59.

49 *An Earnest Appeal to Men of Reason and Religion*, § 32, in Wesley, *Works*, ed. Outler, et al., 11:56-57.

웨슬리에 따르면, 하나님은 우리의 영혼에 대한 성령의 역사를 통해 이 '새로운 감각의 등급'을 세우신다. 즉, 하나님은 육체의 감각이 육체적 현실을 감지하는 것과 마찬가지로, 영의 감각을—영적 현실을 감지하는 새로운 감각의 등급을—우리에게 제공하신다.[50]

영적 감관(sensorium)은 웨슬리의 여러 설교에서 반복적으로 강조된 개념이다. 그는 이 개념을 "하나님께로부터 난 자의 특권"에서 발전시켰는데, 거기에서 그는 하나님으로부터 난 삶이란, 단순히 외적인 변화를 의미하는 것이 아니라고 말한다.[51] 그것은 도리어 "매우 큰 내적인 변화, 성령의 역사로써 영혼 속에 이루어지는 변화, 우리의 존재 양식 전체의 변화를 의미한다. 왜냐하면, 하나님에 의해서 나는 순간부터(요일 3:9) 우리는 이전과는 전혀 다른 방식으로 살기 때문이다. 이를테면 우리는 다른 세계에 있는 것이다."[52]

영의 감각은 이 다른 세계의 현실을 믿는 사람들을 일깨운다. 그리고 이 일깨움(자각)의 결과는—성경적 이미지에 따르면—신생, 곧 영적 탄생이다. 그런데 이 영적 탄생(신생)은 육체적 탄생에 유비될 수 있다. 좀 더 자세히 설명하자면, 육체적으로 출생하기 전의 아이는 감각적 인식이 부족하다. 그러나 아이가 육체적으로 태어나는 순간 아이의 감각은 물리적 세계와 직접 접촉하여 천천히 성장하고 완전히 기능하게 되며, 아이가 자신이 느끼고 있는 것에 대해 더 현명한 지식을 얻을 수 있도록 돕는다.

신생, 거듭남, 곧 영적으로 태어난 삶(생명)도 이와 비슷한 과정을 거친다. 웨슬리에 따르면, 영적으로 출생하기 전의 우리는 하나님에 대한 감각

---

50 마크 밀리(Mark Mealey)는 영적 감각에 대한 웨슬리의 이해가 (오늘날 웨슬리를 해석하는 사람들에 의해 널리 사용되는 용어인) 애정(affection)이나 상상력(imagination)과 같지 않고—즉 인간이 타고난 능력이 아니고—신자가 하나님을 경험함으로써 가능해진 초자연적인 능력을 의미한다는 것을 보여 준다("Taste and See That the Lord Is Good: John Wesley in the Christian Tradition of Spiritual Sensation," Ph.D. diss., University of St. Michael's College, Toronto, 2006).

51 Sermon 19 (1748), in Wesley, *Works*, ed. Outler, et al., 1:431–43.

52 위의 책, I.1, in Wesley, *Works*, ed. Outler, et al., 1:432.

이 없다. 영적 자각도 부족하다. 그러나 우리가 성령의 역사하심을 통해 영적으로 태어나는 순간, 우리의 존재 방식이 바뀐다. 우리의 영과 감각은 각성되고 성장하며 초자연적으로 기능한다. 그리하여 우리는 우리 맘에 편재한 하나님의 평화와 기쁨과 사랑을 직접 체험함으로써 하나님을 인식하고 음성을 듣게 된다.[53]

영적 감각에 대한 웨슬리의 또 다른 견해는 그의 설교 "신생"에서 계속된다. 거기에서 그는 영적 감각뿐 아니라 이러한 감각이 신성한 성품에 참여할 수 있는 방법에 대해서도 설명한다.[54] 하나님의 영으로 말미암아 그리스도 안에서 새 생명으로 거듭난 신자는 "마음속에서 역사하시는 하나님의 성령의 은혜를 속으로 깨닫게 된다."[55] 그 결과 신자의 영적 감관이 흔들리게 된다. 즉, 영의 눈이 열리고 마음에 참된 생명과 사랑이 충만해진다. 하나님의 임재와 능력이 분별되고 하나님을 아는 지식이 날로 자란다. 영적 감각은 신자를 신성한 성품에 참여하는 삶으로 인도한다. 이 삶을 가리켜 웨슬리는 진정한 그리스도인의 실존이라고 부른다. 그리고 이어서 다음과 같이 설교한다.

> [비로소 그 신생한 그리스도인은] 산다고 말할 수 있습니다. 성령에 의해서 하나님께서 그를 깨우셨기 때문에(벧전 3:18), 그는 예수 그리스도를 통해서 하나님께 산 생활을 하게 됩니다(롬 6:11). 그는 세상이 알지 못하는 '하나님 안에 계신 예수 그리스도와 함께 감추어진 삶'을 살아가게 됩니다(골 3:3). 하나님은 실제로 우리의 영혼에 끊임없이 생기를 불어넣으십니다. 그리고 인간의 영혼은 하나님을 향해 호흡합니다. 하나님의 은혜는 인간의 마음속에 내려오고, 기도와 찬양은 하늘을 향해 올라갑니다. 하나님과 인간의 교제를 통해 성부와 성자의 교제가 일종의 영적 호흡을 통하여 인간의 영혼에 있게 됨으로(요일 1:3), 하나님의 생명은 영혼 속에 지속됩니

---

53 위의 책, I.1–10, in Wesley, *Works*, ed. Outler, et al., 1:432–35.
54 Sermon 45 (1760), in Wesley, *Works*, ed. Outler, et al., 2:186–201.
55 위의 책, II.4, in Wesley, *Works*, ed. Outler, et al., 2:193.

다. 그래서 '그리스도의 장성한 분량'에 이를 때까지 하나님의 자녀들은 성장해 갑니다(엡 4:13).[56]

이제 웨슬리는 영적 호흡과 하나님과의 교제의 관점에서 영적 감각과 신성한 본성에 참여하는 문제를 소개한다. 이 구절에서 알 수 있듯이, 웨슬리는 영적 호흡을 가능하게 하는 것은 성령의 은혜라고 믿으며, 영적 호흡이 지속되는 한 신자들도 하나님의 삶(생명) 안에서 그리스도의 온전한 분량까지 성장할 수 있고 아버지와 아들과의 교통에 이를 수 있다고 가르친다.

즉, 웨슬리의 관점에서, 신자는 신성한 성품에 참여하기 위해 성령에 의해 각성되고 유지되는 새로운 감각의 등급, 곧 영적 감각(호흡)을 가지고 있어야만 한다. 그 '것' 없이는 삼위일체 하나님과의 더 깊은 친교와 사귐에 이를 수 없다.

웨슬리의 주된 관심사는 분명하다. 영적 감가을 논하는 데 있어서 웨슬리가 중점으로 삼은 것은 성 삼위일체 하나님에 대한 그리스도인의 인식과 인격적 교제를 촉진하기 위해 우리의 영과 감각이 어떠한 방식으로 변화되고 또 봉사할 수 있는가를 설명하는 것이었다. 즉, 웨슬리가 영적 감각의 교리에 초점을 맞춘 근본적인 이유는 성령의 역사를 통해 전해지는 하나님에 대한 인간의 지식을 설명하고, 우리 구주 그리스도 예수에 대한 진리를 가르치고, 우리를 더 깊고 완전한 하나님과의 연합으로 안내하기 위함이었다.

웨슬리의 설명에 따르면, 생기를 불어넣는 성령의 능력으로 영적 감각이 활성화될 때, 그것은 "모든 영적 지식의 기초"가 된다.[57] 한 마디로 영적 감각에는 긍정신학(kataphaticism)의 차원이 있다. 하지만 그렇다고 해서 거기에 부정신학(apophaticism)의 차원이 없는 것은 아니다. 한 예로 웨슬리는 영적

---

56 위의 책.
57 *Explanatory Notes*, 빌 1:9.

감각을 통한 지식을 성령의 직접적인 증거 또는 그가 "인간의 마음에 나타난 하나님의 자기-증언"이라고 부른 지식과 연관시켰다.

그리고 이것에 대해 그는 그것이 신비의 영역이며 자신은 이 영역을 정확히 설명할 수 없는 존재라고 말했다. 더욱이 그는 이 증거가 마음(특히, 영적 감관)에 있다고 해도 그것을 남에게 충분히 설명할 수는 없다고 덧붙였다.[58] 그럼에도 불구하고 그는 성령의 역사를 이야기할 때 조금도 주저하지 않았다. 따라서 이를 정리하면, 웨슬리에게 있어서 하나님을 아는 지식은 (부정적이면서도 긍정적인) 초자연적 체험 지식이며, 이 지식은 성령 하나님이 믿는 이들의 마음에 새로운 차원의 감각을 불러일으키시고 그들을 하나님과 더 깊고 인격적인 사귐으로 이끄실 때 발생한다.[59]

영적 감각에 대한 웨슬리의 설명은 '하나님에 대한 인간의 지식은 궁극적으로 신성한 계시의 문제이다'라는 기본 격언과 일치한다. 하나님을 아는 지식은 하나님의 구원의 진리, 하나님에 관한 진리, 은혜 아래 인간이 실제로 체험할 수 있는 하나님에 관한 진리가 사람에게 드러날 때만 얻을 수 있다. 따라서 웨슬리에게 있어서 지식의 기초, 즉 신적 계시는 성경의 증거인 그리스도 안에서 결정적으로 주어졌으며, 이 주어진 계시는 하나님이 성령의 작용에 의해 각성(覺醒)되고 유지된 감각의 새로운 등급, 곧 영적 감각을 통해 신자들에게 직접 말씀하심으로써 확증된다. 결국, 하나님을 아는 인간의 지식에 대한 웨슬리의 해석은 특성상 경험적이란 점에서 인간 경험에 입각한 신학적 인식론의 길을 연다.

---

58 Sermon 10, "The Witness of the Spirit, I" (1746), in Wesley, *Works*, ed. Outler, et al., 1:276. 그러한 진리에 대한 개인적인 경험을 통해 얻은 지식과 별개로, 이 후자의 요점은 신학적 진리를 전달하는 것의 언어적 한계에 대한 몇 가지 문제를 제기한다. 비록 그런 어려움을 해결해 주는 것은 아니지만, 웨슬리가 복음 사역에서 분명히 직면했던 한 가지 예는 인간의 언어가 믿음이 없는 사람들에게, 즉 의롭게 하는 경험이 없어서 이 언어가 가리키는 현실을 이해할 수 없는 사람들에게 어떻게 믿음을 전달할 수 있는가 하는 문제였다.
59 영적 감각과 삼위일체 교리에 관련하여 '사실'과 '방식'을 구별한 웨슬리를 제안한 콜린스를 보라(*The Theology of John Wesley*, 143, 146-48).

신학적 인식론을 설명하는 또 다른 방식은 그것을 '실증적'이라고 말하는 것이다. 여기서 '실증적'이라는 용어는 웨슬리의 1780년 감리교 찬송가의 한 구절, "실증적이고 실천적인 신학의 소조직"[60]을 연상시킨다.

이 구절에 걸맞은 전형적인 예는 찬양이다. 기독교인들에게 찬양은 신학과 마찬가지로 믿음의 진리를 선포하고 가르치는 수단이다. 그러나 이 수단은 어떤 면에서는 신학에 진정한 활력을 불어넣는다. 신학은 하나님께 드리는 예배와 찬양, 즉 송영의 노래로 소생된다. 웨슬리는 이러한 찬양의 측면을 아주 잘 알고 있었다.

그 때문에 웨슬리는 1776년 4월 17일 메리 주교에게 보낸 편지에서 기독교 삼위일체신학이 "우리 마음"과 "삶"으로 노래한 찬양에 "내재되어" 있다고 쓴다.[61] 어떤 사람들은 웨슬리가 이 편지를 쓸 때 염두에 두었던 찬양이 찰스 웨슬리의 『메소디스트라 불리는 자들을 위한 찬송시』라고 생각할지 모르지만, 필자는 그것이 18세기 영국에서 이신론과 일원론이라는 두 이단의 공격을 받았을 때 웨슬리 형제가 자신들의 경건과 삼위일체의 정통성을 되살리고 실증적으로 보여 주기 위해 쓴 『성 삼위일체 송가』였을 가능성이 높다고 본다.[62]

『성 삼위일체 송가』는 찰스 웨슬리가 1767년에 편찬한 찬송집이다. 이 찬송집은 1756년에 네이랜드의 존스가 쓴 책자 『삼위일체의 가톨릭 교리』의 구성을 따라 총 4부로 조직되어 있다. "그리스도의 신성", "성령의 신성", "세 위격의 복수성과 삼위일체" 그리고 "성 삼위일체 하나님의 연합." 참고로, 존스의 『삼위일체의 가톨릭 교리』는 성 삼위일체에 관한 100개 이상의 짧고 명확한 논증을 제시한다.[63] 그리고 제1부에서 4부까지 총

---

60 Preface to *A Collection of Hymns for the Use of the People Called Methodists* (1780), in Wesley, *Works*, ed. Outler, et al., 7:74.
61 Wesley, *Letters*, 6:213.
62 초판의 복제본(Bristol: Felix Farley, 1767), Madison, N.J.: The Charles Wesley Society, 1998.
63 웨슬리가 윌마 J. 콴트릴(Wilma J. Quantrille)이 "a lyrical endorsement" of Jones's tract이라고 부른 *Hymns on the Trinity*를 작곡함("Introduction" to *Hymns on the Trinity* [Madison, N.J.: The Charles Wesley Society, 1998], vii–viii).

136편의 찬송시를 제공한다.

허나 찰스가 이 책자를 자신의 찬송집으로 편찬할 때, 그는 거기에 "성 삼위일체를 향한 찬송과 기도"를 52편 더 추가했다.[64] 일찍이 어니스트 래튼버리(J. Ernest Rattenbury)는 이 52편의 추가된 찬송과 기도를 가리켜 "그 책에 담긴 최고의 찬송시"라고 치켜 세운 바 있는데,[65] 거기에서 주된 초점은 앞서 말한 경험적, 실증적 접근 방식의 삼위일체신학에 있다. 그리고 이 같은 접근 방식은, 래튼버리의 말을 빌리자면, "그 자체로 독창적일 뿐만 아니라 삼위일체 교리에 매우 중요한 가치를 더한다."[66]

여기서 찰스는 삼위일체론을 시적으로 표현한다. 좀 더 구체적으로 말하자면, 존 웨슬리의 열렬한 지원을 받으며 찰스는 영적 감각을 통해 경험된 성 삼위일체 하나님 경험을 신-시학(theo-poetic)적으로 묘사한다.

> 성부와 성자와 성령 하나님
> 나에게 당신을 알리시고
> 나로 당신 안에서 상속자가 되게 하셨으니
> 한 분이신 하나님, 영원한 하나:
> 여호와의 가장 순전한 본질이시여
> 내 황홀한 영혼의 인장이시여;
> 당신의 모든 행복(至福)이 현존하는 곳에
> 당신의 모든 백성이 거하리로다.[67]

---

64 Wainwright, "Why Wesley Was a Trinitarian," 262.
65 J. Ernest Rattenbury, *The Evangelical Doctrines of Charles Wesley's Hymns* (London: Epworth Press, 1941), 139.
66 위의 책.
67 *Hymns on the Trinity*, "Hymns and Prayers to the Trinity," 42:3. 이 찬송가와 다른 찬송가를 인용할 때 필자는 찬송가 번호를 나열했다. 그리고 찬송가의 일부만 인용할 경우, 필자는 콜론 다음에 관련 절 번호를 표시했다.

하나님의 자기 계시는 그분의 삼위일체성을 만천하에 알리고, 그의 모든 백성 안에 내주한다. 그리하여 그분의 백성 모두가 하나님의 참된 삶과 사랑의 사귐 속에 참여하게 된다.

> 중생하고,
> 위로부터 난,
> 우리는 그 계획에 동참하네
> 무한한 사랑의 그 계획에;
> 아들과 아버지와 성령
> 우리의 구주를 우리가 보고
> 마침내 영광을 얻으리
> 당신 안에서 우리가 믿음으로.[68]

하나님 안에서 새 생명을 받은 그리스도인은 구원의 창시자를 믿음의 눈으로 본다. 더욱이 구원의 경륜 안에서 하나님의 감동을 받은 그리스도인들은 영적인 감각으로 그리스도 안에 있는 하나님의 성품을 나타낸다.

> 당신의 아들을 우리에게 주셨으니
> 아버지여 나타내소서.
> 아버지여 필멸의 눈에 가려진 아들을 보이소서
> 내주하는 보혜사 성령이여
> 믿는 자의 마음에 하나가 셋임을 증거하소서.
>
> 거룩, 거룩, 거룩하신 하나님 그 안에
> 우리가 거하고, 행동하며, 존재합니다.
> 당신의 뜻을 행하기 위해 우리 모이고,

---

68 위의 책, 21:3.

당신의 영광을 선포합니다.
여기에 우리의 모든 대화로
하나님, 당신의 시현(示顯)을 비추소서.

신비한 삼위일체
당신의 이름으로 세례를 받은,
우리의 영혼과 육체가
당신께 제물을 바침은
오직 우리가 믿음으로 살리라는 것이니
겸손한 사랑으로 일하는 믿음 주소서.
오! 우리의 광채가 빛나고
우리의 모든 삶이 나타내게 하소서
신성한 성품을,
진정한 성결을!
그 후에, 그 후에 우리를 영접하소서
영원히 삼위일체이신 하나님을 경배하도록.[69]

    이 찬송시는 우리 그리스도인들이 이 생에서 하나님 안에 참여할 수 있는 범위와 의미에 주의를 기울이면서, 신적 계시와 예배라는 두 가지 주제를 한데 엮는다. 구원의 경륜에서, 성자는 성부를 계시하고, 성령은 한 분 하나님이 삼위일체이심을 증언한다.
    하나님은 또한 믿는 자들을 자신의 것으로 삼는다. 세례 안에서 그들을 부르시고, 하나님의 생명으로 이끄신다. 그리고 더 나아가 그들의 삶이 하나님의 영광과 임재를—사랑으로 역사하는 믿음을 통해—드러내도록, 그들의 성결이 거룩한 하나님의 성품을 증언하도록 하신다.

---

69   위의 책, 8:3-6.

믿는 자들의 마음과 삶에 성 삼위일체 하나님에 대한 교회의 가르침을 담는 것은, 다름 아닌, 찬양이다. 따라서 웨슬리는, 그의 동생 찰스와 마찬가지로, 하나님에 대한 인간의 지식이 특성상 '실증적'이라는 것과 '참여적'이라는 것을 보았다.[70] 즉, 인간이 하나님을 안다는 것은 —존과 찰스 웨슬리 모두에게 있어서— 단순히 하나님의 본질에 대한 관념을 바로잡기 위해 지적으로 동의하는 것이 아니다. 하나님에 대한 인간의 지식은 인간이 성경에 기록된 구원의 하나님 —또는 신조의 형식으로 축약된 구원의 하나님—을 참된 믿음 안에서 경험할 때만 비로소 얻을 수 있다.[71]

따라서 인간이 하나님에 대한 인식에 이르려면, 그 인간은 살아 계신 하나님을 직접적으로 경험해야 한다. 영적 감각의 수단을 통해 경험해야 하고, 하나님의 고유한 사랑과 거룩하심의 일부를 자신의 기독교적인 삶으로 표상(表象)할 때까지 경험해야 한다. 사실 웨슬리가 그리스도인의 영신수련을 강조한 것도 다 이러한 연유에서 비롯된다. 신-인식의 문제가 경험적, 참여적이기 때문에, 웨슬리는 그리스도인 스스로가 '하나님의 임재를 연습'하고, 심오한 영적 훈련에 몰두해야 한다고 강조했다.[72]

---

70 웨슬리의 참여적 삼위일체론에 대해 더 알고 싶으면, Elmer M. Colyer, "Trinity," in Abraham and Kirby, eds., *The Oxford Handbook of Methodist Studies*, 505–21을 보라. 필자는 이 주제를 아래의 제6장에서 다시 다룰 것이다.

71 웨슬리의 성경 이론과 실천에 대해서는 Scott J. Jones, *John Wesley's Conception and Use of Scripture* (Nashville: Kingswood Books, 1995)를 보라. 신조와 관해서 웨슬리는 『로마가톨릭에게 보내는 편지』에서 니케아 신조를 설명한다. 그리고 『삼위일체에 대하여』에서 그는 아타나시우스 신조의 삼위일체 교리에 대한 설명을 "내가 본 것 중 최고"라고 불렀다. 허나 여기서 주의할 것은 웨슬리가 삼위일체에 관한 긍정적인 진술을 담은 신조를 제한적으로 승인하고 있다는 것이다. "나는 이 [삼위일체 신앙의 특정한 공식]에 동의하지 않는 사람이 '의심의 여지없이 영원히 멸망할 것'이라고 말하지 않는다"(§ 3, Wesley, *Works*, ed. Outler, et al., 2:377). 게다가 웨슬리는 1737년 7월 31일자 일지에서 "오랫동안 모라비안형제회의 원칙에 대해 의구심이 들었다"라고 기록하면서, 신조와 성경 사이의 상호 보완성에 대한 자신의 입장 및 여러 관련 질문들을 쏟아낸다. "아타나시안, 니케아, 사도신경이라고 불리는 것들이 성경에 부합한다고 믿습니까?"(Wesley, *Works*, ed. Outler, et al., 18:532). 웨슬리의 사상에서 초기 기독교 신조가 차지하는 위치에 대한 자세한 내용은 Campbell, *John Wesley and Christian Antiquity*를 보라.

72 Sermon 79, "On Dissipation" (1784), § 19, in Wesley, *Works*, ed. Outler, et al., 3:123. 웨슬리는 또한 "Large" *Minutes* (1763), § 40.7, in Wesley, *Works*, ed. Outler, et al., 10:857

그래서 엘머 콜리어(Elmer Colyer)와 같은 신학자도 이 교리에 대해 다음과 같이 정리한다.

> 초기 웨슬리안운동의 삼위일체는 단순한 교리가 아니었다. 그것은 모든 기독교 신앙의 삶과 실천을 뒷받침하는 신적인 근원이자 행위자고 목적인 이다. 즉, 웨슬리운동을 진동하는 데 필수적인 것은 삼위일체이다.[73]

존 웨슬리의 삼위일체 설교와 찰스 웨슬리의 삼위일체 송가—감리교 역사에서 삼위일체 교리의 중요성을 드러내고, 당신과 교제하도록 우리를 부르시는 하나님의 은혜로운 삼중적 실재를 노래하는 것은 이 두 본문이다.

지금까지 필자는 웨슬리의 신론, 특히 구원론적 삼위일체론과 영적 감각의 교리에 대해 논의했다. 이 논의를 통해 필자는 삼위일체에 대한 그의 이해가 구원론에 근거하고 특별히 성령의 역사에 초점을 맞추고 있음을 볼 수 있었다.

필자는 또한 웨슬리가 하나님에 대한 인간의 지식을 경험의 관점에서, 특히 그가 영적 감각이라고 불렀던 것에 비추어 이해했다는 것을 발견할 수 있었다. 따라서 필자는 이제 다음과 같은 사실이 분명해졌다고 단언할 수 있다. 웨슬리의 영적 감각은 단순히 목적 그 자체가 아니다. 오히려 그것은 보다 더 큰 목적을 위한 수단, 즉 신자들이 은혜 안에서 성장하여 사랑 안에서 완전해지고 하나님과의 더 깊은 사귐에 이르도록 돕는 수단이다.

그러므로 이어지는 논의에서 필자는 웨슬리의 삼위일체에 대한 관점과 하나님에 대한 경험적 지식(영적 감각)에 비추어 완전 성화의 교리를 살펴볼 것이다. 요컨대, 웨슬리의 완전 성화의 교리는 삼위일체론과 영적 감각의 교리에 뿌리를 두고 있다.

에서 이 문구를 사용한다.
73 Colyer, "Trinity," 505.

3) 웨슬리의 완전 성화의 교리에 내재된 삼위일체론

완전 성화의 교리는, 본질적으로, 사랑에 관한 것이다. 하지만 이 교리의 주제가 모호하거나 추상적인 사랑의 개념은 아니다. 오히려 웨슬리의 사랑에 대한 이해는 신학적으로 특정한 초점을 가지고 있다. 그리고 신앙 생활에서 확실한 표상(表象)을 찾는다. 특별히 그것은 예수 그리스도가 말씀하신 이중적인 사랑, 곧 하나님 사랑과 이웃 사랑을 다룬다(마 22:36-40; 막 12:28-31; 눅 10:25-28).

웨슬리의 관점에서 완전 성화는 사랑 안의 완전이다. 그것은 어떠한 정적인 상태, 곧 영적으로 완결된 완전을 말하는 것이 아니다. 이는, 앞서 지적한 바와 같이, 이 교리의 수용을 방해하는 주된 오해 가운데 하나일 뿐이다. 웨슬리의 완전 성화란, 인간의 마음을 끊임없이 채우시는 하나님의 사랑의 선물로 가능해진 완전한 순종을 의미한다. 다시 말해, 그것은 성령의 지속적인 일하심을 통해 일어난 결과다. 이 결과가 우리 그리스도의 마음속에 나타날 때, 하나님의 명령에 대한 우리의 전적인 순종이 이뤄지고, 사랑의 능력은 더 커진다.

따라서 웨슬리에 따르면 하나님에 대한 보다 완전한 지식과 사랑으로 우리가 은총 안에서 성장하는 것은 언제나 존재하는 가능성이다. 한 마디로, 완전 성화란 인간의 삶 속에 있는 완전한 사랑, 곧 인간의 마음속에서 활동하는 역동적인 성결을 의미한다. 그리고 우리가 하나님의 은혜로 말미암아 두 가지 큰 계명―하나님 사랑과 이웃 사랑―을 실천할 때, 이 역동적으로 우리 맘 속에서 일어나는 성결은 구체화되고, 성령을 통해―성령 하나님의 거룩하게 하는 은총을 통해―항상 더 높은 수준에서 경험된다.[74]

---

74 같은 제목의 설교에서 웨슬리는 그리스도인의 완전은 "성결의 다른 용어일 뿐이다"라고 말한다. 그가 계속해서 밝히고 있는 바와 같이, 하나님에 대한 더 완전한 지식과 사랑을 향한 성장의 여지가 은혜 안에 항상 존재한다. 그러므로 그의 이해에서 그리스도인의 완전은 역동적인 특성을 가진다(Christian Perfection, I.9, in Wesley, *Works*, ed. Outler, et al., 2:104-05).

이 사랑에 근거한 완전 성화의 개념은 웨슬리가 완전 성화의 교리를 설명하는 세 가지 방법 중 하나이며, 바로 아래에 연대순으로 제시된 두 가지 설명 방법보다 (순서상) 선행한다는 점에서 첫 번째에 해당한다. 참고로 이 세 가지 설명 방법에 대한 웨슬리의 진술은 웨슬리가 1725년부터 1765년에 이르기까지 완전 성화에 관련된 자신의 생각들을 정리한 『그리스도인의 완전에 대한 평이한 해설』에 기록되어 있다.

이 소책자에서 웨슬리가 첫 번째 이후에 제공한 두 가지 추가적인 설명 방법은 기본적으로 사랑 안에서 하나님께 완전한 순종과 동일한 개념을 반영한다. 좀 더 구체적으로 말하자면, 우선 두 번째 설명 방법으로 웨슬리는 완전 성화를 "의도의 순수성, 즉 하나님께 모든 삶을 바치는 것"이라고 정의한다.[75] 다시 말해, 그것은 "우리 영혼과 몸과 물질의 일부가 아니라, 모든 것을" 하나님께 헌신하는 문제이다.[76]

이어서 그의 세 번째 설명 방법을 보면, 웨슬리는 완전 성화의 교리를 하나님의 형상으로 새로워지는 것에 비유한다. 이러한 측면에서 웨슬리의 완전 성화는 마음의 갱신을 의미한다. 좀 더 구체적으로 말하면, "마음을 창조하신 분의 완전한 모양" 안에서 마음을 새롭게 하여 그리스도 예수 안에 있는 마음의 길을 따라 걷는 것(빌 2:5)—바로 그 '것'이 웨슬리가 말한 세 번째 방법으로서 완전 성화가 갖는 의미다.[77]

분명히 이러한 각 설명에는 고유한 뉘앙스가 있다. 그러나 웨슬리는 그들 사이에 실질적인 차이가 없다고 주장한다.[78] 실제로 이 세 가지 설명 방법은 모두 완전 성화가 해석될 수 있는 적절한 배경인 신론(삼위일체)을 지향한다는 공통점이 있다.

물론 웨슬리의 실천적인 초점이 반드시 그가 삼위일체신학과 그의 성결 개념 사이의 관계를 체계적으로 설명하도록 이끄는 것은 아니다. 그러나

---

75 *A Plain Account of Christian Perfection*, 109.
76 위의 책.
77 위의 책.
78 위의 책.

여기서 우리가 부인할 수 없는 것은 완전 성화에 대한 웨슬리의 설명이 본질적으로 신학적 내용을 포함하고 있다는 것이다. 그리고 그러한 내용의 성격을 감안할 때, 우리는 웨슬리가 이러한 배경, 즉 신론에 대해 몇 가지 가정을 했다는 것을 부정하기 어렵다.[79] 완전 성화, 즉 사랑 안에 있는 성결의 삶은 웨슬리 사상에 내재된 삼위일체적 근거와 목적을 갖고 있다. 이러한 내용은 그의 저작에서 철저히 탐구하지는 않았지만 확실히 발굴되었으며 보다 건설적인 목적으로 사용될 수 있다.

그렇다면, 완전 성화의 삼위일체적 근거와 목적은 어디에서 어떻게 나타날 수 있을까?

그 신-학(theo-logical)적 내용을 담고 있는 완전 성화의 교리는 웨슬리의 신학에서 어떻게 표현되고 있을까?

필자는 이에 대해 크게 두 가지로 답할 수 있다.

첫째, 완전 성화의 삼위일체적 근거에 대하여 필자는 이것이 웨슬리의 경륜적 삼위일체 이해, 즉 구원의 경륜 안에서의 하나님의 역사에 나타난다고 말할 수 있다.

---

[79] 존 데쉬너(John Deschner)는 웨슬리의 "가정(전제)된 신학"의 한 예를 설명하면서, 웨슬리가 삼위일체신학에 성결에 대한 자신의 개념을 암묵적으로 확립했다고 주장한다. 데쉬너는 웨슬리의 기독론을 검토한 뒤, 그가 자신의 신학을 "여러 가지 다양한 수준에서" 표현하고 있다고 말한다. 그리고 이 다양한 수준의 표현을 다음과 같은 세 가지 방식으로 분류한다. 웨슬리의 저작 내에서 "명료화된 신학, 가정(전제)된 신학, 실천을 목적으로 제정된 신학." 데쉬너에 따르면, "가정(전제)된 신학이란 일반적으로 웨슬리의 설교가 기초한 출처, 특히 웨슬리의 사상에 큰 영향을 미친 에큐메니컬 공의회의 신조, 교부, 성공회, 경건주의 및 신비주의를 말한다. 여기서 중요한 것은 이 가정(전제)된 신학이 웨슬리에 의해 어느 순간 무의식적으로 창조된 것이 아님을 인식하는 것이다. 지금 우리가 이야기하는 것은 웨슬리가 머리 속으로 상상했을 것이라고 생각하는 것을 추측하는 것이 아니다. 웨슬리의 가정(전제)된 신학이란, 웨슬리에 의해 신중하게 고찰되고, 의도적으로 정착된 신학을 말한다. 예를 들어, 삼위일체론, 기독론, 교회론은 웨슬리가 길 모퉁이에서 설교할 때 거의 강조하지 않은 주제이지만 그의 신학 형성에 절대적인 기초를 이룬다"(*Wesley's Christology: An Interpretation*, second edition [Grand Rapids: Zondervan, 1988], xii).

둘째, 완전 성화의 삼위일체적 목적에 대하여 필자는 이것이 웨슬리의 참여적 성결 이해, 즉 하나님과 인간 사이의 사귐 또는 교제에 나타난다고 말할 수 있다. 그러므로 이어지는 논의에서 필자는 웨슬리의 완전한 성화가 어떻게 삼위일체적 근거와 목적과 함축적으로 관련되어 있는지 이해하기 위해 이 두 주제를 차례로 주의 깊게 검토할 것이다.

4) 하나님의 구원 행위: 완전 성화론의 삼위일체적 근거

완전 성화, 곧 사랑 안에서의 완전에 대한 교리는 하나님의 구원의 경륜에 근거한다. 그러므로 이 교리는 세상 안에서 세상을 위해 일하시는 하나님의 구원 행위에 기초한다고 표현될 수도 있다. 웨슬리는 이러한 구원의 비전을 "성경적 구원의 길"에서 잘 제시하고 있다. 좀 더 구체적으로 말하면, 이 설교에서 제시하는 구원은 매우 포괄적이고 명확한 삼위일체 용어로 설명되어 있다.[80] 실제로 그는 설명하기를,

> [우리가 이 구원을 최대한 넓은 의미로 본다면, 이는 …] 하늘 아버지께서 이끄시는 역사(요 6:44), 곧 우리가 하나님을 사모하는 마음인데, 우리가 사모하면 사모할수록 점점 증가합니다. 또한, 하나님의 아들이 세상 모든 사람을 교화하시는 빛(요 1:9), 곧 사람에게 공의를 행하고 인자를 사랑하며 겸손히 동행하도록(미 6:8) 지시하는 것들을 의미합니다. 또한 … 성령께서 때때로 모든 사람에게 역사하셔서 깨닫게 하시는 것 전부를 말합니다.[81]

웨슬리에게 구원은 하나님의 세 위격들 간의 구별되지만, 연합된 행위이다.[82] 이 놀라운 행위가 우리와 각 위격 간의 적절한 관계를 설정하고,

---

80 Sermon 43 (1765), in Wesley, *Works*, ed. Outler, et al., 2:152-69.
81 위의 책, I.2, in Wesley, *Works*, ed. Outler, et al., 2:156-57.
82 Wainwright, "Why Wesley Was a Trinitarian," 269.

그들의 거룩한 교제에 참여하도록 우리 안에서 사역(使役)한다. 우리가 하나님의 구원을 경험하는 길은 은혜로 말미암는다. 허나, 이를 삼위일체론적으로 표현하면, 그 구원은 성부의 인도하심을 통해, 성자의 계도(啓導) 안에서, 성령의 확신을 주시는 선포로 경험된다. 웨슬리가 계속 설명하는 것처럼, 사도 바울이 에베소서 2:8에서 설교한 구원의 핵심은 칭의와 성화 모두의 문제이다. '칭의' 곧 그리스도의 피와 의로움을 통한 용서란 (다른 곳에서도 웨슬리가 설명하는 것처럼) "하나님이 그의 아들을 통해 우리를 위하여 하신 일"을 의미하는 반면, 성화는 성령에 의해 내면적으로 갱신된 것, 곧 "하나님이 성령을 통해 우리 안에서 일하신 것"을 의미한다.[83] 한 마디로, '칭의'는 우리를 "하나님의 은혜로", '성화'는 우리를 "하나님의 형상으로" 회복시킨다.[84]

그러나 이 설명은 그의 다른 설교인 "우리 자신의 구원을 성취함에 있어서"에 보다 정교하게 다듬어진다. 여기서 웨슬리는 이 신적인 형상으로 새롭게 되는 것을 '성결'과 '죄의 속박으로부터의 해방'에 비유한다.

> 칭의라 함은 우리가 죄책으로부터 구원을 받아 하나님의 사랑 안에 거하게 됨을 말하며, 성화라 함은 우리가 죄악의 권세와 뿌리로부터 구원받아 하나님의 형상으로 회복됨을 의미합니다.[85]

칭의의 중심에는 하나님의 행위가 있다. 성화의 중심에서도 마찬가지다. 성화의 주체는 하나님이시다. 하나님의 행위는 구원의 이 두 측면 모두에 실제로 스며들어 역사하신다. 다시 말해서, 인간의 구원은 일차적으로 우리를 위한 하나님의 그러한 행위에 기인한 것이다.

---

83   Sermon 5, "Justification by Faith" (1746), II.1, in Wesley, *Works*, ed. Outler, et al., 1:187. 참조. *The Scripture Way of Salvation*, I.3-4, in Wesley, *Works*, ed. Outler, et al., 2:157-58.
84   "The Great Privilege of Those That are Born of God," § 2, in Wesley, *Works*, ed. Outler, et al., 1:432.
85   Sermon 85, "On Working Out Our Own Salvation" (1785), II.1, in Wesley, *Works*, ed. Outler, et al., 3:199-209, 특히 204.

"우리 자신의 구원을 성취함에 있어서"에 구원론적 삼위일체론의 기초를 놓은 웨슬리는 이제 완전 성화에 대한 자신의 설명, 즉 모든 그리스도인이 갈망해 온 '완전한 구원'에 대한 설명을 발전시킨다.[86] 그러나 이 설명의 전체 내용은 특히 그의 다른 설교인 "성경적 구원의 길"에서 더 잘 볼 수 있다.

여기서 웨슬리는 '완전한 구원'이 계속 완전을 향해 나아가라는 사도 바울의 명령(빌 3:12)과 밀접한 관련이 있음을 밝히고, 죄를 거부하고 '영혼의 모든 능력'을 향상시키는 '완전한 사랑'으로 마음을 채우라고 설교한다.[87] 그러므로 웨슬리에게 있어서 완전 성화란 구원의 완성, 곧 우리 안에서 그리고 우리를 위해 역사하시는 하나님의 구원 행위의 성취를 의미한다. 그렇기 때문에 이 완전 성화는 모든 믿는 자의 부르심의 목표이자 도달해야 할 종착점이다.

"성경적 구원의 길"에서 주목할 만한 가치가 있는 또 다른 신학적 함의는 웨슬리가 믿음을 구원의 조건으로 식별한다는 것이다. 웨슬리의 믿음 개념은 인간이 하나님을 알도록 돕는 수단인 영적 감각과 밀접한 연관이 있다. 그래서 믿음은 '바라봄'(seeing)의 초자연적인 문제, 즉 "하나님과 하나님께 속한 것들에 관한 초자연적인 증거, 또는 인간 영혼에게 비추어진 영적 빛, 어떤 초자연적인 시야나 지각"을 의미한다고 웨슬리는 말한다.[88]

하지만 웨슬리에게 있어서 그러한 초자연적인 '바라봄'(seeing)의 문제(믿음)는 영적 감각의 교리에서와 같이 성령의 역사임을 상기할 필요가 있다. 죄로 어두워진 눈을 뜨게 하시고 빛을 비추시는 하나님의 역사가 없이는 인간의 눈으로 볼 수 없는 것을 인간이 볼 수 없다. 다시 말해서 믿음은 성령 하나님의 조명 없이는 볼 수 없는 눈(시각)의 문제이다.

오직 이 신적인 조명, 오직 이 성령의 '여는'(opening) 역사만이 인간에게 완전히 새로운 세계, "우리 주위에 있는 영계, 우리들의 자연적 지능으로는 도

---

86 *The Scripture Way of Salvation*, I.9, in Wesley, *Works*, ed. Outler, et al., 2:160.
87 위의 책.
88 위의 책, II.1, in Wesley, *Works*, ed. Outler, et al., 2:160.

저히 식별할 수 없는 영의 세계"를 열어 준다.[89] 하지만 믿음을 설명하는 웨슬리의 방식은 결코 보편적인 일반성에 의해 지배되지 않고 대상을 특정한다.

다시 말해서, 웨슬리는 믿음이 우리의 구원자이신 하나님의 은혜에 대한 신적인 증거요 우리의 확신이라고 설명하면서, 이 증거와 확신은 온 세상을 위한 것이 아니라 우리 각자를 위한 것이라고 주장한다.[90] 이러한 점에서 웨슬리의 믿음은 우리 믿는 자들, 특히 그들의 영적 감각을 교반(攪拌)하는 성령을 가리키며, 이는 함축적으로 우리 믿는 자들이 구원을 보고, 만지고, 듣고, 맛볼 수 있는 유일한 수단이 삼위일체 하나님의 은혜로운 행위에 달려 있다는 것을 제언한다.

이 제언을 필자가 조금 더 구체적으로 정리하면 다음과 같다. 그리스도 예수 안에 있는 자들은 오직 믿음에 의해

첫째, 하나님이 우리의 완전한 구원을 약속하신 분이란 것을 성경에서 분별할 수 있다.
둘째, 하나님이 그가 약속하신 바를 온전히 이행하실 분이란 것을 신뢰할 수 있다.
셋째, 우리의 사랑 안에서의 완전이 하나님의 은혜를 통해, 지금 이 순간에도, 가능하다는 것을 신뢰할 수 있다.[91]

완전 성화에 대한 웨슬리의 논의는 『성경적 구원의 길』에 제시된 구원 이해를 기초로 한다. 그러므로 웨슬리의 완전 성화는 세상 안에서 그리고 세상을 위해 '선행적'으로 그리고 '효능적'으로 일하시는 삼위일체 하나님의 구원 활동을 전제로 한다. 아니, 더 분명하게, 그것을 필요로 한다. 이는 신자가 하나님을 아는 지식에 이르러 하나님과 더 깊은 사랑에 참여할

---

89 위의 책.
90 위의 책.
91 위의 책, III.14–16, in Wesley, *Works*, ed. Outler, et al., 2:167–68.

수 있게 된 경우를 설명할 때도 마찬가지다.

웨슬리는 이 경우에도 삼위일체 하나님의 '선행적'이고 '효능적'인 은총의 필요를 제기한다. 즉, 삼위일체 하나님의 사랑의 역사가 그리스도 예수 안에서 '먼저' 나타나고 성령을 통해 믿는 자들의 마음에 '능력으로' 부어지는 것이 모든 구원 역사의 기초이다.[92] 그러므로 완전 성화와 관련된 웨슬리의 구원사 해설에는 삼위일체신학이 근본적으로 함축되어 있다고 할 수 있다.[93]

웨슬리는 훗날 사랑의 삼위일체적 기초를 설명한다. 특히, 그 설명은 웨슬리의 마지막 설교 중 하나인 "하나님의 일체성"에서 찾아볼 수 있는데,[94] 여기서 웨슬리는 이렇게 말한다.

> 우리가 그분을 사랑하고 우리의 이웃을 내 몸처럼 사랑하는 것은 하나님이 우리를 사랑하신다는 것을 알게 된 결과입니다.[95]

주님의 율법의 두 가지 큰 계명인 하나님 사랑과 이웃 사랑은 웨슬리의 설교에서 가장 자주 반복되는 주제이다.

한데 한 가지 흥미로운 점은 바로 앞의 인용문에서 이미 확인된 바와 같이 이 마지막 설교에서 웨슬리가 이 되풀이되는 주제를 온 인류에 대한 하나님의 '선행적'이고 '효능적'인 사랑에 기초하고 있다는 것이다. 그 이유

---

92 웨슬리는 *Christian Perfection*에서 예수께서 처음으로 복음을 전파하도록 사도들을 보내셨을 때(마 10:1, 8) 기적을 행하시는 성령의 능력이 주어졌지만, "성신은 아직 거룩하게 하는 은혜(성화 은총)로 임한 것이 아니니, 이는 예수께서 영광을 받으신 후에 임하신 것과 같으니라"라고 주장한다. "아버지의 약속을 기다린"(행 1:4) 사람들이 "저희에게 주신 성신으로 말미암아 죄를 이기기에 넉넉"하게 된 날은 오순절이다. 따라서 "죄로부터의 이 위대한 구원(완전)은 예수께서 영광을 받으실 때까지 주어지지 않았다"(II.11, 12, in Wesley, *Works*, ed. Outler, et al., 2:110–11).

93 웨슬리의 신학적 가르침과 설교에서 구원의 경륜의 중요성을 인식한 제이슨 비커스(Jason Vickers)는 다음과 같이 주장한다. "속죄와 성령의 역사에 대한 그의 교리에 비추어 볼 때, 웨슬리는 경륜적 삼위일체의 신학자로 정당하게 간주될 수 있다"(*Wesley: A Guide for the Perplexed* [London: T&T Clark, 2009], 84).

94 Sermon 120 (1789), in Wesley, *Works*, ed. Outler, et al., 4:60–71.

95 위의 책, § 17, in Wesley, *Works*, ed. Outler, et al., 4:67.

는 의외로 단순하다. 웨슬리는 하나님과 이웃에 대한 우리의 사랑이 우리를 향한 하나님의 사랑에 뿌리를 두고 있다고 믿었다. 하나님의 사랑은 너무나 강렬하고 역동적이다. 사람이 하나님을 아는 것이 '경험적'인 것과 마찬가지로 사람이 하나님의 사랑을 아는 것은 고정된 것이 아니라 체험적인 것이다.

즉, 열렬히 운동하며, 사역(使役)하고, 하나님에 대한 진실한 사랑과 이웃 사랑을 믿는 이들의 마음에 불붙인다. 하나님의 사랑을 아는 지식은 하나님 안에서 하나님을 사랑하고 하나님에 의해 이웃을 사랑하는 경험을 통해 체험적으로 얻어진다.[96] 따라서 정리하면, 웨슬리는 삼위일체 하나님의 경륜적 활동에 특별한 주의를 기울이면서 율법의 두 가지 큰 계명으로 사랑 안에서의 완전함(완전 성화)을 설명한다.

그리고 그는 다음과 같이 확언한다. 완전 성화의 기초는 하나님이다. 하나님은 우리가 '삼위일체의 사본'(Transcripts of the Trinity)이 될 수 있도록 그리스도 예수 안에서 우리에게 자신의 삶(생명)을 주셨고, 성령의 내주하심을 통해 우리 마음에 자신의 완전한 사랑의 형상을 회복시키셨다.[97] 참고로, 웨슬리의 마지막 요점(삼위일체의 사본)은 은혜로 가능해진 하나님과의 더 깊은 교제를 암시하며, 이는 필자가 앞으로 더 탐구해야 할 주제, 즉 완전 성화의 목적과 관련이 있다.

---

96 아우틀러가 소위 "웨슬리안 사변형"(Wesleyan quadrilateral)이라고 제안한 것의 정확성과 충분성에 대한 질문은 웨슬리 해석자들 사이에서 논쟁의 여지가 있는 문제로 남아 있다. 비록 이 장이 그 문제를 다루기 위한 의도를 가지고 있진 않지만, 웨슬리의 관점에서 경험이 어떤 신학적 의미를 갖는다면 그것은 세상의 일반적인 경험보다는 하나님의 경험을—특히 중생과 성화에 있어서 하나님의 은혜를 경험하는 체험을—의미해야 한다. 이 주제에 대한 보다 자세한 내용은 W. Stephen Gunter, Scott J. Jones, Ted A. Campbell, Rebekah L. Miles, and Randy L. Maddox, eds., *Wesley and the Quadrilateral: Renewing the Conversation* (Nashville: Abingdon Press, 1997)을 보라.

97 *A Collection of Hymns for the Use of the People Called Methodists*, 7:3, in Wesley, *Works*, ed. Outler, et al., 7:88.

5) 하나님과 교제: 완전 성화론의 삼위일체적 목적

"영적 예배"란 설교에서, 웨슬리는 요한일서 5:20을 다음과 같이 해설한다. 이 서신서에서, 사도 요한은 "모든 것의 근본이라고 할 수 있는 것, 즉 믿는 성도들과 성부/성자/성령 하나님 사이의 행복하고 거룩한 교제를 다루고 있다."[98]

이 해설을 통해 알 수 있는 것처럼, 웨슬리는 완전 성화의 목적이 하나님과의 교제, 곧 삼위일체 하나님과의 인격적인 교제에 있다고 보았다.

그런데 여기서 웨슬리가 본 '하나님과 교제'란 정확히 무엇일까?

웨슬리는 먼저 그것을 삶의 방향을 제시하는 비전으로 정의한다. 그리고 그는 성 아우구스티누스의 격언을 인용한다. 하나님은 자신을 위해 인간을 지으셨고, 인간의 마음은 하나님 안에 안식할 때까지 참된 안식을 누릴 수 없다.[99] 하나님은 당신과 우리가 교제할 수 있도록 우리를 창조하셨고, 우리를 구원하셨다. 우리가 신의 성품에 참예하도록 우리를 그분의 고유한 삶(생명)으로 인도하셨다(벧후 1:4).

"영적 예배"에서 우리가 주목해야 할 또 다른 요소는 웨슬리가—자신의 다른 저작들에서와 마찬가지로—행복(幸福)과 성결 사이의 연관성을 깊이 있게 다루고 있다는 점이다.[100] 성결을 추구하는 것과 마찬가지로 행복(幸福)을 추구하는 것도 하나님 안에서만 이루어질 수 있다.

98　Sermon 77 (1780), § 2, in Wesley, *Works*, ed. Outler, et al., 3:89–90.
99　위의 책, III.1, in Wesley, *Works*, ed. Outler, et al., 3:97. 참조. "The Unity of the Divine Being," § 9–10, in Wesley, *Works*, ed. Outler, et al., 4:63–64; Sermon 3 (요한의 많은 설교와 내용이 대체로 유사한 찰스 웨슬리의 설교), '*Awake, Thou That Sleepest*,' II.5, in Wesley, *Works*, ed. Outler, et al., 1:148.
100　예를 들어, Sermon 59, "God's Love to Fallen Man" (1782), I.1–10, in Wesley, *Works*, ed. Outler, et al., 2:425–31; Sermon 6, "The Righteousness of Faith" (1746), I.2, in Wesley, *Works*, ed. Outler, et al., 1:209; *A Plain Account of Christian Perfection*, 73. 참조. Rebekah L. Miles, "Happiness, Holiness, and the Moral Life," in Randy L. Maddox and Jason E. Vickers, eds., *The Cambridge Companion to John Wesley* (Cambridge: Cambridge University Press, 2010), 207–24.

이 방법으로만 당신이 추구하는 행복을 찾을 수 있습니다. 당신의 영이 영들의 아버지와 연합하여서, 행복의 근원이며, 그가 만드신 모든 영혼에 충만이 되시는, 그에 대한 지식과 사랑에서.[101]

웨슬리에 따르면, 이 '연합', '지식', '사랑'은 믿는 자들의 마음에 내주하고 계신 하나님 안에서 이뤄진다. 행복(幸福)은, 성결과 마찬가지로, 하나님 안에서 시작되고 끝난다. 그것은 "성부가 기쁘신 가운데 우리의 심령에 성부의 아들 성자를 계시할 때 시작된다. 그 때란 우리가 처음 그리스도를 알아, '성령에 의하여 그를 주라고 부르게' 될 수 있을 때이며(고전 12:3), "오직 내 안에 그리스도께서 사신 것이라 이제 내가 육체 가운데 사는 것은 나를 사랑하사 나를 위하여 자기 몸을 버리신 하나님의 아들을 믿는 믿음 안에서 사는 것이라"(갈 2:20)라고 우리의 양심이 증거할 때이다."[102]

그리고 바로 이 때에 "천국이 우리의 영혼 안에서 열리고, 올바른 천국의 상태가 시작되어, 우리를 사랑하시는 하나님의 사람이 우리의 심령에 부은 바 되어 모든 사람을 향한 사랑이 즉각적으로 흘러나오게 된다(롬 5:5)."[103]

성령을 통해 우리의 심령 가운데 자신의 사랑을 마음껏 부어 주시는 하나님은, 또한, 행복(幸福)의 끝이요 목적이다. 모든 그리스도인의 삶은 이 행복의 끝이자 목적이신 하나님을 향하고 있으며, 이 성령으로 사랑을 주시는 하나님을 아는 지식과 사랑 안에서 끊임없이 자라고 있다. 그리스도 예수 안에서 그리스도 예수로 충만할 때까지, 무엇보다 하나님이 그들 안에 거하시고 하나님 안에서 안식하여 참된 행복을 찾기까지….

모든 믿는 자의 삶은 발전하고 성장한다고 웨슬리는 말한다.

'영광의 소망, 우리 안에 있는 그리스도'(골 1:27)가 우리의 하나님이며 우리의 모든 것이 될 때, 그가 우리의 마음을 온전히 소유할 때, 그가 우리의

---

101   "Spiritual Worship," III.8, in Wesley, *Works*, ed. Outler, et al., 3:101.
102   위의 책, II.5, in Wesley, *Works*, ed. Outler, et al., 3:96.
103   위의 책.

심령을 통치하여, 모든 삶의 주가 아무런 적대자 없이 심령에 거할 때, 우리가 그리스도 안에 거하고, 그리스도가 우리 안에 거하며, 우리가 그리스도와 함께하며, 그리스도가 우리와 함께할 때, 그 때 우리는 온전히 행복하며, 그때 우리는 '하나님 안에 있는 그리스도와 함께 감추어진'(골 3:3) 모든 '생명'을 살게 된다. 그때 그 이전에가 아니라, 우리는 '하나님은 사랑이시라 사랑 안에 거하는 자는 하나님 안에 거하고 하나님도 그 안에 거하시느니라'(요일 4:16)는 말씀이 의미하는 바를 바르게 체험하게 된다.[104]

하나님이 모든 인간을 위하여 만드신 행복(幸福)은 하나님과 믿는 성도들 간의 상호 내주를 통해 참된 현실이 된다. 이 인격적인 교제를 통해 누구든지 그리스도 예수 안에 있는 자들은 "하나님은 사랑이라"(요일 4:16)는 성경적 가르침이 의미하는 바를 경험적으로 배운다.

참으로 그들은 하나님의 사랑을 배우고, 알아 가며, 더 깊이 체험한다. 설령 그들이 하나님 안에 거할 때조차, 그들은 그 신적인 사랑 안에 더 풍성히 거하여 간다. 그리고 이것이―바로 이 신적인 성품에 참예하고, 더 참예하는 것이―웨슬리가 말한 진정한 행복(幸福)과 성결로 향하는 길이다. 다시 말해, 웨슬리의 완전 성화의 목표에 도달할 수 있는 유일한 길은 하나님 안에 참여하는 삶, 즉 성부와 성자와 성령과의 끊임없는 교제 안에 있다.

삼위일체 하나님과의 끊임없는 교제에 대한 웨슬리의 이해는 주님의 만찬(성찬)의 의미를 가지고 있다. 그리고 이 특별한 성사적 의미는 그의 1787년 설교 "성찬을 정기적으로 거행할 의무"에 잘 표현되어 있다.[105] 이 설교의 비하인드 스토리를 간단히 언급하자면, 일반적으로 "성찬을 정기적으로 거행할 의무"의 설교 초안은 1732년에 작성된 것으로 알려져 있다.

당시 링컨대학교 강단에 있었던 웨슬리는 성찬에 관한 설교 초안을 작성하면서 로버트 넬슨(Robert Nelson)의 『기독교적 희생을 더 독려해야 할

---

104   위의 책, II.6, in Wesley, Works, ed. Outler, et al., 3:96–97.
105   Sermon 101 (1787), in Wesley, *Works*, ed. Outler, et al., 3:428–39.

큰 의무』(*The Great Duty of Frequenting the Christian Sacrifice*)에서 발췌한 내용을 가져왔고, 마침내 그것을 공개적으로 출판했을 때 웨슬리는 그것이 넬슨의 것이 아니라 자신의 것이라고 주장했다. 하지만 감리교 역사 신학자 알버트 아우틀러(Albert Outler)의 말에 따르면, "이 설교는 넬슨의 설교가 되기에는 특성 면에서 너무 웨슬리적이며, 반대로 웨슬리의 설교가 되기에는 내용 면에서 너무 넬슨적이다."[106]

이 설교의 출처는 확실히 불분명하다. 그럼에도 불구하고 이 설교에 나타난 웨슬리의 의도가 넬슨의 의도와 근본적으로 다르다는 것은 분명한 사실이며, 이를 바탕으로 우리는 삼위일체 하나님과의 끊임없는 교제에 대한 가장 완벽한 성사적 진술이 웨슬리의 『성찬을 규칙적으로 시행해야 할 의무』임을 정당하게 주장할 수 있다.

"성찬을 규칙적으로 시행해야 할 의무"는 "기독교적 희생을 더 독려해야 할 큰 의무"와는 다른 초점을 가지고 있다. 실제로 웨슬리의 초점은 "기독교적 희생을 더 독려하는 것"이 아니라, "지속적인 교제"에 있다. 또한, 웨슬리는 넬슨과 달리 성찬을 '자주' 받는 것이 중요한 것이 아니라 '지속적으로' 즉 하나님이 기회를 주셨을 때마다 받는 것이 더 중요하다고 말한다.[107]

---

106 Outler, "An Introductory Comment" to "The Duty of Constant Communion," in Wesley, *Works*, ed. Outler, et al., 3:427. 참조. 웨슬리의 설교 서문. "다음 설교는 옥스퍼드에서 제자들에게 가르치기 위해 제가 쓴 것입니다. 그때 사용했던 단어의 양에 비해 지금은 훨씬 적은 양의 단어를 사용합니다. 그래서 약간의 수정을 추가했음에도 불구하고 전체적으로 양이 줄어들었습니다. 그럼에도 불구하고 내가 하나님께 감사하는 것은 그 안에서 전달되는 어떤 것에도 부족함이 없다는 것입니다"(Wesley, *Works*, ed. Outler, et al., 3:428).

107 『성찬을 규칙적으로 시행해야 할 의무』에서 웨슬리는 성찬례를 받는 물리적 행위(즉, 아퀴나스가 성례전적으로 먹는 성체 성사라고 부른 것[*ST*, III, q. 80, a. 1])에 초점을 맞춘다. 아퀴나스는 성찬례를 받지 않고도 일어날 수 있는 "영적 교제"를 그리스도의 몸을 먹는 두 번째 방법이라고 부른다(위의 책). 이에 반해 웨슬리는 그러한 영적 교제를 명시적(또는 성례전적)으로 기록하지 않았다. 하지만 웨슬리의 글에서 지배적인 개념 중 하나는 그리스도인의 삶이 하나님과의 일종의 영적 교제라는 것이다. 일례로, 웨슬리의 설교 "신생"에 기록된 "위로부터 난 사람"(요 3:3)의 이야기를 상기해 보라. "성령에 의해서 하나님께서 그를 깨우셨기 때문에[벧전 3:18] 그는 예수 그리스도를 통해

그렇다면 웨슬리에게 왜 '후자'가 더 중요할까?

우선, 한 가지 분명한 성경적 이유가 있다. 예수님은 체포되시기 전날 밤 최후의 만찬이 있었던 다락방에서 제자들에게 이렇게 명하셨다.

> 너희가 이를 행하여 나를 기념하라(눅 22:19).

웨슬리가 강조한 대로 이 주님의 명령은 우리가 '지속적으로' 성찬을 받아야 하는 합당한 이유를 제공한다. 그러나 웨슬리는 한 걸음 더 나아가 모든 그리스도인이 주님의 만찬(성찬)을 가능한 한 자주가 아니라 지속적으로 받아야 할 이유를 다음과 같이 한 가지 더 제시한다.

> 우리가 성체 성사를 이와 같이 지속적으로 받아야 할 [두 번째] 이유는, 이를 통해 우리의 지난 죄가 죄 사함을 받고, 현재 우리의 영혼이 날로 새로워질 수 있기 때문이다.

확실히 웨슬리는 여기서 우리의 죄 사함의 은총이 성체 성사를 통해 우리에게 전달된다고 말하고 있다. 그래서 그는 앞서 말한 두 번째 이유 뒤에 다음과 같은 수사학적 질문을 덧붙인다.

우리가 죄 사함의 은총을 [하나님]께 구하기 위해, '주님의 죽음을 나타내는 것'보다 더 확실한 방법이 무엇입니까?

서 하나님께 산 생활을 하게 됩니다[롬 6:11]. 그는 세상이 알지 못하는 '하나님 안에 계신 예수 그리스도와 함께 감추어진 삶'을 살아가게 됩니다[골 3:3]. 하나님은 실제로 우리의 영혼에 끊임없이 생기를 불어넣으십니다. 그리고 인간의 영혼은 하나님을 향해 호흡합니다. 하나님의 은혜는 인간의 마음속에 내려오고, 기도와 찬양은 하늘을 향해 올라갑니다. 하나님과 인간의 교제를 통해 성부와 성자의 교제[요일 1:3]가 일종의 영적 호흡을 통하여 인간의 영혼에 있게 됨으로 하나님의 생명은 영혼 속에 지속됩니다. 그래서 '그리스도의 장성한 분량'[엡 4:13]에 이를 때까지 하나님의 자녀들은 성장해 갑니다"("The New Birth," II.4, in Wesley, *Works*, ed. Outler, et al., 2:193).

그의 아들의 고난에 힘입어 우리의 모든 죄를 씻어 달라고 간구하는 것보다 더 확실한 방법이 무엇입니까?

그리고 그는 다음과 같이 말함으로써 자신의 의도를 더 명확히 한다. 주님의 만찬(성찬)은 우리의 영혼을 살찌웁니다. 그것은 "우리 영혼의 양식"이며, 이 양식은 "우리가 우리 자신의 의무를 수행할 수 있도록 힘을 주고, 우리를 완전으로 이끌어갑니다." 주님의 만찬(성찬)은, 그러므로, 하나님의 자비의 선물입니다. 이 선물(주님의 만찬)을 받고 세례를 받은 사람은 누구나 "이 땅에서 성결하고, 저 하늘에서 영원한 영광에 이를 수 있는" 은총의 수단을 얻게 됩니다.[108] 믿음의 삶 안에서, 특히 성체 성사를 통해, 하나님과 교제해야 합니다. 그래야만 우리가 이 완전을 향한 여정을 지속하는 와중에 은혜 안에서 더 자랄 수 있고, 하나님께 순종하는 삶으로 더 견고하게 설 수 있습니다.[109]

이밖에도 웨슬리의 성찬에 대한 신학적 진술은 더 있다. 그중에서 우리가 특별히 주목할 것은, 1745년에 웨슬리가 자신의 형제 찰스 웨슬리와 함께 출판한 『주님의 만찬 송가』이다.[110] 이 찬송집의 주된 특징 가운데

---

108 연합감리교회(UMC)의 "열린 영성체"(Open Communion) 개념은 에큐메니컬적인 열림(개방성)을 뜻한다. 하지만 이 개념을 복음주의적 도구로 취급하여 세례받지 않은 자들과의 친교에 적용하면, 그것은 웨슬리의 전통뿐 아니라 기독교 전통에서도 일탈하게 된다. 다시 말해, 웨슬리가 성례전을 "개종시키는 의식"(converting ordinance)이라고 말할 때, 그는 그리스도에 대한 믿음의 한 단계에서 다른 단계로의 전환, 즉 불신앙에서 신앙으로의 전환을 의미하지 않았다(*Journal*, June 27, 1740, in Wesley, *Works*, ed. Outler, et al., 19:158). 참조. "믿음에는 정도가 있으며, 약한 믿음이 참된 믿음일 수도 있다"(*Journal*, June 22, 1740, in 위의 책, 19:155).

109 "The Duty of Constant Communion," I.1–3, II.5, in Wesley, *Works*, ed. Outler, et al., 3:428–29, 432.

110 제프리 웨인라이트(Geoffrey Wainwright)는 다른 경우와 마찬가지로 찰스가 이 찬송집의 주요 저자일 가능성이 높으며 요한은 단지 편집인이라고 주장한다(*Hymns on the Lord's Supper* by John Wesley and Charles Wesley [hereafter *HLS*], with introduction by Geoffrey Wainwright, facsimile of the first edition [Bristol: Felix Farley, 1745], Madison, N.J.: The Charles Wesley Society, 1995, vi). 그럼에도 불구하고, 공동 출판의 중요성을 간과해서는 안된다. 요한의 공헌이 이 찬송집의 저자라기보다는 편집자였을 가능성이 높지만, 이 찬송집이 요한과 찰스의 이름으로 출판되었다는 사실은 그 찬송집이 그들의 생각, 특히 요한의 생각을 대변한다는 것을 나타낸다.

하나는 인간을 거룩하게 하는 성체 성사의 은혜를 웨슬리 형제가 시적으로 표현하고 있다는 것이다. 그리고 또 다른 특징은 웨슬리 형제의 『주님의 만찬 송가』가 다니엘 브레빈트(Daniel Brevent)의 1672년도 논문 "기독교 성사와 희생에 관하여"에서 영감을 받았다는 것이다.

이 사실을 보여 주는 좋은 예는 웨슬리 형제가 『주님의 만찬 송가』의 서문을 브레빈트의 논문에서 발췌하여 쓰고 있다는 것이며, 이 서문은 이 찬송집의 목적이 영국 국교회의 성사적 삶을 회복시키는 것에 있음을 보여 준다.[111] 좀 더 구체적인 가사(내용)을 살펴보면, 『주님의 만찬 송가』는 우선 성체 성사를 축하한다. 즉, 주님의 성찬에 그리스도가 현존하신다는 것을 기념한다.

그리고 이어서 주님의 성찬이 지닌 희생적 특성에 축의를 표하고, 그 희생적 특성이 과거와 현재와 미래의 시간 속에서 지니고 있는 삼중적 함의를 찬양한다.[112] 『주님의 만찬 송가』는, 또한, 성찬의 목적에 대해서도 다룬다. 따라서 거기에는 이러한 가사(내용)도 포함되어 있다. 성찬은 하나님의 온전한 사랑을 나누는 것으로서, 신자들은 이 같은 사랑의 나눔(성찬)을 통해 그들 상호 간에뿐만 아니라, 그들 안에서도 성결을 증진시킨다.

> 오, 우리 구원의 반석이시여
> 당신 안에 참된 안식을 찾고,
> 당신의 그늘 아래 숨는 영혼을 보소서.
> 그리고 우리를 구세주 당신 곁에 두소서.

---

111 그 서문은 "기독교 성례전과 희생"이라는 제목을 가지고 있으며, "브레빈트(Brevint) 박사에게서 발췌된 것"으로 알려져 있다(서문, 3).
112 성찬례에서 과거, 현재, 미래의 교차점에 대한 웨슬리의 이해에 대해서는 Kenneth M. Loyer, "Memorial, Means, and Pledge: Eucharist and Time in the Wesleys' *Hymns on the Lord's Supper*," *Proceedings of The Charles Wesley Society*, vol. 11 (2006-2007): 87-106을 보라. 성찬례에 대한 웨슬리의 견해가 어떻게 토마스 아퀴나스의 견해와 수렴될 수 있는지를 탐구하는 이 논문은 그 주제가 로마가톨릭교도와 감리교도 사이에 더 큰 일치를 위한 에큐메니컬적 잠재력이 있음을 드러낸다.

물과 피로 구속하시고,
동한 물에 씻기소서.
죄 사함의 피를 덧입혀 주시고,

물로 우리 맘을 거룩하게 하소서.
용서와 성결을 허락하시고,
물 세례로 우리 맘을 정화시켜 주소서.
죄의 마지막 잔해까지도 씻기시고,
우리 본성의 저 깊은 곳까지 정결하게 하소서.

죄 사함의 개울이 굽이쳐 흘러,
우리의 영혼으로 당신의 사랑이 들어오게 하소서.
허나 그 누가 당신의 신성한 진리를 받고,
그 누가 당신의 거룩한 증거를 믿게 하리요?
다만 우리는 증거하리 당신의 권능을,
당신의 완전한 사랑의 권능을.[113]

이러한 성찬의 은총 안에서—당신의 몸과 피로—예수 그리스도는 그의 몸된 교회의 지체들을 기르신다. 그리고 우리는 이러한 은총을 선물로 받아 누림으로서, 하나님의 생명을 얻는다.

이제 주님, 우리 위에 당신의 살을 나누시고,
우리로 당신의 피를 마시게 하소서.
우리의 모든 영혼이 하나님의 모든 생명으로
저 심연까지 채워지도록.[114]

---

113 *HLS*, 31.
114 위의 책, 30:8.

성찬에 임하신 그리스도. 이 성사적 임재는 우리가 누릴 수 있는 가장 깊은 형태의 연합을 구성한다. 그리고 이 연합은 '그리스도의 생명을 주는 성흔(聖痕)'과 '저 성흔(聖痕)에서 흘러나오는 대속의 피'와 '성사적으로 현존하는 그리스도의 살과 피'에 우리가 접근할 수 있도록 허용한다. 그 결과, 주님의 만찬(성찬)에 충실히 참예한 자들은 그들의 구원자가 되신 이의 형상 안에서 자라갈 뿐 아니라, 그들의 마음 판에 저 형상을 새긴다.

> 주님, 우리는 당신의 복된 성흔(聖痕)에서 생명과,
> 대속의 피를 모두 가져옵니다.
> 이제 우리가 두렵고 떨리는 마음으로 마시고,
> 당신의 살을 우리의 양식으로 삼습니다.
> 오소서 주님, 당신의 권능의 손을 펼치사,
> 당신의 빛나는 모양을 여기에 만드시고,
> 당신의 모든 형상을 우리 마음에 새기소서.
> 우리의 마음 모두가 당신의 것입니다.[115]

이제 웨슬리 형제는 우리에게 구원론적으로 친숙한 주제를 한 가지 던진다. 『주님의 만찬 송가』에서, 그들은 저 성사적 임재로 말미암은 연합을 신성한 본성에 참예하는 것으로 설명한다. 다시 말해, 이 찬송집에서 시적으로 표현된 외적 표징(성체 성사)은 그리스도와 신자 사이의 내적 연합에 심오한 영향을 미친다는 신학적 함의를 갖고 있다.

> 구세주, 당신은 우리가 당신의 본성에 참예할 수 있는
> 신비를 주셨습니다.
> 당신은 내게 외적인 표적을 받으라 명하십니다.
> 내 영혼을 당신의 것과 하나가 되게 하는 외적인 표적,

---

115 위의 책, 83:3.

내 몸과 혼과 영이 연합하여
당신과 갈라놓을 수 없는 하나를 이루게 하는 표적을 받으라 명하십니다.[116]

이 성찬을 통해 하나님의 백성은 그리스도와 깊이 연합된다. 영적 양식을 먹고, 하나님의 은혜로 보존된다. 그리고 우리의 믿음이 마침내 보는 눈이 되는 천국을 위해 훈련된다.

생명을 만드신 이는
우리를 위한 식탁을 펴신 분이십니다.
거기서 그분은 신비한 포도주와
영원한 빵을 공급하시고,
당신이 베푼 생명을 보존하시며,
우리를 먹이십니다.
우리가 천국에 오를 수 있도록 훈련하십니다.

우리의 궁핍한 영혼은 살아갑니다.
날마다 새로운 사랑의 공급으로,
우리가 당신의 모든 생명을 얻기까지.
그리고 당신의 모든 충만이 입증합니다.
우리의 궁핍한 영혼이 온전한 은총으로 더 견고해지고
장막 너머 당신의 얼굴을 보리란 것을.[117]

하나님과 성사적 연합이란, 우리의 영혼이 이 성사적 은총 안에서 하나님의 생명을 받는 것이며, 이는 천국으로 향하는 우리 영혼의 여정에 힘을 더한다.

---

116   위의 책, 54:3.
117   위의 책, 40.

명백히 삼위일체적인 가사(내용)이 『주님의 만찬 송가』에 담긴 여러 찬송시에서 돋보인다. 그런데 우리가 이러한 찬송시들을 가만히 더 살펴보면, 웨슬리 형제가 꿰뚫어 본 성찬과 사랑과 삼위일체론 사이의 연관성을 엿볼 수 있게 된다. 그중 한 예가 75번 찬송시다. 이 찬송시는 성찬의 유익, 즉 용서와 은혜 그리고 하나님과 완전한 사랑 사이의 진정한 연관성을 강조하는 삼위일체적 패턴을 뒤따른다.

> 성부 하나님이여, 우리가 간구하는 은혜를,
> 그 갑절의 은혜를,
> 당신을 믿고,
> 물과 피로 난 모든 자 위에 부어 주소서.
> 예수여, 그 피를 바르사,
> 참된 의를 가져오소서.
> 우리를 당신의 죽음으로 의롭게 하시고,
> 우리의 모든 죄를 씻어 주소서.
>
> 성령이여, 오소서.
> 오셔서 당신의 권능으로 인치소서.
> 당신의 보좌가 임한 연회에서
> 그 생명책이 참되다 하소서.
>
> 용서하시고, 은혜를 베푸소서.
> 위로부터 오사
> 지금 이 시간 우리의 모든 마음에 증거하소서.
> 하나님 당신이 완전한 사랑이심을.[118]

---

118 위의 책, 75.

이 75번 찬송시에 나타난 것처럼, 웨슬리 형제의 『주님의 만찬 송가』는 성찬이 우리의 성화를 위해서 얼마나 중요한 지를 잘 보여 준다. 우리의 하나님과의 더 깊은 교제는 성찬에서 실현된다. 따라서 우리의 일상생활과 하나님의 완전한 사랑 안에서 완전을 향한 여정은 성체 성사에서 결코 분리될 수 없다.

이 땅에서 우리의 영혼은 지속적으로 성장할 수 있다. 그 지속적인 성장은—존 웨슬리의 완전에 관한 글에서 끊임없이 확인할 수 있는 것처럼—하나님과의 더 깊은 성사적 교제(곧 영사체) 안에서 얼마든지 가능하다. 그러나 웨슬리의 완전에 대한 개념은, 또한 종말론적이다. 실제로 그는 저 지속적인 성장이 사랑 안에서—최종적으로—완성되는 때가 종말론적으로 도래할 것이라고 자신의 설교 "새로운 창조"에서 주장한다.

특별히 이 설교의 말미에서 그는 그렇게 주장하는데, 거기에서 우리가 특별히 주목할 점은 웨슬리의 완전에 대한 종말론적 이해가 삼위일체적인 방식으로 표현된다는 것이다.

> 모든 이에게 왕관이 씌워지고 하나님과 깊고, 친밀하고, 방해받지 않는 친교가 이루어질 것입니다. 삼위일체 하나님과 그 안에 있는 모든 피조물과의 끊임없는 기쁨이 있게 될 것입니다.[119]

종말론적 관점에서 볼 때, 웨슬리의 완전 성화가 지닌 삼위일체적 목적이 분명해진다. 웨슬리의 은혜 안에서의 지속적인 성장에 대한 강조는 그의 완전에 대한 개념에 역동적인 특성을 부여하여, 다음과 같은 신학적 함의를 확보한다. 즉, 웨슬리의 완전에 대한 가르침은 완전의 현재적 측면을 넘어선 체험, 곧 하나님의 은혜로 말미암아 경험되는 거룩한 사랑의 더 높은 차원을 지향한다.

---

119 Sermon 64 (1785), § 18, in Wesley, *Works*, ed. Outler, et al., 2:510. 새로운 창조에 대한 웨슬리의 삼위일체적 설명에 대한 연구는 Kenneth M. Loyer, "'And to Crown All': John Wesley on Union with God in the New Creation," *Methodist Review* 1 (2009): 109–25를 보라.

다시 말해, 그것은 궁극적으로 하나님의 구원하시는 목적이 창조주와 피조물 사이의 영광스러운 연합을 온전히 인봉하는 것에 있다는 것을 시사한다. 따라서 이 교리는 현재적 요구이자, 기대이다. 먼저 현재적 요구로서, 그것은 이 땅의 그리스도인들에게 하나님과 이웃에 대한 사랑을 은혜 안에서 더욱 구체화시킬 것을 요구한다. 하지만 그것은 동시에 하나님 안에 거하는 자들이 영원히 누리게 될 것, 곧 하나님의 완전한 사랑 안에서 하나님과의 완전한 교제를 기대하는 것이기도 하다.

지금까지 이 장에서 연구한 웨슬리의 삼위일체론과 완전 성화론은 이 두 교리가 서로 긴밀하게 연결되어 있다는 것을 보여 준다. 먼저 웨슬리의 완전한 사랑에 대한 개념은 세상 안에서, 세상을 위하여 일하시는 하나님의 구원 행위에 뿌리를 두고 있다. 따라서 그것은—암묵적인 차원에서—삼위일체적 기반을 가지고 있다고 말할 수 있다. 이어서 웨슬리 안에서 진술된 이 교리의 목적이란 것도 동일하게 삼위일체적이라고 할 수 있다. 왜냐하면—비록 삼위일체신학과 완전 성화 간의 연결 고리가 웨슬리에 의해 철저하게 설명되진 않았지만—이제껏 그의 사상을 분석한 결과를 토대로 우리가 다음과 같이 추론할 수 있기 때문이다.

완전에 대한 웨슬리의 비전은 그 역동성을 삼위일체 교리, 특히 성령의 내주와 역사를 통해 하나님 안에 참여하는 그리스도인들의 실재로부터 이끌어 낸다. 모든 그리스도인은 하나님을 경험한다. 그러나 특히 영적 감각으로 하나님을 경험할 때 하나님을 더 깊이 알게 되고 하나님과 이웃에 대한 더 큰 사랑, 곧 하나님의 은혜로 얻을 수 있는 더 큰 완전에 이르게 된다. 성령의 역사를 통해 날마다 하나님의 형상 안에서 새롭게 되고, 하나님의 '자비로운 속성' 곧 카리타스(*caritas*, 우정)적 사랑이신 삼위일체 하나님의 위격적 신비 속으로 점차 깊숙이 침투해 들어가게 된다.[120]

---

120 요한일서 4:8을 주석하면서 웨슬리는 사랑을 하나님의 "사랑하는 자요, 그의 다스리시는 속성, 그의 다른 모든 완전함 가운데서 그의 사랑스러운 영광의 빛을 비추는 속성"이라고 언급한다(*Explanatory Notes*, 1 Jn 4:8).

3. 결론

웨슬리의 사랑, 성화, 완전에 대한 분석은 그의 신학 사상이 신론에 대한 참여적 이해에 의해 발현되고 있음을 보여 준다. 그리고 웨슬리의 영적 감각에 대한 개념(영적 감각을 통해 인간은 하나님을 경험한다)과 구원론에 대한 관심(하나님의 형상 안에서 인간은 새로워진다)과 사랑과 성결에 대한 성령 안에서의 강조는 그의 성화에 대한 삼위일체적 설명이 성령론적 요소를 가지고 있음을 시사한다.

이러한 이유로 인해, 현재 웨슬리는 서구의 어떠한 근대 신학자들보다 더 성령의 위격과 활동을 강조한 사람으로 인정받고 있다.[121] 비록 웨슬리가 그의 성령론적 통찰을 포괄적인 사고 체계로 종합하진 않았지만, 이러한 요소들은 성결과 사랑의 진정한 성령적(Spiritual) 신학, 즉 성결과 사랑의 영(성령)과 특별히 관련된 신론을 발전시키기 위한 자원을 제공하기에 충분하다.

그리고 무엇보다도 이 사실은 웨슬리의 완전 성화가 더 엄밀한 신학적 용어로 설명되지 않았다는 많은 웨슬리안 학파의 비판적 주장에 대한 해결책이 사실 웨슬리 자신의 발언으로 만들어질 수 있음을 확인시켜 준다(참고로, 이러한 개발을 위한 이론적 단초가 이 책의 제6장에서 세워진다).

완전 성화에 관한 웨슬리의 문헌에 내포된 삼위일체 '문법'은 여러 방향으로 발전될 수 있다.[122] 성령의 교리에 더욱 초점을 맞추거나, 완전한 사랑 안에서 성결을 더 깊이 탐구하거나, 완전 성화의 삼위일체적 기초와 목적을 더 분명히 강조하는 등. 완전 성화와 삼위일체 하나님 간의 관계를 통찰한 웨슬리의 신학 사상 및 직관을 토대로 저 '문법'은 보다 명확하고 전도 유망하게 전개될 수 있다.

---

121 참조. F. LeRon Shults and Andrea Hollingsworth, *The Holy Spirit* (Grand Rapids: Eerdmans, 2008), 62. 어떤 사람들은 서구 신학 전체가 성령론적 결핍에 시달린다고 말한다. 그러나 이 주장과 반대로, 이 책의 6장은 성령의 더 풍부한 교리를 회복하는 과업의 근원이 이미 우리와 함께, 즉 아퀴나스와 웨슬리의 서구 신학 전통에 있다고 결론짓는다.

122 Maddox, *Responsible Grace*, 140.

그러나 필자는 이러한 다양한 발전의 가능성을 두 가지 주요 주제로 정리할 것이다.

첫째, 웨슬리는 성결과 사랑에 관한 성령론적 신학의 발전에 적합한 신학적 함의를 제공할 수 있다.

둘째, 완전 성화에 관한 웨슬리의 가르침이 암시하는 삼위일체적 기초와 목적은 보다 분명하고 심오하게 발전될 필요가 있다.

이 두 가지 주제는 필자가 아퀴나스의 신학 사상을 논의하는 다음 장의 범위를 적절하게 제한하는 데 도움이 될 것이다. 그리고 앞으로 신론, 특히 성령론에 대한 웨슬리의 통찰이 수많은 용어상의 차이에도 불구하고 어떻게 아퀴나스와 건설적으로 양립할 수 있는지를 보여 주기 위해 필자가 채택할 주요 의제가 될 것이다.

제3장

토마스 아퀴나스의 위격적 사랑(*amor*)으로서의 성령

존 웨슬리가 신학적 가르침을 전달하기 위해 주로 설교, 소책자, 찬송가 등의 작품을 사용했다면, 토마스 아퀴나스는 기독교 교리에 대한 보다 지속적이고 엄밀한 탐구를 통해 기독교 신학의 기술적 측면을 밝히는 데 중점을 두었다. 물론 아퀴나스도 설교와 찬송을 통해 자신의 신학을 표현했다.

하지만 그가 자신의 신학을 표현하는 데 사용한 글은 대체로 질서정연하고 복잡하게 추론된 설명이었고, 이는 복음과 교회 쇄신을 요구한 옥스퍼드 출신의 풀뿌리 지도자 웨슬리에게서 보기 힘든 유형의 글쓰기였다. 요컨대 성령에 관한 아퀴나스의 저술은 교리적 정확성과 구조적 섬세함을 겸비하고 있다.

그러나 아퀴나스와 웨슬리의 부분적 또는 방법론적 차이를 제쳐 두면 한 가지 유사점을 식별할 수 있다. 웨슬리처럼 아퀴나스는 '성화'와 '사랑'과 '성령의 위격 및 사역' 사이의 깊은 관계를 분별한 것으로 유명하다. 이는 결과적으로 구원론에 대한 새로운 이해, 특히 웨슬리와 구별되지만 특정한 접점을 갖고 있는 아퀴나스의 구원론에 대한 보완적 이해를 가져온다 (참고로 이들의 구원론적 유사성은 이 책의 마지막 장에서 다룰 것이다). 잘 알려진 바와 같이, 아퀴나스의 사상에서 가장 과소평가된 측면 가운데 하나는 성령론이다.[1]

---

1 아퀴나스의 성령에 관한 책 분량의 연구는 많지 않다. 그중 하나는 사랑이신 성령과 구원의 경륜 사이의 관계를 조사한 앤서니 키티(Anthony Keaty)의 논문이다("The Holy Spirit as Love: A Study in the Pneumatology of Thomas Aquinas" [Ph.D. diss., University of Notre Dame, 1997]). 아퀴나스의 삼위일체신학과 그리스도인의 삶에 대한 설명 사이의 특정 측면을

그럼에도 불구하고 성령에 관한 아퀴나스의 저술을 탐구하는 것은 그의 성령신학에 대한 폭넓은 통찰을 제공할 뿐만 아니라 그 통찰을 존 웨슬리의 연구에 연결하여 현대 감리교 신학을 학문적으로 발전시킬 수 있도록 해 준다.

앞으로 제3장, 제4장 그리고 제5장에서 필자는 아퀴나스의 사랑에 기반을 둔 성령론을 탐구할 것이다. 보다 구체적으로 말하자면, 필자는 성령의 위격과 사역에 대한 아퀴나스의—특히, '성령'과 '사랑' 사이의 특별한 연관성에 주의를 기울인—이해로 연구를 시작할 것인데, 이때 저 연관성은 아퀴나스의 '삼위일체신학'과 '도덕신학' 간의 주요한 접점을 밝혀 줄 것이다. 그 다음, 필자는 아퀴나스의 성령에 관한 진술에서 상호 간에 깊은 연관이 있지만 명확히 구별된 세 가지 주제를 탐구할 것이다.

(1) 위격적 사랑이신 성령
(2) 아버지와 아들의 상호 사랑이신 성령
(3) 사랑이신 성령의 구원론적 함의

조명하는 동안, 키티는 그의 연구를 아퀴나스가 『신학대전』 제1권 1부에서 취급한 성령의 고유한 이름으로서의 사랑과 『신학대전』 제1권 2부에서 논한 카리타스(*caritas*, 우정)적 사랑으로 제한한다. 사랑이신 성령에 대한 아퀴나스의 가르침에 대해서는 더 많은 작업이 필요하다. 특히, 다른 주요 출처를 더 명시적으로 수반할 필요가 있다. 예를 들어, 『명제집 주해』(여기서부터는 I Sent.로 각주에 표기한다)나 『대이교도대전』(여기서부터는 ScG로 각주에 표기한다)은 이 예시들은 아퀴나스의 『신학대전』에서 다소 압축된 설명에 대한 더 자세한 이해를 용이하게 한다. 전체적으로 키티는 『신학대전』이외의 아퀴나스의 글을 거의 사용하지 않으며, 그의 참고 문헌에는 『대이교도대전』조차 포함되지 않았다. 한 마디로 그의 논문의 가치는 『신학대전』의 일부를 면밀하고 통합적으로 읽었다는 것에 있다. 물론 『신학대전』은 아퀴나스의 대작(*magnum opus*)이다. 그런 의미에서 여기에서의 필자의 연구 범위도 『신학대전』을 수반한다. 그러나 필자는 그 대작(*magnum opus*)에 기록된 아퀴나스의 사상을 명확히 하거나 증폭시킬 수 있는 다른 텍스트를 포함하도록 이 연구를 확장할 것이다. 인정하건대, 키티의 관심사는 필자의 연구에서도 매우 흥미롭고 중요한 주제이다. 하지만 여기서 그것은 다른 관점(최근 아퀴나스의 삼위일체론을 연구하면서 Gilles Emery가 획기적으로 제안한 관점)과 다른 목적(토마스 아퀴나스와 존 웨슬리 그리고 이를 기반으로 한 가톨릭과 감리교 사이의 성령론적 수렴 및 양립 가능성에 대한 탐구)에 비추어 검토될 것이다.

이 탐구는 성령 하나님과 그리스도의 삶에 관한 아퀴나스의 신학적이면서도 실천적인 견해를 밝혀 줄 것이다 (참고로 제3장의 주된 초점은 첫 번째 주제—위격적 사랑이신 성령—에 있다).

사랑을 성령과 동일시하는 문제에서 아퀴나스는 아우구스티누스의 신학적인 노선을 따른다.[2] 여기서 문제는 삼위일체 안에서 사랑이 어떤 때는 세 위격 안에 공통된 신적인 본질을 가리키지만, 다른 때는 특히 성령 하나님을 지칭한다는 것이다.

어떻게 사랑이 삼위일체이신 하나님의 본질을 나타내면서 동시에 성령 하나님을 가리킬 수 있을까?

아이러니하게 들릴지 모르지만 아우구스티누스는 이러한 각각의 접근 방식이 신학적으로 정당하다고 분명히 말한다. 그러면서 아우구스티누스는 이 아이러니한 문제를 설명하기 위한 예시로 '지혜'란 이름을 가져온다. '지혜'는—'사랑'과 마찬가지로—삼위일체 안에서 공통된 본질이다. 허나 그것은 동시에 성자 하나님 특유의 속성이다. '지혜'가 삼위일체 하나님의 세 위격 모두에 공통된 이름인 한, 각각의 신성한 위격은 '지혜'로 불릴 수 있다. 하지만 이 때 '지혜'는 셋이 아니라 하나다.

> 성부가 곧 사랑이라 일컬어지고 성자가 그렇게 일컬어지고 성령이 그렇게 일컬어지며 그러면서도 동시에 모두가 함께 한 사랑이라고 해서는 왜 안

---

2 야로슬라프 펠리칸(Jaroslav Pelikan)은 아우구스티누스를 성령을 사랑으로 명명한 권위자로 본다("The Doctrine of *Filioque* in Thomas Aquinas and Its Patristic Antecedents: An Analysis of *Summa Theologiae*, Part I, Question 36," in Armand A Maurer, ed., *St. Thomas Aquinas, 1274–1974: Commemorative Studies*, vol. 1 [Toronto: Pontifical Institute of Mediaeval Studies, 1974], 315–36, in particular 331). 아퀴나스에 대한 아우구스티누스의 영향은 다른 곳과 마찬가지로 이 점에서도 분명하다. 그러한 영향은, 예를 들어, 피터 롬바르드의 『명제집』을 주해한 아퀴나스의 『명제집 주해』에서 엿볼 수 있다. 주지하다시피, 롬바르드는 아우구스티누스를 뒤따른 인물로 유명하다. 실제로 그는 성령을 사랑과 동일시하는 것에 관해 아우구스티누스를 광범위하게 인용하는데, 아퀴나스도 이러한 롬바르드의 아우구스티누스적인 탐구 노선을 뒤따른다(예. *In I Sent.*, d. 10). 아우구스티누스의 해석자로서의 아퀴나스에 대해 더 알고 싶다면, Michael Dauphinais, Barry David, and Matthew Levering, eds., *Aquinas the Augustinian* (Washington, D.C.: The Catholic University of America Press, 2007)을 보라.

되는지 나는 알지 못하겠다. 성부가 곧 지혜라 일컬어지고 성자가 곧 지혜라 일컬어지고 성령이 곧 지혜라 일컬어지며, 그러면서도 동시에 모두가 세 지혜가 아니고 함께 한 지혜이듯이 말이다. 그와 매한가지로 성부가 하나님이요 성자가 하나님이요 성령이 하나님이며 그러면서도 모두가 함께 한 하나님이다.[3]

성부와 성자도 '사랑'이라고 부를 수 있다는 사실이 성령을 '사랑'이라고 하는 것을 막지 못한다. 반대로 성령을 '사랑'이라고 해서 성부와 성자를 '사랑'이라고 하는 것이 불가능한 것은 아닙니다.[4] 셋은 모두 '사랑'으로 불린다. 허나 거기에 세 개의 '사랑들'이 있는 것은 아니다. 오직 한 가지 '사랑'만 있다. 이는 '지혜'도 마찬가지다.

셋 모두 '지혜'라고 불린다. 허나 거기에는 세 가지 '지혜들'이 아니라, 오직 하나의 '지혜'가 있다. 그러나 세 위격이 모두 '지혜'라 할지라도, '하나님의 지혜'라는 칭호는 특별한 의미에서 오직 한 분, 곧 하나님의 말씀이신 성자에게 귀속된다(고전 1:24). 성부와 성령이 다 '지혜'이시고 성자 못지않게 지혜로우시되 오직 하나님의 말씀만이 '하나님의 지혜'라 부를 수 있는 것과 같이, 성부와 성자가 모두 '사랑'이시며 성령 못지않게 사랑이 많으시지만 오직 성령만이 '하나님의 사랑'이라 부를 수 있다.

아우구스티누스는 삼위일체 하나님의 세 위격에 공통된 신적 실체(substance)가 심지어 '사랑'일 때에도, '사랑'이란 이름은 오직 성령 하나님께 가장 적합하다고 보았다.

이 셋 중에서 고유하게 사랑을 일컬어야 한다면 성령 말고 누가 더 적절하겠는가?

---

3 *De Trinitate*, XV, 28, translated from *De Trinitate libri XV*, Cura et studio W. J. Mountain, auxiliante Fr. Glorie, Corpus Christianorum Series Latina, vol. LA, Aurelli Augustini Opera, Pars XVI, 2 (Turnholti: Typographi Brepols Editores Pontificii, 1968), 503.

4 위의 책, XV, 30.

저 단순하고 지존한 본성에서는 실체가 다르고 사랑이 다르고 하지 않으며, 실체 자체가 사랑이고 사랑 자체가 곧 실체이며, 이것은 성부에게서 그렇고 성자에게서 그렇고 성령에게서 그렇다. 단지 고유하게는 성령이 사랑이라고 일컬어진다.[5]

그러므로 이 구절에서 아우구스티누스는 다음과 같이 추론한다. 어떤 의미에서 '지혜'는 삼위일체 전체에 공통적이다. 허나 다른 의미에서 그것은 성자에 고유한 것이다. 이와 유사한 방식으로, 성령은—저 세 위격에 공통된 신적 실체가 '사랑'일 때에도—특별한 의미에서 '사랑'이라 일컬음을 받는다. 정리하면 전체 삼위일체와 관련하여 '사랑'은 성부, 성자, 성령에게 공통된 신적 본질을 나타내지만, 특히 성령과 관련하여 '사랑'은 '성령은 사랑이시다'라는 특별한 의미를 갖는다.

그러나 성령은 어떤 의미에서 다른 위격들과 구별된 사랑인가?

이 질문에 대한 아우구스티누스의 답은 '성령이 하나님으로부터 그리고 하나님 안에서 나오는 사랑'이라는 것이다. 이러한 결론(답)에 도달함에 있어 아우구스티누스는 주로 요한일서 4장—특히 7절에서 8절, 13절, 16절—에 대한 자신의 주석에 기초한다.

먼저 아우구스티누스는 7절에 나온 *dilectio ex Deo*라는 구절을 사랑이 하나님으로부터—정확히 하나님에게서—나온다는 의미에서 "사랑은 하나님에게서 온 것"이라는 의미로 해석한다.[6] 이러한 해석의 근거는—아우구스티누

---

5 위의 책, XV, 29.
6 이 성경 구절에 대한 아우구스티누스의 인용은 다음과 같이 번역되었다. "사랑하는 자들아 우리가 서로 사랑하자 사랑은 하나님께로부터 난 것이요 사랑하는 자마다 하나님께로 났느니라 사랑하지 아니하는 자는 하나님을 알지 못하나니 사랑은 곧 하나님이시니라"(4:7-8). "하나님이 그의 성령을 우리에게 주시므로 우리가 이로써 [하나님] 안에 거하고 그가 우리 안에 거하시는 줄을 아노라"(4:13). "하나님은 사랑이시니 사랑 안에 거하는 자는 하나님 안에 거하고 하나님도 그 안에 거하시느니라"(4:16). 에드먼드 힐(Edmund Hill)은 아우구스티누스가 인용한 *Deus dilectio est*(4:8, 16)를 "사랑은 곧 하나님이시니라"로 번역했는데, 이는 "하나님은 곧 사랑이시니라"는 보다 일반적인 번역과 다르다(*The Trinity*, trans. Edmund Hill, OP [Hyde Park, N.Y.: New City Press, 1991], 420-21). 그러나

스에 따르면—사도 요한이 7절에서 하나님으로부터 온 것이라고 밝힌 사랑을 8절의 하나님, 곧 사랑이신 하나님(*Deus dilectio est*)과 동일시한 것에 있다.[7]

따라서 사랑이 하나님으로부터 온 것이라면, 하나님으로부터 온 이 사랑은—아우구스티누스가 해석한 바와 같이—하나님과 동일시된다.

> 사랑은 하나님으로부터 온 하나님이다(*Deus ··· ex deo est dilectio*).[7]

성령은 사랑이신 성령의 내적 발출로 인해—특별한 의미에서—사랑이다.

이어서 아우구스티누스는 13절과 16절, 특히 그리스도인의 삶에서 성령과 사랑 사이의 연결을 다루는 구절에 주의에 기울인다. 아우구스티누스에 따르면, 하나님의 선물인 성령을 통해 성도는 하나님 안에 거하고 하나님은 성도 안에 거한다.[8] 또한, 사랑 안에 거한다는 것은 사랑이신 하나님 안에 거하는 것이다.[9]

그러므로 성도들이 사랑 안에서 하나님 안에 거하고 하나님이 성도 안에 거하는 것(상호 내주)은 성령의 은사이며, 이는 성령을 다음과 같이 이해할 수 있게 한다. 성령은 하나님의 내적인 삶 속에서 사랑으로 발출되어 예수 그리스도 안에서 하나님 아버지의 양자가 된 성도들에게 사랑 안에서, 사랑으로 주어진다.

> 하나님이 우리에게 주신 성령은 우리로 하여금 하나님 안에 거하게 하고 하나님이 우리 안에 거하게 하십니다. 사랑이 그 일을 합니다. 그러므로

두 경우 모두 사랑과 하나님 사이의 연관성은 분명하다. 그리고 신학적 연관성은 아우구스티누스의 해석에 필수적이며, 우리가 앞으로 보게 되겠지만, 이것은 또한 아퀴나스의 해석에도 필수적이다.

7 Augustine, *De Trinitate*, XV, 31.
8 요일 4:13.
9 요일 4:16.

> 그분은 사랑이신 하나님이십니다.[10]

성령은 또한 성도의 삶 속에서 사랑의 신령한 열매를 맺는다.

> 그러므로 하나님이시며 하나님께로부터 오시는 성령이 성도에게 주어질 때 성령은 성도를 하나님에 대한 사랑과 이웃에 대한 사랑으로 불태우십니다.[11]

이처럼 아우구스티누스는 "하나님은 사랑이시다"와 "사랑은 하나님에게서 온 것이다"는 구절을 특별한 방식으로, 즉 '하나님'과 '은혜 가운데 살아가는 신실한 성도' 간의 상호 내주를 일으키는 성령을 위격적으로 나타내는 설명으로 이해한다.[12] 따라서 아우구스티누스는 성령이 지극히 높으신 하나님 자신이시면서 동시에 하나님 안에서 오는 사랑의 선물임을 가르친다.[13] 삼위일체 하나님은 사랑이시다.

그러나 오직 성령만이 하나님에게서 사랑으로 나와 하나님의 백성을 사랑으로 인도하신다는 점에서 '사랑'이라는 구별된 이름을 갖는다.[14]

아우구스티누스에 이어 아퀴나스도 '사랑'(*amor*)이라는 이름을 성령에 관한 중요한 주제 중 하나로 받아들인다. 아퀴나스는 '하나님'과 '사랑'을 서로 구분되면서도 관련이 있는 방식으로 설명한다. 즉, 어떤 때는 신적인 본질을 설명하는 방식으로, 다른 때는 삼위일체 하나님 안에서 성령이 차지하는 독특한 위치와 중요성을 나타내는 방식으로 설명한다 (참고로 아퀴나스의 신학 용어에서 '사랑'은 성령의 고유한 자아(*proprium*)를 일컫는다).

그러나 아퀴나스가 단순히 아우구스티누스의 성령론을 반복했던 것은 아니다. 그는 도리어 자신만의 고유한 대안을 만들고자 시도했다. 물론 이

---

10   *De Trinitate*, XV, 31.
11   위의 책.
12   위의 책, XV, 31.
13   위의 책, XV, 30–31.
14   위의 책. 참조. Keaty, "The Holy Spirit as Love," 10.

시도에는 아우구스티누스의 일면(一面)이 담겨 있다. 하지만 그것은 궁극적으로 아퀴나스의 독립적이고 혁신적인 사상을 보여 준다.

그렇다면 정확히 어떻게 아퀴나스는 성령의 문제를 접근하려고 했을까? 이 질문은 앞으로 필자가 이어갈 탐구의 주된 초점이다. 그리고 이 탐구를 이어감에 있어서 필자가 주로 참고할 문헌은 여러 가지가 있는데, 그중에서 특별히 필자는 아퀴나스가 성령을 가리켜 성부와 성자로부터 나온 사랑이라고 가르친 『신학대전』을 참고할 것이다.[15]

성부와 성자 사이의 사랑이라는 용어와 함께 성령은 또한 위격 안에서 사랑이신 분이다.[16] 다시 말해, 성령은 위격적인 사랑이다. 그리고 성령을 위격적 사랑으로 표현하는 것은 사랑이신 성령에 대한 아퀴나스의 설명 가운데 핵심이 되는 주제이다. 물론 성령을 이렇게 이해하는 방식에 문제나 어려움이 없는 것은 아니다. 하지만 이러한 이해 방식을 통해 아퀴나스는 성령의 진정으로 위격적인 정체성을 해명하는 한편, 성령에 관한 여러 다양한 진술들의 기초가 삼위일체임을 밝힌다.

1. 성령론의 삼위일체적 기초

성령에 대한 아퀴나스의 논의는 주로 『신학대전』 제1권 1부에 있는데, 이 책의 구조를 보면 삼위일체가 아퀴나스의 성령론을 형성하는 주된 맥락임을 알 수 있다. 성령론에 관한 아퀴나스의 기사 *ST*, I, qq. 36-38는 구조적으로 *ST*, I, qq. 27-43, 이른바 삼위일체 논고에 종속되어 있다. 아퀴

---

15 예. *ST*, I, q. 27, a. 3c and q. 36, a. 2c.
16 위의 책, I, q. 37, a. 1c, ad 3. 참조. "성령—위격 안에 있는 사랑"(Die Heilige Geist—Liebe in Person)이라는 문구가 크리스찬 슐츠(Christian Schütz)가 쓴 동일한 제목의 기사에서 사용되었다(*Internationale katholische Zeitschrift* "Communio" 34 [2005]: 333-40). 아퀴나스에 대한 신중한 해설에서, 질 에머리(Gilles Emery) 또한 성령을 "위격 안에 있는 사랑"으로 설명한다(*The Trinitarian Theology of Saint Thomas Aquinas*, trans. Francesca Aran Murphy [Oxford: Oxford University Press, 2007], 225 이하).

나스의 삼위일체 논고는 질 에머리(Gilles Emery)가 언급한 바와 같이 『신학대전』 전체에서 가장 어렵고, 동시에 가장 중요하다.

에머리에 따르면, 아퀴나스는 다소 전문적인 언어/개념을 통해 '하나님'을 파악하고, '하나님이 다스리시는 세계'를 통찰한다.[17] 그리고, 자신의 삼위일체 논고를 시작하는 질문에서, 다음과 같은 주제들을 소개한다.

(1) 제27문: 하나님의 위격들의 발출들
(2) 제28문: 하나님 안에서의 관계들
(3) 제29-32문: 하나님의 위격들

이 세 가지 주제들은 아퀴나스의 성령론을 이해할 때 특히 중요하다. 물론 제43문에서 아퀴나스가 후속적으로 다룬 주제―'하나님의 위격들의 파견'―도 중요하다. 따라서 필자는 이 책의 제5장에서 위의 질문(제43문)으로 돌아와, 그 질문을 기반으로 아퀴나스의 성령론을 더 깊이 파고들 것이다.

하지만 지금 요점은 성령에 관한 질문이 『신학대전』에서 차지하고 있는 위치에 있다.[18] 성령의 위격과 사역이라는 주제를 다룰 때, 아퀴나스는 그 주제를 신학적으로, 더 정확하게는 성령론적으로 분리하지 않았다. 물론 성령론은 그 자체로 매우 중요한 주제이지만, 아퀴나스는 그 주제가 신적인 '발출'과 '관계'와 '위격'과 '파견'과 같은 삼위일체의 다른 많은 관련 교리나 가르침에 기초하여 다뤄져야 한다고 보았다. 따라서 그는 '삼위일체론'과 '성령론'을 분리하지 않고 철저히 연결함으로써 성령론의 적절한 토대가 삼위일체임을 드러냈다.

---

17 Emery, *Trinity in Aquinas* (Ann Arbor, Mich.: Sapientia Press, 2006), 121.
18 『신학대전』의 삼위일체에 관한 아퀴나스의 논문 구조에 대한 보다 철저한 분석은 Paul Vanier, *Theologie trinitaire chez Saint Thomas D'Aquin: évolution du concept d'action notionnelle* (Montreal: Institut d'Études Médiévales, 1953), 55-60; and Emery, *Trinity in Aquinas*, 121-64를 보라.

아퀴나스의 성령론의 핵심은 성령을 사랑(*amor*)이라고 부르는 논증이다. 이 논증에서 그는 삼위일체의 맥락에서 성령을 '성부와 성자에게서 나오는 사랑'과 '성부와 성자를 연합하는 상호 사랑'으로 설명했다.[19] 이 두 가지 중에서 필자가 이 장의 핵심 논의로 분석할 설명은 전자, 즉 『신학대전』 제1권 1부의 제37문에서 아퀴나스가 전개한 '위격 안의 사랑'이신 성령 개념이다.

2. 성령: 위격 안의 사랑

제37문 1항과 2항은 에머리가 쟝-피에르 토렐(Jean-Pierre Torrell)의 논점을 발전시켜 '사랑이신 성령'에 대한 아퀴나스의 설명에서 확인한 두 단계를 보여 준다.

첫 번째 단계의 중심 논제는 성령이 "사랑하는 자의 뜻 '안'에 각인된 사랑의 쏟아져 나옴"이라는 것(제37문 1항)이고,

두 번째 단계의 중심 논제는 "성령이 아버지와 아들 '사이'의 사랑"이라는 것(제 37문 2항)이다.[20]

---

19 발출과 연합 사이의 연결은 아퀴나스의 사상 초기에 표현되어 있다. 그리고 이 표현은 *In I Sent.*, d. 10, q. 1, a. 3 ad 1와 동일한 내용을 수반한다. 따라서 성령을 "발출의 방식으로 말미암은 사랑하는 자와 사랑받는 자 사이의 유대 또는 연합"(*ex modo processionis habet quod sit vinculum vel unio amantis et amati*)으로 설명한다. 『명제집 주해』가 아퀴나스 신학의 중요한 원천이지만, 우리는 그의 보다 성숙한 성찰에 비추어 이 초기 텍스트를 주의 깊게 읽어야 한다. 왜냐하면, 성령의 고유한 자아(*proprium*)를 사랑으로 해석하는 아퀴나스의 가르침이 『명제집 주해』에서 『신학대전』으로 넘어가면서 발전하기 때문이다.

20 Emery, *The Trinitarian Theology of Saint Thomas Aquinas*, 236-37. 또한, 다음을 보라. Jean-Pierre Torrell, *Saint Thomas Aquinas*, vol. 2: *Spiritual Master*, trans. Robert Royal (Washington, D.C.: The Catholic University of America Press, 2003), 184-86.

한 마디로, 제37문 1항과 2항에서 아퀴나스가 시도한 것은 이중적이다. 하나는 사랑의 내적인 발출이 성령임을 밝히고자 한 것이었고, 다른 하나는 사랑의 내적인 발출인 성령이 성부와 성자와 동일 본질임을 확인하고자 한 것이었다.

그렇다면 이 두 개의 항을 통해 제시된 아퀴나스의 신학적 함의는 구체적으로 무엇인가?

차례로 한번 살펴보자.

우선 제37문 1항에서, 아퀴나스는 성령의 고유한 이름이 사랑인지 여부를 고려한다. 그리고 이에 대해 긍정적인 답변을 제시하는 데, 여기서 유의할 점은 이 사랑이라는 용어가 두 가지 구별된 방식으로 사용된다는 것이다. 하나는 신적인 본질을 표현하기 위해 본질적인 의미에서 하나님과 관련하여 사용되며, 다른 하나는 신적인 위격에 이름을 부여하기 위해 성령과 관련하여 사용된다.

> 하나님에 있어 사랑이란 명칭은 본질적으로도 위격적으로도 사용될 수 있다. 그리고 위격적으로 사용되는 데 따라 그것은 성령의 고유한 이름이다. 그것은 마치 말씀(Word)이 성자의 고유한 이름인 것과 같다.[21]

본질적으로 사용된 "사랑"은 성령의 고유한 이름이 아니라, 모든 신격(Godhead)의 고유한 이름이다. 왜냐하면, 성부와 성자와 성령에게 공통된 단일한 신적 본질이 사랑이기 때문이다. 이에 반해, 위격적으로 사용된 "사랑"은 성령의 고유한 이름이며, 이 점에서 그것(위격적 사랑)은 성자에게 고유한 이름인 "말씀"(Word)과 성령론적으로 대응된 이름이라고 할 수 있다.

아우구스티누스와 다르지 않은 방식으로, 아퀴나스는 이 같은 구별을 잘 해낸다. 하지만 거기에는 여전히 필요한 추가적 해명이 더 존재한다.

---

21 *ST*, I, q. 37, a. 1c.

어떻게 사랑의 본질적인 이름이 위격적으로도 사용될 수 있는가?

정확히 어떠한 방식에서 사랑은 신적 본질의 일면(一面)을 나타내면서 동시에 신적 위격의 이면(裏面)을 특정적으로 나타낼 수 있는가?

다시 말하자면, 하나님의 '상응'(accommodation)에 의한 사랑은 어떻게 한 위격(성령)뿐만 아니라, 관계(실체적 일치 안에서 신성한 세 위격이 상호 내주하는 관계)도 의미할 수 있는가?

이 같은 질문에 직면하여 자신의 신학적 입장을 더욱 공고히 하기 위해, 아퀴나스는 (앞서 언급한) '발출'과 '관계'와 '위격'의 교리를 참고한다.[22] 아퀴나스의 삼위일체론과 성령론은 전부 이 세 가지 교리에 기초하고 있으며, 이들 세 가지 교리 모두는 성령을 위격적 사랑으로 지각하는 일에 필수적이다. 왜냐하면, 우리가 사랑을 삼위일체 하나님 '안'의 내적 발출로 여길 때, 삼위일체 하나님 '사이'에 자존(subsist)하는 관계를 인식할 수 있

---

[22] 존 F. 보일(John F. Boyle)은 『신학대전』의 삼위일체에 대한 아퀴나스의 가르침의 원리에 대한 자신의 설명에서 이 세 가지 교리를 인용하고 다음과 같은 방식으로 그 특징을 정리한다. "신적 작용으로서의 발출, 두 발출에 기초한 신적 관계, [그리고] 영속(자존)하는 관계로서의 신적 위격."("The Ordering of Trinitarian Teaching in Thomas Aquinas' Second Commentary on Lombard's *Sentences*," in *Thomistica*, ed. E. Manning, Recherches de Théologie ancienne et médiévale, Supplementa 1 [Leuven: Peeters, 1995], 127). 이 논문에서 보일은 『신학대전』의 삼위일체 교리에 대한 아퀴나스의 설명을 롬바르드의 『명제집』에 관한 아퀴나스의 두 번째 주해—이른바 "로마서 주석"이라고도 불리는 『명제집 주해』 2권—와 비교/분석했다. 이를 근거로, 『명제집 주해』 2권은 1265-66년 아퀴나스의 로마 체류 기간에 쓰여진 것으로 추정된다(Leonard E. Boyle, "Alia lectura fratris Thome," *Mediaeval Studies* 45 [1983]: 418-29). 하지만 보일의 리뷰 이전에 이 글의 저자가 누구인지에 대한 논쟁이 있었다. 특히, H. F. 던다이엔(H. F. Dondaine)은 그것이 진정 아퀴나스의 글인지에 대해 학계에서 큰 논쟁을 불러일으켰다(참조. Dondaine, "'Alia lectura fratris Thome'? [Super I Sent.]," *Mediaeval Studies* 42 [1980]: 308-36). 본 연구의 범위가 논쟁을 해결하는 데 적합하지는 않지만, 적어도 문제의 텍스트가 아퀴나스의 생각과 대체로 일치하는 방식으로 롬바르드의 『명제집』을 다루고 있다는 점은 주목할 가치가 있다. 사실 이 것만으로도 아퀴나스의 다른 문헌과 비교할 수 있는 여지가 충분하다. 이 텍스트의 전집은 현재 *Lectura Romana*로 인쇄되어 있으며, 마크 존슨(Mark Johnson)은 그 텍스트의 시작과 끝 목록 전체를 "'Alia lectura fratris Thome': A List of the New Texts of St Thomas Aquinas found in Lincoln College, Oxford, MS. Lat. 95," *Recherches de Théologie ancienne et médiévale* 57 (1990): 34-61에서 제공하고 있다.

기 때문이고, 이렇게 인식된 관계가 곧 성령의 위격이기 때문이다.[23]

1) 성령의 발출

아퀴나스가 제27문에서 보여 주듯이, 하나님 안에는 두 가지 발출이 있다. 하나는 지성의 작용에 따른 발출이며, 이는 말씀(Word)의 발출이다. 다른 하나는 의지의 작용에 따른 발출이며, 이는 사랑의 발출이다.[24] 인간 언어의 본성에 따라 인간은 의지의 발출보다 지성의 발출을 더 잘 의식할 수 있다. 더구나 지성의 발출을 설명하는 데 적합한 용어가 의지의 발출보다 더 많이 지정되어 왔다.

우리가 흔히 떠올릴 수 있는 "말", "발화하다", "이해하다"와 같은 용어가 다 그런 것이다. 이들은 전부 지성의 발출을 설명하는 용어다.[25] 하지만 의지의 발출은 그렇지 못하다. 아퀴나스가 "어휘의 빈곤"(*vocabulorum inoptiam*)이라고 부르는 것 때문에라도, 거기에는 지성의 발출만큼 충분한 용어나 설명이 존재하지 않는다.[26] 그리고 이는 아퀴나스가 직면하고 또 극복해야 했던 또 다른 유의 난관이었다.

---

23 에머리는 이 원리에 대한 다소 간결한 설명을 제공한다. 그리고 아퀴나스가 성령을 사랑으로 설명할 때 출발점이 되는 것이 바로 그 원리라는 것을 적절하게 밝힌다(*The Trinitarian Theology of Saint Thomas Aquinas*, 236). 이어서 설명되고 있는 아퀴나스의 주장은 우리가 에머리의 통찰을 근본적으로 구축할 수 있게 해 준다.

24 *ST*, I, q. 27, aa. 2-5. 제37문에 기록된 사랑이신 성령의 개념은 『신학대전』 제1권 1부의 전반부에서 확립된 삼위일체 교리의 원리에 비추어 해석되어야 한다. 키티가 지적했듯이, 제37문은 특히 신적 발출과 신적 관계를 각각 다루는 제27문과 28문의 영향을 받는다("The Holy Spirit Proceeding as Mutual Love: An Interpretation of Aquinas' *Summa Theologiae*, I.37," *Angelicum* 77 [2000]: 533-57).

25 T. C. O'Brien, trans., *Summa Theologiae* (London: Blackfriars, 1976), vol. 7: Father, Son and Holy Ghost (1a. 33-43), 81에서와 같이, 라틴어 *intelligere*는 "알다"(to know)로 번역될 수 있다.

26 *ST*, I, q. 37, a. 1c.

그렇다면, 우리는 이 난관을 어떻게 극복해야 하는가?

성령의 발출을 설명하기에 적합한 용어가 존재하지 않을 때, 우리 신학자들은 어떻게 말해야 하는가?

어떻게 말하는 것이 성령을 정확하게 진술하는 것인가?

아퀴나스는 이 난관을 극복할 수 있다고 믿었다. 물론 인간의 언어적 한계가 특정 문제를 야기할 수는 있지만, 아퀴나스는 이러한 한계조차도 성령의 발출의 신비를 향한 인간의 접근 자체를 방해할 수는 없다고 보았다. 그리고 인간의 정신으로 파악하기 어려운 것(의지의 작용에 따른 사랑의 발출)을 비교적 쉬운 것(지성의 작용에 따른 말씀의 발출)으로 접근하여 자신의 돌파구를 제시하는 것이 신학자의 임무라고 생각하였다. 그러므로 누구든지 성령의 발출의 신비를 풀려고 하면 아퀴나스가 겪었던 것과 같은 어려움을 겪을 수밖에 없고, 그것을 풀기 위해서는 아퀴나스처럼 다음 두 가지 차원의 문제를 명확히 해야 한다.

(1) 하나님 안에 있는 내적 발출은 무엇이며 우리는 그것을 어떻게 이해해야 하는가?
(2) 성령의 발출을 이해하기 위해서는 성자의 발출을 어떻게 참조해야 하는가?

제27문에서 아퀴나스는 먼저 발출을 외적 발출과 내적 발출로 구분하고, 하나님에 관해서는 오직 내적 발출만이 긍정될 수 있다고 주장한다. 그리고 내적 발출을 언급하는 성경의 여러 이름(요 8:42)에 대한 기독교 사상가들의 다양한 해석을 차례로 정리한다.[27] 이러한 다양한 해석을 좀 더

---

27 "예수께서 [유대인들에게] 이르시되 하나님이 너희 아버지였으면 너희가 나를 사랑하였으리니 이는 내가 하나님께로부터 나와서 왔음이라 나는 스스로 온 것이 아니요 아버지께서 나를 보내신 것이니라."

자세히 분석하면, 두 가지 입장이 긴밀하게 연관되어 있음을 알 수 있다.

첫 번째 입장은 내적 발출을 하나의 외적인 행위, 즉 어떤 효과나 결과를 행위자 외부(밖)로 밀어내는 것으로 이해한다. 이 같은 입장은 주로 아리우스(Arius)로 대표된다. 이미 잘 알다시피, 아리우스는 하나님 안에서의 발출을 '하나의 원인이 발출시킨 외적인 결과'(*effectus prodedit a causa*)로 본다.[28] 이 같은 견해에 따르면, 성자는 성부의 첫 번째 피조물로서 성부 밖으로 발출해 나온다. 그리고 성령은 성부와 성자 모두의 피조물로서 성부와 성자 밖으로 발출해 나온다.

그러나 이것이 사실이라면 성자와 성령은 참 하나님이 될 수 없으며 이는 성자와 성령의 신성을 증거하는 성경의 가르침에 위배된다.[29]

두 번째 입장은 이를 대표하는 자는 사벨리우스(Sabellius)다. 사벨리우스는 내적 발출을 '하나의 외적인 결과로 진행하는 원인'(*causa dicitur procedere in effectum*), 즉 '하나의 원인이 외적인 결과의 운동을 일으키거나 자신과 유사한 어떤 것을 외적인 결과에 각인한다'는 의미로 보았다.[30] 따라서 그는 성부 하나님이 사람의 육신을 입으셨을 때 성자 하나님이라고 불릴 수 있다고 주장했다.

성령 하나님의 경우도 마찬가지인데, 사벨리우스는 성부 하나님이 이성적인 피조물을 죽음에서 생명으로 구원하여 거룩하게 하실 때 성령 하나님이라 불릴 수 있다고 주장했다. 정리하면, 아리우스는 성자와 성령을 그들의 원인(성부)에서 외부(밖)로 나와 '피조된 결과들'이라고 이해한다. 따라서 그는 성자와 성령의 본질적인 신성을 거부한다. 이에 반해, 사벨리우스는 저 발출을 가리켜 '결과를 외부로 이동시키는 원인'이라고 말하면서, 삼위일체 하나님의 세 위격들을 구분하지 않는다.

---

28 *ST*, I, q. 27, a. 1c.
29 아퀴나스가 여기에서 성자와 성령의 신성에 대한 근거로 인용한 두 구절은 각각 요한일서 5:20과 고린도전서 6:19이다. 이밖에도 아퀴나스는 그 문제와 관련하여 더 확장된 논의를 펼치고 있는 *ScG*, IV, chaps. 3–9(성자에 대하여)와 15–17(성령에 대하여)에서 다른 여러 구절을 참조한다.
30 *ST*, I, q. 27, a. 1c.

결국, 이들은 모두 하나님 안에서 일어나는 발출을 하나의 내적인 행위가 아니라, 외적인 행위로 본다. 그리고 이러한 이유 때문에 그들 중 어느 누구도 신격(Godhead)안에 존재하는 발출을 제대로 긍정하지 못한다.[31]

아퀴나스에 따르면, 이 두 입장은 모두 교정이 필요하다. 그리고 이러한 교정은 내적 발출을 행위자 내부(안)의 차원에서 고려할 때 이뤄질 수 있다.

> 모든 발출은 어떤 활동에 따라 존재하는 것이니 외부의 소재에로 향하는 활동에 따른 외부로의 어떤 발출이 있는 것과 같이, 행위자 자신 안에 머무르는 행위에 따른 안으로의 어떤 발출도 생각된다.[32]

모든 발출에는 외부(밖)의 차원이 있는 것처럼, 내부(안)의 차원도 존재한다. 그런데 이 내부(안)의 차원에서 발출이 이루어지는 것은 두 가지 경우에 해당한다.

(1) 이성적 존재의 '지성'적 유출에 따른 발출
(2) 이성적 존재의 '의지'적 유출에 따른 발출

이 둘 모두 중요하고 앞으로 더 자세히 다루겠지만 지금 필요한 논의는 첫 번째 경우에 해당한다. 예를 들어, 우리가 무언가를 이해하고자 할 때 우리 안에는 어떤 것, 즉 우리가 이해하려고 시도한 대상에 관한 관념이 발생한다. 그런데 이 관념은 일종의 정신 언어로 우리 '안'에 표시된다. 그리고 이렇게 표시된 관념은 우리 '안'에 있는 지성의 유출에 따른 발출, 곧 '지성적 발산'(*emanationem intelligibilem*)으로 가장 잘 이해될 수 있다.

다시 말해, 발출의 내부(안)의 차원이란, 말하는 자로부터 떨어지지 않고 말하는 자 안에 머물러 있는 지성적 말의 유출로 인한 발출이어야 한

---

31 위의 책.
32 위의 책.

다.³³ 그리고 바로 이러한 유의 내적 발출이 하나님 안에 존재하는 발출을 의미할 수 있다. 종합하면 신적 위격의 내적 발출은 행위자 외부(밖)로 향하는 활동이 아니다. 외적인 결과도 아니다. 그것은 단지 행위자 내부(안)에 머물러 있는 행위에 상응하는 어떤 것이다.

따라서 성부가 성자를 내적으로 발출하는 것은 피조물의 생성을 말하는 것이 아니고, 하나의 결과를 외부로 이끌어내는 원인을 말하는 것도 아니다. 성부의 성자-발출은 행위자 내부(안)의 차원에 상응한다. 그러므로 성부는 발출의 내부(안)의 차원을 통해서만 성자를 낳고, 성부가 낳은 성자는 성부와 분리되어 성부 안에 머무른다.³⁴

계속해서 제27문의 후반절을 보면 또 다른 형태의 발출, 즉 의지의 작용에 따른 사랑(성령)의 발출을 볼 수 있다. 비록 지성의 발출보다 이해하기가 더 어렵지만 성경은 확실히 성령의 발출을 증거하고 있다. 예를 들어, 요한복음 15:26에서 주님은 "진리의 영이 아버지께로서 오실 때에…"라고 말씀하신다. 즉, 성부께서 보내신 진리의 영은 성부 자신뿐 아니라 성자와도 구별된 보혜사이다.

> 내가 아버지께 구하겠으니 그가 또 다른 보혜사를 너희에게 주사 영원토록 너희와 함께 있게 하리니(요 14:16).

그러므로 성령의 발출은 두 번째 내적 발출이며, 이것을 설명하기 위해 아퀴나스는 다음과 같은 두 가지 원칙을 세운다.

첫째, 하나님 내부(안)의 발출이란 관념은 한 가지 특정한 의미를 지닌다. 이미 하나님 '안'에서 이뤄지는 발출의 활동이 행위자 외부(밖)으로 향하는 행위가 아니라고 설명한 바 있다. 그 활동은 단지 내적이다. 전적으

---

33 위의 책.
34 위의 책. 성자(그리고 성령)의 원리로서의 성부에 대해서는 *ST*, I, q. 33, a. 1을 보라.

로 하나님 내부(안)에 남아 있다.³⁵ 즉, 행위자 내부(안)에 있다는 것이 발출의 고유한 속성이자 아퀴나스가 성령의 발출을 내부(안)의 차원에서 설명하고자 세운 첫 번째 원칙이다.

둘째, 성령의 발출을 설명하는 두 번째 원칙은 말씀(Word)의 발출에 관한 이해에 기초한다. 아퀴나스는 이성적 행위자 내부(안)에 남아 있는 행위가 '지성'이나 '의지'의 작용에 따라 발생한다고 보았다. 먼저 말씀(Word)의 발출은 하나님 안에 있는 지성의 유출에 따른 발출이다. 즉, 성부는 '지성적 발산'(*emanationem intelligibilem*)에 의해 자신 안에서 자신과 본질상 동일한 성자를 낳는 원리다.³⁶ '말씀(Word)이 지성의 작용에 따라 발출한다'는 것은 어떤 의미에서 '성령이 의지의 작용에 따라 발출한다'는 것과 같다.

특히, 이 둘은 하나님이 일으킨 행위지만 하나님 '안'에 남아 있다는 점에서 유사하다. 이러한 유사성으로부터 아퀴나스는 내적 발출의 두 번째 원칙을 추론하고 확립한다. 두 번째 원칙은 간단히 말해서 전자가 후자를 설명하는 근거라는 뜻이고, 좀 더 구체적으로 말하면 다음을 의미한다. 하나님 안에는 지성의 작용에 따른 발출과 의지의 작용에 따른 발출이 있다.

전자는 말씀(성자)에 관한 것이고 후자는 사랑(성령)에 관한 것이지만 둘 다 발출의 내부(안)의 차원이란 점에서 유사하며, 전자(성자)가 성부에 의해 발출되었을 때 성부 안에 있는 것과 같이 후자(성령)도 성부와 성자에 의해 발출되었을 때 그들 안에 머무른다.

제37문에서 아퀴나스는 말씀(성자)의 발출과 사랑(성령)의 발출 사이의 유사성을 더 강조한다.

> 그 양자 중 어느 발출도 같은 양태로 고찰되어야 한다. 그것은 마치 어떤 사람이 어떤 사물을 인식하는 데에서 인식하는 자 안에 인식된 사물의 어

---

35 위의 책, I, q. 27, a. 1c, ad 1.
36 위의 책, I, q. 27, a. 2c, ad 1.

떤 지성적 개념, 즉 말이라고 하는 지성적 개념이 생겨나는 것처럼 어떤 사람이 어떤 사물을 사랑하는 데에서 사랑하는 자의 느낌 안에 말하자면 사랑받는 것의 어떤 각인이 발생한다. 이런 각인에 의해 사랑받는 것이 사랑하는 자 안에 있다고 한다. 이것은 인식하는 것이 인식하는 자 안에 있다고 하는 것과 같은 것이다. 이렇게 어떤 사람이 자기 자신을 인식하거나 사랑할 때 그는 사물의 동일성에 의해 자기 자신 안에 있을 뿐만 아니라 또한 인식되는 것이 인식하는 자 안에 있는 것과 같이 또 사랑받는 것이 사랑하는 자 안에 있는 것과 같이 자기 자신 안에 있는 것이다.[37]

어떤 사물에 대한 사랑을 통해 그 사랑하는 사물에 대한 인상이나 각인이 사랑하는 자의 의지에 생긴다. 이해를 추구하는 자 안에 그가 이해하려고 한 사물이 있는 것과 마찬가지로, 사랑을 받는 사물은 이 특별한 의미에서 사랑하는 자 안에 있다. 그러므로 아퀴나스가 설명한 것처럼, 그러니까 이해를 추구하는 자 안에 이해된 사물이 있고, 사랑하는 자 안에 사랑받는 사물이 있는 것처럼, 자기-인식과 자기-사랑을 통해 자신 안에는 자신이 아닌 누군가가 현존한다. 참고로, 이러한 사고방식은 아퀴나스 안에서 인간의 신-이해에 대한 적용으로 이어지는 요점 중 하나다.

즉, 하나님 안에는 세 위격이 상호 내주하신다. 이성적 피조물의 능력만으로 가능한 어떤 것보다 무한히 더 깊고 더 완전한 방식으로 세 위격이 하나님 안에서 상호 내주하신다. 이 상호 내주하심은 말씀(Word)과 사랑의 내적 발출에 기초하여 영원하시고, 이 상호 내주하심 가운데 계신 성부와 성자와 성령은 본질적으로 동일하다.

신적인 발출에는 두 가지가 있다. 지성의 작용에 따른 발출과 의지의 작용에 따른 발출. 이 두 가지 발출은 행위자 내부(안)의 차원이란 점에서 유사하다. 하지만 이들 간의 차이를 알면, 하나님 내부(안)에서 일어난 두 가지 발출을 명확히 구분해 낼 수 있다. 아퀴나스는 인간의 정신으로는 이해하기 어

---

37 위의 책, I, q. 37, a. 1c.

려운 의지의 작용에 따른 사랑의 발출을 설명하기 위해 지성의 작용에 따른 말씀의 발출과의 유사성을 강조하지만, 그렇다고 해서 차이가 없는 것은 아니다. 이 둘 사이에는 명칭상의 차이가 분명히 존재한다.

먼저 지성의 작용에 따른 신적 발출은 출생이라고 불리는 반면, 의지의 작용에 따른 신적 발출은 특별한 명칭이 없고 단지 부정신학적인 성질만을 갖고 있다. 그러므로 전자와 후자를 명확히 구분하고 설명하기 위해서는 아퀴나스의 사랑, 곧 성령의 내적 발출에 대한 두 가지 관찰을 자세히 살펴볼 필요가 있다.

우선 첫 번째 관찰에 대해서 살펴보자. 의지의 작용에 따른 발출은 출생이 아니다. 아퀴나스는 각각의 발출이 어떻게 현실이 되었는지를 조사함으로써 지성과 의지를 구분한다. 먼저 지성에 관련하여 발출은 유사성의 문제이다. 이성적인 피조물이 사물을 이해할 때 지성적 이해의 작용 '속'에는 지성적 이해의 작용에 '따라' 이해된 사물이 존재한다.

즉, 지성적 이해의 작용에 따라 이해된 사물은 어떤 '유사성'을 가지고 존재한다. 하나님 안에서 지성적 작용에 따라 일어난 발출도 이와 같다. 특히 지성적 이해의 작용 '속'에 일어난 발출이 어떤 유사성을 가지고 내재한다는 점에서 이성적 피조물과 하나님 사이에는 일종의 유비 관계가 성립된다.

하지만 하나님의 경우에 발출은 어떤 잠재적인 형태의 삶이 지성의 작용을 거쳐 비로소 실재가 되었다는 의미가 아니다. 따라서 그것은 출생이라고 불리지만 그 의미는 오직 기원의 차원, 즉 성부가 자기 자신 '안'에서 지성의 작용에 따라 발출하신 말씀(Word)에 대해 기원(origin)의 관계를 가지는 한 둘의 본질은 유사하다는 점에 제한된다.[38]

한편 의지의 작용에 따른 발출은 출생이 아니다. 그 안에서 의도된 사물과의 어떤 유사성에 따라 발생하는 것이 아니기 때문이다.

그럼 여기에서 의도된 사물과 의지의 작용은 어떤 관계를 가지는가?

---

38 위의 책, I, q. 27, a. 2c, ad 2.

일정한 경향(*quondam inclinationem*)을 가진다. 그러므로 아퀴나스는 다음과 정리한다. 지성의 발출은 유사성에 따라 발생하기 때문에 '출생'이라고 불린다. 즉, "모든 피조물이 자신과 동일한 것을 낳듯이", 성부는 자신의 형상을 꼭 닮은 성자를 낳는다(골 1:15).³⁹ 하지만 의지의 발출은 유사성을 따르지 않는다. 도리어 "한 사물을 향한 충동과 움직임"을 따른다.⁴⁰ 게다가 "영"이란 이름 자체는 하나의 특정한 충동이나 움직임의 생기를 묘사한다.

따라서 의지의 작용에 따라 내적으로 발출된 분(위격)은 성자와 같이 '낳음'을 입는 것이 아니라 '영'으로 유출되어 나와 '성령'이라고 불린다.⁴¹ 아퀴나스는 이 차이를 특히 『대이교도대전』 4권에서 분명히 보여 주고 있는

---

39 위의 책, I, q. 27, a. 4c.
40 위의 책.
41 아퀴나스는 "영"이라는 이름이 어떤 활력을 주는 운동이나 충동을 의미한다고 말한다. 위의 텍스트에서 언급했듯이, 아퀴나스가 *ScG*, IV에서 사랑을 통한 성령의 강림을 설명할 때, 이 영과 운동(또는 충동) 사이에 연결이 만들어진다. 더욱이, 요한복음 14장에 대한 주석에서 아퀴나스는 성령을 "영"이라고 부르는 몇 가지 이유를 제시한다. 그중 하나는 "우리가 잘 행동하고 일하도록 영감을 주는 성령의 능력을 나타낸다. 그리고 '영'이라는 용어가 충동을 의미한다는 점에서, 다른 하나는 '바람'(wind)을 나타내기도 한다"(*Super Evangelium Sancti Ioannis Lectura*, 5th edition, ed. Raphaelis Cai [Rome: Marietti, 1952], par. 1916; ET: *Commentary on the Gospel of St. John*, trans. Fabian R. Larcher, OP [Albany: Magi Books, 1998]; 여기서부터는 *Ioan*.로 각주에 표기한다). 조금 덜 알려진 예는 *Emitte Spiritum*, 즉 아퀴나스가 오순절 축일을 기념하여 선포한 『오순절 설교』에서 찾을 수 있다. 이 설교에서 아퀴나스는 "영"이 전달하는 네 가지 중 하나가 어떤 운동으로 인한 충동이라고 말한다(*Emitte Spiritum*, 1.1. 다른 세 가지는 삶의 완전, 실체의 미묘함, 숨겨진 기원이다). 아퀴나스는 계속해서 이 충동을 주로 창조된 세계, 즉 "'밖'으로 운동(*ad extra*)"의 관점에서 설명한다(1.3). 하지만 아퀴나스가 성령을 "하나님이 하나님을 사랑하고, 아버지가 아들을 사랑하는" 사랑으로 설명하면서 영의 실체에 대한 미묘함을 해설할 때, 그의 주된 초점은 하나님의 '내적'(*ad intra*)인 삶으로 향한다(1.4). 오순절 축일에 전하는 선포(메시지)답게 아퀴나스는 성령의 파견과 이 파견의 효과를 『오순절 설교』 전반에 걸쳐 강조한다. 비록 하나님의 내재적 삶이라는 주제가 상대적으로 덜 알려진 이 작품의 주요 관심사는 아니지만, 그것은 삼위일체에 대한 아퀴나스의 교리와 성령론적으로 풍부한 구원 교리에 대한 통찰력을 제공한다. 하여 필자는 이 통찰에 대해 5장에서 더 자세히 논의할 것이다. 피터 콰스니예프스키(Peter Kwasniewski)와 제레미 홈즈(Jeremy Holmes)는 Leonine Commission의 원전(原典) 비평 연구판을 기반으로 이 설교를 번역했으며, 현재 이 번역은 콰스니예프스키의 역자 서문인 Kwasniewski, "Aquinas's Sermon for the Feast of Pentecost: A Rare Glimpse of Thomas the Preaching Friar" (*Faith and Reason* 30, nos. 1-2 [2005]: 99-139)와 함께 *Faith and Reason*에 실려 있다.

데, 거기에서 그는 삼위일체의 세 번째 위격이 성자가 아니라 성령이라고 불리는 것이 합당한 이유를 그분이 내부(안)에서 나오는 방식의 차이 때문이라고 밝힌다.

> 의지에 따라 사랑을 받는 자는 일종의 경향으로, 즉 사랑을 받는다고 하는 그 사실 자체를 향해 어떻게든 사랑하는 자를 밀어붙이는 존재로 존재하기 때문에, 그리고 살아 있는 생명체의 속에서 일어난 충동은 '영'에 속하기 때문에, 하나님 안에서 사랑에 따라 발출하여 나온 것을 하나님의 '영'이라고 부르는 것은 적절하다. 이는 마치 현존하는 영발(spiration)과 같은 것이다.[42]

성령이 탄생하셨다고 말하지 않는 것처럼 그분의 발출은 출생으로 표현되지 않는다. 이 두 표현 모두 성자에게 적합하다. 성자는 성부에 의해 영원히 나셨다. 그리고 때가 차매 성부에 의해 보냄을 받고, 우리를 당신의 자녀로 삼으시기 위해 동정녀 마리아에게서 나셨다(갈 4:5). 하지만 성령은 이와 동일한 방식으로 표현될 수 없다. 성령도 성자와 같은 행위자 내부(안)의 차원을 갖지만, 성자와는 구별되는 방식으로 (그리하여, 앞으로 이어질 논의를 통해 더 자세히 다뤄지겠지만, 그분의 현세적 사명에 있어서도 성자와는 구별되는 방식으로) 발출하여 나오신다.

지성이 아닌 의지로. 출생이 아닌 영발로 말씀이 아닌 사랑으로. 성령은 발출되어, 삼위일체 안에서 동일 본성을 가지시고, 성부와 성자를 묶는 연합의 끈이 되신다.[43] 즉, 하나님 안에서 의지의 작용에 따라 일어난 내적 발출은 어떤 닮음에 따른 출생이 아니라 일정한 경향에 따른 영발임에도 불구하고, 삼위일체 안에서 동일 본질을 갖는다.[44]

---

42 ScG, IV, cap. 19, n. 10.
43 ST, I, q. 27, a. 4 ad 1.
44 위의 책, I, q. 27, a. 3 ad 2.

이어서 성령의 발출에 관한 두 번째 관찰은 부정신학적인 것이다. 유한한 인간인 우리는 '출생이 아닌' 발출, 즉 의지의 작용에 따른 행위자 내부(안)의 발출을 설명할 용어가 없다. 피조물에서 유추할 수 있는 이름이나 고유 명사도 없다.[45] 그것은 단지 우리에게 신비로 남아 있을 뿐이다.

> 피조물의 삶에서 본성의 전달은 출생을 통해 이루어지기 때문에 인간의 언어에는 하나님 내부(안)의 발출을 표현할 수 있는 출생 외에 다른 이름이 없다.[46]

하지만 '출생이 아닌' 발출은 하나님 내부(안)에서 진정으로 일어나 '출생인' 발출과 더불어 동일한 신적 본성을 가지고 있다.[47] 따라서 이 신비에 대해 아퀴나스는 일종의 긍정신학적 전망을 다음과 같이 제시한다. 하나님 안에서 의지의 작용에 따라 일어난 발출은 특수한 명칭이 없음에도 불구하고 고유한 본성을 지닌 영의 발출이라는 점에서 영발(spiration)이라고 이름 지을 수 있다.[48]

---

45 위의 책, I, q. 13, a. 1c.
46 위의 책, I, q. 27, a. 4 ad 3.
47 위의 책, I, q. 27, a. 4c, ad 1.
48 위의 책, I, q. 27, a. 4 ad 3. 스탠리 M. 버지스(Stanley M. Burgess)는 영발을 "하나님의 창조적인 또는 생명을 주는 행위로 호흡하는 행위"로 정의한다(*The Holy Spirit: Medieval Roman Catholic and Reformation Traditions* [Peabody, Mass.: Hendrickson, 1997], 85 fn. 5). 아퀴나스는 우리가 "영"이라는 용어로 호흡을 부른다는 점에 주목하지만(*ST*, I, q. 36, a. 1c), 그는 또한 성령과 사랑 사이의 연결을 설명할 때 운동과 충동을 강조한다. 따라서 "사랑받는 대상을 향해 사랑하는 자의 의지를 움직이고 추진하는 것은 사랑의 속성이다"라는 것이 그의 주장이다(위의 책, 참조. I, q. 27, a. 4c). 사랑이 행동을 수행하려는 사랑하는 자의 의지를 움직인다(또는 추진한다)는 이 생각은 아퀴나스의 사상(나중에 더 자세히 설명됨)에 핵심적인 개념 한 가지를 불러온다. 그 개념은 바로 사랑하는 자의 의지에 내재하는 사랑의 흔적이다.

2) 신적인 관계와 성령 하나님

아퀴나스가 세 위격 간의 신적인 관계를 논하는 지점에서, 지금까지 살펴본 영발(spiration)의 개념이 재차 수면 위로 떠오른다. 아퀴나스의 삼위일체신학에 있어서 핵심은 성부와 성자와 성령 간의 관계를 '말씀'(Word)과 '사랑'의 발출에 기초하여 구별하는 것에 있다.[49]

따라서 성령을 위격으로 설명할 때는, 즉 성령을 성부와 성자와 위격적으로 구별하기 위해서는 아퀴나스가 '발출'에 대해 말한 것뿐만 아니라 어떤 식으로든 성부, 성자, 성령의 공통된 신적 본질을 보존하면서 '신적인 관계'에 대해 말한 것까지도 고려해야 한다. 우선 첫째로 아퀴나스는 하나님이 진정으로 삼위일체시기 때문에 하나님 안에 진정한 관계가 있다는 것을 분명히 한다. 그리고 하나님의 삼위일체성을 부인한 사벨리우스에 반대하여, 다음과 같이 주장한다. 하나님은 인간의 단순한 이해 방식에 따라 성부이고, 성자이며, 성령인 분이 아니다. 그분은 자신의 존재 깊은 곳에서부터 '아버지'시고, '아들'이시며, '영'이시다. 이어서 둘째로 아퀴나스는 하나님 내부(안)에 신적인 관계가 있음은 하나님 내부(안)에서 일어난 발출로 인함이라고 말한다.

> 위에서 제시한 바와 같이[q.27, aa.2, 4], 하나님 안에서의 발출들은 본성의 동일성 안에 있는 것이므로 하나님의 발출들에 근거하여 인정되는 관계들은 필연적으로 실재적 관계들이어야 한다.[50]

하나님 안의 관계는―아퀴나스가 이후에도 계속 주장하는 바와 같이―신적인 발출의 기원적 관계(아버지-아들-영)에 의해서만 이해될 수 있다.[51]

---

49 Emery, *Trinity in Aquinas*, 137.
50 *ST*, I, q. 28, a. 1c.
51 위의 책, I, q. 28, a. 4c.

신적인 관계는 삼위일체 하나님의 참된 연합을 확인하는 데 도움이 될 뿐만 아니라 세 위격 사이의 구별도 가능하게 한다. 삼위일체 하나님의 세 위격은 '하나의 본질, 즉 신적인 본질의 연합을 손상시키는 어떤 종류의 다원성으로 분리'될 수 없으며, '신성의 충만이 모든 위격에서 평등하지 않고 어느 한 위격에서 결여되어 있음을 암시하는 어떤 종류의 결핍'으로도 축소될 수 없다. 성부, 성자, 성령은 오직 신적인 관계(더 정확하게는, 기원의 관점에서 신적인 발출에 의해 파생된 아버지와 아들과 영의 관계)에 의해서만 구별될 수 있다.

아퀴나스에 따르면, 기원의 관점에서 신적인 발출에 의해 파생된 하나님 내부(안)의 관계는 총 네 가지가 있다.

(1) 부성(paternity, 성부의 성자에 대한 관계)
(2) 자성(filiation, 성자의 성부에 대한 관계)
(3) '능동적' 영발(성부와 성자의 성령에 대한 관계)
(4) '수동적' 영발 또는 발출(성령의 성부와 성자에 대한 관계).

이 네 가지 관계 중에서 '부성', '자성', '수동적 영발 또는 발출'은 각각 성부, 성자, 성령의 위격을 순서대로 구성한다. 그러나 나머지 하나인 '능동적 영발의 관계'는 성부와 성자 모두에 공통적이며 성부나 성자의 위격을 구성하지 않는다. 이미 언급했듯이 성부와 성자는 성령의 수동적 영발이나 능동적 영발이 아니라 각각 '부성'과 '자성'에 의해 구성된다.[52]

'말씀'(Word)과 '사랑'의 발출에 근거하여 성부, 성자, 성령의 위격을 구별한 아퀴나스는 이제 '사랑'의 발출에 근거하여 성령을 하나님 '안'에 영속하

---

52   위의 책. 에머리는 "능동적" 영발과 "수동적" 영발 또는 발출을 참조한다("The Doctrine of the Trinity in St Thomas Aquinas," in Thomas Weinandy, Daniel Keating, and John Yocum, eds., *Aquinas on Doctrine: A Critical Introduction* [London: T&T Clark, 2004], 45–65, 특히 53. 참조. *The Trinitarian Theology of Saint Thomas Aquinas*, 236). 헤리베르트 밀렌(Heribert Mühlen)도 명제 "호흡은 둘, 홉기는 하나"(*duo spirantes, sed unus spirator*)를 탐구하면서 "능동적" 영발에 대해 말한다(*Der Heilige Geist als Person: In der Trinität, bei der Inkarnation und im Gnadenbund: Ich-Du-Wir* [Münster: Aschendorff, 1988], 143–56).

는 관계로 식별한다. 다시 말하지만, 하나님 '안'의 관계는 신적인 발출의 기원적 관계에 의해서만 이해될 수 있으며, 이로부터 파생된 하나님 내부(안)의 관계는 '부성', '자성', '능동적 영발', '수동적 영발'(발출)로 구성된다.

이 가운데 성령을 성부와 성자로부터 위격적으로 구별하는 것은 '수동적 영발'(발출)이다. 아퀴나스에 따르면, 성령이 성자와 위격적으로 구별되는 것은 하나의 기원이 다른 것의 기원과 구별되는 데 있다. 그런데 이런 기원의 차이 자체는 성자는 성부로부터만 있게 되지만, 성령은 성부와 성자로부터 있게 되는 데 근거한다.

바꿔 말해, 성부와 성자가 성령의 한 원리라는 점에서 상호 간에 관계적으로 대립(구별)하지 않지만, 같은 이유에서(다른 말로 하면, 성령이 성령의 한 원리이신 성부와 성자로부터 수동적으로 발출하여 나온다는 이유에서) 성부와 성자는 성령과 관계적으로 대립(구별)한다.[53]

결국, 성부와 성자에 대하여 성령이 갖고 있는 위격적 관계의 기초는 발출이다. 그런데 이런 발출 자체가 내적이기 때문에 성령의 성부와 성자에 대한 관계(곧 수동적 영발)는 하나님 내부(안)에 존재하며, 의지의 작용에 따라 유출되어 말씀이 아닌 사랑을 내적으로 발출한다. 그러므로 하나님 안에서 이뤄진 내적 발출에 기반한 신적 관계의 교리는 하나님 '안'에서 성령을 구분하여 사랑으로 설명하려고 하는 아퀴나스의 신학에 기여하는 한 가지 중요한 수단이다.[54]

하나님 '안'에서 성령을 구분하여 사랑으로 설명하려고 하는 아퀴나스의 신학에 기여한 또 다른 중요한 수단은 제28문에서 발견된다. 제28문 1항에서 아퀴나스는 하나님 안에 있는 실재적 관계들에 대해 설명한다. 그러나 이 관계들에 대한 이름을 아퀴나스가 조금 더 구체적으로 언급한 곳은 제28문 4항이며, 이 관계들과 신적인 본질 사이의 동일성 여부를 다룬 곳은 제28문 2항이다. 아퀴나스에 따르면, 일반(철학)적으로 "관계"라고

---

53 ST, I, q. 36, a. 4.
54 위의 책, I, q. 28, a. 4c.

하는 것은 두 가지 방식에서 고려될 수 있다.

우선 첫 번째 방식은 아퀴나스가 "보조적" 혹은 "수반적" 관계라고 부른 것으로, 이는 자신 외의 어떤 외부적 사물과의 연관성에 따라 인정된 관계를 의미한다. 이러한 관계는 자기 자신이 아니라 외부의 어떤 것에 귀속된다. 이에 반해, 아퀴나스의 두 번째 방식은 그가 "우유적" 관계라고 부른 것에 해당하며, 이렇게 우유적으로 고려된 관계는 자신 안에 귀속되고, 어떠한 우유적 존재를 자신 안에 가진다.

확실히 신적인 관계는 모두 내적이다. 따라서 하나님 안에 있는 모든 관계는 결코 첫 번째 방식으로 이해될 수 없다. 그런데 여기서 문제는 저 두 번째 방식(우유적)으로 고려된 관계 역시 하나님께 직접 적용될 수 없다는 것이다. 결국, 자신의 관계에 관한 논의를 피조물에서 하나님으로 이동시켜가며, 아퀴나스는 한 가지 중요한 수정을 가한다. 아퀴나스에 따르면, 어떤 사물이 피조물 안에 우유적으로 존재하는 것은 가능하다. 하지만 하나님의 경우는 전적으로 다르다.

하나님 안에는 어떠한 우유성(偶有性)도 존재하지 않는다. 거기에는 완전히 다른 차원의 관계가 존재한다. 바꿔 말하면, 하나님 안에 있는 모든 것은 그분의 본질이다. 따라서 이 두 번째 방식으로 고려된 관계-개념이 하나님의 경우에 적용될 때, 그것은 또 다른 차원—즉 실재적 존재의 차원—에 도달하게 된다. 그리고 바로 이러한 의미에서, 하나님 '안'에서의 관계는 신적인 본질의 존재(실재)를 가진다. 즉, 하나님 안에서의 관계는 그분의 본질과 동일하다.[55]

아퀴나스의 실재적 관계 이해를 감안하면, 앞서 제기된 문제의 요지가 보다 더 분명해질 수 있다. 앞선 단락에서 필자는 이렇게 질문한 바 있다.

하나님의 신적인 본질의 한 이름인 사랑이 어떻게 성령 그 자체의 위격을 나타내기 위해 사용될 수 있는가?

---

55 위의 책, I, q. 28, a. 2c.

어떻게 '상응'(accommodation)에 의한 사랑이 본질 또는 본질적 속성(이 경우, 성부와 성자와 성령의 단일한 실재 안에서의 상호 내주하심)과 위격(성령) 모두를 의미할 수 있는가?

여기서 아퀴나스의 요점은 다음과 같다. 하나님 '안'에서는 '관계'와 '본질'이 '동일'하다. 이 요점은 사랑이 관계를 나타내는 방식을 분명히 해 준다. 즉, 하나님의 신적인 본질을 이름하는 명칭인 사랑이 하나님 안에서의 관계를 의미한다는 것은 신적인 관계와 본질이 하나님 안에서 서로 다르지 않고, "하나이며 동일하다"는 원칙과 일치한다.[56]

따라서 하나님의 본질이 사랑으로 설명될 때, 아퀴나스는 하나님 안의 관계와 본질을 연합한다. 그리고 이러한 연합을 통해 자신의 신론을 구성하는 다양한 요소가 상호 간에 밀접하게 연결되어 있음을 보여 준다. 종합하면 아퀴나스의 신학에서 성부와 성자와 성령 하나님 간의 신적인 관계는 정확히 신적인 본질의 존재(실재)를 가진다.

우리는 이러한 관계의 실재적 이해를 따라, 먼저 사랑이 하나님 안에서 관계를 취한다고 말할 수 있고, 더 나아가 저 앞선 문제—어떻게 사랑이 신적인 본질의 이름이면서 동시에 성령의 위격을 의미할 수 있는가—를 해결할 단초를 얻을 수도 있다. 하지만 우리가 더 구체적으로 다뤄야 할 점은 이러한 모든 문제 안에 담긴 한 가지 함의, 곧 위격적 함의다.

3) 위격이신 성령 하나님

신적인 관계를 기반으로 성령을 더 깊이—그리하여 위격적 사랑으로—이해하려는 탐구는 아퀴나스의 신적인 위격에 관한 교리로 이어진다.[57] 이 교리는 아퀴나스의 삼위일체론과 성령론에서 매우 중요한 위치를 차지하고 있다. 특히, 그 중요성은 다음과 같은 사실로 인해 더 분명해진다.

56　위의 책.
57　위의 책. 참조. Emery, "The Doctrine of the Trinity," 53.

지금껏 아퀴나스는 신적인 위격에 관해 말해 왔다. 허나 이에 덧붙여 그는 아예 그 주제(신적인 위격)를 자신의 삼위일체 논고(제27-43문)에서 주된 표제로 삼는다. 실제로 아퀴나스의 삼위일체 논고에서 신적인 위격에 대한 설명을 표제로 삼은『신학대전』제1권 1부의 제29-43문은 세 개의 하위 섹션으로 나뉜다.

첫 번째 섹션은 제29-32문이다.

여기에서 아퀴나스는 각 위격에 공통된 것에 따라 신적인 위격들을 논한다.

두 번째 섹션은 제33-38문이다.

여기에서 아퀴나스는 각 위격에 고유한 것을 고려한다.

세 번째 섹션은 제39-43문이다.

여기에서 아퀴나스는 세 위격을 그들 간의 관계에 따라 논의한다.[58]

참고로 미리 밝혀 두면, 이 세 가지 하위 섹션들은 단순히 신적인 위격에 관한 것뿐 아니라, 앞으로 이 책의 제4장과 제5장에서 다뤄질 두 가지 핵심 주제에 관한 논의도 담고 있다.[59]

아퀴나스는 신적인 위격에 관한 보에티우스(Boethius)의 정의를 통해 자신의 일반적인 고찰을 시작한다. 아퀴나스에 따르면, 한 위격은 "이성적 본성의 개별적 실체"(*relationem ut subsistentem*)다.[60] 좀 더 구체적으로 말하자면, 한 위격은 세 가지 특징으로 정의될 수 있다.

첫째, 개별성(individuality)이다. 이 개별성에 따라 한 위격은 다른 위격들로부터 구별된다.

---

58 이 도식은 에머리의 작업을 기반으로 한다(*Trinity in Aquinas*, 136).
59 예를 들어, 성부와 성자의 상호 사랑으로서의 성령의 개념(q. 37, a. 2)은 4장의 초점이 될 것이다. 또한, 신적인 위격의 파견(q. 43)은 사랑이신 성령의 구원론적 의미를 탐구할 5장에서 두드러지게 나타날 것이다.
60 *ST*, I, q. 29, prologue to a. 1; 참조. Boethius, *De duabus naturis*, ch. 3.

둘째, 실체(substance)이다. 이 때문에 한 위격은 하나의 현존재로―즉 어떠한 실체의 속(genus)에 현존하는 하나의 주체로―이해된다.

셋째, 지성과 의지다. 즉, 한 위격은 지성과 의지를 가지고 있으며, 한 위격이 지성과 의지를 가지고 있다는 것은 그 위격이 자유롭게 생각하고 행동할 수 있다는 것을 의미한다.

우리는 이성적 본성을 지닌 개별적 실체를 피조물이라고 할 수 있다. 하지만 하나님은 최고의 자립적 존재이자 가장 완벽하게 지적인 존재이다. 따라서 저 "위격"이란 용어를 하나님에게 적용할 때에는 반드시 "더 뛰어난 방식으로" 적용되어야 한다.[61] 실제로 아퀴나스의 하나님에 대한 언급에서 이 용어(위격)는 관계와 신적 본질 모두를 의미한다. 엄밀히 말하면, 신적 위격은 "자존하는 관계"(*relationem ut subsistentem*) 또는 "자주체(hypostasis) 실체의 양태로 표시된 관계"를 의미한다.[62]

그러므로 다시 앞 문단과 같은 결론이다. 하나님 안에서의 관계는 신적인 본질 자체와 동일하다.[63] 이 때문에, 신적인 위격을 자존하는 관계로 이해한 아퀴나스의 개념은 삼위일체 하나님의 세 위격 간의 본질적인 단일성을 확증한다. 즉, 실재적 관계에 따라 구별된 삼위일체의 세 위격은 신적인 본질의 연합 안에서 다수가 아닌 '하나'로 존재한다.[64]

'신적인 위격이 자존하는 관계를 의미한다'는 아퀴나스의 가르침은 성령을 사랑으로 이해하는 데 매우 중요한 의미가 있다. 제3위격이신 성령은 하나님 안에서 자존하는 관계다. 그런데 이 관계는 의지에 따라 성령의 발출로 이어진 사랑의 관계를 의미한다. 그러므로 '출생이 아닌' 발출(수동적 영발)에 따라 하나님 내부(안)에 생겨난 '사랑의 관계'는 실재적으로 '성령의 위격'을 구성한다고 말할 수 있다.

---

61 *ST*, I, q. 29, a. 3 ad 1.
62 위의 책, I, q. 29, a. 4c.
63 위의 책, I, q. 28, a. 2c.
64 위의 책. 참조. Emery, "The Doctrine of the Trinity," 55.

즉, 하나님 안에서 자존하는 관계(*relationem ut subsistentem*)는 하나님 내부(안)에서 발출해 나온 사랑으로서의 성령 그 자체이다.

이 모든 면에서—특히 사랑을 성령의 고유한 이름으로 상정시킴으로써—아퀴나스는 자신의 발출과 관계와 위격에 관한 교리를 스케치하고 해제한다. 그의 사랑-중심적인 성령론의 핵심은 성령의 발출에 관한 이해를 통해 하나님 안에서 자존하는 관계이자 위격적 사랑 그 자체이신 성령을 상상할 수 있다는 것이다. 아퀴나스가 성령에 관한 자신의 가르침을 수행하는 과정에서 빚어낸 이 같은 상상을 토마스 신학자 에머리는 매우 유용한 방식으로 논증한다.[65]

하지만 아퀴나스의 상상을 우리가 좀 더 구체적으로 추적해 들어간다면, 우리는 에머리가 논증한 것보다 더 종합적인 차원에서 아퀴나스의 위격적 설명을 검토할 수 있을 것이다.

4) 성령 하나님의 위격: 발출하여 나온 사랑

어떤 의미에서는 말씀(Word)과 성자의 발출에 대한 교리를 모사(模寫)함으로써, 또 다른 의미에서는 말씀(Word)과 성자의 발출에 대한 교리에 따라 사랑과 성령의 발출에 대한 교리를 감별(鑑別)함으로써, 아퀴나스는 성령의 발출과 위격적 사랑의 신비를 꿰뚫어 보고자 시도한다.

전반적으로 아퀴나스는 자신의 삼위일체신학의 기초를 신적인 발출과 관계와 위격의 교리에 둔다. 하지만 여기서 중요한 것은 이러한 교리적 접근 그 자체가 아니다. 도리어 그것이 담고 있는 뉘앙스를 파악하는 것이 더 중요하다. 먼저 "말씀"(Word)이란 칭호는 "지성의 발산"을 의미한다. 그래서 그것은 하나님을 (본질적으로는 아니지만) 위격적으로 말할 수 있다.

그런데 하나님 안에서 "지성의 발산"에 따라 발출해 나온 위격은 성자다. 그러므로 "말씀"(Word)이란 칭호는 특별히 성자에게 부여된 것이며,

---

65 Emery, *The Trinitarian Theology of Saint Thomas Aquinas*, 236.

성자의 위격적 자아를 가리킨다. 즉, 성자의 위격적 구별은 말씀(Word)의 발출 안에서 드러난다.[66]

이밖에도 사랑(*amor*)의 개념이 중요하다. 성령의 발출과 위격적 자아를 어떻게 이해되어야 하는 지를 설명하기 위해, 아퀴나스는 사랑(*amor*)의 개념을 일종의 유비적인 방식으로 사용한다. 아퀴나스에 따르면, 하나님 안에 있는 '사랑'(*amor*)이란 단어는 두 가지 의미를 지니고 있다.

(1) 세 위격에 공통된 본질적 사랑
(2) 제3위격이신 성령과 동일시된 위격적 사랑[67]

본질적으로 고려된 사랑(*amor*)은 성부와 성자와 성령이 공유하는 하나의 신적인 사랑을 나타내고, 위격적으로 고려된 사랑(*amor*)은 성령의 고유한 명칭(곧 위격적 자아)을 나타낸다.

허나 여기서 사랑(*amor*)이란 본질적 칭호가 어떻게 성령의 위격에 적용될 수 있는지에 대한 질문이 다시 제기된다. 이미 앞서 확인한 것처럼, 아퀴나스는 이 질문에 대한 답을 자신이 성자에 대해 논증한 것으로부터 가져온다. 다시 말해, 아퀴나스의 신학에서, 성령의 위격적 명칭으로서 사랑은 성자의 위격적 명칭으로서 말씀(Word)과 유사한 방식으로 이해된다.

그것은 마치 어떤 사람이 어떤 사물을 인식하는 데에서 인식하는 자 안에 인식된 사물의 어떤 지성적 개념, 즉 '말'이라고 하는 지성적 개념이 생겨나는 것처럼 어떤 사람이 어떤 사물을 사랑하는 데에서 사랑하는 자의 느낌 안에, 말하자면, 사랑받는 것의 어떤 각인(*impressio*)이 발생한다.[68]

이런 각인에 의해 사랑받는 것이 사랑하는 자 '안'에 있다. 이것은 인식되는 것이 인식하는 자 '안'에 있다고 하는 것과 같은 것이다. 참고로, 아퀴나스

66　*ST*, I, q. 34, a. 2 c, ad 3.
67　위의 책, I, q. 37, a. 1c, ad 4.
68　위의 책, I, q. 37, a. 1c.

는 그러한 각인을 가리켜 '사랑받는 것에 대한 애정'(*affectio*), '사랑받는 것을 지향하는 충동'(*impulsio*), '사랑받는 것으로의 끌림'(*attractio*)으로 설명한다.[69]

성령은 성부와 성자로부터 발출해 나온 사랑이시기 때문에, 이 각인 또는 애정에 대한 이해는 성령의 위격적 속성을 해명한다. 에머리의 흥미로운 구절이 좋은 예다. 거기에서 에머리는 성령의 관계적 속성이 이러한 사랑의 각인 또는 애정임을 밝히면서, 이것이 "'사랑하는 하나님 안에서 사랑받는 하나님'의 현존을 입증할 뿐 아니라, 우리로 하여금 성령 하나님을 이해할 수 있는 창구를 열어 준다"라고 설명한다.[70]

즉, 사랑의 교리는―사랑하는 자 안에 사랑받는 것이 있는 것처럼―하나님이 그 자신 안에 계신다는 것을 가르친다. 이것은 사실 말씀(Word)의 교리가 가르치는 것과 유사하다. 말씀의 교리도 하나님이 그 자신 안에 계신다는 것을 가르친다. 다만 여기서 이 둘의 차이는 그 말씀(Word)의 교리가 취한 방식에 있다. 참고로, 아퀴나스의 말씀(Word)의 교리는 자신 '안'에 내주하시는 하나님에 대한 가르침을 '인식되는 것이 인식하는 자 안에 있는 것'에 비유한다.

아무튼 이러한 삼위일체 하나님의 자기 내주(indwelling) 개념은 아퀴나스의 또 다른 주저인 『신학요강』에서 설명된다. 거기서 아퀴나스는 이 개념이 특별히 사랑이라는 성령의 고유한 자아(*proprium*)를 밝히는 것과 관련하여 상당히 유익한 점이 있다고 말한다.

> 어떤 식으로든 사랑받는 것은 사랑하는 자로 하여금 어떤 특정한 내적 운동을 하게 만든다. 그런데 어떤 것이든 운동하는 자는 운동된 것과 친밀하게 접촉되어 있다. 이러한 의미에서 사랑받는 것은 반드시 사랑하는 자 안에 내재되어 있어야만 한다.[71]

---

69 위의 책.
70 Emery, "The Doctrine of the Trinity," 58.
71 *Compendium theologiae*, cap. 45, in vol. 42, *Opera omnia*, Leonine edition, Cura et studio fratrum praedicatorum (Rome and Paris: 1882–present).

계속해서 아퀴나스에 따르면, 사랑의 행위는 "사랑받는 것에 의해 사랑하는 자 안에 생기는 어떤 운동에 따라 일어난다"(*amatum enim trahit ad seipsum amantem*). 즉, 사랑하는 자는 자신 안에 생겨난 이 특정한 운동으로 말미암아 사랑받는 것을 향해 이끌려 간다.[72] 이밖에도 아퀴나스는 자신의 『신학요강』 제48장에서, 하나님이 그 자신 안에 계시는 방식이—인식되는 것이 인식하는 자 안에 있는 것처럼—하나님의 말씀(Word)이신 성자의 위격에 의해 표현된다는 것을 확증한다. 허나 여기서도 요지는 하나님이 그 자신 안에 계시는 또 다른 방식(사랑하는 자 안에 사랑받는 자가 있음)과 무관하지 않다.

실제로 그는 여기서 다시 하나님이 자신 안에 있는 방식을—인식되는 것이 인식하는 자 안에 있음과 같이—사랑받는 것이 사랑하는 자 안에 있음으로, 즉 하나님의 성령이 하나님 안에 있음으로 설명한다. 그리고 이어서 '하나님 안에서 참으로 성령이신 바로 그 하나님이 하나님 안에서 발출해 나온 바로 그 사랑이며, 그 사랑(성령)은 성부와 성자가 신적인 본질 안에 자존하시는 것과 마찬가지로 방식으로 자존하신다'고 덧붙인다.[73]

따라서 의지에 따라 나온 발출은 성령의 위격적, 관계적 속성을 나타내는 역할을 하는 동시에, 이 발출의 기초가 되는 신적인 본질과 하나님 안에서 지성에 따라 나온 발출 사이의 본질적, 위격적 단일성을 확증한다.

일반적으로 사랑의 각인은 아퀴나스가 사랑의 개념에 대하여 설명하는 방식과 관련이 있다. 그러나 그것은, 또한 아퀴나스가 이해하는 것처럼 사랑의 대상을 설명하는 그의 방식과도 연관이 있다. 우선 사랑(*amor*)의 개념에 관해 더 살펴보자. 아퀴나스의 사랑에 대한 개념은 성령의 위격과 관련이 있으며, 이는 시간이 지남에 따라 차츰 발전한다. 아마도 H. F. 던다이엔(Hyacinthe François Dondaine)은 아퀴나스 안에서 일어난 이 같은 점진적 변화를 식별한 몇 안 되는 신학자일 것이다.

---

72 위의 책, cap. 46.
73 위의 책. 참조. cap. 48 하나님 안에 있는 사랑은 우유적이지 않고 본질적인 것이다.

잘 알다시피, 아퀴나스는 성령을 사랑으로 제시하는 방식은 크게 두 가지다. 하나는 성부와 성자의 우정 또는 상호 사랑으로 성령을 제시하는 것이고, 다른 하나는 하나님의 자기-사랑으로—좀 더 구체적으로 말하자면, 하나님 자신의 신적인 선(善)에 대해 하나님이 갖고 계신 사랑으로—성령을 제시하는 것이다. 그런데 던다이엔에 따르면, 아퀴나스는 언제나 이 두 가지 방식을 공히 선호하지 않았다. 특히, 성령의 발출을 설명할 때, 아퀴나스는 이들 중 후자의 방식을 더 선호했다.

그리고 더 나중에 가서는 성령의 발출 원리가—성부와 성자의 상호 사랑이 아니라—하나님의 선(善)에 대한 본질적인 자기-사랑이라고 결론 내렸다.

그렇다면 이러한 점진적인 변화는 무엇에서 비롯된 것인가?

왜 아퀴나스는 전자가 아닌 후자를 자신의 방식으로 택한 것인가?

우리는 그 답을 던다이엔의 『성 토마스와 성령의 발출』(*Saint Thomas et la Procession du Saint-Esprit*)에서 찾아볼 수 있다. 거기에서 던다이엔은 아퀴나스가 후자의 방식을 더 선호한 이유를 두 가지로 밝힌다.

첫 번째로 신인 동형론(anthropomorphism)의 위험을 피하기 위해서,

두 번째로 자신의 사랑에 대한 개념을 제3위격(성령)의 발출로 제시하기 위해서.[74]

성령의 발출에 관한 아퀴나스의 설명이 담긴 『명제집 주해』와 『신학대전』을 비교 분석한 알베르투스 크라파이시(Albertus Krapiec)도 던다이엔과 유사한 결론에 도달한다. 즉, 크라파이시도 아퀴나스의 사랑의 개념에서 발생한 점진적 변화를 감지한다. 크라파이시의 분석에 따르면, 『명제집 주해』에서 아퀴나스의 사랑 이해는 대체로 '사랑하는 자'와 '사랑받는 것'

74　Dondaine, "Saint Thomas et la Procession du Saint-Esprit," in *Saint Thomas D'Aquin, Somme Théologique, La Trinité*, I (Paris: Desclée & Cie, 1950), 387-409, 특히 398-400. 이브 콩가르(Yves Congar)는 던다이엔의 발견을 지지한다(*I Believe in the Holy Spirit*, vol. 1, trans. David Smith [New York: The Seabury Press, 1983], 90; 91, fns. 14 and 15).

의 관점에서 이뤄진다.

이를 우리는 그의 "짧은 반론"(*sed contra*, '그러나 반대로')에서 살펴볼 수 있는데, 거기서 아퀴나스는 '성령이 성부의 성자를 향한 사랑인지 여부'를 묻는 질문에 대한 자신의 견해를 다음과 같이 밝힌다.[75]

> 사랑하는 자에서 발출해 나온 모든 사랑은 사랑받는 자를 향한다. 그런데 앞서 확인한 바와 같이 성령은 사랑이다[a.1 ad 4]. 그러므로 성령은 성부의 성부의 성자를 향한 사랑이고, 성자의 성부를 향한 사랑이다.[76]

하지만 이 같은 견해는 아퀴나스의 『신학대전』에서 점차 변화된다. 물론 이 책에도 저 '사랑하는 자'와 '사랑받는 것'이란 표현이 등장한다. 하지만 사랑을 이해하는 아퀴나스의 주된 방식은 이제 '선(善)에 대한 의지의 열망'으로 바뀐다.[77] 이러한 점진적 변화는, 크라파이시에 따르면, 성령의 발출에 관한 이 두 작품의 표현 방식의 차이를 설명하는 데 도움이 된다.

『명제집 주해』에서 아퀴나스는 일반적으로 성령의 발출을 성부와 성자의 상호 사랑으로 묘사하지만, 『신학대전』에서는 성령의 발출을 신적인

---

75 또는 "안으로"(into, 성령이 성부께서 성자에 대해 가지신 사랑인지 여부 – *utrum Spiritus Sanctus sit amor quem habet Pater in Filium* [*In I Sent.*, d. 10, q. 1, a. 2 sc]).
76 위의 책. 동일한 문항에서, 아퀴나스는 사랑받는 자와 사랑하는 자에 대해 다시 말한다. 전자는 "그 안에 사랑이 사랑이라는 용어를 가지고 있는 곳"(사랑받는 자는 … 그 속에서 사랑이 끝나는 곳이다 – *amatum sit id in quod terminator amor*)을, 그리고 후자는 "사랑이 흘러나오는 곳"(사랑하는 자는 사랑이 흘러나오는 곳이다 – *amans a quo exit amor*)을 의미한다. 아퀴나스는 "아버지께서 아들을 사랑하기 때문에 성령은 아들에 대한 아버지의 사랑이라고 할 수 있고, 아들이 아버지를 사랑하기 때문에 성령은 아버지에 대한 아들의 사랑이라고 할 수 있다"라고 결론한다(위의 책, c.). 참조. d. 32, q. 1, a. 1. 여기에서 아퀴나스는 성령이 성부와 성자로부터 사랑으로 발출해 나오는 한, 성부가 성령으로 성자를 사랑하고 그 반대도 마찬가지라고 말하는 것이 옳다는 의미를 설명한다. 이와 같은 구절에서 아퀴나스는 주로 사랑하는 자와 사랑받는 자의 관점에서 사랑에 대한 자신의 이해를 설명한다.
77 예를 들어, q. 20(하나님의 사랑)과 q. 6(하나님의 선하심)와 같은 관련 구절들은 아래에서 탐구될 것이다.

선(善)에 대한 성부의 의지나 사랑으로 표현한다.[78]

하지만 아퀴나스에 대한 던다이엔과 크라파이시의 분석은 옳은가?

어떤 면에서 이 점진적 변화(차이)를 인정하는 것은 토렐과 에머리가 포착한 두 단계를 부정하는 것처럼 보인다. 사랑하는 자의 의지에서 나온 사랑의 각인(1단계)과 성부와 성자의 상호 사랑이신 성령(2단계).[79] 사실 필자가 현재 논증하고 있는 시퀀스는 토렐과 에머리가 포착한 두 단계의 순서를 따르고 있다.

어찌보면 던다이엔이나 크라파이시의 정반대라고 할 수 있다. 그러므로 이 현재의 시퀀스가 정당한지 여부를 진지하게 검토할 필요가 있다.

과연 필자가 토렐과 에머리의 단계별 설명 순서를 뒤바꾸면 어떻게 될까?

『명제집 주해』와 『신학대전』이 출판된 순서에 따라 전자의 '상호 사랑' 개념은 앞에, 후자의 '신적인 선(善)에 대한 사랑과 사랑의 대상 및 각인' 개념은 뒤에 붙이면, 어느 쪽이 더 맞을까?

던다이엔과 크라파이시의 분석이 더 옳지 않을까?

그러나 아퀴나스는 '사랑하는 자의 의지에서 나온 사랑의 각인(1단계)'과 '성부와 성자의 상호 사랑이신 성령(2단계)'을 따로 분리해서 설명하지 않았다. 즉 아퀴나스의 『명제집 주해』와 『신학대전』은 어느 하나를 선택하지 않고, 양자 모두를 종합적으로 다루고 있다. 그러므로 아퀴나스의 성령론에 대한 통합된 이해를 얻기 위해 『명제집 주해』와 『신학대전』을 분리하거나 대조(대립)할 필요는 없다.

---

78 Albertus Krapiec, "Inquisitio circa Divi Thomae doctrinam de Spiritu Sancto prout Amore," *Divus Thomas* 27 (1950): 474–95.

79 Torrell, *Saint Thomas Aquinas*, vol. 2: *Spiritual Master*, 184ff.; 참조. Emery, *The Trinitarian Theology of Saint Thomas Aquinas*, 236–37.

오히려 그것들을 상호 보완적인 텍스트로 보는 것이 훨씬 더 유익할 것이다. 물론 아퀴나스의 성령신학에 담긴 점진적 변화의 추세를 분석하는 것이 유익할 수 있다. 적어도 '옳고 그름'이 아닌 '이해'의 관점에서 본다면, 던다이엔과 크라파이시가 제시한 분석은 나름의 의의를 가질 수 있다. 하지만 아퀴나스의 문헌 전체에서 『신학대전』이라는 텍스트의 위치와 중요성을 고려할 때, 그 안에 담긴 논의는 (제 아무리 축약적인 형태로 표현되어 있을지라도) 다른 어떤 문헌보다 해석학적으로 우월하다고 말할 수 있다.

따라서 필자는 토렐과 에머리에 동의하며 정당성을 부여하고 그들의 단계별 설명 순서에 따라 『신학대전』 제37문의 문제를 다룰 것이다. 여기서 아퀴나스의 초점은, 이미 앞서 말한 바와 같이, 사랑하는 자의 의지 내부(안)에 일어난 사랑의 각인에 있고, 이는 그로 하여금 사랑이신 성령의 위격을 설명하는 토대를 제공한다. 자 그럼 이제 '사랑하는 자의 의지에 새겨진 사랑의 각인'과 '그것(각인)이 사랑하는 대상과 맺고 있는 관계'에 대해서 본격적으로 논의해보자.

성령의 발출에 대해 논할 때 아퀴나스는 사랑하는 행위가 사랑받는 것에 대한 인상을 사랑하는 자의 애착 속에 유발(각인)시킨다는 원리를 준수한다. 그러므로 누구든지 어떤 대상을 사랑할 때, "사랑하는 자는 자신의 사랑을 받는 대상에 대한 어떠한 인상을 자신 안에 갖게 된다."[80]

그런데 같은 논리에서 다음과 같은 추론이 가능하다. 성자를 향한 성부의 사랑은 하나님이 자신 안에서 자기 자신과 동일한 선(善)을 향해 갖고 계신 사랑에 뿌리를 두고 있다. 그러므로 성자(사랑받는 대상)는, 마치 인식된 것이 인식하는 자 '안'에 있는 것과 유사한 방식으로, 성부(사랑하는 자) '안'에 있다는 추론이 가능하다.

앞서 관찰한 바와 같이 이 추론은 아퀴나스가 성자의 발출을 참고하면서 성령의 발출이 지닌 본질적 측면을 설명하려고 시도할 때 도입된 것이다. 따라서 성령의 발출과 관련된 '사랑의 각인'이란 개념은 결국 앞서 논

---

80 *ST*, I, q. 37, a. 1c.

의한 아퀴나스의 신적인 발출, 관계, 위격의 교리와 상당한 연속선상에서 추론된 것임을 알 수 있다. 하나님 안에 있는 삼위일체의 세 위격을 구별하는 것은 두 가지 신적인 발출이다.

(1) 지성의 작용에 따라 성부로부터 온 성자의 발출과
(2) 의지의 작용에 따라 성부와 성자로부터 온 성령의 발출의 기원적 관계에 의해서만 가능하다.

성부와 성자로부터 사랑으로 발출해 나온 성령의 위격은 이중적 의미에서 '관계'의 개념을 전제한다.

첫째, 그것은 사랑받는 것에 대한 사랑하는 자의 관계를 전제하는데, 이 전제된 관계는 '사랑하는 것'을 나타내는 두 가지 용어로 표현된다. 자애(*diligere*)과 애정(*amare*).

둘째, 그것은 사랑받는 것, 즉 사랑하는 자가 사랑하는 대상에 대해 갖고 있는 인상 또는 애착의 관계를 전제하며,

이렇게 전제된 인상이나 애착의 관계는—일찍이 '내주'(indwelling)에 관한 요지를 통해 아퀴나스가 시사한 것처럼—사랑하는 자가 자신 안에서 사랑하는 대상(사랑받는 것)을 사랑하고 있다는 사실로 말미암아 생성된다. 다시 정리하면 사랑하는 행위는 사랑하는 자의 사랑하려는 의지 안에 자신이 사랑하고 있는 대상에 대한 인상을 남기기 때문에, 사랑받는 자는 하나의 '실재'로 사랑하는 자 안에 있다고 말할 수 있다.

그러나 여기서 다시 아퀴나스가 해결해야만 하는 문제가 인간의 언어적 한계로 인해 발생한다. 자애(*diligere*)와 애정(*amare*)이란 용어는 '사랑하는 자'와 '사랑받는 것' 사이의 관계를 나타내는 반면, '사랑받는 것에 대한 인상'과 '사랑받는 것에 대한 인상의 원리' 사이의 관계를 나타내기 위해 고안된 용어는 없다.

여기서 아퀴나스의 해결책은 자애와 애정에 가장 근접한 용어를 찾아, 그것으로 저 후자의 관계를 나타내는 적절한 이름을 찾는 것이었다. 이 이름은, 물론, 그 자체로 볼 땐 빈곤하기 짝이 없다. 하지만 그 이름은 매우 중요한 신학적 목적 한 가지를 수행한다.

아퀴나스에 따르면, 하나님 자신의 말씀(Word) '안'에서 그리고 바로 그 말씀(Word)에 '의해' 인간은 자신의 언어적 한계에도 불구하고, 하나님의 존재의 신비를 꿰뚫어 볼 수 있게 된다. 즉, 그리스도 안에서 언어의 범위가 확장된다. 그런데 이 (그리스도 안에서) 확장된 언어의 이면에는 아퀴나스가 말씀(Word)의 교리에 호소하여 사랑의 교리를 이해하려는 시도가 담겨 있다.

그렇다면 궁극적으로 아퀴나스가 파악하고자 한 '사랑의 교리'는 무엇인가?

다음 두 가지 유형의 관계로 설명될 수 있다.

(1) '사랑하는 자'와 '사랑받는 것'의 관계
(2) '사랑받는 것에 대한 인상'과 '사랑받는 것에 대한 인상의 원리'의 관계

먼저 전자의 관계에 대해 아퀴나스는 "사랑"(love)과 "사랑한다"(to love)를 본질로 취급하는데, 이는 "사랑"(love)과 "사랑한다"(to love)가 하나님 안에서 본질적으로 사용되었다는 것을 말해 준다. 좀 더 신학적으로 말하자면, 하나님에 있어 본질적으로 취해진 "사랑"(love)은 성부, 성자, 성령의 공통된 신적 본질을 나타내며, "사랑한다"(to love)는 성부와 성자가 서로를 성령으로 말미암아 사랑하지 않고 그 본질로 말미암아 사랑한다는 것을 나타낸다.

이어서 후자의 관계에 대해 아퀴나스는 "사랑"(love)과 "사랑한다"(to love)를 관념(또는 개념이나 특징)으로 취급하는데, 이는 "사랑"(love)과 "사랑한다"(to love)가 하나님 안에서 '사랑받는 것에 대한 인상'과 '사랑받는 것에 대한 인상의 원리'의 관계를 설명하기 위해 사용되었다는 것을 말해 준다. 또 다시 좀 더 신학적으로 말하자면, 하나님에 있어 관념적으로 취

해진 "사랑"(love)은—앞선 경우와 같이 신적인 본질을 나타내는 것이 아니라—성령의 위격 곧 하나님 내부(안)에서 발출해 나온 성령의 고유한 이름을 나타낸다. 그리고 "사랑한다"(to love)는—본질적으로가 아니라—관념적으로 이해된다.

다시 말해, 하나님에 있어 관념적으로 취해진 "사랑한다"(to love)는 하나님 내부(안)에서 발출해 나온 성령의 영발(spiration)을 나타낸다. 따라서 이 후자의 방식으로 이해된 사랑의 신학적 의미는 철저하게 성령론적이며, 이는 하나님 내부(안)에서 발출해 나온 성령의 위격이 '사랑'이고, 성부와 성자가 서로를 본질로 말미암아 사랑하지 않고 성령으로 말미암아 사랑한다는 것을 말해 준다. 결국, 아퀴나스가 파악하려고 한 '사랑의 교리' 안에는 두 가지 유형의 관계로부터 도출된 두 가지 양태의 "사랑"(love)과 "사랑한다"(to love)가 등장할 수 있다.

하나는 '본질적' 양태의 "사랑"(love)과 "사랑한다"(to love)이고, 다른 하나는 '관념적' 양태의 "사랑"(love)과 "사랑한다"(to love)이다. 이 두 가지 양태는 서로 구별되지만 분리되진 않는다. 그리고 성령의 발출에 대해서 아퀴나스가 설명할 때 '사랑의 각인'과 통합적인 연관성을 지닌다. 따라서 "사랑"(love)과 "사랑한다"(to love)의 '본질적' 양태와 '관념적' 양태는 '사랑 받는 것'(대상)을 설명하는 아퀴나스 신학의 미묘한 뉘앙스를 이해하는 데 도움을 준다.[81]

하나님에 있어 사랑을 '본질적'인 양태로 고려하는 것은 아퀴나스의 『신학대전』에서 특히 두드러진 주제 가운데 하나이다. 일례로 『신학대전』 제1권 1부의 제37문에서 아퀴나스는 사랑하는 자의 의지의 작용에 의해 생성되는 사랑의 각인의 개념을 기본 원칙으로 삼고, 이 기본 원칙을 하나님의 본질에 대한 이해에 적용하여 사랑의 각인이 하나님이 자신 안에서 자기 자신과 (본질적으로) 동일한 선(善)을 향해 갖고 계신 사랑(신적인 자기애[自己愛])과 관련된 것임을 보여 준다.

81　ST, I, q. 37, a. 1c.

어떤 의미에서 이 말은 결국 하나님의 선(善)이 하나님 안에 있는 사랑의 '원리'인 동시에 '대상'임을 의미하기도 한다. 그러므로 아퀴나스는 이 말의 의미를 자신의 『신학대전』 제1권 1부의 제20문과 6문에서 자세히 다룬 뒤, 자신의 삼위일체신학에 통합시킨다.

우선 제20문을 좀 더 살펴보자. 거기서 아퀴나스는 자신의 주된 초점을 하나님의 사랑이란 주제에 맞추면서 하나님의 의지에 관한 논의를 시작한다. 아퀴나스는 사랑을 의지 속에서 찾는다. 그리고 어떤 것을 사랑하다는 것은 그 '어떤 것'에게 좋은(善) 것을 의지(意志)한다는 것이라고 설명한다.

그런데 이 때의 '의지'는 하나님 안에 있기에 사랑도 반드시 하나님 안에 귀속되어야 한다.[82] 이밖에도 우리는 여기서 아퀴나스가 설명한 '사랑'에 주목할 필요가 있다. 제20문에서 아퀴나스는 사랑이란 '명사'가 아니라, 사랑의 기능에 대한 '동사'적 형태를 말한다. 즉, 어떤 사람이나 대상에게 좋은(善) 것을 의지(意志)하는 것이 사랑이고, 곧 사랑의 기능이다. 그런데 이 때의 사랑, 곧 기능적으로 정의된 사랑은 우리로 하여금

(1) 하나님이 자기 자신을 위해 바라시는 선(善)과
(2) 하나님이 이성적 피조물을 위해 바라시는 선(善)을 구분할 수 있도록 도와준다.

참고로 아퀴나스의 이 두 종류의 선(善)에 대한 설명은 '하나님 자신'과 '선(善)'의 확실하고 본질적인 관계에 기초하고 있다.

이어서 제6문을 보자. 여기서 아퀴나스의 핵심 논의는 앞서 말한 '하나님 자신'과 '선'(善)의 확실하고 본질적인 관계를 확립하는 것에 있다. 아퀴나스에 따르면, 하나님은 본질적으로 가장 큰 선(善)이다. 하나님이 모든 삶(생명)

---

82 위의 책, I, q. 20, a. 1c. 아퀴나스는 하나님 안에 지성이 있는 것처럼 의지가 있다고 지적한다(위의 책, I, q. 19, a. 1c).

과 완전의 제1원인이신 한, 선(善)은 하나님께 정당하게 귀속된다.[83]

하나님의 자기 자신에 대한 본질적인 사랑은 하나님의 본질적인 선(善), 즉 아퀴나스가 완전(perfection)의 관점에서 묘사한 선(善)에 근거한다. 엄밀한 의미에서 본질적으로 선하다는 뜻은 오직 하나님께 속한다.

왜냐하면, 하나님 안에만 본질이 있고, 실재가 있으며, 하나님 안에만 우연이 없고, 하나님 한 분만이 다른 어떤 것을 목적으로 갖지 않고 자기 자신만을 최종적인 목적이자 완성으로 가진 분이시기 때문이다. 오직 하나님 만이 본질상 완전하시고, 자기 본질에 의해 '실재'로 완전한 모든 것을 가지고 계신다. 그러므로 오직 하나님만이 본질적으로 선하시다.[84]

다시 제20문으로 돌아가면, 거기에서 우리는 아퀴나스가 하나님의 사랑에 대한 논의에 하나님의 본질적인 선(善)에 대한 제6문의 통찰을 적용하고 있음을 볼 수 있다. 하나님은 본질적으로 선하시다.[85] 그때문에 하나님이 자기 자신을 위하여 바라시는 선(善)은 다름 아닌 하나님 자신의 존재이다.

하나님이 자기 자신을 위해 모든 선(善) 중에서 가장 큰 것을 바라시는 것은 자신을 사랑하는 하나님의 행위 안에 있다. 즉, 하나님 '자신'(in se)이 신적 본질이다. 그러므로 하나님은 자신 '안'에서 하나님으로서 완전하시고, 행복하시며, 그분의 본질적인 선(善)은 사랑받되 모든 선(善) 중에서 가장 큰 것으로 사랑받는다.

특히, 그리스도를 향한 하나님의 사랑은 하나님의 선하심과 사랑의 신학적 본질이 무엇인지를 분명히 보여 준다. 하나님은 전 인류와 세계를 사랑하시는 것보다, 그리스도를 더 많이 사랑하신다. 따라서 하나님이 그리스도를 위하여 가장 큰 선(善)을 바라시는 것은 합당하다. 즉, 하나님이 그리스도의 참된 신성에 합당한 이름—참으로 모든 이름 위에 뛰어난 이름(빌 2:9-11)—을 주사, 그리스도를 위하여 그리스도에게 가장 큰 선(善)을

---

83   위의 책, I, q. 6, a. 1c, ad 2.
84   위의 책, I, q. 6, a. 3c.
85   위의 책, I, q. 20, a. 1 ad 3; 참조. I, q. 6, a. 3c.

의지(意志)하는 것은 합당하다.[86]

물론 성부와 성자는 별개의 위격이다. 그러나 성부와 성자는 저 선(善)을 의지(意志)하는 작용에 의해 발출해 나온 사랑(성령)으로 본질상 연합되어 있다. 그리고 이 본질적인 연합에 따르면, 하나님의 삶은 성부와 성자와 성령 사이의 본질적인 사랑으로 특징지어진다.[87] 다른 어떤 것보다, 다른 무엇보다 하나님은 자기 자신을 사랑하신다.

이는 하나님이 지고의 선(善)이시기 때문이며, 또 바로 그러한 이유에서 가장 위대한 선(善)을 하나님은 자기 자신을 위하여, 그리고 전 인류와 세계를 위하여, 영원히 바라(의지, 意志)신다.

아퀴나스는 또한 하나님이 이성적인 피조물을 사랑한다고 진술한다. 하나님이 그들을 그토록 사랑하는 이유는 하나님이 그들을 만드시고 '실재'에 있게 하셨기 때문이다. 아퀴나스에 따르면, 이성적인 피조물은 현존하는 다른 어떤 피조물들이 얻을 수 있는 것보다 더 높은 선(善)을 얻고 행할 수 있으며, 그들의 삶의 완전(perfection)과 행복을 찾아 누릴 수 있다—단 그들의 유한한 본성이 하나님 자신의 삶과 더 깊은 사랑의 교제에 들어가는 방식으로만!

결국, 아퀴나스에게 있어서 모든 인간을 포함한 피조물들의 선(善)을 이루시는 원인은 하나님으로부터, 특히 하나님의 사랑(의지)으로부터 나온다.[88] 허나 여기서 유의할 점은, 하나님이 이성적인 피조물을 위해 바라시는 선(善)은 신적인 본질 그 자체가 아니라는 것이다.[89] 그럼에도 불구하고, 모든 피조물의 궁극적인 완성을 하나님 안에서 가능하게 하는 것은 진정으로 선(善)이다.

실제로 하나님이 이성적인 피조물을 위해 바라시는 선(善)은 모든 선(善) 중의 가장 큰 선(善)을 향한 하나님의 사랑—곧 하나님 자신과 본질상

---

86 아퀴나스는 그리스도에 대한 하나님의 사랑을 하나님이 항상 더 좋은 것(善)을 더 사랑하시는 방식의 한 예로 사용한다(위의 책, I, q. 20, a. 4 ad 1).
87 참조. *In I Sent.*, d. 10, q. 1, a. 5 ad 1.
88 *ST*, I, q. 20, a. 2c and q. 20, a. 4 ad 5 각각.
89 위의 책, I, q. 20, a. 3 ad 2.

같은 선(善)을 향한 하나님의 사랑—에 비추어 이해되어야 한다. 왜냐하면, 삼위 하나님의 밖으로(ad extra)의 사랑(영발, spiration)이 근본적으로 '하나님 자신'과 '선(善)' 사이에서 이미 확립된 내부적(ad intra) 연합에 뿌리를 두고 있기 때문이다.[90]

그러므로 '사랑'(amor)이 자기 자신에 대한 하나님의 사랑으로 간주되든, 피조물에 대한 하나님의 사랑으로 간주되든, 어떤 경우에라도 '하나님 자신'과 '선(善)' 사이에는 깊고 분명한 연결이 있다.

하나님만이 자신의 사랑으로 피조물에게 선(善)을 주입하시고, 피조물 안에 선(善)을 창조하시는 지고의 선(善)이시다. 그러므로 하나님의 관점에서 보면, 어떤 것을 사랑스럽게 만드는 것은 궁극적으로 그 어떤 것의 하나님을 닮은 형상(likeness)이다.[91]

하나님에 있어 "사랑한다"(to love)는 것은 두 가지 양태로 취해지는데 그것은 앞서 말한 바와 같이 '본질적'으로 그리고 '관념적'으로 취해진다. 먼저 '본질적'으로 취해지는 데 의해서는, '성부와 성자가 서로를 성령으로 말미암아 사랑하지 않고 그 본질로 말미암아 사랑한다'는 것을 나타낸다. 이에 반해 '관념적'으로 취해지는 데 의해서는 '하나님 내부(안)에서 발출해 나온 사랑의 영발(spiration)'을 의미한다.[92]

따라서 "사랑한다"(to love)란 동사는 "말하다"(to speak)나 "낳다"(to beget)란 동사와 유사하다. 이러한 유사성의 문제에 정확성을 기한다는 것인데 말처럼 쉽지는 않지만 필수적이기에 아퀴나스는 『신학대전』 제1권 1부의 제37문에서 자신만의 간결하고 명료한 설명을 다음과 같이 제시한다.

성자가 인식한다 할지라도 그렇다고 말(words)을 산출하는 것이 성자에게 적합한 것은 아니다. 그 이유는 인식한다는 것이 '발출하는 말씀(Word)

---

90 위의 책, I, q. 20, a. 4c.
91 위의 책, I, q. 20, a. 2c.
92 (성부와 성자의 상호 사랑으로서 성령을 기술하는) 아래 4장의 보다 상세한 논의를 예시하는 관념적 용어로서의 사랑에 대한 이 간략한 초기 고찰은 이 장의 지향적인 관심(위격적 의미에서의 사랑 개념)을 설명하는 데 도움이 된다. 따라서 여기에서 처리하는 것이 적절하다.

'으로서'의 성자에게 적합한 것이기 때문이다. 이와 마찬가지로 성령은 본질적으로 말해 사랑할지라도 사랑을 발하는 것 즉 개념적으로 이해된 애정을 갖는다는 것이 그에게 적합한 것은 아니다.

그 이유는 성령이 본질적으로 사랑한다는 것은 '발출하는 사랑으로서' 이고 사랑이 그로부터 발출하는 것으로서 아니기 때문이다.[93] 분명히 관념적인 사랑의 양태를 이해하고 설명하는 문제는 아퀴나스에게도 큰 도전이었다. 그러나 그는 그 앞에서 포기하지 않았고 마침내 꽃을 피우는 생물의 유비를 통해 문제에 대해 자신만의 설명을 내놓았다(참고로 이에 대한 자세한 설명은 다음 장에서 하겠다).

예컨대 우리는 나무가 꽃피는 작용으로 말미암아 꽃핀다고 할 수 있으며 또 그 작용의 결과인 꽃들로 말미암아 꽃핀다고 할 수도 있다. 이와 마찬가지로, 우리는 성부가 성자를 발출하는 위격으로서 성령으로 말미암아 사랑한다고 할 수 있으며 또 사랑하는 작용 자체로서 사랑한다고 할 수도 있다.[94]

이밖에도 아퀴나스가 피조물(꽃-나무)에 대한 유비를 사용하여 자신만의 설명을 뒷받침한 사례는 더 있다. 그중에 대표적인 것은 아퀴나스가 상호 사랑이신 성령에 관한 주제를 다루기 위해 유비를 사용한 것이다. 그는 이 유비를 통해 '관념적 양태로서 사랑'과 '성령의 내적 발출' 사이의 관계를 해설한다. 이 관계에 대한 해설은 다음과 같은 한 가지 이유로 아퀴나스에게 특히 중요하다고 말할 수 있는데, 그에 따르면, 자신의 피조물에 대한 유비는 '(하나님 안에서 관념적으로 취해진) 사랑'을 '위격 안에서 사랑이신 성령의 고유한 자아(*proprium*)'로 조명하는 역할을 하기 때문에 중요하다.

하나님 안에서 관념적으로 취해진 "사랑"(love)은 꽃이 꽃들을 산출하는 것과 같이 '사랑을 불러일으키는 것'(to spirate love)을 의미하며, "사랑한다"(to love)는 하나의 신적인 위격—곧 성령—의 산출을 의미한다. 이 후자의 경우에는, 또한 '사랑에 따라 산출된 위격'이라는 의미와 '사랑과 사

93　*ST*, I, q. 37, a. 1 ad 4.
94　위의 책, I, q. 37, a. 2c.

랑받는 것(대상) 사이의 관계'라는 의미도 내포되어 있다.[95]

하나님 안에서 "사랑한다"(to love)는 것이 이해되어야 하는 이 두 가지 양태(본질적 및 관념적)에는 위격적인 사랑으로서 성령의 의미를 설명하는 데 도움이 되는 각각의 뉘앙스가 있다. 우선 첫 번째 뉘앙스는 성령이 하나님 내부(안)에서 의지의 작용에 따라 사랑으로 발출해 나오실 때 정확히 하나님 자신의 선(善)에 대한 사랑으로 발출해 나오신다는 것이다.[96]

이 첫 번째 뉘앙스는 하나님 내부(안)에 있는 '본질적' 사랑에 대한 생각을 반영한다. 이 생각에 따르면, 삼위 하나님의 세 위격은 그들의 공통적이고 단일한 신적 본질인 선(善)으로 말미암아 서로 사랑한다. 그리고 그들은 또한 그들의 공통적이고 단일한 신적 본질인 선(善)의 형상을 닮아 '성화된' 우리를 사랑하신다.[97]

이어서 두 번째 뉘앙스는 하나님 내부(안)에 있는 '관념적' 사랑에 대한 생각을 반영한다. 이 생각에 따르면, 성령은 성부와 성자에 의해 '영발된'(spirated) 또는 '내쉬어 나온'(breathed forth) 사랑이다.

즉, 성령은 하나님 내부(안)에서 성부와 성자에 공통된 상호 사랑으로 산출된다. 하나님의 선(善)은 하나님의 하나님 자신에 대한 사랑의 원칙(본질적 사랑)으로 작용하며, 이는 하나님의 의지 안에 있는 사랑의 각인뿐만 아니라 그에 상응하는 내적 발산, 즉 성부와 성자가 위격 안에서 사랑으로 내쉬는 성령(관념적 사랑)을 발생시킨다.

그러나 아직까지 명확하지 않은 한 가지 문제는 사랑하는 자 내부(안)에 새겨진 '각인'이 어떻게 하나님 내부(안)에서 구별적으로 위격이 된 '영'(성령)이 될 수 있는가 하는 점이다. 이 문제를 명확히 하기 위해서는 다음과 같은 것을 알아야 한다. 즉, 성자의 발출에 대한 경우가 성령의 발출보다 더 이해하기 쉽다. 확실히 하나님 안에서 지성에 따라 발출해

---

95 위의 책, I, q. 37, a. 2 ad 3; 참조. I, q. 37, a. 1 ad 2.
96 참조. 위의 책, I, q. 37, a. 2 ad 3.
97 위의 책, I, q. 6, a. 4c.

나온 말(word)이란 개념은 성자의 '위격'으로서 성부 하나님과 '구별'될 수 있다.

반면에 '하나님 내부(안)에 새겨진 사랑의 각인'과 '의지의 작용에 의한 성령의 발출'은 '구별'의 문제가 그리 간단하지 않다. 그럼에도 불구하고 '본질적' 사랑과 '관념적' 사랑이라는 두 가지 양태와 함께 아퀴나스의 '위격 안의 사랑' 또는 '위격적 사랑'이신 성령 개념을 고려하면 어느 정도 분명한 구별이 가능해진다.

본질적 사랑은 신적인 본질인 선(善)에 대한 하나님의 사랑, 즉 하나님의 하나님 자신에 대한 사랑을 의미한다. 이러한 의미로 이해된 사랑은 성령에 속하면서도 성부와 성자 모두에게 공통적으로 속한 것이 무엇인지를 설명하면서, 사랑하는 자의 의지 안에 있는 각인이 바로 그 사랑을 하고 있는 주체(사랑하는 자)로부터 나온다는 개념을 확보한다. 왜냐하면, '하나님의 의지 내부(안)에 사랑이 각인된다'는 원리가 하나님의 고유한 본질과 같기 때문이다.

한편, 관념적 의미로 이해된 사랑은 성령을 성부와 성자의 공통된 영발(spiration)로 설명하면서, 삼위 하나님의 세 위격 사이에 존재하는 기원적 관계에 따라—좀 더 풀이하면, 성령이 성부와 성자와 본질적으로 '하나'이면서도 이 두 위격으로부터 나온 제3위격이란 점에서—성령의 구별된 위격을 허용한다. 결국, 관념적 양태의 사랑은 어떠한 개념적 명확성을 제공하여 우리로 하여금 이런 식으로 성령을 성부와 성자로부터 위격적으로 구별할 수 있게 해 준다.

이제 남은 과제는 이 두 가지 통찰, 곧 성령이 '공통된' 영발이면서 위격적으로 '구별된다'는 통찰을 인간의 제한적 언어로—하지만 '일관성' 있게—통합하는 것이다. 비록 완전하진 않겠지만, 이 통합의 과제를 일관성 있게 해낼 수 있는 가능성이 아퀴나스의 '위격 안의 사랑' 또는 '위격적 사랑'이신 성령 개념으로 인해 어느 정도 담보될 수 있다.

앞서 언급했듯이 아퀴나스가 성령과 인격 안의 사랑을 동일시할 때 성령이 '공통된' 영발이면서 위격적으로 '구별된다'는 통찰이 전제되고 충족

된다. 우선 '공통된' 영발에 대해 설명하면, 성령이 위격 안의 사랑으로 발출해 나온다는 것은, 먼저 사랑의 각인이 "사랑한다"(to love)는 행위 속에 담긴 사랑하는 자의 의지에서 발출해 나온다는 것을 의미한다. 그러므로 '공통된' 영발이란 통찰에 대해서 다음과 같이 말해야 한다. 성령의 발출은 하나님의 본질적 선(본질적 사랑)에 대한 성부의 의지(사랑)에서 나온 유출과 같다.

이어서 위격적 '구별'에 대해 설명하면, 하나님 내부(안)에서 관념의 양태로 발출해 나온 사랑은 성령의 고유한 자아(*proprium*)를 이름하고, 성부나 성자의 고유한 자아(*proprium*)를 이름하지 않는다. 그러므로 위격적 '구별'이란 통찰에 대해서 다음과 같이 말해야 한다. 성령은 성부와 성자 사이의 사랑의 솟구침(영발, spiration) 안에서 사랑으로 나온 고유 자아(*proprium*)이다.

마지막으로 하나님 내부(안)의 사랑이 이해될 수 있는 세 가지 방법을 간결한 말로 다음과 같이 종합할 수 있다. 하나님의 선(善)에 대한 사랑(본질적 사랑)으로 말미암아 하나님의 의지 안에 있는 각인은 사랑의 행위 안에 있는 발출을 가리키는 이름이다. 그러므로 이 때의 각인은 성부와 성자의 공통된 영발(spiration)인 사랑(관념적 사랑), 즉 자신의 고유한 자아(*proprium*)가 사랑이신 성령(위격적 사랑)의 내적 발출로 이어진다.[98]

---

[98] "그러므로 먼저 본질적인 것은 세 위격에 공통적이지만, 하나님은 사랑이시다(요일 4:16)라고 말할 때와 같이 성령 하나님께 전유된다. 둘째로 위격적인 것은 성령의 고유한 것이며, 성령은 사랑으로 역사한다. 마지막으로 관념적인 것은 아버지와 아들에게 공통된 일종의 관계나 개념이며, 이를 가리켜 공동의 영발이라고도 부른다"(*secundum ergo quod est essentiale, est commune tribus, sed appropriator spiritui sancto; ut cum dicitur, deus caritas est, 1 joan. 4, 16; secundum autem quod est personale, est proprium spiritus sancti; et dicitur, quod spiritus sanctus procedit ut amor; secundum autem quod est notionale, est quaedam relation vel notion communis patri et filio, quae etiam dicitur communis spiratio; et hoc modo significatur amor in hoc verbo diligunt: cum dicitur, pater et filius diligunt se spiritu sancto, In I Sent.*, d. 10, q. 1, a. 1 ad 4).

3. 결론

　제2장은 사랑이신 성령에 대한 아퀴나스의 설명에서 첫 번째 단계에 속하는 것, 즉 위격 안에서 사랑으로 자존하시는 성령 하나님을 주된 주제로 다루었다. 자신의 성령론을 삼위일체의 맥락에 두었던 아퀴나스는『신학대전』제1권 1부의 제37문에서 다음과 같은 사실을 확립한다. 성령의 내적 발출을 이해하면, 삼위일체 하나님 안에서 자존하는 관계—곧 성령의 위격—을 가늠해 볼 수 있다.

　성령은 하나님 안에서 의지에 따라 나온 분이시며, 그분의 존재는 발출의 원리와 실질적으로 동일하다. 성령은 위격 안의 사랑, 또는 위격적 사랑이다. 이런 식으로 성령은 본질상 관계이다. 그냥 관계가 아니라, 내적인 발출에 의해 유출되고 성부와 성자 간의 상호 사랑으로 특징지어진 자존적(subsistent) 관계가 바로 성령이다.

제4장

아퀴나스의 성령론
상호 사랑(*amor mutuus*)이신 성령 하나님

제3장에서 확인된 바와 같이, 성령에 대한 아퀴나스의 설명은 위격적 사랑에 기초하고 있다. 그런데 이 위격적 사랑에 대한 설명은 다양한 지점에서 상호 사랑의 교리, 즉 성부와 성자가 서로 사랑하는 사랑에 관한 교리와 관련이 있다. 상호 사랑은 두 가지 신학 작업에 중요한 주제이다.

먼저 그것은 아퀴나스의 성령론이 담고 있는 기술적인 미묘함을 추적하는 작업에 필요한 주제이다. 그러나 그것은 또한 이 책의 프로젝트가 그리스도인의 삶에 관련하여 논의 중인 더 큰 범위의 성령론적 신학을 아퀴나스와 웨슬리의 비교 연구라는 맥락에서 작업할 때 필요한 주제이기도 하다.

이 두 가지 작업 중에서 특히 전자와 관련하여 중점이 되는 것은 '삼위 하나님의 세 위격 사이에 있는 친교'와 '성령의 고유한 자아(*proprium*)로서의 사랑'을 더욱 심오하게 이해하는 것이다. 그 이유는 벌써 말한 바와 같이 하나님 내부(안)에서 사랑으로 발출해 나온 성령이 '성부와 성자에 대한 기원적 관계에 의해 참으로 위격 안에서 사랑'이실 뿐 아니라, '성부와 성자 사이의 상호 사랑'이기도 하시기 때문이다.

본 장의 전반적인 연구에 있어서 중점이 되는 주제는 우리의 신앙생활에서 '삼위 하나님 안에 있는 위격 간의 교제'와 '하나님과 인간 간의 은혜로 말미암은 인격적 교제'를 모두 확증하는 것이다. 특히, 후자의 주제(하나님과 인간 간의 인격적 교제)를 확증하는 것은 성령 하나님과 그리스도인의 삶을 아퀴나스와 웨슬리의 통찰에 따라 분석할 때 중요하다. 아퀴나스와 웨슬리의 통찰은 서로 구별되지만 상호 보완적인 방식으로 분석할 수 있다.

왜냐하면, 그들 모두에게 성령은 진정으로 우리가 하나님의 삶에 참여할 수 있도록 하는 분이시기 때문이다. 확실히 아퀴나스의 통찰은 이 점을 분명히 확인시켜 준다. 먼저 성령을 상호 사랑으로 이해하는 아퀴나스의 통찰에는 인간에 대한 하나님의 인격적인 관계(교제, 친교)가 함축적으로 내포되어 있다. 그러나 성령을 사랑으로 이해하는 그의 통찰에는 본질적인 측면도 존재하기 때문에 하나님과 인간 사이의 인격적인 교제에 대한 아퀴나스의 설명은 다음과 같이 종합/진술되어야 한다.

아퀴나스는 인간을 사랑하시는 하나님의 방식이 하나님의 자기애(自己愛)와 상호애(相互愛)라고 보았으며, 이러한 두 가지 방식의 사랑에 기초하여 '하나님과 인간 간의 은혜로 말미암은 인격적 교제'에 대한 성령론적 통찰을 제시했다.[1] 그리고 또 나아가 성령 하나님의 위격과 사역에 대한 삼위일체적 기초를 더욱 굳건히 다졌다.

그런데 여기서 주목할 가치가 있는 또 다른 것은 하나님의 상호 사랑에 대한 아퀴나스의 성령론적 통찰이 에큐메니컬적이라는 것이다. 이미 언급한 것처럼 '상호 사랑'은 삼위일체적 개념이다. 이 개념을 사용하여 아퀴나스는 그리스도인의 삶과 사랑이신 성령의 실재를 설명했다. 하지만 그는 또한 이 개념을 사용하여 웨슬리안에게 에큐메니컬적으로 호소력을 지닌 주제, 곧 성화에 대한 신학적 토대를 세우기도 했다.[2]

토마스 신학자 토렐(Torrell)은 아퀴나스의 사변적 신학이 발출의 교리와 관련하여 확증한 성령론적 통찰을 고려하여, 사랑의 끈으로 성령을 긍정하는 것이 에큐메니컬적으로 의미가 있을 수 있음을 보여 주었다.

> 만일 우리가 성부와 성자의 이 친교를 우리의 마음속에 억누르거나 억압하려 한다면, 우리는 또한 성령의 발출을 가로막는 것이다. 왜냐하면, 이 두 현실은 엄연히 상호 의존적이기 때문이다. 그럼에도 우리가 이 억압의 기제를

---

[1] "성부는 성령으로 말미암아 성자만을 사랑하는 것이 아니라 자기 자신도, 우리도 성령으로 말미암아 사랑한다"(*ST*, I, q. 37, a. 2 ad 3).
[2] 이 논증은 아래의 6장에서 더 진전될 것이다.

계속하려 든다면, 우리는 제3위격의 구별을 생각할 수도 없을 뿐더러 하나님의 교회 간의 친교를 위해 성령이 성취한 일을 설명할 수도 없다.[3]

성령께서 이루신 일은 교회와 관련이 있다. 아니, 더 정확하게 말하면 그리스도의 몸(교회)의 지체들이 성화되고 서로 연합되도록 돕는 성령의 일차적 역할과 관련이 있다. 그러나 이러한 관련성에 대한 관심이 단순히 아퀴나스의 독점적인 영역이 아니라는 것을 기억하는 것이 중요하다. 실제로 이것은 우리가 곧 보게 되겠지만 웨슬리의 관심 주제이기도 했다. 한마디로 두 신학자 모두에게 흥미로운 주제였다. 따라서 성령을 사랑으로 이해하는 아퀴나스에 대해 더 깊이 파고드는 작업은 아퀴나스와 웨슬리(그리고 그들의 신학을 계승한 교회 전통) 사이의 일치 운동과 화해를 불필요하게 지연시키기보다는 촉진할 것이다.

성령을 위격적 사랑, 즉 하나님 자신에 대한 하나님의 사랑의 행위(의지)로부터 나온 고유 자아(*proprium*)로 고찰(1단계)한 후, 아퀴나스는 성령이신 성부와 성자의 상호 사랑(2단계)을 탐구한다. 이 후자의 탐구는 주로『신학대전』제1권 1부의 제37문 1항과 2항에서 다뤄졌는데, 여기서 아퀴나스의 초점은 '위격적 사랑'과 '상호 사랑' 사이의 구별이나 분리가 아니라 특정한 연결을 보여 주는 것이었다. 먼저 아퀴나스는 제37문 1항에서 성령의 이름을 위격적으로 이해된 사랑(위격적 사랑)으로 본다.[4]

이어 제37문 2항에서 아퀴나스는 성부와 성자가 성령으로 서로 사랑하는지(상호 사랑)를 조사한다.[5] 결국, 이러한 논의의 순서만 봐도 아퀴나스의 성령신학에서 상호 사랑은 성령의 고유한 자아(*proprium*)를 위격 안의 사랑으로 다룬 첫 번째 단계에 이은 두 번째 단계에 속한다고 할 수 있다.

---

3 Jean-Pierre Torrell, OP, *Saint Thomas Aquinas*, vol. 2: *Spiritual Master*, trans. Robert Royal (Washington, D.C.: The Catholic University of America Press, 2003), 187-88.
4 *ST*, I, q. 37, a. 1.
5 위의 책, I, q. 37, a. 2.

그러나 문제는 '상호 사랑'에 대한 아퀴나스의 가르침이 난해하기로 악명이 높다는 것이다. 이 문제는 아퀴나스 신학 해석의 전문가들 사이에서도 만연해 있으며, 실제로 대다수는 이 상호 사랑의 가르침에 대한 상대적 수렴에도 이르지 못한 채 두 가지 다른 해석으로 갈라져 있다.

이러한 문제에도 불구하고 필자는 아퀴나스 신학 해석 전문가들의 서로 다른 상호 사랑 해석이 아퀴나스의 성령론을 재평가할 수 있는 계기를 마련해 줄 것이라고 믿는다. 따라서 이어지는 논의에서는 이 두 가지 상호 사랑 해석에 대한 심층적인 검토를—『신학대전』 제1권 1부의 제37문에 있는 아퀴나스의 성숙한 논의를 바탕으로—진행하고자 한다.

1. 아퀴나스의 상호 사랑으로서 성령에 대한 두 가지 해석

아퀴나스는 『신학대전』의 여러 항목에서 '상호 사랑'의 개념으로 성령의 문제를 다루고 있지만, 이 개념을 이해하기 위해 아퀴나스 연구자들이 설정한 범주는 다르다. 이 상이한 범주는—'상호 사랑'에 입각한 아퀴나스의 성령신학을 해석하는 가장 좋은 방법이란 미명하에—크게 두 가지 해석으로 정리되어 왔다.

이 두 가지 해석은 각각 나름의 설득력이 있지만, 성령에 대한 아퀴나스의 설명을 상호 사랑으로 체계적으로 이해하고 그의 설명에 담긴 미묘한 메시지를 분별하기 위해서는 각자의 해석이 아닌 균형적인 해석과 관점이 필요하다.

1) 첫 번째 해석: 사소하고 궁극적으로는 불필요한 개념으로서 상호 사랑

상호 사랑의 개념에 대한 한 가지 해석은 아퀴나스의 성령론을 이해할 때 그것이 그다지 중요하지 않으므로, 기껏해야 본질적인 사랑에 대한 부차적인 개념에 불과하다는 것이다. 더욱이 상호 사랑은 아퀴나스의 저작에서 시간이 지남에 따라 중요성이 줄어들기 때문에 일부에서는 상호 사랑이 그의 사고 체계에서 완전히 불필요한 개념이라고 주장하기도 한다. 대표적으로 이러한 주장을 하는 신학자 중 한 사람이 마우릴리오 T.-L. 페니도(Maurílio T.-L. Penido)이다.

페니도는 1930년대 후반에 출판된 두 개의 기사를 통해 상호 사랑에 대한 자신의 견해를 제시한다.

첫 번째 아티클은 "삼위일체 안에서의 사랑의 발출에 관한 용어집"(Glosses sur la procession d'amour dans la Trinité)이고,[6]

두 번째 아티클은 "하나님 안에서의 사랑의 발출에 관하여"(A propos de la procession d'amour en Dieu)이다.[7]

페니도는, 또한 『명제집 주해』,[8] 『권능론』,[9] 및 『신학대전』[10]을 포함하여 아퀴나스의 문필가로서의 경력에 놓인 다양한 텍스트를 비교한다. 그리고 이러한 비교를 통해 아퀴나스의 사상에 있는 일련의 점진적 변화 및 발전에 주목하는데, 특히 페니도는 아퀴나스가 하나님의 내적 사랑을 설명하는 데 사용하는 언어가 변화하고 있음을 감지한다.

실제로 아퀴나스는 과거 한때 성 빅토르의 리차드(Richard of St. Victor)의 사회적 유비 모델을 사용했다. 하지만 그는 차츰 그 사회적 유비 모델을 벗어나 아우구스티누스와 안셀름의 심리학적 유비 모델을 사용한다.

페니도의 논증에 따르면, 성 빅토르의 리차드가 제시한 상호 사랑의 유비 모델은 삼위일체적 신비를 지나치게 인간화(anthropomorphic)시키는 경

---

6   *Ephemerides theologicae lovanienses* 14 (1937): 33–68.
7   *Ephemerides theologicae lovanienses* 15 (1938): 338–44.
8   특히, *In I Sent.*, d. 10, a. 1 ad 4 and a. 5 ad 1.
9   *De potentia*, qq. 9–10.
10 *ST*, I, q. 37.

향이 있다. 그러니까 거기에는 성 삼위 하나님의 내적인 관계가 지닌 사랑의 신비를 일종의 대인-관계적 사랑으로 환원시키는 결함이 있다.

그런데 페니도는 아퀴나스가 바로 이러한 결함을 인지하고 있었다고 주장한다. 아니, 상호 사랑이란 개념을 덜 주요한 위치로 격하시키고, 안셀름의 본질주의적 관점이 지닌 심리학적 특징을 채택함으로써 아퀴나스가 이러한 신-인 동형론적 경향을 피할 수 있었다고 페니도는 논증한다.

페니도가 잘 관찰한 것처럼 성부와 성자의 상호 사랑인 성령은 『명제집 주해』에서 되풀이되는 주제이지만 아퀴나스의 후속 작품에서는 거의 사용되지 않고 있다. 일례로 『대이교도대전』에서 상호 사랑은 완전히 부재한다. 물론 나중에 출간된 『신학대전』에서도 '상호 사랑'이라는 용어가 다시 언급된다. 그러나 그 언급은 아버지와 아들 사이의 본질적인 사랑으로 이미 대체된 것을 재건하는 것에 불과하다. 따라서 그 '상호 사랑'이란 용어는—아퀴나스의 『대이교도대전』 이후의 저작에서—단지 부차적인 의미로 사용되었다고 페니도는 주장한다.[11]

결국, 정리하면 아퀴나스가 '상호 사랑'이라는 용어를 포기하지 않았지만 안셀름에서 발견되는 본질주의적 지향을 받아들임으로써 그 용어의 신학적 역할을 크게 낮추고[12] 신적인 선(善)에 대한 하나님의 본질적인 사랑을 도입한다. 한마디로 후기 아퀴나스 사상에서 '상호 사랑'은 신학적 내용이나 의미가 결여된 이차적이고 근본적으로 덜 중요한 은유로 드러난다.

그렇다면 이와 같은 페니도의 주장의 결과는 무엇인가?

페니도는 자신 주장에 따른 결과가 부정적인 측면과 긍정적인 측면을 모두 가지고 있음을 분명히 한다. 먼저 부정적인 측면에서 페니도는 '상호 사랑'을 성령의 영발(spiration)의 비율(ratio)이나 근본 원인과 동일시하려는 모든 시도를 거부해야 한다고 주장하며, 이는 학계에서 상당한 비판과 논

11　Maurílio T.-L. Penido, "A propos de la procession d'amour en Dieu," *Ephemerides theologicae lovanienses* 15 (1938): 340–44.

12　예. *Monologion*, 50.

란을 불러일으켰다.¹³

다음으로 긍정적인 측면에서 페니도는 자신의 주장에 대한 적절한 응답이 "성 토마스와 함께 이 호혜성(상호 사랑)을 본질적인 수준으로, 즉 아버지와 아들의 '상호 사랑'이 하나님 내부(안)에서 일어나는 사랑의 발출에 대해 단지 부차적인 역할을 하는 수준으로 옮기는 것"(transfert, avec saint Thomas, de cette réciprocité sur le plan essentiel, où elle joue un rôle secondaire, dans la procession d'amour en Dieu)이라고 말한다.¹⁴

이 구절이 잘 보여 주듯이, 페니도는 아버지와 아들 사이의 상호 사랑을 실제보다 더 중요하게 여겨서는 안 되며, 아퀴나스의 주장을 이끄는 주요 개념인 본질적 사랑의 배경으로 후퇴해야 한다고 주장했다. 따라서 그의 주장은 후기 아퀴나스 사상에 드러난 본질적 사랑의 신학적 내용과 의미로 인해 상호 사랑의 여지가 거의 없음을 확인하는 것으로 결론을 맺는다.

아퀴나스의 상호 사랑에 대한 언급이 시간이 지남에 따라 줄어들었기 때문에 페니도의 주장은 설득력이 있다. 그리고 앞서 언급했듯이 아퀴나스의 『명제집 주해』는 이를 뒷받침하는 좋은 예다. 따라서 『명제집 주해』에서 '상호 사랑'이란 개념이 점차 주도적인 위치를 잃고, 안셀름의 영향을 받아 보다 본질적인 지향점을 가진다는 페니도의 주장은 실제로도 매우 설득력 있는 주장이다. 하지만 페니도가 논의를 계속하기 위해 주목한 아퀴나스의 인용 출처와 방식은 지금 필자의 연구 범위를 벗어난다. 아니, 정확히 말하면 그것은 필자의 주된 관심사가 아니다.¹⁵

---

13 이 주장과 다른 논쟁의 여지가 있는 주장으로, 페니도는 아퀴나스의 상호 사랑의 주제를 과소평가했다는 비판을 받았다. 이 점에 대한 페니도의 비판은 아래에서 설명하는 두 번째 해석의 기초를 형성한다.
14 Maurílio T.-L. Penido, "Gloses sur la procession d'amour dans la Trinité," *Ephemerides theologicae lovanienses* 14 (1937): 67–68.
15 예를 들어, 페니도는 아퀴나스가 성 빅토르의 리차드와 아우구스티누스를 신학적인 권위자로 사용한 변화에 주목한다. 그리고 이를 바탕으로 아퀴나스 내부의 영향력과 강조점의 변화를 감지한다. 다른 학자들에 의해 사회적 유비(social analogy)로 분류된 리차드의 상호 사랑 개념은 아퀴나스가 『명제집 주해』의 항목에서 주장하는 바에 지대한 영향을 미치지만(예. bk. 1, d. 10), 아우구스티누스의 심리학적 유비는 작은 역할에 불과

여기서 필자의 주된 관심사는 아퀴나스가 인용한 출처를 추적하는 것에 있지 않다. 어떻게 그 출처가 사용되었는지를 알아내는 것에 있는 것도 아니다. 지금 필자의 연구는 '상호 사랑'에 대한 이해를 토대로 아퀴나스가 내린 정확한 결론에 관심이 있다. 나중에 더 자세히 설명하게 되겠지만, 페니도의 결론은 전반적으로 혼합된 결과를 산출한다.

실제로 페니도의 아퀴나스 읽기는—역사적 연구로서 그것이 지닌 장점에도 불구하고—다소간 억지스럽고 덜 균형 잡힌 측면이 있다. 하지만 필자가 이 단계에서 주목할 점은 어떠한 비판을 추가적으로 보완하는 것이 아니라, 단지 페니도의 입장이 현재 아퀴나스의 성령론을 해석하는 한 가지 주류 학파를 구성할 정도로 큰 영향력을 행사하고 있다는 것이다.

'상호 사랑'이 아퀴나스의 저작 전반에 걸쳐—특히 『명제집 주해』에서—점점 덜 중요한 주제라는 페니도의 해석은 그 자체로 신중하고 철저하게 조사된 한 가지 입장을 나타낸다. 그러나 이러한 입장이 다소 도발적인 방식으로 학문적 대화를 형성하고 확장함에 따라 페니도는 결국 또 다른 주류 학파를 탄생시켰다.

2) 두 번째 해석: 중심적이고 매우 결정적인 개념으로서 상호 사랑

첫 번째 해석은 '상호 사랑'을 사소하고 궁극적으로 불필요한 것으로 간주하는 반면,

두 번째 해석은 성령에 대한 아퀴나스의 성찰에서 '상호 사랑'이 지닌 중요성을 강조하고, 그것이 사실상 아퀴나스 성령론의 중심이라고 주장한다.

하다. 그러나 페니도는 이러한 출처의 사용 방식이 아퀴나스의 후기 작품에서 정반대로 역전되었음을 발견한다. 예를 들어, 아퀴나스의 De potentia, q. 9, a. 10에서 아우구스티누스의 심리학적 유비는 전면에 나오는 반면, 성 빅토르의 리차드의 영향력은 다소 약해져서 "짧은 반론"(*sed contra*, '그러나 반대로')에만 나타나다가 결국 『신학대전』에서 리차드는 "반대들"(*videtur quod non*)로 강등된다(Penido, "Gloses sur la procession d'amour dans la Trinité," 48–68).

이러한 후자의 관점에서 성령을 성부와 성자의 상호 사랑이라고 부르는 것은 어떤 신학적 전통이 빗나갔음을 나타내는 표시가 아니다. 오히려 그것은 아퀴나스의 성령론의 주된 관심이 어디에 있고 그의 초기 저작과 그의 후기 사상에서 정말로 중요하고 결정적인 것이 무엇인지를 보여 준다. 이 해석의 주요 지지자는 프란코이스 보우라사 (François Bourassa)이다.

성부와 성자의 상호 사랑으로서 성령의 교리에 관한 보우라사의 글은 참으로 많다.[16] 그러나 그의 주요 접근 방식은 공통적이다. 먼저 그는 안셀름과 성 빅토르의 리차드의 차이점을 분류하고 전자를 심리학 이론, 즉 아우구스티누스의 삼위일체신학의 흐름과 연관시키고 후자를 성령을 상호 사랑에 동일시하는 이론과 연관시킨다.[17]

보우라사가 안셀름과 리차드를 분석하는 방식은 페니도가 주도한 방식과 다르다. 물론 안셀름과 리차드의 강조점은 다를 수 있지만, 보우라사는 성령에 대한 그들의 이해가 서로 다르다고 보지 않았다. 그러므로 엄밀히

---

16 As in "Le Saint-Esprit unité d'amour du Père et du Fils," *Sciences ecclésiastiques* 14 (1962): 375–415 (reprinted in *Questions de théologie trinitaire* [Rome: Presses de l'Université Grégorienne, 1970], 59–123); *Questions de théologie trinitaire*, 229–38; "Sur la propriété de l'Esprit, Questions disputées (I)," *Science et Esprit* 28 (1976): 243–64; "Sur la propriété de l'Esprit, Questions disputées (II)," *Science et Esprit* 29 (1977): 23–43; "L'Esprit Saint, 'Communion' du Père et du Fils (I)," *Science et Esprit* 29 (1977): 251–81; "L'Esprit Saint, 'Communion' du Père et du Fils (II)," *Science et Esprit* 30 (1978): 5–37; "Dans la communion de l'Esprit Saint: Étude théologique I," *Science et Esprit* 34 (1982): 31–56; "Dans la communion de l'Esprit Saint: Étude théologique II," *Science et Esprit* 34 (1982): 135–49; and "Dans la communion de l'Esprit Saint: Étude théologique III," *Science et Esprit* 34 (1982): 239–68.

17 보우라사는 페니도를 인용한 후 다음과 같이 안셀름과 리차드를 대조한다. "안셀름은 아우구스티누스 신학의 심리학 이론을 바탕으로 삼위일체신학을 확장한다. 아우구스티누스에게서 상호 사랑의 논제를 취한 리차드와 달리 그는 삼위일체신학을 심리학 이론으로 축소한다. 반면에 리차드는 심리학 이론을 배제하고 영의 속에 상호 친구의 역할을 할당하는 삼위일체신학을 전개한다"(*En fondant sa théologie trinitaire sur la théorie psychologique, saint Anselme prolonge la théologie augustinienne. Il s'en écarte dans la mesure où il réduit toute la théologie trinitaire à la théorie psychologique, à la différence de Richard, qui reprend la thèse augustinienne de l'amour mutual . . . en ce qu'il y ramène toute la théologie trinitaire a l'exclusion de la théorie psychologique . . . [et] en assignant comme propriété de l'Esprit le rôle d'ami commun*, "Le Saint-Esprit unité d'amour du Père et du Fils," 378, fn. 11).

말하면 보우라사는 페니도와 완전히 다른 관점을 가지고 있으며, 그의 주된 관심 또한 다른 형태의 이중 논증을 전개하는 데 있다.

하나는 아우구스티누스가 아퀴나스에게 미친 영향에 관한 것이고, 다른 하나는 아퀴나스가 성령의 위격에 관해 논의할 때 '상호 사랑'이란 개념을 어디에 위치시키고 있는가에 관한 것이다.

성령에 대한 아퀴나스의 설명 전반에 걸쳐 보우라사는 다양한 지점에서 아우구스티누스의 흔적을 확인하고 아퀴나스와 아우구스티누스 사이의 신학적 연속성을 강조하는 데 큰 관심을 기울였다. 이 과정에서 그는 아퀴나스 연구의 진입점으로 아우구스티누스의 상호 사랑(amor mutuus)의 개념을 사용하고, 또한 아우구스티누스의 저작들이 아퀴나스의 성령론과 삼위일체론의 발전에 미친 신학적 영향을 보여 준다.

물론 아퀴나스와 아우구스티누스를 연결하는 연구 방법은 보우라사에 국한되지 않는다. 그러나 보우라사의 연구 방법에는 주목할 만한 한 가지 측면이 있다. 사실 이것이 아퀴나스에 대한 그의 해석을 특별하게 만드는 것인데, 보우라사는 아퀴나스의 작업이 아우구스티누스를 언급하고 있다는 사실이 아니라 아퀴나스가 아우구스티누스를 언급하는 방식에 기반한 해석을 전개한다.

게다가 상호 사랑이라는 주제로 성령 연구를 주도한 보우라사는 아우구스티누스와 아퀴나스의 관계를 보다 명확하고 정확하게 묘사하고 있다. 그리고 그는 또한 아퀴나스가 아우구스티누스의 상호 사랑(amor mutuus)을 기반으로 구축하려고 했던 것이 결코 아우구스티누스가 한 일의 단순 복제가 아니었음을 보여 준다. 하지만 보우라사가 막상 성령의 교리와 사랑이신 성령을 기술할 때 취한 일반적인 절차는 아퀴나스가 일관되게 사용한 아우구스티누스의 글을 길게 인용하는 것이었다.

이 일반적인 절차의 좋은 예는 "Sur la propriété de l'Esprit"인데, 성령의 속성에 대한 아퀴나스의 이해를 총 4부로 구성한 이 연구의 1부에서만 보우라사는 총 스물 한 줄의 긴 인용문을 아우구스티누스의 『삼위일체론』에서—특히 성부와 성자의 "상호 사랑"인 성령의 교리와 그것이 교회에

미치는 영향을 기술한 6권과 15권에서—가져온다.[18]

그리고 "Sur la propriété de l'Esprit"의 나머지 부분에서도 계속해서 아퀴나스의 아우구스티누스 인용문을 가져오는데, 그가 이 긴 인용문을 가지고 궁극적으로 의도한 것은 중세 신학에서 아우구스티누스의 상호 사랑(amor mutuus)가 어떻게 발전되고 아퀴나스에 의해 종합되었는지에 대한 명확한 설명을 제공하는 것이었다.

보우라사는 아퀴나스의 설명이 학자마다 다른 방식으로 해석될 수 있음을 인정하면서도 다음과 같이 아퀴나스에 대한 독특한 해석을 제공한다. 먼저 그는 아퀴나스의 아우구스티누스적인 뿌리를 조명한다. 그 다음 '성령'과 '사랑'의 관계에 관한 세 가지 핵심 문제를 체계적인 방식으로 다룬다.

(1) 사랑의 발출(amor procedens)로서 성령
(2) 성부와 성자의 상호 사랑으로서 성령
(3) 성부와 성자의 친교 또는 상호 친밀성을 연결하는 고리(link)로서 성령[19]

그렇다면 보우라사의 독특한 해석은 이 세 가지 핵심 문제를 어떻게 다루고 있을까?

한 마디로 답하자면, 아우구스티누스에서 아퀴나스의 위치를 찾는 방식을 통해서라고 할 수 있다. 아퀴나스 학자라면 누구나 보우라사가 제안한 이 방식을 바탕으로 쉽게 성령신학을 실천할 수 있다.

---

18 "Sur la propriété de l'Esprit" (I), 243, 244. 인용문은 각각 De Trinitate, VI, 7 and XV, 37에서 가져온 것이다.
19 "Sur la propriété de l'Esprit" (I), 252. 위에 인용된 네 부분으로 구성된 일련의 기사는 다음과 같이 구성되어 있다. "Sur la propriété de l'Esprit: Questions disputées (I)," "Sur la propriété de l'Esprit: Questions disputées (II)," "L'Esprit Saint, 'Communion' du Père et du Fils (I)," and "L'Esprit Saint, 'Communion' du Père et du Fils (II)." 보우라사는 나중에 세 개의 기사를 더 추가하여 그가 친교의 개념에 강조점을 두고 있는 것을 추가로 설명한다. "Dans la communion de l'Esprit Saint: Étude théologique I–III."

그것도 합법적으로 정당하게!

다시 말해, 아우구스티누스는 아퀴나스 연구의 정당한 진입로이다. 특히, 아우구스티누스가 성령의 위격을 고려하기 위해 사용한 두 가지 유비, 즉

(1) 정신, 언어, 사랑의 심리학적 유비와
(2) 성령을 성부와 성자의 친교 또는 연합과 동일시하는 대인적 유비의 정당한 합법성 및 중요성은 아무리 강조해도 지나치지 않는다.[20]

하지만 여기서 보우라사는 아퀴나스의 상호 사랑에 대한 연구를 수행함에 있어서 어느 정도의 분별력이 필요하다고 지적한다. 즉, 더 나은 유비를 선택해야 하는데, 이 경우에 한해서는 후자(대인적 유비)를 선택해야 한다고 보우라사는 주장한다. (단, 이 분별의 작업이 결코 두 인물을 갈라놓는 요인이 되어서는 안 된다. 이미 말했듯이, 아퀴나스는 그가 물려받은 전통, 즉 히포의 주교가 심오하게 발전시킨 전통에 기초하여 가장 잘 이해되고 있기 때문이다.)

보우라사의 업적은 아우구스티누스가 아퀴나스에게 미친 큰 영향을 발견하는 것에 국한되지 않고, 수 세기 전에 아우구스티누스가 제안한 신학적 노선의 발전상(發展相)으로 아퀴나스의 신학을 해석하는 것까지 확장된다. 아퀴나스의 문필 생활에는 『명제집 주해』를 참조하든, 좀 더 이후에 쓰여진 『신학대전』이나 『요한복음 주해』을 참조하든, 일종의 아우구스티누스적인 노작(勞作)을 암시하는 수많은 텍스트가 담겨 있다.

다시 말해, 거기에는 다음과 같은 아우구스티누스적 상술이 존재한다. '사랑은 성령의 고유한 자아(*proprium*)이며, 이 사랑은 성자에 대한 성부의 특정한 관계를 암시한다. 따라서 성령은 참으로 이 사랑으로 특징 지워진

20　아우구스티누스는, 예를 들어, *De Trinitate*, XIV, 11(자기 자신을 기억하고 이해하고 사랑하는 정신에 관하여)과 VI, 7(아버지와 아들의 친교 또는 상호 사랑으로서의 성령에 관하여)에서 이러한 접근 방식을 사용한다.

관계, 즉 성부와 성자가 서로에 대하여 가지고 있는 상호 사랑이다.'[21]

사랑을 '삼위일체의 본질 그 자체이자 삶'으로 설명하는 동시에 '성령의 고유한 속성'으로 나타내는—이 '이중적' 식별의 어려움 외에, 아퀴나스는 (보우라사에 따르면) 아우구스티누스로부터 다음과 같이 제안된 해결책도 유업으로 받는다.

> 성 삼위 하나님의 세 위격 모두는 사랑이다. 사랑은 하나님의 실체 그 자체이다. 하지만 성부가 아버지의 사랑이고, 성자가 아들의 사랑인 것과 마찬가지로 성령은 참으로 성부와 성자의 상호 사랑이다(les trois Personnes sont amour car l'amour est la substance meme de Dieu, mais l'Esprit est proprement l'amour mutuel du Père et du Fils, de même que le Père est amour paternal, et le Fils amour filial).[22]

아퀴나스는 삼위일체신학의 원리에 대한 자신의 고유한 해명을 통해 성령에 대한 '이중적' 식별의 어려움을 해결하고자 한다. 아니, 보다 정확히 말하자면, 이미 아우구스티누스에 의해 제안된 해결책에 추가적인 제언을 덧붙인다. 사랑을 성령의 위격적 속성으로 해석한 보우라사의 독특한 공헌은 아퀴나스가 성령에 대한 '이중적' 식별의 어려움을 해결하고자 아우

---

[21] 예. 성령이 사랑(amor)이신 만큼, 성령은 성부와 성자의 유대(nexus)라고 한다. 성부가 자기 자신과 성자를 하나의 사랑으로 사랑하시고 성자가 성부를 하나의 사랑으로 사랑하시므로, 성령 안(importatur in Spiritu Sancto)에는 성부와 성자, 성자와 성부의 관계가 사랑받는 자에 대한 사랑하는 자의 관계(ut amantis ad amatum)처럼 사랑으로 표현되어 있다. 그러나 성부와 성자가 서로 사랑하기 때문에 이 상호 사랑, 곧 성령이 양쪽에서 나오는 것(발출)이 합당하다"(ST, I, q. 37, a. 1 ad 3). 이 구절에 대한 더 자세한 조사가 앞으로 이루어질 것이다.

[22] "Sur la propriété de l'Esprit" (II), 37. 참조. De Trinitate, XV, 37: "아버지께서 아들을 사랑하시고 아들이 아버지를 사랑하시는 사랑이 그 둘 사이에 형언할 수 없는 차이를 보인다면 두 사람(위격)에게 공통적인 사랑을 성령이라고 부르는 것보다 더 적절한 것이 어디 있겠습니까?"(Si charitas, qua Pater diligit Filium, et Patrem diligit Filius, ineffabiliter cummunionem demonstrat amborum, quid convenientius quam ut ille dicatur charitas proprie, qui Spiritus est communis ambobus?) 참조. 위의 책, VI, 7, 여기에서 아우구스티누스는 성령을 성부와 성자의 바로 그 친교로 묘사하며, 성령은 성부와 성자와 동일한 실체의 연합과 동등성을 가지고 있다고 확언한다.

구스티누스적으로 제안한 제언에 호소했다는 것이다. 실제로 보우라사는 아퀴나스에 의해 명시된 다음의 공리를 그대로 반복한다.

하나님 안에서의 구별은 기원적 관계에 따라 이루어진다. 성령은 성부와 성자로부터 발출해 나온 사랑이기 때문에, 성부와 성자에 대해 성령이 지닌 사랑의 고유성(*proprium*)은 신적인 선(善)에 대한 사랑으로 간주될 수도 있겠지만, 정확히는 아버지의 사랑과 아들의 사랑 간의 "만남"(*recontre*)의 관점에서 볼 수 있다. 그래서 성령은 성부와 성자 모두에게서 발출해 나온 상호 사랑이다.[23]

그 결과 보우라사는 성부와 성자 또는 성자와 성부의 관계 안에서 상호 사랑이신 성령을 성부와 성자의 '사랑의 친교'로 보며, '하나님은 사랑이시라'는 성경적 주장(요일 4:8, 16)을 "만남"(*recontre*)의 관점으로 해석한다.[24]

따라서 아우구스티누스가 뿌린 '상호 사랑'의 씨앗은, 어떤 면에서 보면, 아퀴나스의 세심한 양육을 받아 또 다른 결실을 맺었다고 표현될 수 있다. 물론 아우구스티누스가 아퀴나스의 성령신학의 기초적 원천이라는 주장은 새로운 것이 아니며 보우라사에 해당되는 것도 아니다. 그러나 확실히 그러한 주장은 보우라사의 신학적 성격을 두드러지게 하고, 아퀴나스를 아우구스티누스의 숙련된 해석자(더 정확히 말하면, 성령을 성부와 성자 사이의 사랑의 결속이란 관점에서 통찰한 아우구스티누스의 사상을 한층 더 진일보한 신학자)로 제시한다.

아우구스티누스와 아퀴나스에 대한 보우라사의 광범위한 연구는 또한 상호 사랑이 신학적으로 하찮은 것이 아니라 유익하고 어떤 면에서는 근본적인 개념으로 이해될 수 있음을 보여 준다. 예를 들어, 보우라사가 친교의 관점에서 아퀴나스의 성령론에 대해 쓴 여섯 개 이상의 논문을 고려해 보라.

그의 논문의 요점은 일반적으로 상호 사랑이 신학적으로 중요한 탐구 영역이라는 것이다. 그러나 (적어도 페니도의 관점에서) 더 주목할 가치가 있

23　"Sur la propriété de l'Esprit" (II), 37.
24　위의 책.

는 것은 보우라사가 상호 사랑의 개념을 아퀴나스의 성령신학의 출발점이자 중심으로 간주한다는 것이다.

> 성 토마스의 불변하고 확정적인 신학은 단순히 성부와 성자를 잇는 끈이 성령의 위격적 속성이라고 말하는 데서 그치지 않고, 이 위격적이고 대인적인 사랑의 속성의 향상을 성령으로 간주하는 데까지 나아간다 (*non seulement la théologie constante et définitive de saint Thomas recon- naît comme étant la propriété personnelle de l'Esprit-Saint d'être le lien d'unité du Père et du Fils, comme leur mutual Amour, mais le progrès même de cette théologie tend plutôt vers une mise en valeur de ce carac- tère personnel et interpersonnel de l'Amour qui est l'Esprit*).[25]

보우라사는 페니도와 대조적으로 상호 사랑의 이미지가 신학적으로 공허한 은유보다 더 큰 어떤 것임을 분명히 함으로써 성령의 위격과 사역에 대한 더 깊은 이해에 기여한다. 그뿐만 아니라 더 많은 상호 사랑 연구를 지속 가능하게 만드는 데에도 기여한다. 그러므로 누구든지 보우라사의 관점을 디딤돌로 삼은 자는 적어도 두 가지 측면에서 성령과 사랑에 대한 연구를 수행할 수 있다.

(1) 성 삼위일체 하나님 '안'에서 사랑이신 성령의 위격적이고 대인적인 속성에 관하여
(2) 세상 '안'에서 하나님과 인간 사이의 연합의 근거로 역사하시는 성 삼위일체 하나님의 사랑이신 성령에 관하여[26]

---

25 "Le Saint-Esprit unité d'amour du Père et du Fils," 382.
26 전자에 대해서는 "Le Saint-Esprit unité d'amour du Père et du Fils"를 보라. 후자에 대해서는 "Dans la communion de l'Esprit Saint: Étude théologique III"을 보라.

이 두 가지 유망한 측면 중에서 필자는 후자에 특히 관심이 있다. 따라서 다음 섹션에서는 후자의 측면을 더 자세히 분석하고 비판적으로 다룰 것이다. 그러나 더 진행하기에 앞서 보우라사의 해석에 대한 필자의 입장을 확실히 해 둘 필요가 있다. 이미 소개한 바와 같이 보우라사의 해석은 아퀴나스의 성령신학의 복잡하고 미묘한 변화를 적절하게 포착하지 못한다는 단점이 있지만, 다음 세 가지 주제가 후기 아퀴나스의 원본 텍스트에서 지지되는 위치나 방식을 구체적으로 보여 주는 장점도 있다.

(1) 아퀴나스의 성숙한 사상에서 상호 사랑의 위치
(2) 아우구스티누스의 영향력과 아퀴나스가 자신의 성령신학을 구성할 때 아우구스티누스를 기반으로 한 방식
(3) 위격적 관계로서 사랑과 상호 사랑으로서 성령 사이의 연결성

따라서 아퀴나스에게 상호 사랑이 중요한 역할을 한다는 보우라사의 주장에는 어느 정도의 신빙성이 있다. 하지만 상호 사랑을 옹호하는 임무는 어떤 경우에도(심지어 보우라사라도) 어느 한쪽으로 치우쳐서는 안된다. 이는 아퀴나스의 상호 사랑이 한 번도 단독으로 다루어진 적이 없고, 특히 『신학대전』에 있어서는 개념적으로 더 큰 주제(예. 사랑이신 성령의 발출)와 연결되어 있기 때문이다. 그러므로 아퀴나스에 대한 보우라사의 해석은 항상 신중한 접근과 비판적 수용이 요구된다.

2. 『신학대전』 안에서 살펴본 상호 사랑

페니도와 보우라사. 이 두 신학자의 해석은 상호 사랑과 관련하여 아퀴나스를 재평가하고 서로 다른 두 입장 사이의 간극을 읽어 보도록 초대한다. 페니도의 해석에 따르면, 상호 사랑의 주제는 사실상 불필요하다. 이에 반해 보우라사의 해석은 상호 사랑이 아퀴나스의 사상에 중심이 되는

주제라고 말한다.

그러나 거기에는 충분히 세 번째 대안, 즉 아퀴나스 안에서 상호 사랑이란 주제의 진정한 의미를 (페니도의 해석에 반대하여) 확인하는 한편, 그것을 (보우라사의 해석에 반대하여) 적절한 성령론적 위치에—그리고 성령의 내적 발출(사랑)의 본질을 밝히려는 일련의 더 큰 주제 가운데 한 부분으로—올려놓는 대안이 있을 수 있다. 물론 그 대안이 저 두 가지 해석에 배타적일 필요는 없다.

다시 말해, 페니도와 보우라사의 상호 사랑에 대한 논점 중 정당한 점은 긍정적으로 생각되어야 한다. 한마디로 이들보다 균형 잡힌 시각이 필요하다. 일찍이 토렐과 에머리는 이 균형 잡힌 시각의 필요성을 지적하고 그 시각의 주요 측면을 간략하게 설명한 바 있다.[27] 그러므로 필자는 토렐과 에머리의 설명에 따라—『신학대전』을 참조하여—상호 사랑에 대한 새로운 관점과 대안을 제시하고자 한다.

아퀴나스의 상호 사랑에 관련해 페니도와 보우라사가 제안한 해석은 적어도 다음과 같은 점에서 유익하고 건설적일 수 있다. 즉, 이 개념이 사소하고 궁극적으로는 불필요한 은유를 나타내는 것은 아니란 점에서, 이 개념이 아퀴나스의 아우구스티누스적인 관점의 모든 것을 상술하는 것은 아니란 점에서, 그리고 무엇보다 이 개념이 『신학대전』에서—그러니까 아퀴나스의 성숙한 사상에서—시간 순서상 앞선 어떤 것, 즉 '위격적 사랑'이란 관념을 신학적으로 보충하고 해설한다는 점에서, 이들의 해석을 활용하면 나름의 이점이 있을 수 있다. 하지만 이러한 상호 보완적 해석도 앞선 두 해석들과 마찬가지로 나름의 입증이 필요하다.

그러므로 필자는 사랑에 대한 아퀴나스의 상세한 설명, 특히 상호 사랑으로서 성령에 주목하고 아퀴나스의 저작『신학대전』을 직접 검토하여

---

27 Torrell, *Saint Thomas Aquinas*, vol. 2: *Spiritual Master*, 183-88; Gilles Emery, OP, *The Trinitarian Theology of Saint Thomas Aquinas*, trans. Francesca Aran Murphy (Oxford: Oxford University Press, 2007), 233-45.

토렐과 에머리의 두 가지 대안적 해석이 아퀴나스적 진위성(정통성)을 뒷받침할 수 있는 여부를 확인할 것이다.

『신학대전』의 상호 사랑에 대한 설명은 아퀴나스의 자료 제시에 내재된 신학적 논리를 보여 준다. 또한, 그 설명은 아퀴나스를 해석하는 학자들 사이의 논쟁점을 식별하는 역할을 한다. 그러나 무엇보다 『신학대전』은 성령에 대한 질문, 특히 성령의 위격에 대한 아퀴나스의 성숙한 생각을 서술하고 있다. 따라서 이 원문을 직접 검토하는 작업은 필자가 앞서 지적한 문제에 적합한 주의를 기울일 수 있도록 해 준다.

상호 사랑(*amor mutuus*)은 『신학대전』 제1권 1부의 제37문 2항의 주된 논지로 사용된다. 하지만 그 주제(*amor mutuus*)는 바로 앞선 문항 1에서 이미 논의되었다. 물론 어떤 이는 제37문 1항의 주된 논지가 '위격적 사랑'에 있는 것으로 볼 수 있지만, 그 안에 담긴 '위격적 사랑'에 대한 아퀴나스의 설명이 다음 항의 분석을 예견하고 준비하는 역할에 국한되어 있다는 점에서 '위격적 사랑'은 그 자체로 중심이나 목적이 되지 않고 '상호 사랑'으로 이어진다.

실제로 제37문 1항의 반론 3에서 아퀴나스의 논의는 '위격적 사랑'에서 '상호 사랑'으로 이동한다. 특히, 위-디오니우스의 견해를 소개하는 지점에서 그는 사랑의 합일하는 능력, 곧 '사랑은 연인 사이의 끈(bond)'이라는 의미의 상호 사랑을 소개한다.[28] 그런데 여기서 주의해야 할 사항이 하나 있다. 자고로 '끈'의 사전적 정의(定義)는 '발출하는 어떤 분(위격)'이 아니라 '결합하는 어떤 것(사물)'을 의미한다. 말 그대로 하나를 다른 것과 묶는 '매개체'이다(*medium inter ea quae connectit*).[29] 하지만 아퀴나스에게 성령은 (위에서 언급한 바와 같이) 성부와 성자에게서 나온 '분'이다.[30]

---

28 참조. Pseudo-Dionysius, *De divinis nominibus* 4, 15.
29 *ST*, I, q. 37, a. 1 obj. 3.
30 위의 책, I, q. 36, a. 2.

따라서 제37문 1항의 반론 3의 설명은—적어도 언뜻 보기에는—문제가 있는 것처럼 보인다.

어떻게 성령이 '분'이 아니라 '것'이 될 수 있는가?

사랑의 '끈'이 어떤 사물이나 매개체라면, 성부와 성자 사이의 사랑의 '끈'인 성령을 인격체(위격)로 설명하기가 어려워진다.

참으로 성령이 성부와 성자를 하나되게 하시는 '분'으로 발출해 나오셨다면, 어떻게 그것을 '끈'이라는 말로 확증할 수 있겠는가?[31]

아퀴나스는 이 사전적 정의(定義)에서 생겨난 '끈', 좀 더 정확히 말하면 '상호 사랑'이라는 문제에 대해 '기원'과 '관계'라는 두 가지 관점에서 대응한다. 성령이 '상호 사랑'이신 한, 그분은 성부와 성자 사이의 '끈'이라고 불린다.[32] 이미 앞서 아퀴나스가 지적한 것처럼, 성령은 상호 사랑이다. 아니 정확히 말해서 성령은 발출하는 사랑이다.[33]

하지만 '기원'의 관점에서 볼 때, 성령은 성부와 성자 사이의 '끈'도 아니고, '매개체'도 아니다. 단지 하나님 내부(안)에서 의지의 작용에 따라 사랑으로 발출해 나온 위격, 곧 '위격 안에 있는 사랑'이다.

이것이 의미하는 바는, 아퀴나스에 따르면, 성령의 위격이 특별한 방식을 통해 하나님(성부)의 하나님 자신(성자)에 대한 '상호 사랑'과 동일하다는 것이다. 그러므로 성령에 대해 아퀴나스는 다음과 같이 말해야 한다고 결론한다. 성령의 고유한 자아가 상호 사랑(proprium)이기 때문에 성부와 성자 사이의 관계, 즉 '사랑하는 자'(lover)와 '사랑받는 자'(beloved) 사이의 관계로 설명하는 것이 가능하다.[34]

---

31 위의 책, I, q. 37, a. 1 obj. 3.
32 "성령은 사랑인 한에 성부와 성자의 끈이라고 한다"(위의 책, I, q. 37, a. 2 ad 3).
33 다시, 아퀴나스는 『신학대전』에서 사랑을 위격적으로 취할 때 그것이 성령의 고유한 이름이라고 설명한다. "'사랑'이 발출하는 사랑으로 인식되는 한에 하나님에 있어 사랑은 위격의 명칭이다"(위의 책, I, q. 37, a. 1c).
34 "성부는 한 애정으로 자신과 성자를 사랑하며 그 역도 성립되기 때문에 사랑으로서 성령 안에는 사랑하는 자의 사랑받는 자와의 관계로서 성부의 성자와의 관계가 내포되며 그 역의 관계도 내포된다"(위의 책, I, q. 37, a. 1 ad 3).

그러나 '관계'의 관점에서 볼 때 성령은 두 위격 사이의 '끈'이며, 이 '끈'은 바로 두 위격에서 발출해 나오는 한 위격이다.[35] 성부와 성자로부터 성령이 발출해 나온 근거는 성부와 성자 사이의 상호 사랑에서 찾을 수 있으며, 성령이 바로 이 상호 사랑이라는 특별한 의미에서 찾을 수 있다.

그러므로 아퀴나스는 다음과 같이 추론한다. '성부가 자기 자신을 사랑하시는 사랑'과 '성부와 성자의 상호 사랑'은 동일한 사랑이다. 이 동일한 사랑은 성부와 성자에 대한 기원적 관계에 따라 위격 안의 사랑이신 성령과 동일하다.

다시 말해, 성부와 성자를 결합하는 사랑은 '관계'를 의미하는 반면, 위격 안의 사랑은 '발출'을 의미한다. 그리고 성령은 '끈'이 아니라 '위격'으로 기원하지만, '위격이신 성령'은 사랑이므로 성부와 성자 사이의 '끈'으로 역할하신다. 그러므로 '기원'의 관점에서, 성령은 어떤 끈이나 매개체를 시사하는 사랑이 아니라 하나님의 위격 안에 있는 사랑이다. 그리고 '관계'의 관점에서, 성령은 상호 사랑이며, 성부와 성자를 그들의 완전하고 영원한 사랑의 친교 안에서 연합하는 매개체(medium)이다.[36]

분명 이러한 추론 방식은—실제로 아퀴나스 자신이 그렇게 여기는 것처럼—제37문 1항의 반론 3에서 야기된 문제를 해결할 수 있다. 하지만 그 의미가 아퀴나스를 해석하는 학자들에게 충분히 명확하게 전달되지는 않은 것 같다. 한 예로 필자는 캐서린 오스본(Catherine Osborne)의 "The nexus amoris in Augustine's Trinity"를 떠올려 볼 수 있는데, 거기서 오스본은 아퀴나스가 단지 자기 모순적인 결론에 빠졌다고 주장한다.

> 성령은 결합(nexus)이면서, 결합(nexus)이 아니다.[37]

---

35 "성부와 성자는 서로를 사랑한다는 바로 그것으로 인해 상호적인 사랑인 성령은 이 양자로부터 발출하는 것을 필요로 한다"(위의 책).
36 위의 책.
37 Catherine Osborne, "The nexus amoris in Augustine's Trinity," *Studia Patristica* 22 (1987): 309-14, 특히 310. 여기에서 오스본은 아우구스티누스에 대한 아퀴나스의 설명, 특히 『신학대전』 제1권 1부의 제37문 1항의 반대 3에 대한 반론을 참조한다.

대체 아퀴나스가 무엇을 말하려고 한 것일까?
아퀴나스는 자신의 논증에 실패한 것일까?
아니면 양쪽 모두를 다 가질 수 있다고 생각한 것일까?

아퀴나스의 답변은 충분히 미묘하다. 단순히 불분명해서가 아니라, 그의 애매모호한 진술에도 불구하고 그 답변이 양쪽 모두를 가질 수 있는 것처럼 해석될 수 있기 때문이다. 자 그럼, 다시 저 '기원'과 '관계'의 두 가지 관점으로 돌아가서 더 깊이 파헤쳐 보자. 그러면 어떻게 그러한 겸유(兼有)가 가능한지를 파악하는 해석학적 단서가 생길 수 있을 것이다. 앞서 언급했듯이 아퀴나스는 성령을 '기원'과 '관계'라는 두 가지 관점에서 구별하여 이해한다.

성령에 대한 이러한 이중적 관점이 옳다면 "성령은 결합(nexus)이면서, 결합(nexus)이 아니다"는 오스본의 비판에 약간의 수정이 필요하다고 할 수 있지만, 어느 정도는 맞다고 할 수 있다.[38] 아무튼 문제 해결의 핵심은 결국 '읽기'에 달려 있다. 아퀴나스, 특히 '기원-관계' 관점을 건설적으로 병치(倂置)하는 읽기는 현재 당면한 오스본의 딜레마를 해결할 해법을 제공할 수 있다.

아퀴나스에 따르면, '기원'의 관점에서 성령은 성부와 성자를 연합하는 "매개체"가 아니라, 삼위일체의 제3위격이다. 반면, '관계'의 관점에서 성령은 성부와 성자 사이의 '끈'이며, 이는 성부와 성자 모두로부터 발출해 나온다.[39]

그런데 앞서 아퀴나스를 비판한 오스본은 삼위일체 안에 있는 사랑에 관한 아퀴나스의 이 같은 이중적 관점을 관찰하고, 이를 토대로 아퀴나스가 저 발출의 관념에 특전을 부여한다고 지적한다.[40] 하지만 이는 사실이 아니다. 아퀴나스의 『신학대전』 제1권 1부의 삼위일체 논고(제27-43문)는

---

38 위의 책.

39 "기원에 근거하여 … 성령은 중간자 즉 매개자가 아니고 삼위일체 안에 셋째 위격이다. 그러나 지금 말한 관계[즉 성부와 성자 사이의 관계]에 한에서 성령은 양자로부터 발출하는 양자의 중간적 끈 즉 매개적 끈이다"(ST, I, q. 37, a. 1 ad 3).

40 Osborne, "The *nexus amoris* in Augustine's Trinity," 314.

'관계'가 결코 아퀴나스에 의해 무시된 주제가 아니란 것을 보여 준다. 그것은 도리어 발출의 주제와 상당한 관련이 있는 주제다. 예를 들어, 제28문에서 아퀴나스는 하나님 내부(안)에 있는 관계가 하나님 안에서 영원히 샘솟는 발출에 관련해서만 이해될 수 있다고 분명히 밝힌다.[41]

사실 이러한 이유 때문에, 그의 제40문 논증—성 삼위 하나님의 세 위격들은 그들의 관계에 의해 구별된다—은 다시금 발출의 관념을 가리킨다.[42] 더욱이 아퀴나스는 자신의 삼위일체 논고가 다루고 있는 주제들의 순서가 제27문에서 제시된 개념(발출)에 기초하여 확립되도록 허용한다.[43]

그러므로 '기원'과 '관계'의 관점이 분리되지 않고 나란히 읽혀지는 한, 성령에 대한 아퀴나스의 해석은 일관성이 있는 것으로 보인다. 성령을 사랑으로 발출해 나온 위격이다. 그분은 '끈'으로 구별된 '것'이 아니고, '기원'과 '관계'에 따라 성부와 성자에 대해 '위격'으로 구별된 '분'이다.

따라서 아퀴나스의 성령은 오스본이 비판한 것만큼 자기 모순적이지는 않지만 어떤 의미에서는 아버지와 아들 사이의 결합(nexus)으로 명명되고 다른 의미에서는 결합(nexus)으로 명명되지 않는다.[44]

결국, 제37문 1항을 참조하는 것만으로도 독자들은 이미 아퀴나스가 성령의 고유한 자아(*proprium*)로서의 사랑을 설명하는 데 다음 세 가지 중요한 원칙을 어떻게 연관시키는지 어느 정도 이해할 수 있다.

(1) 발출하는 사랑으로서 성령
(2) 위격적 사랑 또는 위격 안에 있는 사랑으로서 성령
(3) 상호 사랑으로서 성령

41　"하나님의 내재적 관계는 그런 행위들, 즉 외부에서가 아니라 하나님 안에 있는 내부에서 발생하는 행위(발출)들에 관련해서만 이해될 수 있다"(*ST*, I, q. 28, a. 4c).
42　위의 책, I, q. 40, a. 2; 참조. a. 1 위격과 같은 존재인 관계에 대하여.
43　여기에서 아퀴나스는 '지성을 통한 말씀'과 '의지를 통한 사랑'이라는 하나님의 두 가지 발출을 설명한다(위의 책, I, q. 27, esp. aa. 3 and 5).
44　위의 책, I, q. 37, a. 1 ad 3.

하지만 이러한 세 가지 원칙들 간의 상호 연결이 아퀴나스의 사상에서 더욱 분명하게 나타나는 자리는 (앞서 말한) 다음 항, 곧 제37문 2항이다.

제37문 2항에서 아퀴나스는 먼저 성부와 성자가 성령으로 서로 사랑하는지를 고찰한다. 그리고 이어서 성부와 성자가 성령에 의해 정확히 어떻게 사랑하는지를 고려한다. 그 다음 이러한 이중적인 고려를 바탕으로 '상호 사랑'(amor mutuus)을 더 깊이 파고든다. 여기서 주목해야 할 것은 아퀴나스의 논증의 순서다.

그 이유는 아퀴나스가 애초부터 우려한 탈격(奪格. '…에서부터', '…에 의해'의 뜻을 나타내는 격 형식)절의 존재 때문이다. 문법적으로 탈격절은 하나의 원인을 나타낸다. 그러나 이 경우에 탈격절을 그대로 받아들인다면 성령이 아버지와 아들의 사랑의 원리, 원인이심을 의미하게 된다(principium diligendi et Patri et Filio).[45] 성령이 삼위일체 하나님의 내적인 사랑의 원리라고 칭하는 것은 적절치 않다.

만일 성령이 성자에 대한 성부의 사랑을 일으키는 원인이라면, 사랑의 기초는 성부가 아닌 다른 위격에서 발견될 것이고, 이로 인해 성부는 삼위일체 하나님의 내적인 사랑의 참된 근원이 아니게 될 것이다.[46] 결국, 탈격절의 존재로 제기된 우려는 다섯 가지 해석 방식을 낳게 되었고, 아퀴나스는 자신의 입장을 정리하는 과정에서 이들을 차례로 다음과 같이 요약/정리했다.[47]

우선 아퀴나스가 인용한 첫 번째 방식부터 보자. 이 방식은 탈격절에 의한 문제에 대해 부정적인 답변을 제시하면서, 성부와 성자가 성령으로 말미암아 서로 사랑하게 되는 것은 아니라고 결론한다.

---

45 위의 책, I, q. 37, a. 2c.
46 참조. *In I Sent.*, d. 32, q. 1, aa. 1-2.
47 아퀴나스는 의미의 미묘한 차이를 구별하는 데 힘썼다. 따라서 아퀴나스가 인용한 접근 방식과 자신의 접근 방식으로 삼은 입장 사이의 뉘앙스를 주목하는 것이 필요하다. 하지만 여기서의 주된 목적은 단순히 아퀴나스를 요약하는 것이 아니라, 아퀴나스가 상호 사랑의 개념에서 찾은 의미를 정확히 파악하고 그 의미를 건설적으로 평가하는 것이다.

첫째 방식을 옹호하는 일부 사람들은 아우구스티누스가 성령에 대한 상호 사랑의 원칙을 암묵적으로 배제하고,[48] 성부가 탈격적으로 나신(begotten) 지혜로 말미암아 지혜로운 분이 아니란 논거를 사실로 확립했다고 말한다.[49]

둘째 방식은 성부와 성자가 성령으로 말미암아 서로 사랑하게 된다는 명제가 부정확한 것이라고 간주하면서 일종의 수정을 요청한다. 즉, 성부가 성자를, 그리고 성자가 성자를 사랑하도록 작용하는 힘이 상호 사랑이신 성령이 아니라 본질적 사랑이라고 주장한다. 그러므로 이러한 논리에 따르면, 성부는 성령으로 성자를 사랑할 때 성령 그 자체가 아니라 성령에 합당한 본질적 사랑(amore essentiali)으로 성자를 사랑한다.[50]

셋째 방식은 탈격을 일종의 기호로 해석한다. 이 해석에 따르면, 성령은 성부가 성자를 사랑하신다는 기호로 이해되며, 성령은 사랑으로 성부와 성자 모두에게서 발출해 나온다.[51]

넷째 방식은 아퀴나스에 의해 다음과 같이 묘사된다. 탈격적 구조는 어떠한 '형상적 원인'(형상인, formal cause)을 나타낸다. 이 주장은 성령을 사랑에 동일시하되, 성부와 성자가 서로 간에 형상적으로 사랑하는 그 사랑에 동일시한다. 다시 말해, 이 네 번째 방식으로 해석된 탈격은 성령을 성부와 성자의 상호 사랑의 형식이나 "행동을 위한 자원"과 같다고, 성부 안에서 성부가 성자를 사랑하게 만드는 어떤 것의 원리와 같다고 말한다.[52]

다섯째 방식은 탈격의 문제를 '형상적 원인'(formal cause)이 아니라 '형상적 결과'(formal effect)를 의미하는 것으로 해석한다. 이러한 해석으로 성부와 성자가 성령에 의해 서로 사랑한다는 원리는 성령이 상호 사랑의 원인

---

48 이 입장을 지지하는 한 사람은 푸아티에의 피터(Peter of Poitiers, *I Sent.*, 21)이다.
49 *De Trinitate*, VII, 1–3; *Retractiones*, I, 29 를 보라.
50 예. Pseudo-Alexander of Hales, *Summa theologica*, II, 460.
51 예. Simon of Tournai, *I Sent.*, n. 45.
52 예. William of Auxerre, *Summa aurea*, I, 8, 7. T. C. 오브라이언(O'Brien)은 형식(form)을 "행동을 위한 자원"(resource for action)으로 정의한다(*Summa Theologiae*, vol. 7: Father, Son and Holy Ghost [1a. 33–43], trans. T. C. O'Brien [London: Blackfriars, 1976] 86, n. e.).

이 아니라 상호 사랑의 형상적 결과라는 것을 의미한다.[53]

이 마지막 방식은—아퀴나스에 따르면—다른 네 가지 방식보다 더 진리에 가깝다. 그럼에도 불구하고 이 마지막 방식의 탈격절에서 언급한 형식적 결과의 관계가 넷째 방식과 어떻게 다른 것인지, 그리고 아퀴나스가 이 마지막 방식의 해석을 통해 말하고자 하는 바가 정확히 무엇인지에 대한 질문은 여전히 남아 있다.[54]

이 문제를 풀기 위해서는 아퀴나스의 설명을 좀 더 자세히 살펴볼 필요가 있다. 총 다섯 가지 방식으로 구분한 해석에서 아퀴나스는 마지막 방식의 해석으로 탈격절의 딜레마를 다룰 것을 제안한다. 그런데 이 제안을 자세히 살펴보면, 아퀴나스가 두 가지 중요한 구분에 기초하고 있음을 알 수 있다.

첫째 구분은 '형상적 원인'과 '형상적 결과' 사이에 있고,
둘째 구분은 '본질적 사랑'과 '관념적 사랑' 사이에 있다.

이 두 가지 구분을 차례로 설명하고 자신의 제안에 힘을 실어 주기 위해 아퀴나스는 다음과 같은 예시를 든다. 흰 것은 흼(白)에서, 인간은 인간성에서 이름 붙여지는 것과 같이 사물들은 일반적으로 그 형상들에 이름 붙여지기 때문에 사물이 그것에서 이름 붙여지는 모든 것은 그런 한에 형상의 관계를 갖는다.

내가 만일 다음과 같이 말한다면 즉 "그는 옷을 입고 있다"라고 한다면 이때 탈격은 형상이 아니라, 형상인의 관계에서 찾을 수 있다. 좀 더 구체적으로 말하면, "그는 옷을 입고 있다"라는 구절에서 옷은 주체 내부(안)에 있지 않다. 옷은 단지 주체와 '접촉'하고 있을 뿐이다. 따라서 옷은 형

53　예. Bonaventure, *I Sent.*, d. 32, q. 1, a. 2.
54　*ST*, I, q. 37, a. 2c.

상이 아니다.[55] 그럼에도 불구하고 이 구절에서의 탈격은 옷이 형상이기 때문이 아니라 '그가 입고 있는 옷에 의해 옷을 입고 있다'는 사실 때문에, 즉 형상인의 관계 때문에 사용된다. 그리고 이러한 점에서 탈격은 형상적 원인을 의미한다고 할 수 있다.[56]

탈격은 원인을 나타내는 데 사용될 수 있지만 반드시 그런 것은 아니다. 그러나 앞서 아퀴나스가 소개한 다섯 가지 방식 중 첫 번째 방식의 탈격 해석을 옹호한 자들은 이 점을 간과하여 다음과 같이 잘못된 결론을 내린다. 성부와 성자는 성령에 의해 서로 사랑하지 않는다.

참으로 탈격은 인과적으로만 해석되어야 할까?

아니, 그렇지 않다. 탈격이 반드시 원인을 나타내는 것은 아니다. 아퀴나스에 따르면, 어떤 것은 그것이 발출하는 것에 의해 이름 붙여지게 되는데 "그것의 행위라는 것 즉 작용하는 것이 그 작용으로 말미암아 이름 붙여지는 경우뿐만 아니라 작용의 종극(終極) 자체로 말미암아서도 이름 붙여지는 경우가 있다. 이런 종극(終極)은 결과이다. 그리고 이런 종극(終極)은 결과 자체가 작용의 발상(관념) 안에 내포될 때 그런 것이다"(*non solum sicut agens actione, sed etiam sicut ipso termino actionis, qui est effectus, quando ipse effectus in intellectu actionis includitur*).

사실 우리는 "불은 덥게 하는 작용으로 덥게 한다"라고 한다. 이 경우 덥게 하는 작용은 불의 형상인 열이 아니고 불에서 발출하는 작용이다. 또 우리는 "나무는 꽃들로 말미암아 꽃핀다"라고 한다. 이 경우 꽃은 나무의 형상이 아니라 결과를 나타내는 것이지만, 나무의 개화 작용(원인)이 꽃 자체(결과)를 내포하고 있다는 점에서 나무는 개화 작용(원인)을 통해서만 꽃을 피우지 않고 그 작용의 종극인 꽃(결과)을 통해서도 꽃을 피운다고 할 수 있다. 그러므로, 아퀴나스에 따르면, 성부가 성령으로 말미암아 성

---

55 여기에서 아퀴나스는 아리스토텔레스적 범주를 말하는데, 그중 하나는 "(옷을 입는 것과 같이) 소유하는 것"이며, 이는 주체 내의 어떤 것이 아니라, 주체와 접촉하는 어떤 것을 의미한다. Aristotle, *Categories*, 4 and 15를 보라. 그런 의미에서 옷이 형식이 아니라는 사실은 논점이 아니며, 이는 단지 형식적 원인과 관련이 있는 탈격의 한 예를 제시한 것에 불과하다.

56 *ST*, I, q. 37, a. 2c.

자를 사랑하신다고 할 때의 탈격과 관련된 문제를 해결하는 길은 행위에 특정한 효과를 내포하는 형상적 결과의 용법에서 비롯된다.[57]

그렇다면 첫 번째 구분('형상적 원인'과 '형상적 결과')에 대한 위의 아퀴나스 통찰은 무엇을 의미하는가?

이를 논술하기 위해 아퀴나스는 앞서 언급한 두 번째 구분('본질적 사랑'과 '관념적 사랑')을 들어 다음과 같이 설명한다. 동사(verb)로서의 사랑은 하나님의 내재적 삶과 관련하여 두 가지 근본적인 의미를 지닌다.

첫째, 그것은 아버지와 아들이 신적인 본질로 말미암아 서로 사랑한다는 것을 의미한다. 비록 성령이 다른 의미(관념적)에서 여전히 사랑이기는 하지만, 아퀴나스는 하나님의 내재적 삶과 관련된 동사(verb)로서의 사랑이 신성(Godhead)의 위격들을 결합시키는 공통의 신적 본질에 있는 한 그것을 본질적인 사랑으로 이해한다.

이러한 이해로부터 위에서 인용한 처음 네 가지 방식은 논리적으로 진행되는데, 성부께서 성자를 그들의 본질로 사랑하시므로 성령에게 귀속된 본질적 사랑에 의해 성자를 사랑하신다는 두 번째 방식을 예로 드는 것이 당연하기 때문이다.[58]

둘째, 하나님의 내재적 삶과 관련된 사랑의 동사적 의미는 관념적 사랑이며, 이는 의지의 작용에 따라 하나님 내부(안)에서 산출되는 성령의 발출과 같이 사랑을 뿜어내는 행위를 나타낸다. 이런 행위는 "생명적인 어떤 움직임과 충동이고, 이는 어떤 사람이 사랑에 의해 어떤 것을 행하려고 움직여지고 충동하는 것과 같은 것"이기 때문에, "영발"이라고 이름 지을 수 있다.[59]

---

57 위의 책.
58 위의 책.
59 출생(generation)이 아닌 하나님의 내적 발출(procession)은 특별한 명칭이 없고, 단지 어떤 대상을 향한 운동과 충동에 따른 성령의 발출(*ST*, I, q. 27, a. 4 ad 3)이기 때문에 영발(spiration)이라고 불린다(위의 책, I, q. 27, a. 4c).

누가 말한다는 것이 말을 산출하고 꽃핀다는 것이 꽃들을 산출하는 것처럼, 사랑한다(verb)는 것도 사랑을 산출한다. 나무가 꽃을 피우는 행위가 그 행위에서 산출되는 꽃에 의해 일어나는 것처럼, 사랑하는 행위도 그 행위 안에 산출된 사랑에 의해 일어난다. 그런데 이 경우의 종극(終極)은 꽃과 사랑이란 결과 자체가 꽃을 피우거나 사랑하는 작용의 발상 또는 관념 안에 이미 내포되어 있다.

정리하면 하나님의 내재적 삶과 관련된 관념적 의미의 사랑은 사랑을 산출하는 것을 의미하며, 따라서 하나님 자신의 신적인 선(善)에 대해 하나님이 갖고 계신 사랑의 행위(작용)는 그 행위(작용)의 관념에 내포된 특정한 결과(효과)를 산출한다.

마침내 아퀴나스의 논리에 담긴 성령론적 의미가 독자들에게 더 분명해진다. 그토록 엄밀한 논증 과정을 거친 그가 이제 후로 성령을 이 행위, 이 사랑의 작용에 의해 생성된 결과(효과)로 설명하기 때문이다. 아퀴나스에 따르면, 하나님은 하나님 자신의 신적인 선(善)을 사랑하시며, 하나님 자신의 신적인 선(善)을 사랑하는 그 사랑으로 성령을 발출하신다.

성부는 이렇게 발출해 나온 성령에 의해 자기 자신과 성자를 사랑하시고, 성자는 성부를 사랑하신다. 이런 점에서 아퀴나스의 성령은 정확히 하나님 자신의 신적인 선(善)에 대한 사랑으로서, 위격 안에서, 성부와 성자를 결합하는 끈이다.

> 성령은 사랑인 한에 성부와 성자의 끈이라고 한다. 그 이유는 성부는 한 애정으로 자신과 성자를 사랑하며 그 역도 성립되기 때문에 사랑으로서 성령 안에는 사랑하는 자의 사랑받는 자와의 관계로 성부의 성자와의 관계가 내포되며 그 역의 관계도 내포된다.[60]

---

60 위의 책, I, q. 38, a. 1 ad 3.

물론 이 설명은 아퀴나스가 상호 사랑과 관련해 위격적 사랑을 논의한 제37문 1항에서 이미 확립된 원칙과 동일하다. 그러나 이 두 번째 항의 논의가 상호 사랑의 개념을 보다 강화된 차원에서 다룬다는 점에서―특히 하나님의 내재적 삶과 관련된 관념적 의미의 사랑이 '어떤 결과 그 자체를 내포한 행위(작용)의 발상'으로 부연(敷衍)된다는 점에서―두 항 사이에는 극명한 차이가 있으며, 이 차이는 이제부터 아퀴나스의 성령신학을 한층 더 발전시킨다.[61]

관념적 의미에서 보면, 하나님이 자기 자신을 사랑하시는 행위는 그 사랑의 행위가 산출한 '분,' 곧 하나님 내부(안)에서 사랑으로 발출해 나온 (그래서 그 자체로 성부와 성자의 상호 사랑이신) 성령의 위격에 의해 일어난다. 그런데 이 사랑이 '일어난다'는 사실은 소위 '영발'이란 사랑을 산출하는 것이기도 하다.

결국, 말한다는 것이 결국 말을 산출하고, 꽃핀다는 것이 결국 꽃을 산출한다는 얘기나 마찬가지다. 그래서 아퀴나스 또한 피조물에서 신으로 향하는 유비를 통해 이 신적인 사랑의 결과(효과)를 내포한 행위(작용)를 저 말하는 행위와 꽃피는 행위에 관련시킨다. 나무는 꽃들로 말미암아 꽃핀다고 하는 것과 같이 성부는 말씀 혹은 성자로 말미암아 자기 자신과 피조물을 말한다고 한다(Pater dicens Verbo vel Filio se et creaturam).

이와 마찬가지로, 성부도 성자도 성령 혹은 발출하는 사랑으로 말미암아 서로를 또 우리를 사랑한다고 한다(Pater et Filius dicuntur diligentes Spiritu Sancto vel Amore procedente et se et nos).[62] 결국, 상호 사랑의 개념에서 탈격에 관한 아퀴나스의 문제 해결 방식을 보면, 우리는 그 방식이 두 번째 구분('본질적 사랑'과 '관념적 사랑')과 긴밀한 연결 속에서―특히 관념적 의미의

---

61 "어떤 것은 그것이 발출하는 것에 의해 이름 붙여지게 되는데 그것의 행위라는 것 즉 작용하는 것이 그 작용으로 말미암아 이름 붙여지는 경우뿐만이 아니라 작용의 종극(終極) 자체로 말미암아서도 이름 붙여지는 경우가 있다. 이런 종극(終極)은 결과이다. 그리고 이런 종극(終極)은 결과 자체가 작용의 관념 안에 내포될 때 그런 것이다"(위의 책, I, q. 37, a. 2c).

62 위의 책.

사랑에 초점을 두고—구성된다는 것을 알 수 있다.

아퀴나스의 상호 사랑(amor mutuus)이 성부와 성자의 상호 사랑에 대한 담론으로 이어진다는 것은 사실상 너무나 당연한 수순이지만, 아퀴나스는 이 당연한 수순 외에 또 다른 담론을 자신의 논의 속으로 가지고 들어온다. 그것은 바로 성부가 성령에 의해 자기 자신이나 성자뿐만 아니라, '우리'도 사랑하신다는 것이다. 그런데 이 같은 논의는 어딘가 모르게 의아한 구석이 있다.

지금껏 전개된 논의를 보면 정말 그렇다는 것을 우리는 쉽게 알 수 있다. 그의 상호 사랑이란 개념은 대체로 삼위일체 하나님의 '내적'(ad intra)인 사랑을 설명한다. 따라서 하나님의 '외적'(ad extra)인 사랑에 관한 논의가 거기에 낄 구석은 거의 없어 보인다. 그뿐만 아니라, 저 확장된 논의에는 잠재적인 위험도 도사리고 있다.

하나님의 내적인 삶을 구성하는 사랑은 완전하고, 무한하며, 영원하다. 한데 이 완전하고 무한하며 영원한 사랑은 그 안에 우리—창조되고 유한한 존재—가 은혜로 말미암아 참여할 수 있게 되었다는 것과 사실상 전혀 다른 별개의 문제다. 이 둘을 혼동하는 것은 심각한 위험을 초래한다.

그리고 이러한 위험의 수준을 감안할 때, 지금 이 문제는 매우 신중하게 다뤄질 필요가 있다. 하지만 아퀴나스는 자신의 반론 3에서 "성부와 성자는 성령으로 혹은 발출하는 사랑으로 말미암아 서로를 또 우리를 사랑한다"는 논지를 별다른 논증 없이 개진하면서,[63] 상호 사랑에 대한 자신의 연구에 암시된, 하나님의 '내적'(ad intra)인 사랑에서 하나님의 (피조물을 향한) '외적'(ad extra)인 사랑으로의 중요한 전환을 보여 준다.

그렇다면 이 같은 전환은 어떻게 아퀴나스 안에서 설명되고 또 정당화될 수 있을까?

일단 분명한 것은, 아퀴나스가 아주 기본적인 수준에서 "성부와 성자는 성령으로 혹은 발출하는 사랑으로 말미암아 서로를 또 **우리를** 사랑한다"는

---

63   위의 책, I, q. 37, a. 3c.

논지를 다루고 있다는 것이다. 실제로 그는 '피조물에 대한 하나님의 사랑'을, 아주 기본적인 수준에서, 단지 '성부가 성자를 성령으로 혹은 발출하는 사랑으로 말미암아 사랑한다'는—주장에 대한 일종의 반론으로 제시한다.

그러나 그 반론이란 것도 실은 보충적인 성격이 강하다. 왜냐하면, 아퀴나스에게 '하나님의 내적(ad intra)인 사랑'은 자명한 원칙이고, 이 원칙 하에서—바꿔 말하면, '피조물에 대한 하나님의 사랑'이 '상호 사랑으로서 성령'의 의미를 밝히는 일에 유용한 차원에 한하여—아퀴나스가 '하나님의 외적(ad extra)인 사랑'을 언급하고 있기 때문이다. 결국, 저 문제의 소지가 될 만한 전환을 설명하고 정당화시키는 아퀴나스의 방식은 이미 세워진 원칙 안에 머무는 것 정도로 밖에 보이지 않는다.

허나 독자들이 아퀴나스를 좀 더 깊이 읽으면, 이 뻔한 방식 외에 다른 무엇이 또 의도되고 있음을 발견할 수 있게 된다. 좀 더 정확히 말하면, 하나님의 '외적'(ad extra)인 사랑에 대한 그의 추가적인 언급은 그가 나중에 더 명시적으로 확립한 중대한 연결 한 가지를 예시(豫示)하는데, 이 때 예시된 '중대한 연결 한 가지'란 아퀴나스의 교리적 신학에서 결코 떠나지 않은 주제, 즉 하나님의 사랑에 담긴 구원론적인 함의를 일컫는다 (참고로 하나님의 사랑에 대한 아퀴나스의 구원론적 함의는 다음 장의 주요 주제이다).

실제로 『신학대전』의 삼위일체 논고에서 성령의 문제를 다루고 있는 하위 문항들을 살펴보면, 아퀴나스가 자신의 구원론과 교리적 신학을 어떻게 연결하고 있는지를 알 수 있는데, 이를 통해 궁극적으로 도달할 수 있는 결론은 다음과 같다.

아퀴나스 안에서 하나님의 '외적'(ad extra)인 사랑으로의 전환을 신학적으로 설명하고 정당화시킬 수 있는 방법은 하나님 자신의 신적인 선(善)을 사랑하는 그 사랑으로 발출해 나온 삼위 하나님의 세 번째 위격, 곧 성령 하나님께 달려 있다.[64]

---

64 위의 책, I, q. 37, a. 2 ad 3.

'하나님은 아버지께서 자신과 아들을 사랑하시는 것과 같은 사랑으로 피조물을 사랑하십니다'는 주장은 우선 다음과 같은 질문을 일으킨다.

> 아퀴나스는 어떻게 '성령'과 '하나님의 외적(ad extra)인 사랑'을 연결시켰는가?

어떤 사람들은 부정적인 어조로 이 질문을 제기할 수 있지만, 위에서 논의한 예들은 이것이 반드시 그런 것은 아님을 보여 준다. 게다가 이 둘을 연결한 아퀴나스의 내적 논리를 이해하는 데 필요한 질문도 결국 같은 질문에서 시작된다.

그렇다면 아퀴나스는 어떻게, 정확히 어떻게 '성령'과 '하나님의 외적(ad extra)인 사랑'을 연결하고 있을까?

일단 아퀴나스의 논의가 이뤄지는 순서부터 따라가 보자. 우선 아퀴나스의 성령과 사랑에 관한 논의에서 '구별'은 매우 중요한 주제이다. 따라서 창조주와 피조물 사이의 구별을 가장 먼저 그는 확증한다. 그러나 이러한 구별 외에도 아퀴나스는 한 가지 주제를 더 확증한다. 이 또 한가지 확증된 주제는 '참여', 곧 은혜로 말미암아 가능하게 된 인간의 천상 참여이다.

앞서 논의한 것처럼 사랑이 본질적인 의미로 받아들여질 때, 우리는 성부와 성자가 그들의 신적인 본질에 기초하여 서로를 사랑한다고 말해야 한다.[65] 그리고 이러한 의미에서의 사랑은 오직 하나님 안에서, 오직 하나님께 고유한 것이 맞다고 말해야 한다. 왜냐하면, 창조주 하나님과 본질적으로 '구별'된 인간 피조물은 삼위일체 하나님의 세 위격과 동등한 위치에서, 동등한 방식으로, 신적인 본질을 "소유"할 수 없기 때문이다.

그러나 하나님은 그리스도 예수 안에서 그분의 신적인 삶을 우리에게 은혜롭게 열어 주셨다.

---

65 하나님 안에 있는 사랑을 본질적으로 이해할 때, 그것은 "성부와 성자가 성령으로가 아니라 그들의 본질로 서로 사랑한다"는 것을 의미한다 (위의 책, I, q. 37, a. 2c).

예수가 누구인가?
인간의 참 목적인 하나님께로 우리를 인도한 길이 아닌가?
바로 그렇다!

하나님은 인간이 참여할 수 있는 길(예수 그리스도)을 우리에게 주셨다. 성령의 내주하심을 통해, 그리스도와 연합하여, 하나님의 삶(생명)과 사랑에 참여할 수 있도록, 그리고 어떤 의미에서 보면, 하나님을 "소유"할 수 있도록 허락하셨다. 결국, 정리하면 아퀴나스의 '성령-사랑' 연결은 이 '구별'과 '참여'의 논지에 따라 제37문에서 펼쳐지고 있는 셈이다. 하지만 이 논의는 여기서 끝나지 않고, 아퀴나스의 '성령-사랑' 연결의 통합적이고 체계적인 측면이 더 자세히 상술하는 제 38문에서 계속된다.[66]

제38문에서 아퀴나스의 주된 관심사는 사랑에 대한 관념적 이해를 통해 '참여'의 신비에 적합한 어휘를 제공하는 것이다(참고로 제38문에서 시작된 어휘의 제공은 성령의 파견[missiones]과 참여에 관한 아퀴나스의 건설적 통찰이 엿보이는 제43문에서 다시 이어진다). 사실 관념적 사랑에 대한 설명은 필자가 이미 논의한 바와 같이 제37문의 1항과 2항에서 어느 정도 이루어졌다.

잠시 복기해 보면, 아퀴나스는 먼저 관념적 사랑에 대한 개념을 명확히 하는 것으로부터 시작하여,[67] 하나님의 내재적 삶과 사랑을 이해하기 위한 관념적 의미의 사랑을 탐구하는 것으로 넘어간 뒤,[68] 피조물에 대한 하나님의 사랑을 확증하는 것으로 자신의 논의를 마무리한다.[69]

그런데 이렇게 마무리된 논의가 다시금 제38문에서 이어진다. 다만 거기에 차이가 있다면, '피조물에 대한 하나님의 사랑'이란 주제가 제38문과 43문으로 넘어와서 성령의 '은사'(gift)에 대한 연구로 이어질 뿐만 아니라, 다음과 같이 길고 상세한 추론을 이끌어 내기 위한 발전된다는 것에 있다.

---

66 위의 책, I, q. 38, a. 1c.
67 위의 책, I, q. 37, a. 2 obj. 1 and ad 1.
68 위의 책, I, q. 37, a. 2 obj. 2 and ad 2.
69 위의 책, I, q. 37, a. 2 obj. 3 and ad 3.

하나님은 아버지와 아들이 서로 사랑하는 것과 동일한 사랑—곧 성령의 위격—으로 자기 백성을 사랑하신다. 그러므로 우리를 향한 하나님의 사랑은 아버지가 아들에 대해 갖고 계신 바로 그 사랑이다. 그래서 우리는 각각 말씀(Word)과 사랑(Love)으로 영원히 발출하는 성자와 성령의 현세적 파견(missions)을 통해 하나님 자신의 삶으로 인도된다. 이것이 바로 신앙생활의 '구별'과 '참여'의 핵심이며, 이는 『신학대전』에서뿐만 아니라 다른 저서에서 아퀴나스의 상호 사랑(amor mutuus)을 심화하는 데 기여한다.

하나님이 우리를 사랑하실 때 아버지께서 아들을 사랑하신 것과 같은 사랑으로 우리를 사랑하신다는 것은 무엇을 의미할까?

짐작건대, 아마도 그것은 우리가 이제 그리스도와 같이 될 수 있게 되었다는 것을 의미할 것이다. 아들 안에서 양자가 되고 양녀가 된 하나님의 자녀로서 우리는 이제 우리 안에 사시는 그리스도를 통하여 그리스도의 형상을 본받게 되었다. 하나님의 사랑을 받는 자처럼 우리도 성자를 통하여 성령 안에서 아버지의 사랑을 받아 마침내 하나님의 내적 삶과 사랑에 참여할 수 있게 된 것이다.[70]

그렇다면 아퀴나스의 관점에서 이러한 참여의 근거는 무엇일까?

확신 건대 그 근거는 성령께서 우리 맘에 부어 주시는 신적인 사랑일 것이다. 실제로 아퀴나스는 로마서 5:5에 대한 주석에서 '성령이신 사랑'과 '우리에게 주시는 성령' 사이의 관계를 다음과 같이 논한다.

> 성부와 성자의 사랑이신 성령이 우리에게 주어진 것은 우리로 하여금 성령이신 사랑에 참여하도록 하기 위함이다. 이 참여로 우리는 하나님을 사랑하는 자들이 된다.[71]

70　하나님의 양자됨과 그리스도의 형상에 대한 순응 사이의 상호 관계에 대한 더 자세한 논의는, 예를 들어, 그리스도에 상응하는 입양에 대한 아퀴나스의 논의를 보라(위의 책, III, q. 23).

71　*In Epistolam ad Romanos*, 5, lect. 1, n. 392; 여기서부터는 *Ad Rom*으로 각주에 표기한다.

이 구절에서 아퀴나스가 논의한 것처럼 사랑이신 성령의 구원론적 파급 효과는 심오하다. 그것은 삼위일체론과 구원론 사이의 상호 연결성을 보여 주며, 아퀴나스(그리고 아퀴나스 연구자)가 삼위일체 자체에 대한 탐구에서 그리스도인 삶에 대한 실천적 탐구로(또는 그 반대로) 큰 어려움 없이 이동할 수 있도록 한다. 그러므로 아퀴나스는 『신학대전』에서 다음과 같은 순서로 성령론을 전개했다고 요약할 수 있다.

첫 번째 단계로 성령을 위격적 사랑으로 설명하고(1단계),
두 번째 단계로 상호 사랑인 성령에 대한 이해를 발전시킨다(2단계).

그러나 이 두 단계를 단순한 연대순이 아니라 내용과 내적 논리로 보면 훨씬 더 많은 것을 얻을 수 있다. 사실, 이 장이 지금까지 아퀴나스의 성령론적 담론의 내용과 내적 논리를 검토함으로써 얻은 것은 결코 단순하지 않다. 여기에는 후기 아퀴나스의 성숙한 성령론에 대한 심층 읽기에서 얻은 몇 가지 자세한 정보가 포함되어 있으며, 그중 가장 대표적인 것은 아퀴나스의 성령론을 해석하는 두 가지 대표적인 방식(페니도와 보우라사)의 공헌과 한계를 식별하면서 보다 효과적이고 균형 잡힌 해석을 제안한 것이라고 할 수 있다.

첫 번째(페니도) 해석에는 확실히 장점이 있다. 그러나 상호 사랑(*amor mutuus*)이 사소하고 궁극적으로 불필요한 것으로 여겨진다면 문제가 생길 수밖에 없다. 우선 페니도나 그의 해석에 동의하는 이들의 강점이라면 그들의 지적이 어느 정도 맞다는 것이다. 사실 성부와 성자를 하나되게 하는 사랑으로 성령을 해석하는 것은 중기 아퀴나스 사상과 후기 아퀴나스 사상에서 주요 관심사로 등장하지 않는다. 반면에 아퀴나스의 초기 저작, 특히 『명제집 주해』에 관한 논의를 살펴보면 상호 사랑이라는 주제가 매우 중요한 위치를 차지하고 있음을 알 수 있다.[72]

---

72 예. In *I Sent.*, d. 10, q. 1, a. 3. 여기에서 아퀴나스는 영을 영존(자존)하는 사랑의 행위와

하지만 아퀴나스의 견해는 시간이 지남에 따라 바뀌었고 점차 성령의 신비를 소개하는 또 다른 설명이 전면에 나타났다. 성령은 신적인 본질에 대한 사랑, 즉 하나님이 자신의 선함을 사랑하는 사랑이다.

이런 식으로 볼 때, 상호 사랑은 더 이상 성령에 대한 아퀴나스의 탐구에서 출발점이 아니다. 비록 상호 사랑이 사랑의 관념적 행위(영발)를 역설해 줄 수 있을지라도, 성령 그 자체인 위격적 사랑의 수준을 전부 관통하여 보여 줄 순 없다. 적어도 성령의 위격에 적절한 더 나은 설명, 더 나은 대안이 필요하다.

따라서 그는 새로운 출발점을 취한다. 하나님 내부(안)에 있는 사랑이 본질적(또는 위격적)으로 받아들여질 수 있다는 것을 시인하는 것으로부터 시작하여, 성령을 위격 안에 있는 사랑으로 설명하는 해석으로 나아간다. 사실 이 새로운 출발점 이야말로 후기 아퀴나스의 성령론이 『신학대전』에서 정확히 고려하고 있는 핵심이다.[73]

연관시킨다. "사랑은 언제나 사랑받는 자와 함께 하는 사랑하는 자의 선한 기쁨(*complacentiam*)을 전제로 한다고 말해야 한다. 그러나 누군가가 다른 누군가에게서 기쁨을 얻을 때마다, 그는 자기 자신을 타자에게로 옮기고 가능한 한 많이 그 타자에 자기 자신을 결합하여 그 타자가 자기 자신의 것이 될 수 있도록 한다. 그리고 이런 이유로 사랑은 사랑하는 자와 사랑받는 자를 하나로 묶는 이성(*rationem*)이 있다. 성령은 사랑으로 발출해 나온다. 그래서 성령은 이 사랑으로 발출해 나오는 방식에서 자신을 성부와 성자의 합일로 가진다. 성령과 달리 성부와 성자에게는 다음의 두 가지 중 하나가 고려된다. 성부와 성자가 본질적으로 함께 나오고 따라서 본질적으로 연합되어 있다거나, 아니면 성부와 성자가 위격적으로 구별되고 따라서 사랑의 조화(*per consonantiam amoris*)로 결합된다. 하지만 성부와 성자가 본질적으로 하나가 아니라는 것이 불가능하다고 전제해야 하기 때문에, 그들의 선하고 완전한 기쁨은 그들 사이에 존재하는 사랑의 연합이라고 인정할 필요가 있다." 그러나 사랑이신 성령에 대한 이러한 설명은 상대적으로 불충분하다. 왜냐하면, 관념적 사랑의 행위와 위격적 사랑의 행위를 나란히 병치시키는 것은 후자를 모호하게 만들 뿐 아니라 그것에 대한 더 심오한 논의 전개도 불가능하게 만들기 때문이다. 성령의 위격에 대한 보다 완전한 이해는 위격적 사랑에 대한 『신학대전』의 보다 직접적인 고찰을 통해 얻을 수 있다. 여기서 상호 사랑은 첫 번째 단계가 아닌 두 번째 단계에서 시작되지만, 여전히 성령의 고유한 자아(*proprium*)로서의 사랑에 대한 전반적인 연구에 귀중한 기여를 한다.

73 참조. *ST*, I, q. 37, a. 1. 여기서 아퀴나스는 다음과 같이 말함으로써 논의를 시작한다. "하나님에 있어 사랑이란 명칭(*est proprium nomen Spiritus Sancti*)은 본질적으로도 위격적으로도 사용될 수 있다. 그것은 마치 말씀이 성자의 명칭인 것과 같다."

벌써 말한 바와 같이, 성령은 단지 지속적인 사랑의 행위가 아니다. 성령은 성부와 성자가 서로 사랑하는 작용도 아니다. 성령은 신적인 선(善)에 대한 사랑으로 발출해 나온 분이시며 위격 안에 있는 사랑이다. 다시 말해, 성령은 단순히 행위나 작용, 또는 "그것"이 아니다. 성령은 삼위 하나님의 위격이다. 더 정확히 말하면, 성령은 하나님 내부(안)에서 사랑으로 샘솟는 위격체이다.

물론 기본적으로 아퀴나스가 성령에 대해 확증한 원칙이 있다. 성령의 참된 위격성. 이것이 그의 성령신학의 기본 원칙이다. 따라서 아퀴나스가 『명제집 주해』와 『신학대전』을 저술한 시기 어간에 자신의 생각을 바꿨단 페니도의 주장은 전혀 사실이 될 수 없다. 이는 토렐의 말을 고려하면 더욱 그렇다. 상호 사랑의 개념은 "사랑의 '관념적' 행위—즉 성부와 성자에 의한 성령의 영발(spiriation)—를 사랑의 '위격적' 행위—즉 성부와 성자 사이에서 성령 그 자체이신 상호 사랑—에 중첩하는 단점을 가지고 있다."[74]

따라서 아퀴나스의 생각은 변한 것이라기보다는 되려 명확해진 것이라고 볼 수 있다. 계속해서 토렐은 또한 성령의 내적 발출에 대해 다음과 같이 설명한다. 성령을 성부와 성자를 결합하는 끈으로 표현하는 것은 "성령의 기원에 대한 문제를 일으킨다. 왜냐하면, 하나님 안에서 발출하시는 위격(성령)을 파악하는 것은 성부와 성자에 대한 기원의 관계를 통해서이기 때문이다."[75] 아퀴나스 자신의 말을 보더라도 토렐의 설명은 정당하다.

> 하나님이 자신을 인식하는 데에서 인식된 것의 어떤 지성적 개념 즉 그분의 말씀(Word)이 산출되는 것처럼, 하나님이 자신을 사랑하는 데에서 사랑받는 것의 어떤 각인 즉 그분의 영(Spirit)이 산출된다.[76]

---

74 Torrell, *Saint Thomas Aquinas*, vol. 2: *Spiritual Master*, 184.
75 위의 책, 185.
76 이것은 *ST*, I, q. 37, a. 1c에 명시된 원칙의 신학적 적용이다. "어떤 사람이 어떤 사물을 인식하는 데에서 인식하는 자 안에 인식된 사물의 어떤 지성적 개념, 즉 말이라고 하는 지성적 개념이 생겨나는 것처럼 어떤 사람이 어떤 사물을 사랑하는 데에서 사랑하는 자의 느낌 안에 말하자면 사랑받는 것의 어떤 각인이 발생한다. 이런 각인에 의해

더 나아가 하나님이 자신의 본질을 사랑하시는 행위, 즉 자신을 하나님처럼 사랑하는 행위를 통해, 아퀴나스는 사랑받는 자가 사랑하는 자 안에서 발견되는 하나님의 사랑하는 각인의 존재를 인식한다.[77] 따라서 인간 이해력의 한계와 어휘의 빈곤으로 말미암아 하나님의 내재적 삶이 어느 정도 신비에 가려져 있지만, 아퀴나스는 계속해서 이 신비에 가려진 것, 즉 성령의 내적 발출을 신적인 본질에 대한 하나님의 사랑의 행위에 의해 하나님 내부(안)에서—나무가 꽃들로 말미암아 꽃핀다는 것과 유사한 방식으로—산출된 내적 용어(각인 혹은 애정)의 관점으로 포착한다.[78] 따라서 성령의 내적 발출을 설명하려는 시도는 결국 아퀴나스가 멈추거나 철회한 것이 아니라 계속해서 지향한 것이고, 이는 사랑이신 성령에 대한 그의 후기 성찰에서 지속적으로 나타난다.

『신학대전』의 제37문 외에도 성령의 내적 발출을 다룬 여러 문항은 아퀴나스의 설명에서 상호 사랑의 자리를 유지/보존하는 특정한 내적 논리를 보여 준다. 다시 말하지만, 제37문 1항의 전체 논의의 초점은 '성령의 고유한 명칭이 사랑인가'라는 질문에 있다. 하지만 이 같은 초점이 『신학

사랑받는 것이 사랑하는 자 안에 있다고 한다. 이것은 인식하는 것이 인식하는 자 안에 있다고 하는 것과 같은 것이다. 이렇게 어떤 사람이 자기 자신을 인식하거나 사랑할 때 그는 사물의 동일성에 의해 자기 자신 안에 있을 뿐만 아니라 또한 인식되는 것이 인식하는 자 안에 있는 것과도 같이 또 사랑받는 것이 사랑하는 자 안에 있는 것과도 같이 자기 자신 안에 있는 것이다."

[77] 다시, "어떤 사람이 어떤 사물을 사랑하는 데에서 사랑하는 자의 느낌 안에 말하자면 사랑받는 것의 어떤 각인(*provenit quaedam impressio*)이 발생한다. 이런 각인에 의해 사랑받는 것이 사랑하는 자 안에 있다고 한다. 이것은 인식하는 것이 인식하는 자 안에 있다고 하는 것과 같은 것이다"(위의 책). 참조. "하나님 안에서의 발출은 외부로 향하는 활동에 의한 것이 아니고 작용자 자체 안에 머무는 활동에 의한 것 이외의 다른 것이 아니다. 그런데 이런 작용에는 지성적 본성에 있어서 지성의 작용과 의지의 작용이 있다. 말씀의 발출은 지성적 작용에 따라서이다. 그런데 우리 안에 또 다른 발출이 발견된다. 그것은 사랑의 발출인데 이 발출에 의해 사랑을 받는 자는 사랑하는 자 안에 존재한다. 이것은 마치 말의 회임(懷妊)에 의해 말해지거나 인식되어 있는 사물이 인식하는 자 안에 있는 것과 같은 것이다. 따라서 하나님 안에는 말씀의 발출 이외에도 사랑의 발출인 다른 발출이 주어진다"(위의 책, I, q. 27, a. 3c).

[78] 위의 책, I, q. 37, a. 2c.

대전』에서 상호 사랑(*amor mutuus*)의 부재를 의미하는 것은 아니다. 실제로 그는 제1항의 반론 3에서 상호 사랑을 사용하여 성령의 위격에 관한 문제에 답한다.

하지만, 그럼에도 불구하고, 성부와 성자가 성령을 통하여 서로 사랑 하느냐에 대한 진지한 질문은 훨씬 이후의 문항에서 드러날 뿐 아니라 더 복잡한 차원의 논의 속으로 통합된다. 더욱이 성령의 위격적 신비를 다룬 『신학대전』의 여러 후속 문항에서 '상호 사랑'은 주변으로 밀려났고, '하나님의 자신의 신적인 선(善)에 대한 사랑'은 중심에 섰다. 결국, 이 때문에 페니도와 같은 첫 번째 해석학파가 등장하게 되었고, 아퀴나스가 『명제집 주해』에서 『신학대전』으로 옮겨가면서 생각을 바꾸었다는 잘못된 결론이 나왔다.

(페니도로 대표되는) 첫 번째 해석은 '상호 사랑'의 기능과 관련하여 다소간 어폐(語弊)가 있다. 페니도의 논의 방식을 보면, 그는 우선 안셀름과 성 빅토르의 리차드를 서로 대립시킨다. 이어서 페니도는 그가 안셰름의 것이라고 밝힌 '본질주의적' 지향성을 지나치게 강조하는 한편, '상호 사랑'이란 주제는 그가 신랄하게 비판한 리차드에 연관시킨다.

결과적으로 이러한 방식의 논의는 페니도로 하여금 아퀴나스의 상호 사랑을 과소 평가하게 만든다. 물론 시간이 지남에 따라 더 명확하게 드러난 것은 아퀴나스의 초점 이동이었다. 그는 점점 더 하나님 자신의 신적인 본질에 대한 사랑에 관심을 보인다.

그리고 성령을 사랑으로 탐구하는 데 있어서도 상호 사랑보다 본질적 사랑이 갖는 의미에 귀를 기울인다. 게다가 이 '상호 사랑'이란 용어 자체가 아퀴나스의 저작에서 들쑥날쑥한다. 『대이교도대전』에서는 빠지고, 『신학대전』에서는 다시—하지만 뉘앙스는 다르게—등장한다. 결국, 일이 이렇다 보니, 페니도가 제시한 종류의 해석에 무게가 실릴 때가 종종 있다. 한 마디로, 사실은 사실이다. 하지만, '상호 사랑'이란 주제가 성 빅토르의 리차드에 의해 잘못 전파된 전통이라거나 혹은 이렇게 잘못 전파된 전통의 무의미한 잔재에 불과하단 페니조의 가정에는 몇 가지 이유에서 의심할 여지가 있다.

첫째, '상호 사랑'이란 용어는 『대이교도대전』에서 빠져 있다. 그러나 우리가 이 용어상의 단순 부재만을 가지고, 그것이 아퀴나스의 사상적 변화를 보여 주는 명백한 신호라고 말할 순 없다. 아마도 에머리는 이 점을 잘 지적한 몇 안되는 신학자일 것이다. 에머리의 주장에 따르면, 아퀴나스의 침묵은 '작품의 장르'와 '삼위일체에 관한 논문의 특정 구조'에 의해 충분히 설명될 수 있다(참고로 『대이교도대전』의 문체는 『신학대전』보다 더 간결하다).

게다가 『대이교도대전』에서 아퀴나스는 "은사"라는 용어의 의미를 정의하지도 않은 채, 성령의 은사에 대한 개념을 최소한으로만 논의한다(참고로 이 책에서 '은사'로 번역된 용어는 말 그대로 '은혜의 선물'을 의미한다).

그러나 이 은사 개념은 『신학대전』에서 매우 분명하게, 심지어 아퀴나스가 제38문 1항과 2항의 논의 전부를 할애할 만큼 매우 중요하게 다뤄진다.[79] 결국, 요점은 『대이교도대전』이 특정 개념에 대해 거의 언급하지 않았다는 단순한 사실이 반드시 그것을 아퀴나스의 논의에서 고려할 가치가 없는 것으로 만들거나 아퀴나스가 다른 곳에서 다룬 논쟁과 연관이 없는 것으로 되게 하지 않는다는 것이다.[80]

과연 '상호 사랑'이 아퀴나스의 사상에서 사라진 것일까?

정녕 페니도의 주장처럼 쓸모없는 개념으로 전락한 것일까?

이 첫 번째 해석학파의 주장은 앞선 첫 번째 이유보다 더 중요한 두 번째 이유에서 비판적으로 점검될 필요가 있다.

둘째, 아퀴나스 자신은 이 개념에 대해 뭐라고 말하고 있는가?

이 장의 전반부에서 필자가 제공한 『신학대전』의 설명에 따르면, 아퀴나스가 성령을 사랑이라고 해명할 때, 그는 저 '상호 사랑'이란 개념이 자신의 사상에서 (절대적이진 않더라도) 여전히 중요한 역할을 한다는 것을 보여 주었다. 우선은 성부와 성자가 성령에 의해 서로 사랑하는 것이 사실인지, 그 다음에는 정확히 어떻게 저 두 위격이 서로 사랑하는 지를 고찰하

---

79   위의 책, I, q. 38.
80   Emery, *The Trinitarian Theology of Saint Thomas Aquinas*, 235.

면서 (제37문 2항), 아퀴나스는 자신의 구원론적 성령론에서 '상호 사랑'의 위치가 어디에 있고, 기능은 무엇이며, 우리가 하나님의 '외적'(ad extra)인 사랑을 이해하는 데 있어서 어떤 함의를 제공하는지에 대해 밝힌다.

게다가 이 두 개념, 즉 하나님 안에 있는 사랑의 '관념'적 개념과 '관계'적 개념은 아퀴나스가 자신의 구원론적 성령론을 보다 심화하는 곳에서도 여전히 상호 사랑의 중요성을 강조하고 있다는 사실을 보여 준다.

이미 어느 정도 살펴본 것도 있지만, 이 두 가지 개념―'관념'과 '관계'―은 사실상 페니도로 대표되는 첫 번째 학파와 다른 해석을 할 것을 제안한다. 그리고 아퀴나스가 성령을 상호 사랑과 동일시한 것이 그의 성령에 관한 해설에 있어서 사소한 어떤 것이 아니라 실제적으로 기여한 어떤 것이란 점을 더 가까이에서 조명한다.

첫째, 아퀴나스는 하나님이 자신의 고유한 선(善)을 사랑하시고, 이 고유한 자신의 선(善)을 사랑하시는 그 사랑으로 하나님 내부(인)에서 신적인 위격이신 성령을 발출하신다고 보았다. 그리고 이 (내적으로 발출된) 성령을 사랑에 결합시키면서, 그는 하나님 내부(안)에 있는 사랑에 대한 언어적 용례가 단순히 '본질적'으로뿐만 아니라 '관념적'으로도 취해질 수 있다고 설명하였다.

이 같은 그의 이중(병치)적 설명은 아퀴나스가 "사랑한다"(to love)란 관념적 용어에 대해(특히 그 용어가 하나님에게 적용될 때 나타난 의미에 대해) 더 깊이 숙고할 수 있도록 했고, 이러한 숙고는 아퀴나스의 저 유명한 '나무 유비'로 이어졌다. 꽃의 산출("나무는 꽃들로 말미암아 꽃핀다")은 하나님 내부(안)에서 일어난 사랑의 산출(성령은 성부와 성자에 의해, 성부와 성자의 상호 사랑으로 말미암아 영발된다)과 유비적으로 동일하다.[81]

---

81   *ST*, I, q. 37, a. 2c. 아퀴나스는 두 번째 반대 및 답변에서 이 성령론적 원리에 대해 자세히 설명한다.

둘째, 성령은 사랑이시기 때문에, '성부의 성자에 대한 관계'와 '성자의 성부에 대한 관계'가 성령 안에서 표현된다. 즉, '사랑하는 자'와 '사랑받는 자' 사이의 어떠한 관계가 성령이다. 이런 의미에서 성령은 또한 끈이다. 두 위격 사이의 끈이며, 두 위격 모두에서 발출해 나온 끈. 이 끈이 성령이다.[82] 더욱이 "사랑하다"(to love)가 '관념적'으로 이해될 때, 그것은 '신적인 위격의 산출(성령의 영발)'일 뿐만 아니라, '사랑에 따라 산출된 위격(사랑받는 대상과의 관계를 자신의 산출과 실재 안에 함축하고 계신 성령 그분 자신)'이기도 하다.[83]

그럼 성령이 사랑에 따라 산출된다는 것은 정확히 어떤 의미인가? 아니 정확히 어디에서 성령이 산출된다는 말인가?

아퀴나스의 관점에서 말하자면, 성령은 '하나님의 하나님 자신에 대한 사랑의 행위에서' 산출된다. 그런데 이 행위는 하나의 특정 관계(그리고 결과)를 그 안에 함축하고 있다. 왜냐하면, 성부가 성자를 사랑하실 때 성령(발출하는 위격)을 통해 사랑하시기 때문이다.[84] 어쨌든 그의 이 같은 요지는 다음 두 가지 논의를 심화한다.

하나는 관념적 의미의 사랑, 곧 사랑(의지)에 따라 산출된 위격에 관한 논의이고, 다른 하나는 이렇게 산출된 위격을 의미하는 (관념적) 사랑이 사랑받는 것(대상)에 상응하여 갖는 관계에 관한 논의다.

---

82 사랑하는 자와 사랑받는 자의 관계인 성부와 성자의 상호 관계와 관련하여 성령은 "양자로부터 발출하는 양자의 중간적 끈 즉 매개적 끈이다"(위의 책, I, q. 37, a. 1 ad 3).
83 "성부는 성령으로 말미암아 성자만을 사랑하는 것이 아니라 자기 자신도, 우리도 성령으로 말미암아 사랑한다. 그 이유는 벌써 말한 바와 같이 [i.e., in I, q. 37, a. 1c] '사랑한다'(to love)는 것(diligere)은 특징적으로 취해지는 한 다만 하나님 위격의 산출을 내포할 뿐만 아니라 또한 사랑의 양태를 통해 산출되는 위격도 내포하며 이런 사랑은 사랑받는 것과의 관계를 갖기 때문이다"(위의 책, I, q. 37, a. 2 ad 3).
84 "'사랑한다'(diligere)는 것은 관념적으로 취해지는 한에서 사랑을 산출하는 것이다. 그러므로 '성부는 성자를 발출하는 위격으로서의 성령으로 말미암아 사랑한다'고 할 수 있으며 또 '관념적인 사랑으로서의 사랑하는 작용 자체로서 사랑한다'"(위의 책, I, q. 37, a. 2 ad 2).

사실 이러한 전개 과정 전체가 너무나 자명해 보일 수 있다. 특히, 전자(사랑에 관한 관념적 의미)에 해당한 논의는 더욱 그렇다. 하지만 이 후자에 해당한 논의(관계)는, 두 가지 방식으로 설명될 수 있다는 점에서, 나름 기여하는 바가 있다.

첫째, 그것은 위격 외에 '하나님 내부(안)에 있는 관계'에 대해 설명한다. 말하자면, 아퀴나스의 성령은 '위격적' 차원에서뿐만 아니라 '관계적' 차원에서도 설명될 수 있는데, 이 관계적 설명에 따르면 성령은 성부와 성자 사이의 끈이 되시는 상호 사랑이다.

둘째, 그것은 '하나님 외부(밖)에 있는 관계', 즉 하나님의 피조물에 대한 관계를 설명해 준다. 왜냐하면, 하나님은—관계 안에서—언제나 동일한 사랑이시기 때문이다. 이 동일한 하나님은—자기 자신을 사랑할 때나, 성자를 사랑할 때나, 피조물을 사랑할 때나—언제나 동일한 사랑(성령)으로 사랑하신다. 한 마디로, 아퀴나스의 '상호 사랑'에 대한 설명은 시간이 지남에 따라 점차 사라지는 것이 아니다.

도리어 그 설명은 하나님 외부(밖)에 있는 관계에 대한 발상을 보다 더 분명한 방식으로 조명하기 위해 사용된다. 그리고 저 관념적 의미에서 설명된 하나님 내부(안)의 관계란 것도 마찬가지다. 여기서도 '상호 사랑'은 사소한 어떤 것이 되지 않는다. 오히려 아버지와 아들이 서로 사랑하는 방식을 보다 깊이 있게 설명할 수 있게 해 주는 역할을 한다.

결국, 아퀴나스의 사상에는 전례 없는 통찰이 생긴다. 그는 사랑이신 성령의 실재를 한 가지 관점이 아닌 더 깊은 관점에서 간파하는데, 이 후자의 관점에 따르면 '위격적 사랑'과 '관념적 사랑'은 '본질적 사랑' 만큼이나 유익하다. 이 세 가지 양태의 사랑 중 어느 것도 중요성 측면에서 경시될 수 없다.

바꿔 말하면 사랑으로서 성령에 관한 아퀴나스의 논의가—『신학대전』의 삼위일체 논고 전체와 함께—신학적으로 의의가 있고, 또 시사하는 바가 큰 이유는 그가 '상호 사랑'이란 개념을 누락시키지 않았기 때문이다. '본질적 사랑'은 하나님의 삶의 중심에 있는 하나의, 동일한, 신적 본질을 강조하고, '위격적 사랑'은 성령을 사랑으로 명명하며, '관념적 사랑'은 한 위격의—사랑에 따른—산출을 나타낸다.

이들 각각은 하나님 내부(안)에 있는 '관계'의 문제를 더욱 깊이 탐구할 수 있도록 한다. 하지만, 무엇보다, 그것은 아퀴나스가 '상호 사랑'의 개념과 더불어 『신학대전』의 삼위일체 논고를 더욱 유익하게 확장할 수 있도록 한다. 허나 이 성부와 성자가 서로 사랑한다는 개념은, 지금껏 아퀴나스가 잘 보여 주고 있는 바와 같이, '사랑하는 자'와 '사랑받는 자' 사이의 '관계'와 같다.

그리고 이 '사랑하는 자'와 '사랑받는 자' 사이의 '관계'는 성부와 성자 사이의 '상호 사랑'이신 '성령' 안에서(아퀴나스의 표현을 빌리자면, 하나님의 내적 삶[생명]과 사랑을 특징짓는 어떠한 '상호성'과 '친밀함'과 '위격적 내주'를 한데 드러내는 '성령' 안에서) 표현된다. 그렇다. 성령은 상호 사랑이다. 성부와 성자의 완전한 사랑의 관계를 불러일으키는 분이 바로 성령이다.

따라서 그분은 그렇게 불려야 마땅하며, 저 명칭(상호 사랑)은 하나님의 삼위일체적 삶의 신비를 관통하기에 충분하다. 즉, '본질적 사랑'과 '위격적 사랑'과 '관념적 사랑'이란 세 가지 양태의 사랑에 따라 '성령'을 탐구하고, 더 나아가 '위격적 사랑이신 성령'을 '상호 사랑'과 동일시하는 것은 사실상 아퀴나스의 성령론이 삼위일체의 맥락 위에 세워져 있음을 반증하는 가장 명백한 표시이다('상호 사랑'[amor mutuus]에는 '두 위격', '두 위격의 관계', '두 위격의 관계 방식'이 모두 상정되고 기술되어 있다).

그러므로 '상호 사랑'이란 주제는—페니도와 같은 학자들에 의해 해석된—'신학적으로 공허한 은유'보다 '더 큰 어떤 것'이다. 실제로 상호 사랑(amor mutuus)은 아퀴나스의 『신학대전』에서 매우 중요한 역할을 한다. 우선 그것은 아퀴나스의 성령에 관한 논의를 한층 더 발전시킨다. 그리고 하나님 내부(안)에서의 관계(내재적 삶)에 대한 논의를 확장한다.

따라서 성령과 상호 사랑(*amor mutuus*)을 동일하게 연결시키는 것은 궁극적으로 무의미하거나 불필요한 어떤 것이 아니다. 그것은 오히려 아퀴나스의 사상을 한층 더 성숙시킨다. 그렇기에 (페니도로 대표된) 첫 번째 해석에는 어느 정도의 수정이 불가피하다. 즉, 우리는 보다 공정한 잣대를 가지고, 후기 아퀴나스의 성령론을 재평가해야 한다.

아퀴나스의 후기 성령론을 다시 평가하려는 시도는 두 번째(보우라사) 해석에 의해 주로 이뤄졌다. 페니도와 달리, 보우라사는 '상호 사랑'에 대한 중요성을 재차 확인한다. 그리고 아퀴나스의 사상에서 발견된 한 가지 특정 요소(*amor mutuus*)에 일방적으로 집중한다. 하지만 이 같은 편향성은 그의 해석을 페니도의 해석과 별반 다를 것이 없게 만든다. 물론 보우라사는 페니도와 정반대의 해석을 펼친다.

따라서 아퀴나스의 '상호 사랑'이란 주제는 더 이상 주변부로 밀려나지 않고, 도리어 논의의 중심에 선다. 하지만 보우라사의 지나친 편향은 아퀴나스가 '상호 사랑'이란 요소를 너머 『신학대전』의 전체 목표로 지향한 것(성령의 내적 발출을 '사랑'으로 설명하려는 목적)을 간과하는 문제를 일으켰다.

그러나 보우라사의 편향 문제가 그의 해석의 모든 장점을 왜곡하도록 허용해서는 안된다. 거기에는 분명 그가 잘한 해석도 존재한다. 보우라사는 성령에 관한 담론에 있어서 '상호 사랑'의 위치를 적시한 후기 아퀴나스의 저작들을 매우 잘 식별해 냈다. 이 저작들을 보면, 아우구스티누스가 아퀴나스에게 미친 영향을—좀 더 구체적으로 말하자면, 아퀴나스가 성령에 관한 아우구스티누스의 탐구 노선(사랑)을 확장하고 있다는 사실을—알 수 있다.

그뿐만 아니라, 무엇이 거기에서 강조되고 있는지 여부도 알 수 있는데, 우리는 이 저작들을 통해 '위격적 관계로서 사랑'과 '성부와 성자를 결합시키는 사랑의 띠로서 성령' 사이의 관련(연결)성이 특히 강조되고 있다는 사실도 목격할 수 있다. 그러므로 후기 아퀴나스의 저작에 대한 보우라사의 주목이 합리적인 고려와 함께 잘 이루어졌다는 것은 부인할 수 없이 잘한 일이라고 할 수 있다.

아퀴나스에게 '상호 사랑'이 얼마나 중요한 사상인가 하는 것을 적절하게 밝힌 일도 마찬가지다. 하지만, 안타깝게도, 보우라시는 이렇게 잘한 일련의 논의 과정 속에서 더 큰 목적을 지향한 아퀴나스를 다소 간과하는 우를 범했다.

그렇다면 아퀴나스의 '더 큰 목적'은, 구체적으로, 무엇일까?

그것은 이미 앞서 언급했듯이 피조물의 유비를 통해 성령의 내적(*ad intra*) 신비(사랑의 내적 발출)를 삼위일체적으로 밝혀 내는 것이다. 허나 인간이 알고 경험한 '사람'과 '사람' 간의 (대인적) 사랑은 내적 발출의 적절한 예가 될 수 없다. 그 이유는 두 사람 사이의 사랑이 사실상 하나가 아니기 때문이다. 그 사랑은 본질적으로 구별되는 두 존재, 두 명의 서로 다른 사람에게서 흘러나온다.

물론 이 사람들은 각자 자기 속에 있는 사랑을 통해 어떤 특정한 관련(연결)성을 공유하게 된다. 하지만 이들의 사랑은 '하나'가 아닌 '둘'에서, 그것도 '내부'가 아닌 '외부'로 발출되어 나온다. 다시 말해, 피조물 간의 사랑은 외재적인 이중 발출이다. 하나는 '이쪽'에서 흘러나와 '저쪽'으로 외(外)출 되고, 다른 하나는 '저쪽'에서 흘러나와 '이쪽'으로 외(外)출 된다. 그러나 성령의 경우에는 다르다. 거기서 사랑은 본질상 하나로, 그것도 내적으로 흘러나온다.

바꿔 말하면, 성부와 성자는 성령을 발출한다. 이 영적 발출은, 그러나 정확히 내적으로—하나님 자신의 삶 '속'에서—발출해 나오므로, 성부와 성자와 성령은 동일 본질이다.[85] 결국, 하나님 내부(안)에서의 발출은 외적인 것이 아니라, 전적으로 내적인 것임을 확립하는 것이 중요하다. 그렇기 때문에 아퀴나스는 자신의 삼위일체에 관한 논고에서(그것도 맨 앞 문의 첫 항에서) 신적인 발출의 내재성 원리를 확립한다. 그리고 오직 이 원리에 근간하여 성령에 관한 자신의 후속 논의를 이어 간다.[86]

---

85 Aquinas가 지적했듯이, 성령의 발출은 신적 본성의 동일성 안에 있으며, 그 영은 아버지와 아들과 동일본질(consubstantial)이다(*ST*, I, q. 27, a. 4c).

86 위의 책, I, q. 27, a. 1. 내적 발출의 개념은 또한, 예를 들어, 아퀴나스의 신성한 관계(위의 책, I, q. 28)와 신성한 위격에 대한 논의에서, 세 위격이 하나의 그룹으로 간주되고 각

따라서 우리가 아퀴나스의 사랑이신 성령을 연구한다고 하면서도 이 유비적 한계에 대한 고려가 없이 곧장 상호 사랑을 사용한다면, 성령의 발출은 본질상 하나이며 내적이다는 사실을 (논리상) 받아들이기가 어려워진다.

이러한 유비적 한계는 '상호 사랑'을 상대적으로 불충분한 어떤 것으로 판명하게 만든다. 반면 사랑하는 자 내부(안)에서 생겨나는 발출의 내적 용어인 '사랑의 각인'은 그보다 더 나은 출발점으로 고려된다. 사실 『신학대전』에서 이 후자의 용어는 아퀴나스가 자신의 논의를 발전시키기 위해 특정한 시(始)점이기도 하다.

성령이 어떤 방식으로 성부와 성자의 상호 사랑인지를 설명하기 위해, 아퀴나스는 먼저 성령의 내적 발출에 관한 문제를 이해하려고 애쓰는데, 그는 이 문제를 사랑하는 자의 의지에 사랑이 각인된 사태로 파악한다.

> 어떤 사람이 어떤 사물을 사랑하는 데에서 사랑하는 자의 느낌 안에, 말하자면, 사랑받는 것의 어떤 각인(*impressio*)이 발생한다. 이런 각인에 의해 사랑받는 것이 사랑하는 자 안에 있다.[87]

성령의 발출을 사랑하려는 의지에 각인된 사랑의 사태로 유비하면, 우리는 하나님 내부(안)에 영속(자존)하는 한 가지 관계를 생각할 수 있게 된다. 에머리의 말처럼, 하나님이 자신을 사랑하는 데서 나온 사랑의 각인은 "하나의 영속하는 관계로, 즉 바로 성령 그분 자신인 위격으로 이해될 수 있다."[88]

성령은 관계다. 하나님 안에서 영속하는 관계. 이 관계가 성령이다. 왜냐하면, 성령이 바로 하나님 안에 있는 뜻대로 행하는 분이시고, 그분의 존재는 발출의 원리가 존재하는 것과 본질적으로 동일하기 때문이다. 이런 의미

각이 별개의 것으로 고려(구별)될 때 작동한다(위의 책, I, qq. 29, 33, 34-35, 36-38, 각각).
87   위의 책, I, q. 37, a. 1c.
88   Emery, *The Trinitarian Theology of Saint Thomas Aquinas*, 236.

에서 성령은, 본질상, 어떤 내적 발출에 의해 생성되고 사랑―곧 성부와 성자가 서로 사랑하는 상호 사랑―으로 특징지어진 영속적 관계와 같다.

결과적으로, 사랑하는 자의 의지에 새겨진 사랑의 각인은 피조물에 대한 사랑의 대인적 유비보다 더 쉽게 '성령의 발출은 본질상 하나이며 내적이다'는 문제를 이해하도록 도와준다. 그러므로 아퀴나스는 사랑이신 성령의 속성을 드러내기에 적합한 탐구의 순서를 다음과 같이 제시한다.

먼저는 하나님 내부(안)에 있는 사랑의 주제를 위격적으로 탐구하여, 하나님의 하나님 자신의 고유한 선(善)에 대한 사랑으로 발출된 성령의 독특한 위격을 살피고(제37문 1항), 그 다음에 이어서 성령의 상호 사랑에 관한 문제(성부와 성자가 성령에 의해 서로 사랑하는 지 여부)를 따진다(제37문 2항).

그러나 이 일련의 탐구를 넘어 아퀴나스의 논의를 계속 읽으면, 상호 사랑이 위격적 사랑과 분리되어 이해될 수 없다는 것을 알게 된다. 아퀴나스에게 있어서 상호 사랑은 성령의 고유한 자아(*proprium*)와 같은 사랑의 문제로 이해되었다. 그러므로 성령의 이름이 상호 사랑이라는 것은 아퀴나스의 관점에서 어떤 '것'이 아니라 참 위격, 사랑에서 난 위격을 가리킨다.[89]

앞서 두 번째 해석(보우라사)이 상호 사랑의 역할을 명확히 하기 위해 제시한 두 가지 개념으로 이 문제를 좀 더 구체화해 보자. 앞서 언급했듯이 아퀴나스의 성령론에 대한 두 번째 해석(보우라사)은 상호 사랑에 대한 두 가지 개념을 제시한다. 하나는 '위격적'으로 이해된 하나님 안의 사랑이고, 다른 하나는 하나님께 적용된 이중적 의미의 '관계'이다.

먼저 전자의 개념과 관련하여, 아퀴나스는 하나님 안에서 "사랑한다"(to love)는 것이 '위격적'으로 이해될 수 있을 뿐 아니라, '본질적'으로도 이해될 수 있다는 것을 관찰하는데, 이 관찰은 아퀴나스를 성부와 성자를 결합하는 사랑(동사적)으로서의 성령에 대한 탐구의 핵심으로 데려간다.

---

89 예. "사랑한다는 것은 관념적으로 취해지는 한에서 사랑을 산출하는 것이다. 그러므로 '성부는 성자를 발출하는 위격으로서의 성령으로 말미암아 사랑한다'고 할 수 있으며 또 '특징적인 사랑으로서의 사랑하는 작용 자체로서 사랑한다'"(*ST*, I, q. 37, a. 2 ad 2).

성령은 단순히 위격 안에 머물러 있는 사랑이 아니다. 성령은 성부와 성자가 서로 사랑하도록 행동하는 사랑(to love)이다. 만일 '위격적' 사랑으로서 성령이 충분히 설명되지 않았다면, 성부와 성자에 의한 성령의 영발(spiration)인 저 관념적 행위로서의 사랑(동사적)은 본질상 위격적 사랑이신 성령에 잠식(중첩)되고 만다.[90] 하지만 아퀴나스를 좀 더 자세히 읽다 보면 이 문제는 미연에 방지된다. 아퀴나스는 먼저 성령을 위격 안에 있는 사랑이라고, 즉 성부와 성자로부터 나온 사랑이라고 명명한다.[91]

그런 다음 성령을 다음과 같은 분으로 식별한다. 어떠한 관념적 의미에서 성부가 성자를, 그리고 성자가 성부를 사랑하게 하는(to love) 분이 성령이다.[92] 그 결과, 아퀴나스는 상호 사랑의 신비를 탐구하면서도, 성령의 위격적 정체성을 확증한다. 다시 말해, 그는 이 두 가지를 중첩하거나 서로 모호하게 만드는 일을 회피하는 방식으로 논증을 펼친다.

아퀴나스는 성부와 성자가 성령에 의해 서로 사랑한다고 결론한다. 이는 곧 발출하는 사랑에 의해, 어떤 관념적 행위로서의 사랑 그 자체에 의해 성부와 성자가 서로 사랑한다는 말이기도 한데, 이 같은 결론을 유추할 때 아퀴나스는 피조물에 대한 유비를 계속적으로 사용한다.

> 말하는 것이 말을 산출하고, 꽃을 피우는 것이 꽃을 산출하는 것처럼, 사랑한다는 것은 사랑을 산출한다.[93]

이 유비를 가지고, 아퀴나스는 앞서 서두에서 제시된 딜레마, 즉 '어떻게 성령은

(1) 성부와 성자의 '상호 사랑'이면서 동시에

---

90   참조. Torrell, *Saint Thomas Aquinas*, vol. 2: *Spiritual Master*, 184.
91   *ST*, I, q. 37, a. 1c.
92   위의 책, I, q. 37, a. 2c.
93   위의 책, I, q. 37, a. 2c and ad 2.

(2) 성부와 성자 모두에게서 발출될 수 있는가를 해결한다.[94]

나무가 꽃들로 말미암아 꽃을 피우는 경우, 그 행위는 꽃을 피우려는 행위로 말미암아 산출된 것(꽃)의 이름을 붙인다. 이와 마찬가지로, 성부와 성자가 서로 사랑하는 행위는 그 행위가 산출한 것(사랑)의 이름을 성령에 부여한다. 성령은 하나님 내부(안)에 새겨진 사랑의 각인이며, 이 각인은 성부와 성자의 일치에서 피어 나온다. 피조물 유비에 재차 힘입어, 아퀴나스는 또한 제37문 2항의 반론 2—"사랑한다"(to love)는 하나님 내부 '안'에서 관념적으로 받아들여질 수 없다—도 다룬다.

이 때 그의 결론은 다음과 같은 것을 시사한다. 하나님 내부(안)에 있는 사랑의 관념적 의미는 성령 그분 자신인 위격적 사랑을 결코 폄하하지 않는다. 도리어 성령의 위격적 속성이 사랑이라는 것을 밝히 드러내는 일에 봉사한다. 따라서 아퀴나스의 전체 요지는 다음과 같다. "사랑한다"(to love)는, '관념적' 의미에서, 사랑을 산출한다는 뜻이고, 이는 사랑의 관념적 행위가 사랑으로 발출해 나온 위격에 다름이 아님을 시사한다. 성령의 위격도 이와 같다.

성령은 사랑이다. 아니, 보다 정확히 말하자면, 성령은 성부와 성자를 사랑하게 하는(to love) 사랑, 곧 하나님 내부(안)에 있는 사랑의 관념적 행위다. 그러므로 성령은 어떠한 관념적 행위에 의해 사랑으로 말미암아 발출해 나온 '위격'이다.[95]

---

94 위의 책, I, q. 37, a. 3 ad 3를 보라.
95 여기서 나무의 비유는 (1) 결정된 효과(작용)를 포함한 행동의 관념(이 경우 행동의 원리는 행동과 효과 모두에서 명명될 수 있음)과 (2) 결정된 효과(작용)를 포함하지 않는 행동의 관념(이 경우 효과로부터 행동의 원리를 결정할 수 없음)을 구별하기 위해 사용된다. 아퀴나스가 관찰한 것처럼, 우리는 나무가 꽃피는 작용으로 말미암아 꽃핀다고 할 수 있다. 그러나 우리는 나무가 '꽃으로 말미암아 꽃을 산출한다'고 하지 않고 '꽃의 산출로 말미암아'라고 한다. 이와 유사하게, "발하다"(spirates)라고 하는 데는 관념적 행위만이 내포된다. 그러므로 우리는 성부가 성령으로 말미암아 발한다고 할 수 없고, 성령의 산출(즉 영발)로 말미암아라고 한다. 또 이와 마찬가지로 "사랑한다"(to love)는 것은 관념적으로 취해지는 한에서 사랑을 산출하는 것이다. 발출하는 위격으로서의 성령을 의

이어서 후자의 개념과 관련하여, 아퀴나스는 하나님께 적용된 이중적 의미의 '관계'를 설명한다. 성령은 사랑이시기 때문에, 성령 안에는 '하나님 안에 있는 내적(*ad intra*)인 관계'와 '피조물에 대한 하나님의 외적(*ad extra*)인 관계'가 모두 표현된다. 이 이중적 의미의 관계는 후기 아퀴나스가 상호 사랑에 대한 기능(역할)을 성찰하는 데 있어 매우 중요한 원리로 작용한다.

따라서 그것은 앞서 보우라사가 제시한 해석과는 다른 함의를 내포하고 있다. 성령은 성부와 성자를 결합하는 매개체가 아니라 위격 안에 있는 사랑이기 때문에, 성령의 위격 안에는 하나님에 대한 '내적'(*ad intra*)인 관계와 '외적'(*ad extra*)인 관계가 모두 표현되어 있다. 보다 정확히 말하면, 성부는 본연의 선(善)을 사랑하시고, 이 본연의 선(善)에 의해 자기 자신과 모든 피조물을 사랑하시는데, 이 본연의 선(善)에 대한 사랑으로 발출해 나온 분이 성령이다.[96]

따라서 하나님께 적용된 이중적 의미의 관계는 사랑으로(특히, 하나님의 하나님 자신의 선(善)에 대한 사랑으로) 특징되어 있다고 할 수 있다.

제37문의 논증이 끝날 무렵, 아퀴나스가 성령에 대한 고찰을 하면서 설명한 사랑의 정체가 분명해진다. 아퀴나스에게 있어서 성령의 위격인 사랑은 어떤 사물이 아니다. 어떤 분이다. 그리고 하나님 자신의 고유한 선(善)을 사랑하시는 사랑이다. 따라서 아퀴나스가 성령과 사랑의 관련(연결)성을 식별하기 위해 특정한 원리는 위격적 사랑이신 성령이다.

하지만 후기 아퀴나스의 성숙한 논증에서 묘사된 위격적 사랑으로서 성령은 또한 '사랑하는 자'와 '사랑받는 자'에서 나온 상호 관계이다. 그러므로 상호 사랑이신 성령은 아퀴나스의 첫 번째 원리(위격적 사랑이신 성령)에 이은 두 번째 원리라고 할 수 있으며, 이를 바탕으로 아퀴나스는 탈격의 딜레마에 점철된 상호 사랑의 해석 문제를 해결한다.

미하는 것이다. 그러므로 성부는 성자를 사랑으로 발출하는 위격으로서의 성령으로 말미암아 사랑한다고 할 수 있으며, 또 관념적 행위로서의 사랑하는 작용 자체로서 사랑한다(위의 책, I, q.37, a. 2 ad 2).

96　위의 책, I, q. 37, a. 2 ad 3.

3. 결론

아퀴나스의 성령론에 관한 해석에는 크게 두 가지 있다. 하나는 페니도의 해석이고, 다른 하나는 보우라사의 해석이다. 이들의 해석에는 나름의 장점이 있지만, 거기에는 어느 정도의 제약이 뒤따른다. 따라서 다음과 같이 보다 균형이 잡힌 관점이 요구된다. 아퀴나스에게 있어서 상호 사랑(*amor mutuus*)은 (페니도로 대표되는 첫번째 해석과 달리) 중요하다.

허나 그것만이 (보우라사로 대표되는 두 번째 해석처럼) 결정적인 것은 아니다. 상호 사랑은 좀 더 균형 잡힌 관점에서, 그러니까 그 개념보다 더 큰 문제를 목표로 한 일련의 논제들 가운데 하나로 해석되어야 한다.

이 때 저 큰 문제란, 사랑이신 성령의 내적 발출을 설명하는 것이다. 아퀴나스는 이를 목표로 하여, 자신의 논증을 다음과 같이 진행한다. 먼저는 성령을 발출하는 사랑, 곧 위격적 사랑에 연관시킨다. 그리고 이어서 성령과 상호 사랑의 문제(탈격 해석)를 다룬다. 아퀴나스에 따르면, 이러한 순서로 논증된 '성령'이―보다 적절한 관점에서―'상호 사랑'일 수 있는데, 이는 그 자체로서 성령이신 '사랑'이 성부와 성자에 대한 성령의 '관계'를 구성하기 때문이다.

바꿔 말하면, '위격'이 '관계'를 선행한다. 즉, 위격 안에 있는 사랑(성부와 성자로부터 하나님 자신의 선[善]에 대한 사랑으로 흘러나오는 사랑)이 성령께서 성부와 성자와 갖는 관계(사랑에 뿌리내린 관계)를 구성한다.

따라서 성령은 하나님 안에서 내적으로 발출해 나온 위격적 사랑이시며, 이 사랑의 양태에서만 상호 사랑이시다. 그리고 이 위격적 사랑으로서 상호 사랑이신 성령에 의해 성부는 성자를, 성자는 성자를, 삼위일체 하나님은 우리를 사랑하신다.

지금까지 우리는 사랑이신 성령에 대한 후기 아퀴나스의 성찰에서 두 번째 단계에 해당하는 지점을 확인했다. 이 단계에서 상호 사랑은 더 이상 아퀴나스의 출발점으로 역할을 하지 않는다. 그 역할은 사랑하는 자의 의지에 새겨진 사랑의 각인을 위해 남겨진다. 하나님에 대해 사랑의 각인은 하나님의 하나님 자신에 대한 사랑에서 비롯된 영속적인 관계이지만, 이 관계는 아퀴나스 안에서 성령의 위격으로도 이해된다. 따라서 어떤 이들은 결국에는 상호 사랑이 완전히 자취를 감추게 된 것이 아니냐고 질문할 수 있다. 하지만 이들의 우려와 달리 상호 사랑은 아퀴나스의 사상에서 두 가지 핵심 기능을 담당한다.

(1) 하나님 안에 있는 관계에 대해
(2) 하나님 밖에 있는 피조물과의 관계에 대해

특히, 후자의 기능은 아퀴나스의 성령론에 함축된 구원론을 보여 준다는 점에서 주의가 필요하므로 다음 장에서 본격적으로 다룰 것이다.

제5장

성령의 은사
아퀴나스의 성령, 사랑 그리고 그리스도인의 삶

앞의 두 장에서 필자는 아퀴나스가 인식한 '성령의 위격'과 '사랑' 사이의 관계를 탐구했다. 이 탐구는 아퀴나스의 성령론이 지향해 온 두 가지 관심사를 드러냈다.

첫째, 성령이 위격적 사랑 또는 위격 안에 있는 사랑이란 것(1단계)이고, **둘째**, 성령이 성부와 성자의 상호 사랑이란 것(2단계)이다.

종합하자면, 성부와 성자로부터 위격적 사랑으로 발출되는 성령은 또한 그들의 상호 사랑이며, 이 상호 사랑에서 표현된 성부와 성자의 관계는 사랑하는 자와 사랑받는 자의 관계와 같다.[1] 아퀴나스의 성령론은 일차적으로 삼위일체이신 하나님의 내재적 삶에 관련되어 있다. 하지만 아퀴나스의 성령론은 또한 이차적으로 이성적 피조물에 대한 하나님의 관계를 내포하고 있다. 그리고 바로 그렇게 피조물과의 관계가 내포됨으로써 아퀴나스가 지속적으로 연구한 3단계, 즉 사랑이신 성령에 관한 구원론적 함의가 넌지시 드러난다.

아퀴나스가 『신학대전』의 프롤로그에서 언급한 바와 같이, 그는 먼저 성령이 사랑이라고 불릴 수 있는 의미에 대해 고려한다(제37문). 그리고 이어서 논리적으로 후속하는 주제, 곧 '은사'(gift)를 다룬다(제38문). 이

---

1 *ST*, I, q. 37, a. 1 ad 3.

'은사'란 표제로―그리고 이 '은사'의 문제와 연관된 '파견'(mission)의 개념(제43문)과 '카리타스(caritas, 우정)적 사랑'의 신학적 미덕(제2권 2부의 제23-46문)에 비추어―아퀴나스는 자신의 성령론을 한층 더 발전시킨다.

단순히 성령의 위격적 정체를 더 분명히 하는 것이 아니라, 자신의 신학에 핵심적인 과업인 '교리신학'과 '도덕신학'의 종합을 더 확고히 한다. 다시 말해, 아퀴나스는 자신의 삼위일체 신학에―특히 자신의 성령론에―기초를 둔 그리스도인의 삶을 구상하기에 힘쓴다. 이러한 그의 성령론적 그리스도인의 삶 구상은 특히 "성령의 은사"와 관련하여 신학적으로 매우 심오한 어떤 것을 달성한다.

그런데 이 "성령의 은사"란 어구에는 다면적인 가치(의의)가 담겨 있다. 따라서 그 어구와 관련된 아퀴나스의 구상이 달성한 것은 여러 가지 의미에서 사용될 수 있다.

어떤 면에서는 성부와 성자의 은사인 성령을 의미하는 것으로 사용될 수 있고, 또 어떤 면에서는 구원의 경륜에 있어서 성령의 가장 큰 사랑의 은사를 의미하는 것으로 사용될 수 있으며, 또 다른 어떤 면에서는 성령의 능력 아래 있는 은사로서 그리스도인의 삶 자체를 의미하는 것으로 사용될 수 있다. 하지만 이 모든 면은 아퀴나스의 성령론 안에서 따로 분리되지 않고, 서로 긴밀하고 유익하게 연결되어 사용된다.

1. 성부와 성자의 은사(선물)인 성령

제38문 1항에서 아퀴나스는 먼저 은사가 성령의 위격적 이름인지 여부를 묻는다. 그리고 이어지는 2항에서 그는 은사가 성령에 고유한 이름인지 여부를 질문한다. 그런 다음 그는 은사를 성령의 이름으로 간주한다. 좀 더 구체적으로 말하자면, 이 두 항에서 아퀴나스는 성령의 정체성을 가리켜 삼위일체 하나님의 삶 속에 신비로 감춰진 성부와 성자의 은사라고 표현한다.

그런데 이 은사(신비)는—아퀴나스의 이어지는 표현에 따르면—오순절 세상에 임한 그 은사, 구원의 경륜 안에서 우리 위에 부어진 바로 그 은사이기도 하다. 우선 첫 번째 항에서 아퀴나스는 은사의 개념이 의미하는 바가 무엇인지를 설명하여 도대체 어떤 의미에서 은사가 성령의 위격적 이름으로 적합한 지 여부를 밝힌다. 여기서 잠시 그의 설명을 요약하면 다음과 같다.

'은사'라는 명칭에는 '주어진다는 것'에 대한 '적합성'이 내포된다. 그런데 '주어지는 것'은, 무엇보다 '먼저 주어질 수 있다'는 것이며, 이는 '주어지는 것'이 '주는 자의 것(소유)'임을 의미한다. 이어서 아퀴나스는 '주는 자'와 연관하여 은사에 대한 설명을 이어가는데, 거기서 그는 은사가 '은사를 주는 자'뿐 아니라, '은사를 받는 자'와 관계도 전제하고 있다고 설명한다.

따라서 아퀴나스의 설명을 정리하면 은사란 개념은, 한편으로는, '주어진다는 것의 적합성'과 '은사를 주는 자'와 관계를 함축하고, 다른 한편으로는, '은사를 받는 자'와 관계를 함축한다. 이렇게 정리된 설명을 가지고, 이제 아퀴나스는 보다 신학적인 함의를 고찰하기 시작한다.

특히, 그는 은사란 개념이 적용된 성령론적 의미를 고찰하는데, 아퀴나스에 따르면, 한 위격은 다음의 두 가지 방법 중 하나로 다른 위격에 속할 수 있다. 하나는 '기원'에 의해 속하는 것이고, 다른 하나는 다른 위격에 의해 '소유'되는 것으로 말미암아 속하는 것이다. 이 두 가지 방법에 따라 성부와 성자와 성령의 관계는 설명된다. 우선 첫 번째 방법(기원)에 따라 성자는 성부에, 그리고 성령은 성부와 성자에게, 속한다고 말할 수 있다.

예컨대 은사는 '주는 자'에게 나온 것이므로 '주는 자'의 것이다. 이 동일한 논리를 성령의 경우에 빗대면 다음과 같이 말해야 한다. 성령은 은사다. 이 '은사로서 성령'은 성부와 성자의 은사로서 그들 모두에게서 나온 것이기 때문에 그들의 것이다. 결국, '주는 자가 소유한다'는 의미는 은사를 주는 자로부터 구별되게 만듦으로 은사는 성령에 적합한 위격적 이름이다.

다시 말해, 성령은 성부와 성자에게서 기원의 관계에 따라 나온 사랑이지만(즉 그들에게 속하지만), 하나님의 고유한 삶 속에서 성부와 성자의 은사

로서 그들과 위격적으로 구별된다.²

 아퀴나스는 한 위격이 '소유'에 따라 다른 위격에 속할 수 있는 다른 방법에도 주목한다. 이 다른 방법이란, 기원이 아니라, 참여 또는 영접함에 따라 소유하는 것을 일컫는데, 아퀴나스에 따르면, 이성적 피조물은 이런 의미에서 하나님을 소유한다고 말할 수 있다.

 즉, 하나님이 자기 자신을 우리에게 은사로 주사 우리로 하여금 하나님과의 경륜적인 연합에 이르게 하신 참여의 방법을 통해서만—아퀴나스의 말을 빌리면, "하나님을 자유롭게 참으로 인식하고 올바르게 사랑할 수 있도록 하나님의 말씀과 발출하는 사랑을" 영접함으로써—우리는 하나님과 연합되고, 하나님을 소유했다고 말할 수 있다.³ 아퀴나스는 또한 우리가 이처럼 하나님 자신의 삶에 참여하는 것이 인간의 목적이지만 우리 자신의 힘만으로는 이 목적에 도달할 수 없음을 분명히 한다.

 우리는 위로부터 오는 능력이 필요하다.⁴ 신적인 위격이 우리에게 은사로 주어지지만, 은사의 주도권은 언제나 그리고 전적으로, '은사를 주는 자' 곧 하나님께 속한다. 따라서 성령의 위격이 은사라고 불릴 수 있는 '합당한' 이유는, 그 영이 때를 따라 하나님의 약속된 보혜사로 주어지는 데 있는 것(요 14:16)이 아니라, 오히려 그것이 주어질 수 있는 영원한 적합성을 하나님이 영원히 가지고 계시기 때문이다.⁵

 성령께서 은사라고 하는 것은 현실적으로 주어졌기 때문에 가능한 것이 아니라 하나님이 영원한 적합성을 가지고 계시기 때문에 가능한 것이란 사실은 크게 두 가지 이유에서 주목할 필요가 하다.

 첫째, 그것은 '은사'라는 성령의 이름에 담긴 구체적인 성격을 아퀴나스가 설명할 수 있도록 해 준다.

---

2   위의 책, I, q. 38, a. 1c, ad 1.
3   위의 책, I, q. 38, a. 1c.
4   위의 책.
5   위의 책, I, q. 38, a. 1c, ad 4.

둘째, 그것은 '은사'에 대한 명확하지 않은 이해로 인해 발생하게 되는 한 가지 난제를 아퀴나스가 해결할 수 있도록 해 준다.

우선 두 번째 이유부터 풀이해 보자. 만일 '은사'가 성령에 대한 적절한 이름이고, 우리가 성령을 이렇게 '은사'라 부르는 것 안에 어떤 피조물과의 관계가 내포되어 있다면, 성령에게는 '반드시' 은사를 주어야만 하는 어떤 피조물이 '있는' 것처럼 가정될 수 있다. 아니 우리 중 누군가는 아예 여기서 한 걸음 더 나아가, 어떤 식으로든 피조물의 존재가 성령의 위격을 구성하고 있다고 가정할 수도 있다. 물론 아퀴나스는 이 두 가지 가정 중 어느 것도 사실로 받아들이지 않는다.

그럼 어떻게 아퀴나스가 이 두 가지 가정을 모두 피할 수 있었을까?

그는 성령에 대한 이름이 피조물과의 어떤 관계를 반드시, 어떤 결정적인 의미에서 가지고 있다고 말하지 않고, 어떤 특정한 의미에 제한된다는 점을 분명히 함으로써, 위의 두 가지 가정에 따른 오류를 모면한다. 아퀴나스에 따르면, 어떠한 경우에서라도 성령에 적용된 은사의 고유한 이름은 피조물에 의해 강요될 수 없다.

그 이유는 은사가 성령의 이름으로 주어진 근거가 그 영이 때를 따라 주어진다는 사실보다 더 깊은 어떤 것에서―즉 하나님 안에서 영원히 사랑으로 발출해 나온 분으로 (우리에게) 주어지는 성령의 영원한 하나님-내-적합성에서―발견되기 때문이다.

다시 말해, 성령은 은사를 어떤 피조물에게 주어야만 한다는 관계가 없이도 단순히 성령의 성령되심(자기 적합성)으로 인해 그 자체로 은사가 되실 수 있으며, 또 실재로 은사이시다. 그러므로 성령은 비록 시간(때) 속에 주어졌지만 "영원한 은사"라 불리며, 피조물에 대한 그 영의 관계는 비록 은사라는 이름 안에 내포되어 있지만 이차적일 뿐이며 비-결정적인 방식으로만 암시되어 있다.[6]

---

6   위의 책.

이어서 첫 번째 이유를 풀이하자. 제38문 2항의 주된 질문은 은사가 성령의 고유한 자아(*proprium*)인가에 대해서이다. 여기서 아퀴나스는 은사의 개념을 정의하고, 그 정의된 은사 개념을 성령에 대한 위격적 이해와 관련해 탐구한다. 우선 아퀴나스는 아리스토텔레스의 정의(定義)를 따라, 은사를 "반환될 수 없는 증여"(*donum proprie est datio irreddibilis*)로, 즉 "갚아질 의도로 주어지는 것"이 아니라, 단지 선한 뜻에 따라 주어지는 것으로 규정한다.[7]

이런 이유로 은사에는 무상의 증여라는 선물 개념이 내포되어 있다. 그런데 모든 거저 주는 선물은 사랑을 통해 이뤄진다. 따라서 아퀴나스는 사랑을 무상 증여의 기초(근거)이자 모든 은사 중 첫 번째(제일)로 정의한다. 성령론으로 볼 때, 이 같은 정의(定義)는 매우 중요하다. 그래서 아퀴나스도 즉시 이에 대한 부연 설명을 다음과 같이 덧붙인다.

> 무상의 증여의 근거는 사랑이다. 그러므로 우리가 어떤 이에게 어떤 것을 무상으로 주는 것은 우리가 그에게 좋은 것을 원하기 때문이다. 따라서 우리가 그에게 주는 제일 첫째의 것은 우리가 그것으로 말미암아 그에게 좋은 것을 원하는 사랑이다. 그러므로 사랑은 모든 무상의 은사가 그것에 근거하여 주어지는 제일 첫째 선물의 성격을 갖는다는 것이 명백하다. 따라서 성령은 벌써 말한 바와 같이 사랑으로서 발출하기 때문에[q. 27 a. 4; q. 37 a. 1], 제일 첫째 은사의 성격 안에서 발출한다.[8]

사랑과 은사의 관계를 명확하게 정의하는 이 구절은 성령의 위격과 사역에 대한 아퀴나스의 탐구를 더욱 확장시키는 역할을 한다. 예를 들어, 아퀴나스는 다음과 같이 말한다.

---

7 위의 책, I, q. 38, a. 2c. 참조. Aristotle, *Topica*, bk. iv, part 4.
8 위의 책.

모든 은사는 오직 성령과 관련해서만 이해될 수 있는데, 사랑이 은사의 근거이기 때문이 아니라 성령이 은사 중 첫째요 피조물이 받은 은사의 실제 근거이기 때문이다.

그 다음 그리스도의 위격에 관한 발출의 유비를 가지고와 다음과 같이 덧붙인다. '성자는 그 근원의 유사라는 성격을 갖는 말씀의 양태에 의해 발출하기 때문에 고유한 의미로 모상(image)이라고 불린다. 성령도 성자와 같이 성부와 유사하지만 사랑의 양태에 의해 발출하기 때문에 고유한 의미로 은사(gift)라고 불린다. 은사인 성령은 성령의 자기 적합성(영원한 사랑)에 의해 주어진다. 성자도 성령과 마찬가지로 주어지지만, 성자의 주어짐(요 3:16)은 성부의 영원한 사랑에 기초한다.'[9] 위의 예에서 알 수 있듯이, '은사'라는 이름은 성령의 위격과 사역과 관련된 의미를 내포하고 있다. 그런데 이 의미는 아퀴나스가 '은사'라는 이름을 가지고 '신격(Godhead) 안에 있는 기원'의 문제로 돌아가 한 위격이 다른 위격 안에 '속한' 문제를 '은사'에 관련해 다룰 때 재확인된다.

> 은사의 이름 안에는 그 기원에 있어 그것은 주는 자의 은사라는 것이 내포된다. 이렇게 거기에는 성령의 기원의 고유성(proprium) 즉 발출이 내포된다.[10]

따라서 아퀴나스가 성령의 고유한 이름을 은사로 확증하는 문제는, 결국, '성령의 발출'에 연관된 보다 기원적인 문제로 우리의 시선을 되돌린다. 그리고 거기에서 제일 첫째 선물인 성령의 본질이 무엇인지를 보여 준다. 성령의 본질은 하나님 안에서 영원히 사랑으로 발출되지만, 때를 따라 (우리에게) 무상으로 주어지는 은사이다. 따라서 은사로서 성령에 대한 아퀴나스의 논의는 서로 관련된 두 가지 차원을 포함하며, 각각은 우리가 은

---

9   위의 책, I, q. 38, a. 2 ad 1.
10 위의 책, I, q. 38, a. 2 ad 2.

사를 올바르게 이해하는 데 중요한 역할을 한다.

첫 번째 차원은 성령이 하나님의 '내적'(*ad intra*)인 은사이면서 동시에 기원에 의해 성부와 성자에게 속하면서—성부와 성자로부터 나오는—은사이기 때문에, 하나님의 내재적 삶의 신비를 나타낸다.

두 번째 차원은 성령이 하나님의 자기-양여적 사랑을 통해 세상에 주어진 은사이기 때문에 구원의 경륜을 나타낸다. 그러므로 성령은 하나님의 고유한 삶 속에 있는 성부와 성자의 은사이면서 동시에 그리스도께서 제자들에게 약속하시고 오순절 교회에 부어 주신 은사이다.

이를 바꿔 말하면 아퀴나스에게 '은사의 위격적 명칭'은 고유한 자아(*proprium*)이신 성령, 즉 성부와 성자의 '내적'(*ad intra*)인 공동 은사이자, 때에 따라 하나님에 의해 세상으로 값없이 보내진 분과 동일한 영을 나타낸다. 그런데 이러한 은사의 개념과 성령의 위격 사이의 연관성은 아퀴나스로 하여금 또 다른 사실을 인지할 수 있게 한다. 그것은 바로 하나님의 은사가 세상에 주어지는 근거가 성부와 성자의 '내적'(*ad intra*) 공동 은사를 '외적'(*ad extra*)으로 발출하는 사랑, 곧 성령이란 것이다.

2. 사랑: 성령의 은사

이밖에도 아퀴나스는 성령의 은사인 사랑에 대해, 좀 더 정확히 말하면 우리를 하나님의 친구로 만드는 창조되지 않은 사랑(성령)의 창조된 사랑(은사)를 다룬다. 공식적으로 보면, 아퀴나스가 사랑을 성령의 은사로 상정한 일은 없다. 그는 단지 이사야서 11:2로 3절에 근거한 일곱 은사의 전통적인 이해만을 뒤따를 뿐이다.[11] 그럼에도 불구하고, 우리는 '은사의 개념'

11　위의 책, I–II, q. 68.

과 '구원의 경륜에서 성령이 담당하는 역할'과 '신학적 미덕인 사랑' 사이의 어떤 관련(연결)성을 아퀴나스의 사상 안에서 발견할 수 있다.[12]

게다가 사랑은 더 넓은 의미에서 이해되는 은사와 함께—예컨대 "우리에게 주신 성령으로 말미암아 하나님의 사랑이 우리 마음에 부은 바 되었느니라"는 로마서 5:5의 말씀에 따라—성령의 한 가지 은사로 간주될 수 있다. 이는 우정이나 자선의 경우에도 마찬가지다. 이 셋(은사, 우정, 자선)은 모두 아퀴나스의 사상 안에서 성령의 교리와 중요하게 연결되어 있다.

1) 카리타스(caritas: eros + agape): 하나님과의 우정

아퀴나스가 다루는 성령의 은사에서 애덕(charity)은, 그중에서도 특히 '카리타스'(caritas, 우정)는 세 가지 특징을 가지고 있다.

첫 번째 특징은 그것의 '본질'이라고 불릴 수 있는 것에 관련하고,
두 번째 특징은 그것의 '효과',
세 번째 특징은 그것의 '목적'에 관련한다.

앞으로 이어질 논의를 통해서도 잘 알게 되겠지만, 이 세 가지 '카리타스'(caritas, 우정)의 특징(본질, 효과, 목적)은 우리가 사랑으로 역사하는 성령의 은사란 주제를 구원의 경륜 안에서 탐구할 때 매우 결정적으로 작용한다.

---

12 아퀴나스의 일곱 가지 성령의 은사에 대한 자세한 내용은 John of St. Thomas, *Cursus theologicus*, vol. 5 (Paris: Desclée et Sociorum, 1931)을 보라. 이 책의 일부는 도미닉 휴트(Dominic Hughes, OP)가 번역했으며 서문은 *Gifts of the Holy Ghost* (London: Sheed & Ward, 1951)의 저자인 월터 파렐(Walter Farrell, OP)이 제공했다. 성 토마스의 요한(John of St. Thomas)은 다음과 같이 설명한다. 일곱 가지 성령의 은사는 "영혼이 하나님과 연합하고 성령의 감동을 받을 수 있는 것은 세 가지 신학적 미덕[믿음, 소망, 사랑]을 통해 서이기 때문에 세 가지 신학적 미덕[믿음, 소망, 사랑]을 모두 근본과 기초로 전제한다"(239).

첫 번째 특징이다.

아퀴나스는 카리타스(*caritas*, 우정)를 우정(friendship)의 관점에서 정의하면서, 그것이 인간과 하나님 사이의 특별한 친애 또는 우애(*amicitia*)라고 말한다.[13] 물론 이것이 대등한 입장 간의 우정은 아니다. 하지만 분명 그것은 하나님이 세우신 진정한 우정에 다름이 없다.

우정이란 무엇인가?

우정에는 친구 사이를 결속시키는 상호 사랑이 필요하다. 그리고 상호 사랑은 항상 친구 사이의 사귐(친교)을 기반으로 한다.[14] 따라서 우정(*amicitia*, 우애)과도 같은 카리타스(*caritas*, 우정)는 하나님과 인간 사이의 사귐(친교)를, 보다 정확히는 하나님의 행복을 (공유의 차원에서) 우리에게 나누어 주시는 일종의 소통을 전제한다. 어쩌면 이 친교, 이 소통을 우리는 고린도전서 1:9의 말씀을 참고하여 다음과 같이 바꿔 말할 수도 있을 것이다.

성부께서 성령의 능력으로 우리를 부르시고 성자와 교제하도록 하늘의 축복을 나누어 주신다. 그렇다. 하나님은 이러한 방식으로 우리와 교제하시고 소통하시는 분이다. 우리를 당신의 삶 속으로 초청하시는 분, 당신

---

13 *ST*, II-II, q. 23, a. 1c.
14 위의 책. "이런 종류의 상호 친절(호의)은 일종의 소통을 기반으로 한다"(*Talis autem mutua benevolentia fundatur super aliqua communicatione*). 아퀴나스를 해석하는 자들 사이의 논쟁을 상기하면서, 에버하르트 쇼켄호프(Eberhard Schockenhoff)는 이러한 논쟁의 맥락에서 소통(*communicatio*)이라는 용어를 번역하는 것이 어렵다고 설명한다. 그리고 이어서 다음과 같이 결론내린다. 이 용어를 해석하는 가장 좋은 방법은 "동적 측면과 비전이적 측면을 모두 수용하는 것입니다. 즉, 소통(*communicatio*)은 실체적 특성상, 공통의 본질적 형식의 소유라고 이해되어야 한다." 그러한 해석은 인간에 대한 신적인 사랑의 적극적인 자기-소통과 창조된 실재에서 인간을 내적으로, 특히 새로운 자질(*quaedam qualitas*) 또는 "영구적으로 주어진 형식"(*habituale donum*)을 통해, 변화시키는 하나님의 은혜의 역사를 설명한다. 아퀴나스는 *ST*, II-II, q. 23, a. 1c에서 두 가지 의미를 모두 제안한다. "하나님이 그의 행복을 우리와 함께 나누시는 한 인간과 하나님 사이에는 이러한 소통에 기초한 일종의 우정이 있어야 한다"(*Cum igitur sit aliqua communicatio hominis ad Deum secundum quod nobis suam beatitudinem communicat, super hac communicatione oportet aliquam amicitiam fundari*). Eberhard Schockenhoff, "The Theological Virtue of Charity [IIa IIae, qq. 23–46]," trans. Grant Kaplan and Frederick G. Lawrence, in *The Ethics of Aquinas*, ed. Stephen J. Pope [Washington, D.C.: Georgetown University Press, 2002], 244–58, 특히 247–48).

의 지존한 복을 우리에게 값없이 나누어 주시는 분, 당신의 삼위일체적 신비를 초자연적인 우정 안에서 개방하시고, 그 안에서 우리가 말로 다할 수 없이 충만한 사귐을 얻도록 은총을 베풀어 주시는 분, 우리가 믿는 하나님은 바로 그런 분이시다.[15]

물론 우정이란 관념은 철학, 특히 아리스토텔레스 철학에서 풍성히 발전된 측면이 있다. 그러나 아퀴나스가 우정의 관념을 발전시키기 위해 주로 참조한 것은 철학이 아니라 성경이다. 예컨대 요한복음을 보면, 우리 주님이 자신의 제자들에게 이렇게 말씀하시는 것을 볼 수 있다.

> 이제부터는 너희를 종이라 하지 아니하리니 종은 주인이 하는 것을 알지 못함이라 너희를 친구라 하였노니(요 15:15).

아퀴나스는 그리스도께서 이 말씀을 하시는 것을 보면서, 그것이 진심으로 우정 어린 마음에서 비롯된 것이라고 이해한다. 어떤 맹종이나 무지는 우정이 아니다. 육화된 말씀이신 그리스도께서 자신의 마음속에 숨겨진 것을 내비치시는 것. 자신이 아버지에게 들은 바를 자신의 친구에게 알려 주는 것. 그것이 요한복음 15:16에 비친 "진정한 우정의 표지"이다.[16]

따라서 성경에 근거한 카리타스(caritas, 우정)를 아퀴나스는 다음과 같이 설명한다. 카리타스(caritas, 우정)는 하나님의 말씀(Word)을 통해 가능해진 하나님과 인간 사이의 사귐이다. 이 사귐의 기초는 하나님이 우리에게 자신의 행복을 계시하고 알게 하는 사랑, 즉 우애(amicitia)이며, 하나님과 인간 사이에 이것을 가능하게 하는 것은 하나님이 우리와 관계를 맺기 위해

---

15 "초자연적"(supernatural)이라는 용어는 여기에서 인간의 본성을 훨씬 뛰어 넘는 우정, 즉 인간의 본성을 완성하는 하나님의 순전한 은혜에 의해서만 가능한 우정의 유일(독특)성이라는 의미에서 사용되는 우정을 나타낸다. 삼위일체 하나님의 삶에 참여하라는 부르심으로 인간과 소통하시는 하나님에 대해서는 Schockenhoff, "The Theological Virtue of Charity (IIa IIae, qq. 23-46)," 247을 보라.

16 *Ioan.*, par. 2016.

선택하신 방식, 즉 말씀(Word)이다.[17]

두 번째 특징이다.

카리타스(*caritas*, 우정)는 하나님이 영혼 안에 창조하신 어떤 것으로서 우리를 하나님과 결합시킬 뿐 아니라, 우리로 하여금 하나님께 이르게 한다. 따라서 카리타스(*caritas*, 우정)의 효과는 이중적이다.

다시 말하지만, 인간은 하나님과 동등하지 않다. 그러나 우리는 카리타스(*caritas*, 우정)를 통해 하나님과 하나가 된다. 이 하나가 되는 사역은 물론 삼위일체 하나님의 일이지만, 우리는 어디까지나 그 사역이 인간의 나약한 의지로 하여금 카리타스(*caritas*, 우정)적으로 사랑하게 하시는 성령, 곧 성부와 성자 사이의 사랑에 특별히 기인한다고 말할 수 있다.[18]

하지만 오직 성령만이 유일한 동인(動因)이라고 말해야 하는가?

우리 안에 있는 카리타스(*caritas*, 우정)의 행위를 이끌어 내는 것이 행위자인 우리 밖에 있는 외적인 원칙 곧 성령이라면, 우리의 행위는 결코 자발적인 것이 아니므로 하늘의 상급이 클 수 없다. 그러나 우리에게 주어질 하늘의 상급이 크다고 성경이 말씀하고 있기 때문에 우리의 행위는 자발적이어야 하며,[19] 그러기 위해서는 우리의 행위의 원칙이 행위자인 우리 안에 있어야만 한다.[20]

다른 말로 하면, 어떤 행위가 자발적이기 위해선 그 행위의 원칙인 의지가 그 행위를 수행하는 행위자(또는 대리자)의 작용인(또는 능동인)이어야만 한다.

그럼 대체 우리는 카리타스(*caritas*, 우정)의 행위가 어디에서 비롯된 것이라고 말해야 하는가?

우리의 인간적인 의지?

---

17 *ST*, II–II, q. 23, a. 1c.
18 성부와 성자 사이의 사랑이신 그 영에 대해서는 위의 책, I, q. 37, a.1 ad 3; I, q. 37, a. 2 및 II–II, q. 24, a. 2c, 그리고 이 책의 3장과 4장을 보라.
19 위의 책, II–II, q. 23, a. 2c.
20 위의 책, I–II, q. 6, a. 1.

아니다. 그럴 수 없다. 신학적 미덕인 카리타스(caritas, 우정)는 인간의 본성 자체를 초월한 초본성적 관념이다. 결국, 이 시점에서 아퀴나스는 일종의 딜레마에 빠진다. 우리를 하나님과 결합시키는 카리타스(caritas, 우정)의 행위는 한편으로는 성령의 일이기에 초본성적이지만, 다른 한편으로는 우리의 일이기에 자발적인 성격을 지니고 있다.

그럼 어떻게 해야 이 두 가지 상호 모순적인 일을 모두 긍정할 수 있을까? 이 같은 딜레마에 대한 아퀴나스의 답은 다음과 같다. 인간의 본성적인 능력을 초월하는 카리타스(caritas, 우정)의 행위를 인간이 수행하려면, 인간 안에는 "인간의 본성적인 능력에 덧붙여져(superadded) 있어서, 인간의 본성적인 능력이 카리타스(caritas, 우정)의 행위를 지향하도록 그리고 그 행위를 자진하여 즐거이 행하도록 사역(使役)시키는" 어떤 상존적 형상(habitual form)이 있어야만 한다.[21]

그리고 De caritate에서의 답은 다음과 같다.

> 우리가 사랑(caritas)을 행하도록 성령이 작용할 때 우리의 의지에 형상과 능력을 주시는데, 우리는 그 형상과 능력을 통해 강제로가 아니라 자발적으로 사랑(caritas)을 행한다.[22]

결국, 이상의 답에 근거하여 볼 때 우리는 아퀴나스의 딜레마가 이렇게 극복된다고 말할 수 있다.

우리를 하나님과 결합시키는 카리타스(caritas, 우정)의 행위는 우리의 의지와는 관계없이 성령이 작용하거나, 또는 그 반대로 성령과 관계없이 우리의 의지가 운동한 결과가 아니라, 우리로 하여금 자발적인 사랑을 가능하게 하신 성령의 '주입'(infusion)에 따른 결과다.

카리타스(caritas, 우정)와 믿음이나 소망은 서로 구별된다.

---

21   위의 책, II-II, q. 23, a. 2c.
22   *De caritate*, a. 1c.

그렇다면 우리는, 어떤 면에서, 우정으로 정의된 사랑(*caritas*)이 믿음이나 소망과 다르다고 말할 수 있는가?

아퀴나스에 따르면, 카리타스(*caritas*, 우정)를 믿음이나 소망으로부터 구별해 내는 것은, 그것이 우리로 하여금 하나님께 이르러 그분 안에서 안식할 수 있게 해 준다는 점에 있다. 물론 우리가 믿음이나 소망을 통해서도 하나님께 이를 수 있다고 말할 수 있다. 하지만 믿음이나 소망에는 어디까지나 '아직'의 제약이 남아 있다. 즉, 우리의 믿음과 소망은 여전히 진리를 구하고 선(善)을 습득해야만 하나님께 이를 수 있다는 제약을 가지고 있다.

반면에 하나님과 더 깊고 심오한 방식의 연합을 의미하는 카리타스(*caritas*, 우정)에는 '아직'의 제약이 없고, 다만 우리의 종극(終極)을 가리킬 뿐이다. 이를 신학적으로 바꿔 말하자면, 우리로 하여금 마침내 하나님 안에서 안식하게 하는 것은 창조되지 않은 은사인 성령의 주입으로 말미암아 우리 안에 창조된 지고의 신학적 미덕, 곧 카리타스(*caritas*, 우정)의 사랑이다.[23]

세 번째 특징이다.

아퀴나스는 카리타스(*caritas*, 우정)의 목적을 인간의 종극(終極), 즉 하나님 안에서의 영원한 안식과 행복이라는 관점에서 식별한다.[24] 하나님은 사랑받고 계신다. 자신을 위해. 카리타스(*caritas*, 우정)적으로. 더 정확히 말하면, 카리타스(*caritas*, 우정)는 주로 하나님의 사랑스러움의 한 측면, 즉 그의 선하심을 고려한다.[25]

따라서 카리타스(*caritas*, 우정)의 모든 행위는 카리타스(*caritas*, 우정)의 목적이신 하나님과 관련해서 이뤄진다. 다시 말해, 하나님은 카리타스(*caritas*, 우정)의 원칙적인 목적이다.[26] 우리가 카리타스(*caritas*, 우정)로 사랑을 받는

---

23 *ST*, II-II, q. 23, a. 6c. 참조. 쇼켄호프: 카리타스(*caritas*, 우정)적 사랑에 대한 아퀴나스의 논문은 "사랑의 길에 자신을 맡기고 하나님과의 우정을 향한 하나님의 초대를 추구하는 사람은 누구나 인간 삶의 목적을 달성하고 완전한 안식을 취하게 될 것이라고 전망한다"(256).
24 *ST*, II-II, q. 23, a. 4 ad 2.
25 위의 책, II-II, q. 23, a. 5 ad 2.
26 위의 책, II-II, q. 23, a. 5 ad 1.

근거는, 궁극적으로, 하나님과 연관이 있다. 예컨대 우리가 이웃을 사랑하고, 또 사랑해야만 하는 것은 그 이웃으로 말미암은 것이 아니라, 하나님으로 말미암은 것이다. 하나님이 그들 안에 계시기 때문이다.[27]

한 마디로 정리하면, 하나님은 만물보다 먼저 사랑을 받으시고 무엇보다 더 사랑받으시기에 합당한 분이시다. 그 이유는 하나님이 우리의 행복의 근원이시기 때문이다. 하나님 만이 우리의 행복의 참된 원인이다.[28] 반면에 우리의 이웃은 그렇지 않다. 이것이 우리가 하나님 외에 다른 것을 하나님보다 먼저 사랑하지 않는 이유인데, 우리는 우리의 이웃이 우리를 행복하게 만들기 때문에 사랑하는 것이 아니다.

우리가 이웃을 사랑하고, 또 마땅히 그렇게 사랑해야 만하는 이유는 그들이 잘 나서가 아니라, 그들이 하나님으로부터 오는 행복의 일부를 우리와 더불어 나누었기 때문이다. 그러므로 오직 하나님만이 다른 어떤 피조물보다 더 우리의 사랑을 받으시기에 합당하다.

> 그분 안에만 참된 행복이 있고, 그분 안에만 저 참된 행복에 참여할 수 있는 모든 원천과 공통된 준칙이 있기 때문이다(*beatitudo est in Deo sicut in communi et fontali omnium principio qui beatitudinem participare possunt*).[29]

그런데, 아퀴나스에 따르면, 카리타스(*caritas*, 우정)적 사랑은 심지어 우리의 원수에게도 확장된다. 왜냐하면, 그들도 하나님과 관련되어 있고, 그들을 향해서도 카리타스(*caritas*, 우정)적 사랑이 겨냥되어 있기 때문이다.

---

27 위의 책, II–II, q. 25, a. 1c. 참조. *De caritate* a.4c. "사랑은 그 자체로 하나님을 사랑하며, 이러한 이유로 사랑은 하나님께 향하는 다른 모든 사람들을 사랑한다. 그러므로 사랑은 모든 이웃 안에서 특별한 방식으로 하나님을 사랑하고, 이웃은—하나님이 사랑 안에 계시거나 사랑 안에 하나님이 계시기 때문에—사랑에 의해 사랑받는다"(*caritas diligit Deum ratione sui ipsius; et ratione eius diligit omnes alios in quantum ordinantur ad Deum: unde quodam modo Deum diligit in omnibus proximis; sic enim proximus caritate diligitur, quia in eo est Deus, vel ut in eo sit Deus*).
28 *ST*, II–II, q. 26, a. 2c.
29 위의 책, II–II, q. 26, a. 3c.

그렇다. 우리는 성령을 통해서 우리의 원수들 마저도 사랑할 수 있고, 또 그래야만 한다.[30]

이와 마찬가지로, 우리는 우리 자신을 사랑할 때, 특히 우리의 몸을 카리타스(caritas, 우정)로 사랑할 때에도, 정확히 하나님과의 관련성을 가지고 임해야 한다.[31] 우리의 카리타스(caritas, 우정)적 행위는 전부 하나님과 관련하여 그리고 모든 카리타스(caritas, 우정)의 원칙적인 목적이 되시는 하나님을 위해 이뤄져야 한다.

지금까지 우리는 카리타스(caritas, 우정)의 세 가지 특징에 대해 살펴보았다. 본질, 효과, 목적. 이 세 가지 카리타스(caritas, 우정)의 특징이 시사하는 바는, 성령의 위격과 사역이 카리타스(caritas, 우정)와 매우 깊은 연관이 있다는 점을 아퀴나스가 신뢰하고 있었단 것이다.

카리타스(caritas, 우정)는 성령으로 말미암아 세워진 목적, 즉 인간의 삶과 비교할 수 없는 대상(하나님)과 우애(amicitia)하는 문제이다. 그러므로 아퀴나스의 카리타스(caritas, 우정)에 대한 설명은 매우 중요한 의미에서 삼위일체론(또는 성령론)적이라고 할 수 있으며, 이러한 신학적 성격은 다음과 같은 함의를 도출한다.

카리타스(caritas, 우정)를 통해 우리는 사랑의 시작이자 끝이신 삼위일체 하나님과의 우애(amicitia)로 연합된다. 그래서 정확히 이 연합의 성취는 성령을 통해—영원 전에 하나님의 고유한 삶에서 사랑으로 발출해 나오사 이제는 세상 안에서 그리고 세상을 위한 선교를 위하여 파견되신 영을 통해—이뤄진다.

---

30 위의 책, II–II, q. 23, a. 1 ad 3.
31 위의 책, II–II, q. 25, a. 12c.

2) 성령 안에서의 사랑: 삼위일체신학으로서 카리타스(caritas, 우정)

아퀴나스의 사랑에 대한 이해를 우정(caritas)으로 보다 폭넓게 표현한 삼위일체론과 성령론은 발출, 관계, 위격, 파견에 대한 고려를 통해 더 탐구할 수 있다. 앞서 살펴보았듯이, 발출, 관계, 위격, 파견은 삼위일체의 신비에 대한 아퀴나스의 설명에서 중추적인 역할을 한다.

앞서 살펴보았듯이, 발출, 관계, 위격, 파견은 삼위일체의 신비에 대한 아퀴나스의 설명에서 중추적인 역할을 한다. 그러나 이 네 가지 주제는 또한 아퀴나스가 식별한 '카리타스'(caritas, 우정)와 '성령의 사역' 사이의 연결을 명확히 하는 역할을 한다.

(1) 발출, 관계, 위격, 파견

신적인 발출, 관계, 위격을 다룰 때, 아퀴나스는 자신의 삼위일체론의 핵심인 말씀과 사랑의 교리를 제시한다.[32] 앞서 언급했듯이, 말씀과 사랑에 대한 아퀴나스의 설명은 성자와 성령의 발출과 속성에 대해 우리가 어떻게 인식해야 하는 지를 일러 준다. 아퀴나스에 따르면, 우리는 "말씀"(언어, *Verbum*)이란 이름이, 본질적으로는 아니더라도, 위격적으로는 하나님에 대해 말하는 것이라고 이야기할 수 있다. 이는 그 이름이 지성의 어떠한 발산을 의미하기 때문이다.

이에 반해, 우리는 사랑(*amor*)이 본질적인 면과 위격적인 면 모두에서 하나님에 대해 말하는 것이라고 볼 수 있다. 단 본질적으로는 하나님에 대한 이름으로, 위격적으로는 특히 성령에 고유한 이름으로, 하나님 안에서 지성에 따라 발출해 나온 위격은 성자이다. 그러므로 그 "말씀"(Word)이란 이름은 특히 성자에게 부여된 것이며, "말씀"(Word)은 성자의 위격적인 속성을 가리킨다.

---

32 이러한 교리가 "토마스 [아퀴나스]의 삼위일체신학의 핵심"을 구성한다는 권위 있는 주장은 Gilles Emery, OP ("The Doctrine of the Trinity in St Thomas Aquinas," in Thomas Weinandy, Daniel Keating, and John Yocum, eds., *Aquinas on Doctrine: A Critical Introduction* [London: T&T Clark, 2004], 57)에 의해 제기된다.

이 발출에서 성부와 성자의 위격적 구분은 일어나고, 또 드러난다.³³

이와 유사하게, 아퀴나스는 성령의 발출과 위격적 속성이 어떻게 인식되어야 하는지를 설명하기 위해 사랑의 개념을 사용한다. 아퀴나스에 따르면, 하나님 안에 있는 "사랑"(*amor*)이란 단어에는 두 가지 의미가 있다. 하나는 본질적 의미를 지니고, 다른 하나는 위격적 의미를 지니는데, 아퀴나스는 본질적 의미의 사랑이 세 위격 모두에 공통된 것인 반면, 위격적 의미의 사랑은 특히 성령과 동일시된 것이라고 말한다.³⁴

즉, 위격적으로 취해진 사랑(*amor*)은 성령의 고유한 이름이며, 이는 성부와 성자로부터 '영발'이라고 하는 발출을 통해 나온다.³⁵

성령의 고유한 이름인 사랑(*amor*)은 성자의 고유한 이름인 말씀(Word)과 비슷한 방식으로 생각되지만, 하나님에 대해 말할 때 "사랑"은 본질적인 것인데 반해 "말"(word)은 아니기 때문에, 성령에 관한 이름을 설명하는 것이 더 어렵다. 그럼에도 불구하고, 아퀴나스는 다음과 같이 유비적으로 정리한다. 이해하는 행위를 통해 이해된 대상에 관한 개념—흔히 '말' 또는 '단어'와 같은—구상이 나타나는 것처럼, 누군가를 사랑할 때도 마찬가지다.

우리가 어떤 대상을 사랑할 때 그 대상에 대한 각인(*impressio*)이 우리가 사랑하는 행위(애정) 안에 나타난다.³⁶ 이 각인(*impressio*) 덕분에, 우리가 사랑한 대상이 우리 안에 있다. 이는 우리가 어떤 사물을 이해할 때, 우리의 이해 속에 우리가 이해한 저 사물이 있는 것과도 같다. 흔히 아퀴나스는 각인(*impressio*)을 애정(*affectio*), 충동(*impulsio*), 끌림(*attractio*)으로 묘사하곤 하는데,³⁷ 이들을 통해 아퀴나스가 주로 설명한 것은 성부와 성자와 위격적으로 구별된 성령의 속성이다. 예컨대 에머리는 이 같은 설명 방식을 다음과 같이 잘 기술한다.

---

33 *ST*, I, q. 34, a. 2c, ad 3.
34 위의 책, I, q. 37, a. 1c, ad 4.
35 위의 책, I, q. 27, a. 4 ad 3.
36 위의 책, I, q. 37, a. 1c.
37 위의 책.

사랑의 각인(*impressio*)은 그것을 발출시킨 의지와 기원의 관계가 있다. 그리고 그 사랑보다 필연적으로 앞서 나온 말씀과도 기원의 관계가 있다 (의지는 지성이 처음 산출한 것을 사랑한다).[38]

그러므로 말씀과 사랑의 교리는 각각 성자와 성령의 위격적이고 관계적인 속성을 나타내는 역할을 하는 동시에, 신적인 발출이 일어나는 성 삼위 하나님의 본질이 하나임을 설명한다.

신적인 발출의 교리가 중요한 또 다른 이유는 그 교리가 성자와 성령을 보내신 사건, 즉 신적인 파견(*missione*)을 설명하는 데 적합한 문법을 제공해 주기 때문이다. 성자와 성령의 파견에 관한 설명에서, 아퀴나스는 하나님과 신자 사이의 연합이 신적인 파견을 통해 이뤄진다고 결론한 바 있다.

어떻게 그는 이와 같은 결론을 내린 것일까?

그 과정을 이해하기 위해서는 앞의 결론에 담긴 몇 가지 핵심적인 특징들을 알아볼 필요가 있다. 아퀴나스에 따르면, 신적인 위격의 파견에는 두 가지 요소가 포함되어 있다.

첫 번째 요소는 한 위격이 다른 위격으로부터 영원히 발출한다는 것이다.

두 번째 요소는 시간 속에서—때에 따라—창조된 효능의 은사, 즉 성화 은총이다.

첫 번째 요소와 관련하여 아퀴나스는 다음과 같이 말한다. 신적인 위격들은 영원하고 불변하기 때문에, 이 파견은 어떠한 장소적 이동이나 그러한 유의 인과적 운동으로 구성된 어떤 것이 아니다. 도리어 그것은 단순히 기원의 관계를—예컨대 '성자가 성부에 대하여' 또는 '성령이 성부와 성자에 대하여' 영원히 갖고 계신 기원의 관계와 같은 것을—의미한다.

---

38 Emery, "The Doctrine of the Trinity," 58.

따라서 거기에는 어떠한 우월성이나 열등성도 내포되어 있지 않다. 성부가 성자를 보내신다고 해서 성부가 성자보다 우월한 것이 아니고, 성령이 성부와 성자에 의해 보내진다고 해서 성령이 다른 두 위격보다 열등한 것도 아니다.

파견은 단지 위격의 발출일 뿐이다. 보내신 이로 말미암아 보냄받은 위격의 발출. 그 이상도 그 이하도 아니다.[39] 허나 발출은 영원한 반면, 파견은 일시적이다. 달리 말하면, 파견에는 일시적인 효과가 추가된 영원한 발출이 포함되어 있다.[40]

두 번째 요소와 관련하여 아퀴나스는 다음과 같이 말한다. 보냄을 입은 하나님의 위격은 성도 안에서 "새로운 방식으로" 존재하기 시작한다.[41] 그러나 변화는 신적인 위격 안에서 일어나는 것이 아니라, 피조물 안에서만 일어난다. 그러므로 신적 위격이 보냄을 받았다고 해서 그들이 전에 가본 적 없는 곳으로 보냄을 받은 것은 아니다. 오히려 하나님은 파견을 통해 새로운 능력으로 피조물 안에 임하신다.[42]

이 새로운 임재 방식은 '자기 백성 안에 거하시는 하나님의 은혜'의 결과이다. 성부는 성자와 성령을 보내시어 자기 백성 안에 거하게 하신다. 그리고 성부 자신도 그들 안에 거하신다. 더 정확히 말하면, 성부가 성자와 성령을 자기 백성에게 보내실 때 그들과 함께 오신다. 그 결과 우리 안에 거하시는 분은 한 위격이 아니라 성 삼위일체 하나님 전체시다.[43]

신적인 파견을 가장 잘 묘사하는 용어는 물론 '보냄'이지만, 아퀴나스는 '주심'이란 용어도 간과하지 않는다. 따라서 그는 다음과 같이 설명한다.

39　*ST*, I, q. 43, a. 1c.
40　위의 책, I, q. 43, a. 2 ad 3. 파견과 발출을 이렇게 구분함으로써 아퀴나스는 전자를 후자로 무너뜨리는 것을 피하는데, 이것은 구원의 경륜이 신적 위격을 구성한다는 것을 암시한다.
41　위의 책, I, q. 43, a. 1c.
42　위의 책, I, q. 43, a. 2 ad 2; I, q. 43, a. 1c.
43　위의 책, I, q. 43, a. 1c, 2c, 8c. 참조. Gilles Emery, OP, *Trinity in Aquinas* (Ann Arbor, Mich.: Sapientia Press, 2003), 160–61.

만일 "보낸다는 것"이 새로운 능력 안에서 존재한다는 것을 의미하고, "주어진다는 것"이 다른 무엇에 의해 우리가 소유하게 된다(단, 연합의 의미에서)는 것을 의미한다면, 신적인 위격은 단지 '보내지는 것'이 아니라 '주어지는 것'이기도 하다.[44]

그런데 여기서 핵심은 우리 안에 새로운 능력으로 존재(보내짐)하시고 우리에 의해 소유(주어짐)된 하나님의 위격이 우리의 성화를 일으킨다는 것이다.[45]

하나님은 파견을 통해 우리 안에 거하신다. 그런데 이 같은 방식의 거하심은 성화를 야기한다. '거하심'에 대한 이러한 개념을 파악하기 위해, 아퀴나스는 두 가지 사고방식을 전개한다.

첫째, 우리가 "존재론적"이라고 부를 수 있는 것이고,[46] 이는 다음과 같은 함의를 내포한다. 성자와 성령은 성도들의 영혼에 각각의 유사성(likeness)을—즉 지혜와 사랑이라는 영원한 속성을—각인한다. 바꿔 말하면, 성자와 성령의 영원한 속성이 이러한 유사성을 일으키는 전형적인 원인이다. 따라서 아퀴나스는 자신의 『명제집 주해』에서 성자와 성령의 "인봉" 또는 "도장"(*sigillatio*)이란 개념을 사용하여, 그것이 인간으로 하여금 하나

44　*ST*, I, q. 38, a. 1c. "소유한다는 것은 우리가 원하는 대로 자유롭게 사용할 수 있거나 향유할 수 있는 것을 말한다. 이런 양태로 하나님의 위격을 소유할 수 있는 것은 오로지 하나님께 결부된 이성적 피조물뿐이다"(*Habere autem dicimur id quo libere possumus uti vel frui, ut volumus. Et per hunc modum divina Persona non potest haberi nisi a rationali creatura Deo coniuncta*).

45　위의 책, I, q. 43, a. 3c. "나는 이상의 것에 답하여 다음과 같이 말하여야 한다. '파견되는 것'이 하나님의 위격에 적합한 것은 그것이 어떤 것 안에서 새로운 양태로 존재하는 한 에서이고 '주어지는 것'이 적합하다는 것은 그것이 어떤 것에 의해 소유되는 한 에서이다. 그런데 이런 두 가지는 다 성화의 은총에 의하지 않고 서는 될 수 없다"(*Respondeo dicendum quod divinae Personae convenit mitti, secundum quod novo modo existit in aliquo; dari autem, secundum quod habetur ab aliquo. Neutrum autem horum est nisi secundum gratiam gratum facientem*). 참조. Herwi Rikhof, "Trinity," in *The Theology of Thomas Aquinas*, ed. Rik Van Nieuwenhove and Joseph Wawrykow (Notre Dame, Ind.: University of Notre Dame Press, 2005), 36–57, 특히 45.

46　이 명칭은 에머리와 일치한다(Emery, *Trinity in Aquinas*, 161; "The Doctrine of the Trinity," 61).

님과의 영원한 관계에 참여할 수 있게 한다고 설명한다.⁴⁷

둘째, 우리가 "객관적" 또는 "의도적"이라고 부를 수 있는 것이며,⁴⁸ 이는 『신학대전』 제1권 1부의 제43문에서 다음과 같이 설명된다. 하나님의 은총의 선물로 믿는 자가 된 우리는 그분을 알고 또 사랑함으로써 하나님과 놀랍도록 즉각적으로 연합되기에 이른다.⁴⁹ 좀 더 풀이하면, 은혜의 상태에서 우리는 성자와 성령의 파견을 통해 하나님을—즉 우리의 무지를 밝히시는 '말씀'과 은사로 카리타스(*caritas*, 우정)를 주시는 '사랑'을—닮아간다. 그런데 이처럼 우리가 신적인 위격의 어느 한 속성에 참여(동화)하게 됨은—에머리가 잘 관찰한 것처럼—은총의 결과이다.⁵⁰ 바꿔 말하면, 각각의 위격에 속한 은총이 우리가 삼위일체를 닮아가는 이유이자 원인이고, 이는 다음과 같은 신학적 함의를 갖는다.

---

47 Aquinas, *In I Sent.*, d. 15, q. 4, a. 1
48 이 두 번째 사유를 그렇게 부르는 것은 에머리의 영향을 반영하는 것이기도 하다(Emery, *Trinity in Aquinas*, 162; "The Doctrine of the Trinity," 61).
49 아퀴나스는 *ST*, I, q. 43, a. 3c에서 이 연합의 직접(즉각)성을 언급한다. "하나님이 만물에 그 본질과 능력과 현존으로 말미암아 마치 원인이 그 자신의 선(善)성을 분유하는 결과들 안에 존재하는 것처럼 존재하는 그런 하나의 공통된 하나님의 내재의 양태가 있다. 그런데 이런 공통된 양태 위에 또 하나의 특수한 양태가 있다. 즉, 그런 양태는 인식되는 것이 인식하는 것 안에 있다고 하고 사랑받는 것이 사랑하는 것 안에 있다고 하는 것과 같이 하나님이 그 안에 있다고 하는 이성적 피조물에 적합한 것이다. 그리고 또 이성적 피조물은 인식하며 사랑하는 자기 작용으로 하나님과 접촉하는 것이니 하나님은 이런 특수한 양태에 의해 다만 이성적 피조물 안에 존재할 뿐만 아니라 또한 그 안에 산다고 한다. 그것은 마치 자신의 신전 안에 사는 것과 같은 것이다"(*Est enim unus communis modus quo Deus est in omnibus rebus por essentiam, potentiam et praesentiam, sicut causa in effectibus participantibus bonitatem ipsius. Super istum modum autem communem, est unus specialis, qui convenit creaturae rationali, in qua Deus dicitur esse sicut cognitum in cognoscente et amatum in amante. Et quia, cognoscendo et amando, creatura rationalis sua operatione attingit ad ipsum Deum, secundum istum specialem modum Deus non solum dicitur esse in creatura rationali, sed etiam habitare in ea sicut in templo suo*). 사랑과 인식의 관계에 대해서는, Michael Sherwin, OP, *By Knowledge and By Love: Charity and Knowledge in the Moral Theology of St. Thomas Aquinas* (Washington, D.C.: The Catholic University of America Press, 2005), 특히 5장("인간 행동에서 사랑과 인식의 관계")과 6장("사랑의 덕으로서의 지위")을 보라. 이 책에서 이 문제에 대한 더 자세한 연구는 아래 6장에서 다뤄질 것이다.
50 Emery, *Trinity in Aquinas*, 162.

성자와 성령이 그들의 현세적인 사명 안에서 성부로 인해 보냄을 받을 때 우리 안에는 하나님께 참여(동화)가 일어나는데, 이 참여(동화)는—먼저 성자에 관해서 말하자면—하나님에 대한 지식을 가져오는 지적인 빛(깨달음)을 산출하고—다음으로 성령에 관해서 말하자면—카리타스(caritas, 우정)에 대한 열망(흠모)을 산출한다.

확실히 두 파견의 결과 사이에는 차이가 있다.[51] 그러나 아퀴나스가 정작 강조하는 것은 그와 같은 차이가 아니라, 이 두 가지 신적인 파견 사이에 존재하는 심오한 관련성이다. 하나님의 말씀(Word)이신 성자는 "단순한 말이 아니라 사랑을 내쉬는 말씀이다."[52] 그러므로 성자는 "어떤 종류의 지적인 완전에 따라서가 아니라, 사랑에 대한 애정 속으로 개입해 들어오시는 지적인 빛에 따라서" 보냄(파견)을 입는다.[53]

즉, 우리 안에 내주하시는 성자 자신이 영원히 사랑—곧 성령—으로 솟구쳐 나오기 때문에, 성부의 성자를 보내시는 현세적 파견은 사랑으로 솟구쳐 나오는 인식을 향해 우리를 이끌어 간다. 한편, 성령은 카리타스(caritas, 우정)의 방식에 따라 파견된다.

> 성령은 사랑(amor)이기 때문에 영혼은 사랑의 덕, 즉 애덕(charity)의 은사에 의해 성령에 동화된다.[54]

성부께서 보내신 성령은 우리 안에 거하시고, 우리를 사랑—곧 성령 그분 자신—으로 채우신다. 따라서 '카리타스'(caritas, 우정)는 성령과 함께하는 영혼의 참여를 의미한다.[55]

---

51 *ST*, I, q. 43, a. 5 ad 3.
52 위의 책, I, q. 43, a. 5 ad 2.
53 위의 책.
54 위의 책.
55 위의 책, II–II, q. 23, a. 3 ad 3.

애덕(charity)의 우정(*caritas*) 안에서 은총의 상태에 거하는 자들은 모두 성령을 통해 삼위일체 하나님의 삶에 참여하는 자들이다. 그들이 그렇게 참여하는 이유는 바로 아퀴나스가 그의 성서 주석에서 그리스도인의 삶의 기초로 자주 언급한 성령의 내주하심 때문이다. 예컨대 아퀴나스는 요한복음 14:17에 나온 그리스도와 제자들 사이의 담화를 가리켜, 그 담화가 우리와 함께 거하시는 성령에 대한 성경적 근거라고 말한 바 있다.

여기서 그는 에스겔서 11:19까지 참고하면서 특별히 친밀감을 강조하고 있는데, 이를 그는 다음과 같이 서술한다.

> [성령]이 너희와 함께 거하시며 너희 안에 계시므로
> 너희 마음 깊은 곳에 계시므로(겔 11:19).

> 너희가 [성령]을 아느니라(요 14:17).[56]

그렇다. 성부와 성자의 사랑을 매는 띠처럼 영원히 발출하는 성령께서 이 땅 가운데 보냄을 입으실 때, 그 동일한 영이 거룩하게 하는 은사(성화 은총) 안에서 신실한 자들의 마음속 깊은 곳에 거하신다. 그리고 그들에게 은혜를 주사 그들이 하나님과 동화되도록, 그리하여 하나님의 삶과 사랑으로 휘말려 들어가도록 인도하신다.[57]

'파견'은 하나님이 어떤 것 안에서 새롭고 특별한 양태로 존재하는 것을 가능하게 한다. "인식되는 것이 인식하는 것 안에 있다고 하고, 사랑받는 것이 사랑하는 것 안에 있다고 하는 것과 같이," 하나님이 성도 안에 거하시기 위해 오시는 것은 파견을 통해서 이루어진다.[58]

---

56 *Ioan.*, par. 1920.
57 *ST*, I, q. 43, a. 3c; I, q. 43, a. 5 ad 2.
58 위의 책, I, q. 43, a. 3c.

그런 의미에서 우리 인간은 단순한 피조물이 아니라 하나님의 성전이다.[59] 그러나 이처럼 특별한 존재 방식은, 아퀴나스에 따르면, 인간의 힘이 아니라 '하나님이 성자와 성령을 보내사 우리 안에 거하시고 거룩하게 하사 우리를 하나님의 직접적인 거처로 삼으신 파견'의 결과다.

지금까지 5장은 하나님과의 연합이 신적 파견을 통해 이루어진다는 아퀴나스의 결론과 그 결론이 도출되는 과정을 다루었다. 이를 바탕으로 신적 파견에 대한 아퀴나스의 견해는 다음과 같이 정리될 수 있다. 우리의 지성에 비춰진 빛과 우리의 사랑에 불을 지핀 애정으로 말미암아—즉 성자(말씀)와 성령(사랑)의 현세적 파견 속으로 우리가 은혜 가운데 참여하게 됨으로 말미암아—우리는 하나님과 연합하게 된다. 그런데 이 때 저 '연합'이란 용어는 아퀴나스가 앞서 카리타스(caritas, 우정)의 결과로 다룬 요점과 놀라울 정도로 유사하다.

카리타스(caritas, 우정)는 우리로 하여금 하나님께 이르러 그분 안에서 안식(연합)할 수 있게 해 준다. 신적 파견의 결과와 카리타스(caritas, 우정)의 결과가 유사하다는 것은 이미 앞서 확인된 사실, 즉 아퀴나스의 도덕신학이 교리신학에 기초하고 있음을 재확인시켜 준다. 따라서 둘 사이의 유사성은 후자가 전자에 기반을 두고 있다는 암시적인 단서이며,[60] 이러한 의미에서 카리타스(caritas, 우정)에 대한 아퀴나스적 이해의 교리적 기초가 무엇인지 드러난다.

성자와 성령의 현세적 파견을 통한 성 삼위 전체의 내주(內住)는 카리타스(caritas, 우정)의 행위를 통해 하나님을 더욱 진정으로 알고 사랑하고 연합하고

---

59 위의 책. 참조. Rikhof, "Trinity," 46; D. Juvenal Merriell, CO, "Trinitarian Anthropology," in *The Theology of Thomas Aquinas*, ed. Rik Van Nieuwenhove and Joseph Wawrykow (Notre Dame, Ind.: University of Notre Dame Press, 2005), 123–42, 특히 136.

60 에머리도 같은 결론에 도달한다. "인식되는 것은 인식하는 것 안에 있고, 사랑받는 것은 사랑하는 것 안에 있다는 이 교리는 성 토마스의 말씀과 발출에 관한 교리에서 파생된 것으로, 신적인 위격의 내주(inhabitation)를 설명하는 데 사용되었다. 삼위일체 교리는 여기에서 성 토마스의 신학적 인간학(하나님의 형상에 관한 교리), 도덕신학(특히 신학적 미덕에 관한 교리), 종말론(하나님의 비전과 결실에 관한 교리)의 기초를 제공한다"(*Trinity in Aquinas*, 163).

안식할 수 있는 토대이다.[61] 결국, 지금까지의 정리는 카리타스(*caritas*, 우정)의 개념이 삼위일체 교리, 특히 성령론과 연결되어 있음을 분명히 보여 줍니다.

그러나 아퀴나스의 카리타스(*caritas*, 우정)가 기반을 두고 있는 삼위일체적 기초에 대한 더 깊은 이해로 가는 길은 단순히 도덕신학과 교리신학 사이의 연결이 아니라 아퀴나스가 "사랑의 성사"(*sacramentum caritatis*)로 정의한 성찬례에 주의를 기울이는 것에 있다.[62]

3) 『대이교도대전』 4권에 나타난 아퀴나스의 성령의 사역 이해

『대이교도대전』 4권에서 아퀴나스는 성령의 사역에 대해 특히 풍부한 설명을 제공한다.[63] 만물에 대한 성령의 영향을 성경으로 요약(20장)한 후, 그는 『대이교도대전』 4권 21장과 22장에서 이성적 피조물 안과 이성적 피조물을 위한 성령의 사역을 정리한다. 성령의 사역에 관련된 다양한 성경 구절을 묵상하면서 아퀴나스는 사랑이라는 공통의 근본적인 주제를 분별한다. 먼저 사도 바울의 말을 인용하면서 그는 다음과 같이 논의를 시작한다.

> 우리에게 주신 성령으로 말미암아 하나님의 사랑이 우리 마음에 부은 바 되었다(롬 5:5).

이밖에도 그는 자신의 로마서 주석에서 다음과 같이 입장을 표명한다. 로마서 5:5에서 하나님의 카리타스(*caritas Dei*)는 두 가지 방식으로 해석될 수 있다. 하나는 하나님이 우리를 사랑하시는 사랑이고, 다른 하나는 우리

---

61 아퀴나스는 *ST*, I, q. 38, a. 1c에서 신적인 위격의 파견과 인간이 인식하고 사랑하는 행위 사이의 연결을 명시적으로 설명한다. 하나님을 누림(향유)은 이성적인 피조물이 "하나님의 말씀과 발출하는 사랑에 참여하여 하나님을 자유롭게 참으로 인식하고 올바르게 사랑할 때" 일어난다.

62 *ST*, III, q. 73, a. 3 ad 3; III, q. 78, a. 3 ad 6.

63 『대이교도대전』 4권의 훌륭한 영어 번역본은 찰스 J. 오닐(Charles J. O'Neil)에 의해 제작되었다(Notre Dame, Ind.: University of Notre Dame Press, 1975).

가 하나님을 사랑하는 사랑이다.64

하나님의 사랑은 이 두 가지 방식 모두에서 우리 마음에 성령으로 말미암아 부은 바 된다. 왜냐하면, 성부와 성자의 사랑이신 성령께서 우리에게 부은 바 된 이유가, 바로 우리로 하여금 사랑에 참여하도록 하기 위함이기 때문이다.65

비록 『대이교도대전』에서 아퀴나스가 로마서 5:5에 대해 아주 상세한 주석을 단 것은 아니지만, 그는 이 구절을 통해 우리가 하나님을 사랑하는 애덕(charity)이 성령에 의해 우리 안에 있음을 추론한다. 하나님은 ─ 이미 앞서 카리타스(caritas, 우정)의 세 번째 측면으로 논의한 바와 같이 ─ 애덕(charity)의 목적이다.

성령의 은사를 통하여 우리 마음에 퍼지신 하나님이 참으로 모든 신학적 미덕의 목적이다.66 그래서 우리 안에 애덕(charity)이 있다는 것은 성령이 우리에게 주어졌고 우리 안에도 계신다(고전 3:16)는 것을 보여 주는 일종의 표지이다. 우리 안에 거하시는 성령께서 하나님에 대한 우리의 사랑을 불붙게 하신다.

그리하여 우리가 하나님을 사랑하는 자가 되도록 하신다. 허나 우리로 하여금 하나님을 사랑하는 자가 되게 하시는 일은 단지 성령 만의 일이 아니다. 그것은 ─ 아퀴나스에 따르면 ─ 성부와 성자와 성령의 공통된 작용(사역)이다.

이 때문에 그것은 다음과 같이 삼위일체적으로 표현될 수 있다. 하나님은 성령의 위격 안에서 당신 자신을 선물로 주셔서 우리로 하여금 당신 자신을 사랑하게 만드신다.67 더욱이 모든 사랑받는 자는 사랑하는 자 안에 있기 때

---

64 *Ad Rom.*, 5, lect. 1, n. 392. 리크호프(Rikhof)가 언급했듯이, 카리타스(*caritas*, 우정)적 사랑의 이중적 의미는 우정의 특징인 상호 관계에 해당한다(Rikhof, "Trinity," 53; 참조. *ST*, II-II, q. 23, a. 1).
65 *Ad Rom.* 5, lect. 1, n. 392.
66 예. 사랑의 목적.
67 아퀴나스는 다음과 같은 방식으로 성부와 성자와 성령의 공통된 작용(사역)에 관한 교리를 적용한다. "그러므로 성부와 성자와 성령의 권세는 성부와 성자와 성령의 본

문에, 그리고 그 '안에 있음'이란 사랑의 친밀성 외에 다른 무엇이 아니기 때문에, 우리 안에 애덕(charity)이 있음은 성부와 성자가 성령을 통해 우리 안에 거하시고(요 14:23; 요일 3:24), 우리는 그들 안에 있음(요일 4:13, 16) 외에 다른 무엇이 아니다. 그러므로 우리가 성령을 통해 이끌려 나가는 지점은 바로 하나님의 삶, 곧 삼위일체 하나님의 사랑의 친교(사귐)이다.[68]

성령의 사역에 관한 다양한 성경 구절을 묵상하면서, 아퀴나스는 다음과 같은 구절들이 우정(caritas)의 관점에서 가장 잘 이해된다는 것을 발견한다(요 14:15-16; 20:22-23; 롬 8:15; 14:17; 고전 2:9-10; 12:8, 11; 고후 3:17). 아퀴나스는 분명히 아리스토텔레스의 영향을 받았지만, 그의 주된 관심은 성경의 가르침을 가능한 한 가장 깊고, 심오한 방식으로 이해하는 것 같다.

성경을 주의 깊게 읽으면서, 아퀴나스는 신자 안에 역사하는 성령의 사역이 우정의 독특한 특징을 많이 지니고 있음을 배운다. 예컨대 그가 배운 점을 열거하자면 다음과 같다.

(1) 친구에게 비밀을 털어놓는 것이 우정에 합한 것처럼, 성경도 하나님의 깊은 것까지도 통달하시는 성령께서 신실한 자들에게 하나님의 비밀을 계시하신다고 가르친다(고전 2:9-10).[69]

질이 동등한 것과 같이 동일하므로, 하나님이 우리 안에 영향을 미치는 것은 무엇이든 필연적으로 성부와 성자와 성령으로부터, 효요적 원인에서와 같이, 동시에 비롯된다." 아퀴나스는 또한 성령의 특별한 역할에 대해 인정한다. "우리 안에 있는 사랑은 비록 그것이 성부와 성자와 성령의 결과(효과)일지라도 우리 안에 있기 때문에 성령을 통하여 우리 안에 있는 특별한 종류의 것이다"(ScG, IV, ch. 21, par. 2). 이 이유는 아퀴나스가 성령을 어떤 결과를 산출하는 원인(efficient cause)일 뿐만 아니라, 어떤 본이 되는 원인(exemplary cause)—즉 우리가 하나님을 사랑하는 것이 "성령의 나타나심에 합당한 본"(proprium repraesentativum Spiritus Sancti)이 되게 하는 원인—으로 식별한 것과 관련이 있다(위의 책).

68 위의 책, IV, ch. 21, par. 3.
69 위의 책, IV, ch. 21, par. 5.

(2) 친구가 자신의 '또 다른 자아'인 것처럼, 그래서 그 친구와 자신이 가진 것을 함께 나누는 것처럼, 성경도 하나님이 당신과 함께 즐거이 나누기를 원하는 자들에게 자신의 것(은사)을 아낌없이—성령을 통해—베푸신다고 증언한다(고전 12:8, 11).[70]

(3) 친구를 딸이나 아들로 입양하여 이 사람에게 상속의 일부를 약속하는 자처럼, 하나님은 양자의 영을 통해 신자들을 입양하시고 우리로 하여금 "아바, 아버지"(롬 8:18)라고 부르게 하신다.[71]

(4) 한 사람이 다른 사람의 친구가 되었다는 사실로 인해 우정에 반하는 모든 범죄가 제거되는 것처럼, 하나님은 우리를 하나님의 친구로 세우시는 성령으로 말미암아 우리의 죄를 용서하신다(요 20:22-23).[72]

(5) 친구와 함께 있고, 그 친구와 함께 기거함을 즐거워하며, 이 친구에게서 고난 중에 안위와 쉼을 얻는 것이 우정에 합한 것처럼, 성경은 성령께서 우리를 하나님의 친구로 삼으시고, 하나님과 우리 사이에 내주하심으로 말미암아 우리가 성령을 통해 하나님 안에서 기뻐하고, 하나님과 함께 기거함을 즐거워하며, 시련과 역경 중에서 참된 안위를 경험하게 된다고 가르친다. 그러므로 성경은 이 같은 성령을 구체적으로 가리켜 우리의 기쁨의 근원(롬 14:17)이자 우리의 위로자(요 14:26)라고 말한다.[73]

(6) 우정의 또 다른 속성은 친구가 원하는 것에 동의하는 것이다. 이처럼 우리도 하나님이 우리에게 바라시고 기대하시는 것을 사랑으로 자유롭게 성취하도록 성령에 의해 이끌린다(고후 3:17; 요14:15).[74] 이 모든 구절은 인간의 의지가 참된 선(善)을—특히, 삼위일체 하나님 자신이신 지고의 선(善)을—사랑하도록 이끌어 가시는 성령의 역사에 관한 기록이며, 이 기록은 다른 어떤 관점보다 우정 안에서 가장 잘 이해된다.[75]

---

70 위의 책, IV, ch. 21, par. 7.
71 위의 책, IV, ch. 21, par. 9.
72 위의 책, IV, ch. 21, par. 10.
73 위의 책, IV, ch. 22, par. 3.
74 위의 책, IV, ch. 23, pars. 4-6.
75 위의 책, IV, ch. 23, par. 6.

아퀴나스는 우정(*caritas*)의 해석학으로 성령에 관한 여러 구절들을 설명함으로써 삼위일체신학과 카리타스(*caritas*, 우정) 사이의 깊은 관계를 우리에게 보여 준다. 우리 마음에 하나님의 사랑을 부으신 성령은 우리를 하나님의 친구로 세우신다. 그 결과 이 성령의 현세적 사역 안에 있는 우리는 하나님을 우정(*caritas*)의 사랑으로 사랑하게 된다. 지금껏 카리타스(*caritas*, 우정)에 대해 여러 말을 했지만, 이를 아퀴나스 안에서 가장 극명하게 드러내 주는 것은 다름 아닌 우정(*caritas*)으로서의 사랑이다.

우리를 사랑하시고, 당신의 말씀(Word)과 사랑(Love)안에서 우리를 당신의 친구로 삼으시는 우정(*caritas*). 이 신적인 우정(*caritas*)이 바로 아퀴나스가 이해한 카리타스(*caritas*, 우정)의 핵심이다.[76]

예컨대 헤르비 리크호프(Herwi Rikhof)의 말을 빌리자면, "성부와 성자와 성령이신 하나님과의 관계는 위격적인 온기와 친절과 관용의 숨을 내쉰다."[77] 간단히 말해서, 삼위일체 하나님의 관계는 사랑의 숨, 우정(*caritas*)의 숨을 내쉰다. 허나 이러한 숨을 가져오시는 하나님의 사역은—기원의 관계에서—특히 성령의 것으로 여겨진다.

우정(*caritas*)이나 애덕(charity)과 같은 주제와 관련하여, 가장 두드러지게 나타나는 분은 성령이다. 하지만 하나님의 세 위격 사이에서 작용하는 단일성의 교리 덕분에, 아퀴나스는 충분히 삼위일체적 애덕(charity)의 깊이와 목적을 확인할 수 있었다. 성령은 성부와 성자와 함께 공통된 사역을 하시면서, 우리를 성 삼위일체 하나님과의 사랑의 연합으로—그 결과, 신학적 미덕인 애덕(charity)으로—인도하신다.

다시 말해, 우리 그리스도인의 삶의 중심에는 '사랑', '우정', '애덕' 안에서의 신적인 연합을 향한 비전이 담겨 있다. 그런데 이 비전은—아퀴나스에 따르면—성령의 선물 곧 사랑의 은사이며, 이 은사를 받는 가장 탁월한 방법은 "사랑의 성사" 곧 성찬례이다.

76　Rikhof, "Trinity," 54.
77　위의 책.

4) 성찬례: 사랑의 성사

아퀴나스가 성찬례를 사랑의 성사(*sacramentum caritatis*)라고 명한 것은 사랑(또는 우정이나 애덕)이 지닌 성령론—그리고 삼위일체론—과의 관계성에 대한 추가적인 함의를 내포하고 있다. 위의 제목—"성찬례: 사랑의 성사"—에서 유추할 수 있듯이, 성령께서 세우신 사랑의 우정(*caritas*)은 성사적 유대를 통해 특별한 방식으로 유지되고 깊어진다. 일단 성령이 성찬의 은사 위에 임하셔서 그것들을 거룩하게 하시면, 성찬 안에 있는 그리스도의 구원의 임재는 우리의 영혼을 카리타스(*caritas*, 우정) 안에서 삼위일체 하나님과 연합한다.

사랑은 우리를 우리의 궁극적인 목적이 되시는 하나님께로 인도하고, 또 하나님과 연합하게 한다. 왜냐하면, 사랑의 결과가 하나님께 이르러 그분과 연합하는 것이기 때문이다. 그러므로 사랑의 성사란 칭호에 합당한 것은 무엇이든 그러한 연합을 산출해야 하는데, 아퀴나스는 이 같은 종류의 성사가 바로 성찬례라고 주장한다.

그렇다면 대체 어떤 의미에서 성찬례는 사랑의 성사(연합을 산출하는)일까?

아퀴나스가 잘 설명하고 있는 것처럼, 성찬례가 사랑의 성사라고 불리는 근본적인 이유는 성찬례가 그리스도의 공로로운 희생(우리를 사랑하시고 기꺼이 고난을 받으신 그리스도와 일치하게 하는 연합의 공로)을 기념하고 재현하기 때문이다.[78]

아퀴나스는 성찬례 안에 그리스도께서 몸으로 임재하시는 한 가지 이유를 우정(*caritas*)이라고 말한다. 자고로 친구란 서로 간에 인격적으로 함께 있기를 원하는 관계다. 그러므로 그리스도께서 당신의 친구라고 부르시는 자들과 몸으로 함께 있기를 원하신다는 것은 자연스럽고, 합당한 일이다

---

[78] 그리스도와의 연합으로서 성찬례에 대해서는 *ST*, III, q. 73, a. 3 ad 3을 보라. 사랑으로 고난을 겪으신 그리스도에 관해서는 *ST*, III, q. 48, a. 2c; a. 3 ad 3을 보라.

(요 15:15). 주님은 약속하신 곳에, 정확히 그의 몸인 떡과 그의 피인 포도주 안에 임하신다(마 26:26-28). 그분의 몸이 육체적으로 임재하기 때문에 우리는 지금도 그분의 몸과 인격적으로 교제할 수 있다.

모든 피조물이 삼위일체 하나님과의 완전하고 영원한 교제를 기다리는 동안, 그리스도께서는 그들의 순례길에서 당신의 육체적인 현존을 철회하지 않으시고, 당신의 몸과 피의 살아 있는 실재를 통해 그 안에서 우리를 당신과 인격적으로 연합한다. 성찬례는 그리스도께서 "내 살을 먹고 내 피를 마시는 자는 내 안에, 나도 그 안에 거한다"(요 6:56)라고 말씀하신 것처럼 "지극히 높은 사랑의 징표이자, 우리와 그리스도의 친밀한 연합으로 말미암아 우리의 소망을 고양시키는 층계"이다.[79]

부활 전의 그리스도께서 주의 만찬 식탁에서 제자들에게 가시적으로 나타나셨듯이, 부활 후의 그리스도께서는 성령을 통해 사랑의 성사에 들어오셔서 당신을 따르는 모든 제자와 더 깊은 육체적 친교와 인격적 교제의 연합을 맺으신다.[80]

아퀴나스는 성찬례를 사랑의 성사라고 부르며 성찬례에서 사랑의 중요성을 강조한다. 사랑과 관련하여 성찬례는 "비유적이고 작용(효과)적"이다.[81] 사실 최고의 미덕은—우리가 그리스도의 몸과 피를 먹고 마실 때 우리의 사랑이 불타오르게 되는 것처럼—이 거룩한 성찬으로 말미암아 불타오르게 되는 습관과 행위의 실재이다.[82]

성찬례의 작용(효과) 중 하나는 은총을 베풀고, 영적으로는 사랑의 덕을 베푸는 것이다. 하나님은 성찬을 받은 우리에게 은총의 습관과 사랑의 습관을 전달하실 뿐 아니라, 그러한 은총과 사랑의 습관에 따라 행동하도록 일깨우신다. 그러므로 성찬례의 작용(효과)적 역할은 사랑을 증가시키고

---

79 위의 책, III, q. 75, a. 1c.
80 Joseph Wawrykow, *The Westminster Handbook to Thomas Aquinas* (Louisville, Ky.: Westminster John Knox Press, 2005), s.v. "Real Presence," 126.
81 *ST*, III, q. 78, a. 3 ad 6.
82 위의 책, III, q. 79, a. 4c.

자극하는 것이다.[83]

이렇게 유익한 작용(효과)는, 그러나, 저절로 발생하지 않는다. 그것은 그 자체로 사랑의 결과라고 할 수 있는 연합. 즉, 그리스도와 그의 몸과 피(성찬)를 받는 자 간의 연합을 통해서 일어난다. 더욱이 성찬례의 실체(res)는 그리스도의 신비한 몸인 교회의 성도들이 서로 사랑하는 상호 사랑이다.[84]

그리스도께서 사랑으로 고난을 받으신 결과, 우리 믿는 성도들은 그분과 연합된다. 그러나 우리는 또한 그분으로 인하여 우리 서로에게도 연합된다. 아퀴나스는 그리스도께서 성찬례를 제정하신 주된 목적이, 무엇보다, 우리의 "만족을 위함이 아니라, 마치 어떤 양식이 그 양식을 통해 양육되는 대상과 결합되어 있는 것처럼, 우리가 그리스도와 결합되고 그 지체들과 연합되어 영적으로 양육(고양)되기 위함"이라고 분명하게 밝힌다.[85]

다시 말해, 예수 그리스도께서는 성찬 기도 중에 임하신 성령으로 말미암아 넘치는 사랑으로 당신의 몸과 피를 은사하여 당신의 몸인 교회의 지체들을 양육하신다.

아퀴나스의 사상에는 두 가지 중요한 요소가 있다. 사랑과 성사. 사실 성찬의 이름인 '사랑의 성사'는 이 두 가지 중요한 요소를 하나의 구절로 요약하고, 이들이 서로뿐 아니라 삼위일체신학과도 통합적으로 연결되어 있음을 표현한다. 예수 그리스도와 그의 몸인 교회의 지체들 사이의 연합은 우정(caritas)의 사랑을 통해 확립된다. 성찬례에서 하나님은 당신의 내재적 삶과 사랑을, 그리스도의 육체적 현존을 통해, 값없이—그리고 남김없이—나누어 주신다.

그리스도께서 참으로 영성체 안에 현존하시기 때문에 성부 하나님의 사랑은 성령의 능력을 통해 우리에게 전달된다. 이 사랑의 성사에서 우리는 그리스도와 연합되고, 그렇기 때문에 복되신 성 삼위 하나님과 연합된다.

---

83 참조. 위의 책, III, q. 79, a. 6 ad 3.
84 위의 책, III, q. 73, a. 3c; III, q. 73, a. 2 sc.
85 위의 책, III, q. 79, a. 5c.

그렇게 함으로써 우리는 진실로 우리에게 가능한 한 가장 깊은 의미에서 하나님을 알게 되는데, 이는 마땅히 지혜라고 불려야 할 경험적 지식이다.

이 '지혜라고 불려야 할 경험적 지식'을 아퀴나스는 다른 곳에서 "맛에 의한 지식"(sapida scientia)이라고도 부르는데,[86] 우리가 성찬을 받을 때 영적으로 맛을 보는 행위는 이 성사를 통해 얻은 지식이 참으로 맛보아 알게 된 지식임을 보증한다.

성찬을 받은 우리는 "성사의 능력을 통해 영적 영양분을 섭취하고 영적으로 양육되며", 아퀴나스가 열정적으로 말하는 것처럼, 하나님의 선하심과 인자하심의 "감미로움에 도취된 사람과 같이 영적으로 기뻐하게 된다."[87]

> 친구여, 먹고, 마시라. 그리하면 사랑을 먹고 들이마시게 되리라.[88]

그렇다. 사랑의 성사인 성찬례는 가장 훌륭한 사랑의 식사이다. 그것은 그리스도와의 친교의 식사이며, 그렇기에 성부와 성령과 함께 교제하는 식사이다. 그리고 이 식사는 오직 성령의 활동(생기를 불어넣는)을 통해 우리와 하나님 간에 가능해진 우정(caritas)의 사랑 안에서 이뤄진다.

아퀴나스에 따르면, 하나님과의 성사적 사랑은 성령을 통해 확립된 카리타스(caritas, 우정)이다. 따라서 카리타스(caritas, 우정)에 대한 아퀴나스의 설명에는 성령과 사랑 사이의 중요한 연결 고리가 있다. 그리고 거기에는 또한 그리스도인의 삶에 대한 아퀴나스의 삼위일체적 비전과 근거가 있다. '신적인 발출', '신적인 관계'. '신적인 위격'—이 세 가지 아퀴나스의 교리는 하나님이—당신의 현세적 사명 안에서—정확히 아버지와 아들과 영이심을 나타내는 역할을 한다.

---

86   위의 책, I, q. 43, a. 5 ad 2.
87   위의 책, III, q. 79, a. 1 ad 2.
88   위의 책. 이 성구는 아퀴나스에 의해 인용된 아가서 5:1이다.

더욱이 아버지께서 자기 자신과 아들의 공통된 영을 보내심(파견)은 하나님과 우정(caritas)을 가능하게 하고 애덕(charity)을 가능하게 하여, 우리로 하여금 하나님께 이르러 하나님과 연합하는 결과를 낳는다.

성도는 모든 사랑의 원칙적인 목적이 되시는 하나님을 사랑하되 성자를 통해 성령 안에서 성부의 친구가 된 자로서 사랑한다. 이 엄청난 사랑의 궁극적인 결과는 기독교적 실존의 종극(終極)이자 모든 피조물의 최종적인 목적인 행복, 곧 삼위일체 하나님 안에 있는 참된 연합의 실현이다.[89]

3. 은사로서 그리스도인의 삶

아퀴나스는 성령을 사랑에 동일시했다. 이 같은 동일시는, 물론, 성령의 이름을 성부와 성자의 은사로 이해하고, 성령의 은사인 사랑과 같은 경우에는 은총 안에 있는 삶으로 파악하는 데 매우 중요한 의미를 갖는다. 하지만 그것은 또한 그 자체로 하나의 은사(선물)인 우리 그리스도인의 삶 전체를 이해하는 데 있어서도 상당한 함의를 지니고 있다.

아퀴나스는 인간이 자신의 능력 하나만으로는 하나님께 참여할 수 없다는 점을, 그래서 저 위로부터 부어 주시는 능력이 있어야 한다는 점을 매우 분명히 한다.[90] 우리가 천상의 하나님께 참여한다는 것은 무엇보다 은사이고, 우리가 그리스도 안에 있는 삶을 구성하는 신학적 미덕이나 실천도 전부 성령을 통한 성부 하나님의 은사이다.

아퀴나스가 1268년과 1272년 사이에 파리에서 두 번째 섭정을 하던 때, 그는 "*Emitte Spiritum*"이라는 제목의 오순절 축일 설교를 한 바 있다. 그 설교에서 아퀴나스는 성령이 세상, 특히 인간의 마음과 영혼에 미치는 편

---

89 예. *ST*, I–II, qq. 1–5.
90 위의 책, I, q. 38, a. 1c.

재적인 영향을 상당히 명료하고 웅변적으로 표현한다.[91]

"*Emitte Spiritum*"의 기초가 된 성경 본문은 시편 103:30—제롬의 *iuxta Hebraeum*를 따르자면, 시편 104:30—이다.

주의 영을 보내어 저희를 창조하사 지면을 새롭게 하시나이다.

이 구절은 오순절 전례와 "성령이여 오소서, 신실한 성도의 맘을 채우시고, 그 안에 당신의 사랑의 불을 붙이시어"(*Veni sancte Spiritus, reple tuorum corda fidelium, et tui amoris in eis ignem accende*)로 시작하는 전통적인 성령 기도의 일부로 나타난다.[92]

그런데 아퀴나스는 진리가 오직 성령을 통해 전달된다고 믿는 사람이었다. 그래서 그는 자신이 지금 이 오순절 축일 설교의 주체가 되시는 성령께—즉 우리의 영을 소생시킬 뿐 아니라 그 속을 샅샅이 조명하시는 영의 역사에—의존하고 있다는 사실을 다음과 같이 『오순절 설교』(*Emitte Spiritum*)의 서두에서 밝힌다.

---

91 피터 콰스니예프스키(Peter Kwasniewski)와 제레미 홈즈(Jeremy Holmes)는 Leonine Commission의 원전(原典) 비평 연구판을 기반으로 이 설교를 번역했으며, 현재 이 번역은 콰스니예프스키의 역자 서문인 Kwasniewski, "Aquinas's Sermon for the Feast of Pentecost: A Rare Glimpse of Thomas the Preaching Friar" (Faith and Reason 30, nos. 1–2 [2005]: 99-139)과 함께 *Faith and Reason*에 실려 있다. 역자 서문에서 콰스니예프스키가 밝히고 있는 것은 이 『오순절 설교』(*Emitte Spiritum*)가 아퀴나스가 파리에서 두 번째 재임하는 동안 쓰였을 가능성이 높다는 것이다. 어쨌든 장-피에르 토렐(Jean-Pierre Torrell, OP), 콰스니예프스키 및 홈즈에게 제공된 Leonine Commission의 원전(原典) 비평 연구판이 루이스-자크 바타이용(Louis-Jacques Bataillon)에 의해 계속 개선됨에 따라, 『오순절 설교』(*Emitte Spiritum*)에 대한 필자의 분석은 지금까지 수행된 어떤 연구보다 더 상세해졌다. 『오순절 설교』(*Emitte Spiritum*)의 모든 인용문은 콰스니예프스키와 홈즈의 번역에서 가져왔다.

92 이 기도에 대한 암시가 콰스니예프스키에 의해 언급되었다("Aquinas' Sermon for the Feast of Pentecost," 127-28, fn. 21). 콰스니예프스키와 홈즈는 아퀴나스가 기억을 더듬어서 인용한 성경 구절을 그대로 번역했다.

우리는 그분에 대해 이렇게 말해야 합니다. 그분 없이는 아무도 진실하게 말할 수 없다고. 그분이 말씀을 주시고 풍성히 말할 권세를 주신다고. 그리고 참으로 그분 없이는 진리를 선포하는 것이 가능하지 않다고 … 그러므로 우리가 심지어 말 못하는 벙어리라 할지라도, 우리에게 충만한 언사를 허락하시는 그분께 '내게 할 말을 주소서'라고 간구해야 한다.

아퀴나스의 오순절 축일 설교는—마치 자신의 권리를 포기하는 것처럼—포문을 열면서, 위의 성구에서 전반부를 인용한다. "주의 영을 보내시어 저희를 창조하사." 그리고 시편 103:30 전체를 가리켜, 그것이 사도행전 2장 곧 하나님의 영이 명백하게 사도들에게 부어진 오순절에 대한 예언이라고 밝힌다.[93]

이 거룩한 오순절 축일을 기념하기 위해, 아퀴나스는 『오순절 설교』(*Emitte Spiritum*)를 두 파트로 나눈다. 한 파트는 아침에 하는 설교(*sermo*), 다른 파트는 저녁에 하는 강론(*collatio*). 첫 번째 파트가 성령에 합당한 것과 성령의 보내심을 다룬다면, 두 번째 파트는 아퀴나스가 성령의 효과로 고려한 것과 이 효과를 받은 자들의 삶을 다룬다.

더 정확하게 말하자면, 설교자 아퀴나스는—첫 번째 파트인 *sermo*에서—(자신의 위격적 속성이 사랑이신) 성령을 모든 삶에 생명을 주시는 분, 모든 존재와 모든 운동의 근원으로서 세상에 값없이 보내진 분으로 설명한다.

그리고 이어서—두 번째 파트인 *collatio*에서—아퀴나스는, 토렐이 지적한 바와 같이, 우리 그리스도인의 실존 안에 편재하신 성령의 현존에 특히 주목하면서, 그분이 바로 온 세상과 특히 인간의 창조와 갱신에서 볼 수 있는 모든 거룩함(성결)의 원인이라고 설명한다.[94] 이러한 요점과 그것이

---

93 *Emitte Spiritum*, 서문.
94 토렐은 이 설교에 대해 짧지만 매우 명쾌한 논평을 제공한다. 그 논평에서 토렐은 청중에게 "그리스도인의 삶에 성령이 편재하신다"라고 제안하는 아퀴나스를 자세히 살핀다(*Saint Thomas Aquinas*, vol. 2: *Spiritual Master*, trans. Robert Royal [Washington, D.C.: The Catholic University of America Press, 2003], 174).

수반하는 바는 모든 삶이―특히 성령의 역사가 아로 새겨진 그리스도인의 삶이―성령을 통한 아버지의 선물, 곧 받는 사람을 아들과 일치시키는 은사나 다름이 없다는 것을 시사한다.

이 시편의 구절에서 성령론적 단초를 인식한 아퀴나스는 이제 성령의 속성을 영(*spiritus*)이라는 이름이 전하는 것으로 보이는 다음의 네 가지 특성 아래서 살핀다.

(1) 삶의 완전
(2) 실체의 미묘함
(3) 운동의 충동
(4) 숨겨진 기원[95]

그런 다음 그는 이러한 특성에 대해 역순으로 주석을 달고, "숨겨진 기원"을 시작으로 성령의 속성에 대한 담론을 전개한다. 아퀴나스에 따르면, 존재하는 모든 것에는 원인이 있다. 이 원인은 육안으로는 보이지 않을 수 있지만, 믿음과 이성에 기초하여 볼 때는 인식할 수 있다.

그렇다면 "저 원인이란 무엇인가?"

첫째, 실로 수많은 수사학적인 질문 중에서 아퀴나스는 이 질문을 던진다. 그리고 이에 대한 그의 대답은―뭐 너무나 당연하겠지만―바로 하나님이다. 그는 모든 것의 원인이 하나님이라고 답한다. 그러면서 그는 다음과 같이 밝힌다. 하나님은 "만물을 지으신 이"(히 3:4)시다. 이 만물을 지으신 하나님은 한 가지 특정한 방식으로 세상을 만드셨는데, 이 특정한 방식이란 하나님이 이 세상 만물을 지으실 때 어떠한 필연성에 따라 하시지 않고, 하나님 자신의 뜻, 참으로 하나님의 사랑하시는 뜻에 따라 하셨다는 의미이다.

---

95   *Emitte Spiritum*, I.1.

즉, 하나님은 무슨 이익이나 머물 곳이 필요해서 "촉구된" 집을 지으신 이가 아니다. 그분은, 말하자면, 순전히 미(美)에 대한 사랑으로 말미암아 집을 짓는 장인에 가깝다. 이 장인의 집이 존재하게 된 이유가 어떤 필요나 유용성이 아니라 사랑인 것처럼, 아퀴나스는 창조의 기원이 성령, 곧 그의 속성이 사랑이신 분에게서 나온다고 가르친다.[96]

둘째, 아퀴나스는 "운동의 충동"도 성령에게 속한 것이라고 설명한다. 아퀴나스는 그의 신-존재 증명 가운데 하나를 축약하여 세상의 모든 다양한 운동이 최초의 운동자, 즉 하나님으로부터 비롯된 것이라고 추론한다.[97] 그리고 하나님의 운동하시는 방식은 의지에 따라 일어난다고 거듭 추론한다.

그런 다음 아퀴나스는 "그럼, 무엇이 그 의지의 최초 운동인가?"

이렇게 묻고, "당연히 사랑"이라고 즉답한다. 사랑으로 감동(운동)된 사람은 "사랑받는 것을 사랑함으로써 기뻐하고, 사랑에 거스르는 것을 슬퍼한다." 이 "신적인 사랑이 어느 편으로 가려는 경향"은 에스겔서 1:12에 언급된 바, 성령의 권능에 다름 아니며, 이러한 의미에서 성령은—아퀴나스에 따르면—모든 삶에 생명을 주는 운동의 근원이다.[98]

셋째, 만물이 성령으로부터 그 존재와 운동을 가진다는 점을 확인한 후, 아퀴나스는 이렇게—사역적(causative)으로—제안된 질서와는 명백히 다른 일종의 이탈을 시도한다.[99] 이 '이탈'은 그가 "실체의 미묘함(*subtilitas*)"이라고 밝힌 성령의 세 번째 특성과 관련이 있는데, 그는 이 세 번째 주제로 넘어와 사랑이신 성령의 본질에 대해 설명한다. 우선 아퀴나스는 누구의 사

---

96 위의 책, I.2.
97 참조. ST, I, q. 2, a. 3c.
98 *Emitte Spiritum*, I.3.
99 앞서 아퀴나스는 네 가지 주제를 다음과 같은 순서로 제시했다. 실체의 미묘함, 삶의 완전, 운동의 충동, 숨겨진 기원(*Emitte Spiritum*, I.1). 그런 다음 그는 역순으로 진행할 것(I.2)이라고 언급했지만, 전자를 후자보다 먼저 언급하므로 실체의 미묘함과 삶의 완전의 순서를 뒤바꾼 것으로 보인다. 이 네 가지 주제 사이에는 분명한 중복과 약간의 불일치가 있지만 설교의 전체 요점을 훼손하진 않는다.

랑이 여기서 고려되고 있는지를 스스로 묻고, 이에 대해 "하나님과 하나님을 사랑하는 자들의" 사랑이 고려된다고 답한다.

이 같은 아퀴나스의 답은 성령이신 사랑의 이중적 특성을 나타낸다.

(1) 하나님 자신의 고유한 삶과 관련하여 성령은 하나님 안에 있는 사랑이다.

> 사랑받는 자 쪽에서 성령은 하나님이 하나님을 사랑하는 사랑이요, 아버지가 아들을 사랑하는 사랑이다.

(2) 그러나 성령은 하나님과 성도들 사이를 묶는 사랑의 띠이다. 여기에는 수직적 차원과 수평적 차원이 존재하는데, 먼저 수직적 차원이란 인간의 영혼이 자신보다 위에 있는 것, 곧 하나님과 연결된다는 의미다. 이에 반해 수평적 차원이란 우리가 이웃의 구원을 비롯한 그들의 선익(善益)과 관련되어 있다는 의미다.

예컨대, 아퀴나스는 "어떤 이들은 하나님께 헌신하기를 원하면서도 이웃의 구원에 동참하지 않는데", 성령은 그렇지 않다(*sed non sic Spiritus sanctus est*)고 말하면서, 오히려 성령은 우리에게 임하셔서 우리가―모든 사람의 구원을 위하여 모든 것이 된 사도 바울처럼(고전 9:22)―우리의 이웃을 위하여, 우리의 이웃이 진정으로 하나님 앞에 설 수 있도록, 간구하는 자가 되게 하신다고 가르친 바 있다.

그리고 또 이어서 그는 어떤 이들의 속은 "다양하지만 기만적인" 반면에, 성령의 속은 그렇지 않다고 가르친다. 성령의 속은―아퀴나스에 따르면―"다양하나 기만적이지 않고, 온전히 하나로 남아 계시면서도 많은 것들에게 자신을 나누어 주신다."

즉, 아퀴나스가 이 오순절 축일 설교 전반에 걸쳐서―특히 후반부에서―가르치고 있는 요점은 성령께서 제 아무리 다양한 방식으로 보냄을 입고 또 일한다고 할지라도, 그분은 여전히 동일하신 하나님이시란 것이다. 물론 이러한 성령의 다양한 활동에는 변화가 발생한다. 그러나 그 변화는 성령 그 자체에 있는 것이 아니라, 성령이 경륜적으로 역사하는 자들에 대한 하나님의 존재 방식에 있다.[100]

따라서 이 경우의 변화는 하나님 내부(안)가 아니라, 하나님이 새로운 방식으로 거하시는 사람들 내부(안)에서 일어난다. 보다 정확히 말하면, 하나님은 변함이 없이 변화를 일으키신다. 하나님을 사랑하는 자들이 성령을 통해 그들의 열등한 것을 버리고 하나님을 향하여 내어 달리도록, 사랑 안에서 하나님과 연합하도록 말이다.[101]

넷째, "삶의 완전"이란 특성이 성령 하나님께 부합한다. 성령은 우리를 거룩하게 하신다. 성령은 성도를 조성하는 일을 행하신다(*immo facit sanctos*). 성화 은총을 통해 성령은 "[우리를] 섬세하고 절묘하게, 그리고 세속적인 것들을 멸시 천대하도록" 하사, 우리로 하여금 살아 계신 하나님이 거하시는 거룩한 성전이 되게 하신다. 즉, 우리에게 영적 삶을 허락하시고, 온전한 사역에 정진할 수 있도록 하시며(사 59:19), "우리에게 은폐된 근원, 우리를 하나님과 연합하는 그 근원"을 향해 돌이키시는 이가 바로 성령이다.

그러므로 그리스도의 신실한 자들을 그리스도와 같이 완전하게 하시는 이는 저 거룩한 하나님의 영, 곧 모든 삶의 주관자요 모든 존재와 모든 운동의 근원이 되시는 성령 하나님이다.[102]

하나님의 영은 영원히 하나님 '안'에서 보냄을 입는다. 따라서 하나님 '밖'으로 보냄을 입는 성령의 파견에 대해 아퀴나스는 그것이 "우리 눈에 기이하고 알 수 없는 것"이라고 말한다. 하지만 그 가운데서도 그는 성령의 파견에 대하여 다음과 같은 네 가지 특성을 추론해 낸다. 성령은 "보내질 필요 없이, 변함없이, 종속 없이, 분리 없이" 보냄을 입는다.[103]

---

100 참조. *ST*, I, q. 43, a. 1c.
101 *Emitte Spiritum*, I.4.
102 위의 책, I.5.
103 위의 책, II.1.

보내질 필요 없이. 성령의 보내심은 어떠한 필연성에 근거하지 않는다. 그 이유는 그 신적인 파견이 인간의 궁핍함으로 인해 일어나는 것이지, 하나님 편에서 어떤 필요가 있어서 일어나는 것은 아니기 때문이다. 우리 인간은 "부분적으로는 인간 본성의 지위로 인해, 또 부분적으로는 그 지위의 손실분(결핍)으로 인해" 궁핍하다. 이성적 피조물은 하나님을 목적으로 하는 잠재력을 부여받았다. 그래서 그들은 다른 피조물에 비할 데 없는 지위를 가지고 있다. 그러나 그 지위 안에는 결핍이 존재한다.

따라서 이성적 피조물은 인간적인 본성만으로 하나님께 도달할 수 없다. 오직 초본성적인 운-동자(動者)를 통해서만, 인간은 그들이 만들어진 초본성적 목적에—즉 삼위일체 하나님에 다름 아닌 지고의 선(善)에—도달할 수 있다. 하여 아퀴나스는 다음과 같이 자신의 논의를 이어 간다. 자고로 인간은 어떤 목적에 도달할 때 지식과 사랑에 의해 끌려간다.[104]

그러나 여기서 지식과 사랑이란, 아퀴나스가 이사야서 64:4과 고린도전서 2:9을 통해 추론한 것과 같이, 각각 인간의 머리나 욕망을 초월하는 어떤 것, 즉 초본성적인 어떤 것을 말한다. 그러므로 우리가 하나님께 도달하여 그분의 선하심을 얻고 누리려면, 거기에는 마땅히 요구되는 것이 있다. 바로 초본성적인 지식과 사랑. 우리에게는 하나님에 대한 참된 지식과 사랑이 필요하다. 우리의 인간적인 본성을 초월하는 바로 그 '것'이 우리에게 계시되어야 하고, 우리 안에 불붙어야 한다.

> 하늘의 비밀이 사람들에게 **알려지도록** 하는 것이 필요하다. 사람의 의지에 소요를 일으켜 저 목적(하늘의 비밀)을 향하도록 하려면, 성령은 보이지 않게 보내심을 받아야만 한다.[105]

---

104 참조. Sherwin, *By Knowledge and By Love*.
105 여기와 다른 곳에서 볼드체는 원래 설교에서 강조된 것을 나타내기 위해 사용되었다. 참조. *ST*, I, q. 1, a. 1.

이런 의미에서 우리는 성령의 파견이 어떤 특정한 의미에서의 필연성과 연관이 있다는 것을 알 수 있다. 하지만 그런 연관성은—어디까지나—하나님의 필요에 의해서 기인한 것이 아니고, 우리가 처한 궁핍한 현실로 인한 것이다. 따라서 성령의 파견을 가리켜 아퀴나스는 다음과 같이 말하기도 한다. 하나님이 자신의 영을 보내시는 일은 순전한 선물이며, 이는 하나님의 선하신 뜻에 따라 우리에게 값없이 주어진 하나님의 은혜로운 자기-양여이다.[106]

변함없이. 성령은 어떠한 내적 또는 위격적 변화 없이, 즉 성령 자체의 변화 없이 보냄을 입는다. 예컨대 어떤 전령이 이리저리 보내지면, 그 전령은 장소의 변화를 경험하기 마련이다. 그러나 참 하나님이신 성령은 불변하시고, 이전에 비어 있던 장소로 보냄을 받지 않으신다. 도리어 성령은 하나님이 이미 계셨고 지금도 계신 곳으로 보냄을 입으신다.

그리고 거기서 새롭게—아니, 새로운 방식으로—존재하신다. 이 때 일어난 유일한 변화는 존재 그 자체가 아니라, 존재 방식이다. 그러므로 성령께서 보냄을 입는 중에 일어나는 변화는 하나님 안이 아니라, 우리 안에—곧 하나님이 지금 그 안에 거하고 계신 사람과 관련하여 그분이 존재하는 방식에—있다. 아퀴나스는 '성령이 정확히 어떻게 보냄을 입었는가'에 대한 질문에 답하면서, 성령의 파견을 태양의 파견에 비유한다.

> 태양이 우리에게 보내진다고 할 때, 그 태양이 우리를 이끌고 자신의 빛으로 들어가는 것처럼, 성령이 보내진다고 할 때, 그 성령은 자기 자신에게 우리를 인도한다.[107]

따라서, 아퀴나스의 주장에 따르면, 갈라디아서 4:6의 말씀은 참되다.

---

106 *Emitte Spiritum*, II.2
107 참조. *ST*, I, q. 9, a. 1 ad 2 and ad 3; I, q. 43, a. 1 ad 3.

너희가 아들인고로 하나님이 그 아들의 영을 우리 마음 가운데 보내사 아바 아버지라 부르게 하셨느니라(갈 4:6).

'은사를 주는 분'이나 '은사 자체'에는 변화가 없다(이 경우에는 둘이 하나이며 동일하다). 변화는 오직 이 은사를 받는 자에게 일어난다. 그리고 이렇게 일어난 극적인 변화를 가리켜 우리는 성화라 부른다.[108]

종속 없이. 아퀴나스는 성령이 종속에 의해 보냄을 입는 것이 아니라고 설명한다. 다시 말해, 아버지가 아들을 통해 보내신 영은 아버지께 예속되거나, 혹은, 아들보다 아래에 속한 것이 아니다. 바람이 임의대로 부는 것(요 3:18)처럼, 성령께서는 자유하시고, 또 우리를 자유롭게 하사(고후 3:17), 더 이상 종 노릇 하지 않게 하신다. 즉, 신적인 파견에 대하여 우리가 논의할 수 있는 바는 다음과 같다. 그 영이 보냄을 입었다고 말할 수 있는 근거는, 다른 어떤 종속의 연유가 아니라, "오직 성부의 신원이 근원이라는 점"에 기인한다.

이 논의와 다소 관련이 있는 것은 필리오케(*filioque*)의 교리에 대한 아퀴나스의 변호라고 할 수 있는데, 여기 오순절 축일 설교에서 그는 이 교리에 대한 설명을 짧게 압축하여 제시하면서, 성부와 성자로부터 발출해 나온 성령의 특성이 종속이 아니듯이, 성령의 파견도 종속을 특성으로 갖지 않는다고 말한다. 따라서 종속의 문제와 관련하여 아퀴나스가 밝히고자 한 신학적 요점은 단순하다. 그것은 바로 저 '종속'이, 삼위일체 하나님의 '내적'(*ad intra*) 변화와 마찬가지로, 성령의 파견과 아무런 관련이 없다는 것이다.[109]

분리 없이. 분리는—앞서 아퀴나스가 지적한 바와 같이—성령의 파견에 합당한 특성이 아니다. 에베소서 4:3의 말씀대로, 성령은 일치의 영이다. 따라서 거기에는 어떠한 분리도 발견되지 않는다. 더욱이 성령은 우리를 성부 하나님께 연합할 뿐만 아니라, 그리스도의 신실한 성도들을 한데 모아 그리스도께서 그들을 위하여 기도하신 것처럼 하나가 되게 하신다(요 17:20-23).

---

108 *Emitte Spiritum*, II.3.
109 위의 책, II.4.

따라서 아퀴나스는 『오순절 설교』(*Emitte Spiritum*)의 첫 번째 파트인 설교(*sermo*)를 다음과 같이 교회의 일치를 위한 기도의 원형이 될 법한 축원으로 마무리한다.

> 성령께서 여러분과 여러분이 함께하는 자들과 온 교회를 일치의 성사로 더 깊이 인도하여 주시기를 간구합니다.[110]

아침에 하는 설교(*sermo*)에서 성령과 성령의 파견에 합당한 것이 무엇인지 고려한 후, 아퀴나스는 저녁에 하는 강론(*collatio*)으로 넘어가 성령의 효과와 이러한 효과를 받는 사람들에 관해 설명한다. 이러한 설명을 잘 고려하면, 우리는 그리스도인의 삶 자체가 성령의 은사라는 아퀴나스의 개념을 특히 더 잘 이해할 수 있다.

시편 기자의 말—"주의 영을 보내어 저희를 창조하사 지면을 새롭게 하시나이다"(시 104:30)—은 성령께서 역사하실 때 일어나는 두 가지 효과—'창조'와 '갱신'—를 보여 준다. '창조'의 역사가 '생산'을 '존재'로 지명하는 것이라면, 분명 유딧서 16:14의 말씀에 따라 "성령께서 모든 존재하는 것을 창조하셨다"라고 말하는 것이 옳다.[111]

그러나 여기에서 아퀴나스가 창조를 표현하는 방식은 조금 다르다. 그는 중세 시대의 관용구를 따라 "창조된"을 "더 높은 지위로 고양된"으로 표현한 주교들의 방식을 더 선호한다. 이러한 방식으로 이해되는 창조 개념은 사람들을 하나님의 자녀로 입히는 것과 관련이 있다. 이를 통해 사람

110　위의 책, II.5. 이 기도가 아퀴나스 측의 일종의 초교파적 정신을 반영한다는 제안은 다소 순진하게 들릴 수 있지만, 아퀴나스가 그리스도의 대제사장적 기도와 성령의 역사에 대한 이해 사이에 확립된 연결을 주목하는 것은 놀라운 일이다. 그리스도의 대제사장적 기도를 염두에 두고, 기압학적 수렴과 양립에 기초한 이 책의 후반부는 한편으로는 아퀴나스와 토마스 학파 사이에서, 그리고 다른 한편으로는 웨슬리와 웨슬리안 학파 사이에서 두드러질 수 있는 상호 확언 및 확장성을 탐색할 것이다.
111　"당신의 모든 피조물이 당신을 섬기게 하십시오. 당신이 말씀하시자 그것들이 만들어졌습니다. 당신은 당신의 영을 보내셨고, 그것은 그들을 형성했습니다. 당신의 목소리에 저항할 수 있는 사람은 아무도 없습니다."

들은 "고양"되고, 하나님의 피조물 중에 첫 열매로서 새롭게 창조되었다고 말할 수 있다(약 1:18).

하나님은 우리를 재-창조하신다. 그 옛날 사도들을 재-창조하사, 그들로 하여금 성령의 첫 열매가 되게 하시고 새로운 삶을 은총의 실재 안에서 누리게 하신 것처럼, 우리도 성령의 역사로 말미암은 재-창조의 열매가 되도록 하나님은 우리를 재-창조하신다.[112]

이제 아퀴나스는 그가 말한 재-창조에 대해, 즉 우리의 본성을 그리스도 안에서 성령을 통해 갱신하시는 하나님의 창조 사역에 대해 설명한다. 아퀴나스에 따르면, 재-창조는 여러 단계로 구성되어 있다. 그중 네 가지가 이 오순절 축일 설교에 언급되어 있는데, 이를 아퀴나스가 정리한 순서대로 나열하면 다음과 같다.

첫 번째 단계는 '사랑의 은총'과 관련하여 볼 수 있다. 이러한 의미에서 재-창조를 고려하기 위해 아퀴나스는 우선 자연 그대로의 상태에서 새로 태어난 사람이 얻을 수 있는 첫 번째 열매가 생명이란 점을 관찰한다. 그리고 유비를 통해 은총의 상태에서 새로 태어난 경우에도 동일한 결과가 뒤따른 다고 말한다.

아퀴나스에 따르면, 우리가 은총의 상태 안에서 새로 태어난다는 것은, 원리적으로 말하면, 사랑을 통해서 산다는 것이다. 만일 우리가 이 사랑을 통해 그리스도 안에서 우리의 형제와 자매를 사랑하면, 성경이 가르친 바(요일 3:14)와 같이, 사망에서 생명으로 옮겨지지만, 그렇지 않으면 죽은 자에 불과하다.

그래서 사랑은—아퀴나스의 말을 그대로 빌리자면—"영혼의 생명이다. 몸이 영혼을 통해 사는 것처럼, 영혼도 하나님을 통해 살고, 하나님은 우리 안에 사랑을 통해 내주하신다"(요일 4:16). 하나님의 계명—즉 하나님 사랑과 이웃 사랑—을 이루는 사랑은 우리가 인간적인 힘을 가지고 수행

---

112 *Emitte Spiritum*, III.1.

할 수 있는 영역을 훨씬 넘어선다.

그것은 우리의 혈과 육에서 난 것이 아니요, 오직 우리의 심령 가운데 하나님의 사랑을 쏟아 부어 주시는 성령에게서 난 것이다(롬 5:5). 이를 좀 더 설명하기 위해 아퀴나스는 태양을 다시 한번 예로 든다. "아침 햇살의 일부"를 가진 사람들이 "태양으로부터" 저 햇살을 갖는 것처럼, 사랑을 가진 자들도 "성령으로부터" 성령의 일부―곧 사랑―을 가진다.

즉, 하나님의 영―곧 성령―은 우리에게 사랑을 부어 주시는 분이시며, 우리가 은총 안에서 살아갈 수 있도록 우리의 영을 사랑의 은사로 재-창조 하신다. 그 때문에 사랑의 은사는―아퀴나스에 따르면―성령의 위격과 특별한 방식으로 연관될 수 있으며, 성령이 우리 안에 역사하심으로 말미암는 결과(효과)는 하나님의 사랑을 받고, 또 서로 사랑하는, 우리를 만들어 가시는 "창조"를 포함한다.[113]

하나님에 대한 진실한 사랑에서 하나님의 뜻을 이해하고 순종하려는 열망이 뒤따른다. 따라서 성령의 재-창조가 빚어내는 **두 번째 단계**의 효과는 '지혜로 하나님을 아는 것'이다. 이미 그의 다른 저서인 『신학대전』이나 『대이교도대전』에 언급한 바와 같이, 아퀴나스의 『오순절 설교』(*Emitte Spiritum*)는 사랑의 친밀함에 대해서―특히 예수가 보이신 우정에 대해서―언술한다.[114]

예수께서는 자신의 제자들을 가리켜 종이 아니라, 친구라고 부르신다. 왜냐하면, 종은 주인이 하는 일을 알지 못하는 것에 반해, 아들은 아버지께 들은 바를 자신의 친구들로 하여금 알도록 하기 때문이다(요 15:15).

여기서 아퀴나스의 요지는 간단하다. 예수의 우정(*caritas*)이란, 바로 하나님이 자신의 비밀을 당신의 친구들에게 계시하신다는 것이다. 그런데 예수께서는 단순히 아버지의 비밀을 계시하시겠다고만 하지 않으시고, 또 장차 하나님의 영―곧 성령―을 보내 주시겠다고 약속하셨다. 그리하여

---

113 위의 책, III.3.
114 예. *ST*, II–II, qq. 23–27; *ScG*, IV, chs. 20–24; *In I Sent.*, d. 10, q. 1, a. 4.

장차 오실 성령이 그의 제자들에게 모든 것을 가르치고, 그리스도의 말씀을 생각나게 하며, 모든 진리 가운데로 그들을 인도하실 것이라고 말씀하셨다(요 14:26; 16:13).

따라서 아퀴나스는 저 예수의 약속에 의거하여 예수의 우정(*caritas*) 안에 담긴 성령론의 함의를 다음과 같이 표현한다. 예수가 그의 친구들에게 자신의 비밀을 계시하실 때, (약속된) 성령은 그들의 마음과 생각 위에 저 비밀을 새기신다. 즉, 우리는 마음으로 "동의하고 들은 바를 행하게 하시는" 성령으로 말미암아 위로부터 그리스도 안에서 주어진 새 생명에 기여하는 지혜를 얻는다.[115]

성령으로부터 오는 재-창조의 **세 번째 단계**는 '화평의 조화'에 관한 것이다. 여기서 아퀴나스는 앞의 요점으로 돌아가서 지상의 지혜와 천상의 지혜를 대조한다. 이는 궁극적으로 화평의 근원을 찾기 위함인데 아퀴나스에 따르면, 흔히 지혜라고 불리는 지상의 지혜는 세상에 의해 손상(오염)되었다.

그것은 순결하지 않고 부패했으며, 이로 인해 번민과 다툼의 흔적이 그 안에 남아 있다. 이와는 대조적인 것이 천상의 지혜이다. 이를 설명하기 위해 아퀴나스는 야고보서 3:17을 참조한다. 주지하다시피, 이 구절은 위로부터 오는 지혜의 성질을 다음과 같이 묘사한다. 위로부터 오는 지혜의 성질은

(1) 성결하고
(2) 화평하고
(3) 관용하고
(4) 양순하며
(5) 긍휼과 선한 열매로 가득하다.

---

[115] *Emitte Spiritum*, III.4.

이것이 사람들을 하나님께로 인도하는 지혜다. 그런데 여기서 아퀴나스는 특히 두 번째 성질(화평)에 대하여 주의를 기울인다. 그러면서 그는 지상의 지혜는 논쟁과 갈등을 조장하는 반면에, 하나님으로부터 오는 천상의 지혜는 화평하여 그것을 받는 사람들 사이에 일치를 낳는다고 말한다.

그런 다음 그는 다음과 같은 수사학적 질문을 던짐으로써 자신의 궁극적인 요지에 이른다.

"그러나 누가 그 화평을 만드시는가?"

악과의 싸움이 여전히 남은 '현재'와 더는 싸움이 없는 '미래'에 모두 화평을 내어 주시는 "성령 하나님"이 아니신가?(엡 4:3).

이 성령은—저 위대한 성인 아우구스티누스의 말처럼—우리가 세 가지 대상과 화평하도록 이끄신다.

(1) 성령께서는 우리의 지성이나 감각 욕구나 이성적 욕구가 "오류에 감염되거나 정욕에 의해 어두워지지 않도록" 우리로 하여금 우리 자신과 화평을 이루게 하신다.
(2) 성령께서는 "사랑의 띠" 안에서 우리가 이웃과 화평하도록 하신다.
(3) 성령께서는 "사랑의 교제" 안에서 우리가 하나님과 화평하도록 하신다.[116] 그렇다면, 확실히, 화평은 성령께서 주시는 삶을 위해 "절대적으로 필요하다."[117]

아퀴나스가 언급한 **네 번째 단계**는 '견고함의 불변'이다. 성령께서 믿는 자들에게 주시는 이 은사는 그들을 내적으로 견고하게 하여 믿음 안에서 강하고 굳건하게 세운다. 그러므로 사도 바울은, 예를 들어, 아버지께서 "그의 성령을 통하여" 능력으로 에베소 교인들의 속사람을 강건하게 하시고, 그들이 "사랑에 뿌리가 박히고 터가 굳어질 때까지" 그리스도께서 그

---

116 참조. Augustine, *Tract. in Ioan.*, 77; *De Verbis Domine*, 57.
117 *Emitte Spiritum*, III.5.

들의 마음 가운데 내주하시기를 기도한다(엡 3:16-17).

성령으로 말미암은 (재)창조는 그리스도 안에 있는 자들로 하여금 하나님이 그들을 창조하신 목적까지—심지어 하나님 안에서 얻을 수 있는 참된 행복(至福)의 궁극적인 목적까지—흔들리지 않고 믿음 안에서 경성하도록 권능을 부여한다.

아퀴나스에 따르면, 성령의 **첫 번째 효과**는 바로 이 같은 창조, 즉 '사랑의 은총', '하나님에 대한 지식', '화평의 조화', '견고함의 불변'이란 네 가지 단계로 인간을 재-창조하여 더 높은 수준의 존재로 고양시키는 것이다. 그렇기에 오순절에 부어진 그 영은 우리를 새롭게 창조하시는 영이요, 우리에게 그리스도 안에 있는 새 생명을 은사로 주시는 영이다.[118]

아퀴나스는 이제 성령의 **두 번째 효과**인 '갱신'에 대해서 언술한다. 이 갱신 역시 앞서 언급한 성령의 첫 번째 효과(창조)와 같이 총 네 가지 단계로 이루어지며, 이 중 첫 번째 단계에 해당하는 것은 바로 '죄를 씻는 은총'이다. 죄는 "영혼의 구 시대"와 같지만, 은총은 죄를 씻기고 이러한 구 시대로부터 우리를 건져낸다. 다시 말해, 죽은 자 가운데서 다시 살아나신 그리스도와 연합을 이룬 자는 성령으로부터 오는 새 생명(롬 6:4)을 얻고, 중생의 씻음과 성령의 새롭게 하심으로 말미암아 새롭게 된다(딛 3:5).[119]

두 번째 단계에 해당되는 것에는 일진월보 하는 정의(正義)가 포함된다. 수고하고 지친 일꾼이 쉬었다가 다시 새로워지는 것처럼, 신실한 사람들은 하나님의 계명의 길을 경주해 가면서 성령을 통해 새롭게 됨을 경험한다(시 118:31 [제롬의 *iuxta Hebraeum*에선 시 119:32]). 아퀴나스에 따르면, 이 경주의 원인은 성령이다. 그들은 자신들의 푯대로 삼은 하나님으로 말미암아 그들의 육신과 영혼이 새롭게 됨을 경험한다. 따라서 그들은 달음박질하여도 지치지 않고(사 40:31), 계속해서 하나님을 향한 경주를 해 나갈 수

---

118   위의 책, III.6.
119   위의 책, III.9.

있다.[120]

성령의 갱신으로 말미암아 이뤄지는 세 번째 단계는 아퀴나스가 '조명하는 지혜'라고 부른 것이다. 신실한 그리스도인들은 성령의 조명하시는 능력을 통해 새롭게 됨을 입어, 영적 세계를 전보다 더 깊고 새로운 방식으로 이해하게 된다. 그 결과가 바로 그리스도와 더욱 닮아가는 것이다(에베소서 4:24을 인용하여, 아퀴나스는 이 결과를 새 사람을 입는 것에 빗대어 표현하기도 한다).

그리스도에 관한 모든 것이 새로웠다. 그의 수태(受胎)는 인간의 씨가 아니라 성령으로 말미암은 것이기 때문에 새로웠고, 그의 출생도 마리아가 그를 세상에 낳은 후에도 여전히 처녀로 남아 있었기 때문에 새로웠다. 그의 죄책이 없는 수난이나 죽음에서 일어난 부활(*cita et innouans*)도 새로웠고, 그가 에녹이나 엘리야와 달리 자신의 고유한 능력으로 승천한 것도 새로웠다. 그리스도는 실로 모든 면에서 새 사람이었고, 또 그렇게 불리기에 합당한 분이었다.

따라서 그리스도 안에 있는 자들은 자신의 나쁜 행실과 더불어 옛 사람을 벗어 던지고, 하나님을 아는 지식으로 새롭게 된 자아, 곧 새 사람—그리스도—을 입는다(골 3:9-10).

그렇다면, 그러한 지식—곧 우리가 새 사람을 입도록 하는 그 지혜—는 어디에서 오는가?

성령. 바로 하나님의 영에서 온다. 그렇기에 아퀴나스는 그리스도 안에 있는 삶이 어디까지나 하나님이 성령을 통해 주시는 은사라고 강조한다.[121]

이 갱신의 네 번째이자 마지막 단계는 성도의 몸이 거듭날 때—즉 "형벌과 죄책의 구습"이 제거되고 썩지 아니할 몸으로 대체될 때—완성되는 '영광'이다. 아퀴나스는 이 영광의 때에 하나님이 이사야 선지자를 통해

---

120 위의 책, III.10.
121 위의 책, III.11.

새 하늘과 새 땅을 창조하시겠다고 하신 약속(사 65:17)이 성취될 것이라고 말한다.

그러면서 그는 다시 한번 다음과 같은 질문을 수사학적으로 던진다.

이 갱신은 무엇으로 말미암는가?

성령으로 말미암는다. 성령은 그리스도 안에 있는 자들을 위하여 천상의 유산을 보증하시는 영이다. 그 영은 우리에게 생명을 수여하시고, 모든 거룩함의 원인이 되신다. 따라서 창조와 갱신 안에서 역사하시는 그분(성령)의 효과는 성부 하나님의 구원하는 목적을 이룬다.[122]

성령의 효과로서 갱신에 대한 논의를 이어온 아퀴나스는 이제 이러한 효과에 영향을 받은 대상들에 관한 주제로 자신의 강론을 마무리한다. 성령께서 갱신하시는 효과를 입는 대상은, 어떤 의미에서, 전 세계라고 할 수 있다. 이 때 '전 세계'란, 시편 104:30의 말씀을 빌려 "땅의 얼굴"(지면)이라고도 할 수 있는데, 아퀴나스는 이 구절이, 또 다른 의미에서, 인간의 마음을 가리키기도 한다고 말한다.

> 왜냐하면, 우리가 육신의 방식 안에서 보는 것이 꼭 얼굴을 사이에 두고 이뤄지는 것처럼, 우리가 영의 방식 안에서 보는 것은 마음을 사이에 두고 이뤄지기 때문이다.

아퀴나스에 따르면, 우리 인간의 마음이 성령의 갱신을 받기 위해서는 네 가지 조건이 충족되어야 한다.

첫째, 깨끗한 마음과 정직한 영을 구하는 시편 기자의 기도(시 51:10)처럼, 인간의 마음은 깨끗해야 한다. 만일 인간의 마음이 죄로부터 깨끗해지면, 그 마음은 성령으로 말미암아 새롭게 되기에 합당할 뿐 아니라 성령이

---

122 위의 책, III.12.

주시는 생명을 받기에도 합당하다.¹²³

둘째, 아퀴나스는 우리 마음의 얼굴을 씌우고 있던 수건이 벗겨져야 한다고 지적한다. 즉, 무지의 어두움이나 세속적인 욕망이 하나님에 대한 우리의 비전을 공연히 흐트러뜨리지 않도록 우리 마음의 얼굴로부터 그런 것을 벗겨 버리라는 것이다.

사도 바울이 가르치는 것처럼, "우리가 다 수건을 벗은 얼굴로 거울을 보는 것같이 주의 영광을 보는 것은 우리가 새롭게 창조되어 우리 안에서 하나님의 형상으로 깨끗하게 됨을 인함이다. 그리고 이렇게 새로워진 우리가 저와 같은 형상으로 화하여 영광으로 영광에 이르는 것은 곧 주의 영으로 말미암음이다"(고후 3:18).¹²⁴

셋째, 아퀴나스는 인간의 마음이 특정한 방향, 즉 하나님을 향해야 한다고 말한다. 하나님은 당신을 구하고 따르는 자에게 성령을 주시는 분이다(눅 11:13). 그 하나님께 합당한 의도와 순종을 가지고 우리는 우리의 얼굴을 그분께로 돌이켜야 한다. 그런데 여기서 아퀴나스는 우리의 얼굴이 하나님뿐만 아니라, 우리의 이웃에게도 향해야 한다고 주장한다.

즉, 아퀴나스의 오순절 사건 독해는 공동체(회중-지향)적이다. 그의 독해에 따르면, 오순절 마가의 다락방에 모인 사도들이 성령을 받을 때, 그들은 단순히 무작위적으로 또는 고립된 개인으로 성령을 받은 것이 아니다. 그들은 한 데 모인 공동체로서 성령을 영접했다.

이로부터 아퀴나스는 우리의 하나님에 대한 사랑과 봉사가 우리의 이웃에 대한 하나님 안에서의 사랑과 봉사로 연결되어야 한다는 점을 추론해 낸다. 그리고 이러한 추론 위에서 그는 성령이 주어지는 계기(조건)를 다음과 같이 정리한다. '하나님 사랑'은 언제나 '이웃 사랑'의 근거가 되기 때문에, 하나님의 영은—오순절 사도들이 경험한 것과 같이—하나님에 대한 사랑을 동료 그리스도인들의 필요에 주의를 기울이는 것으로 나타내

---

123 위의 책, IV.1-2.
124 위의 책, IV.3.

는 자에게 주어진다.[125]

넷째, 성령으로 마음을 새롭게 하기 위한 네 번째 조건은 '굳건함'이다. 여기서 아퀴나스는 사무엘상 1:18에 나타난 안나의 인내와 욥기 11:15에 나타난 인내를 참고할 것을 요청하면서, 다음과 같이 자신의 요지를 정리한다. 성령께서는 온갖 어려움을 우리가 견뎌낼 수 있도록 능력을 부어 주신다. 사도행전 1:4과 누가복음 24:49이 좋은 예이다. 거기에서 사도들은 약속된 성령을 기다리면서 굳건히 인내한다. 그들의 기다림 … 그들의 굳건함은 우리가 성령으로 마음을 새롭게 하기 위해 필요한 것이 인내라는 점을 잘 보여 준다.

만일 그들이 예루살렘을 떠났다면, 그들은 성령을 받지 못했을 것이다. 당연히 그들에게 불어닥칠 온갖 어려움을 이길 힘도 없었을 것이다. 따라서 아퀴나스는 자신의 오순절 축일 설교를 마치면서 자기 자신과 거기에 모인 회중들을 위해 주님께 기도한다. 인내의 은총을 주시는 성령을 기대하며.[126]

아퀴나스의 『오순절 설교』(*Emitte Spiritum*)는 성령의 위격과 사역에 합당한 주의를 기울인다. 그 설교는 그의 성령론적 구원론을 풍성히 반영하며, 무엇보다 우리 그리스도인의 삶 전체가 성령의 은사라는 의미를 심도 있게 성찰할 수 있도록 해 준다. 하나님의 영은—아퀴나스가 자신의 *Emitte Spiritum*에서 잘 보여 주고 있는 것처럼—모든 삶의 주관자요 모든 존재와 모든 운동의 근원이 되시는 성령 하나님이다. 더욱이 그 영은 하나님의 구원을 위하여 세상에 값없이 보내심을 받았다.

모든 삶은 그분 안에서 생명을 얻을 뿐 아니라 어떤 특정한 종류의 삶으로 인도함을 받는데, 이는 다름 아니라 그리스도 안에 있는 삶—즉 성령의 역사로 인해 거룩한 사랑으로 얼룩 지워진 삶—이다. 다른 말로 하면, 성령은 우리를 창조하시고 갱신하신다. 이 같은 이중적 효과는 우리에게 사랑의 은총을 효능적으로 전달할 뿐 아니라, 우리가 저 사랑의 은총으로

---

125   위의 책, IV.4.
126   위의 책, IV.5.

성화에 이를 수 있도록 기여한다.

그러므로 은총의 삶이란 기본적으로 성령론적인 관점에서 읽혀야 한다. 성부와 성자의 은사가 곧 우리 믿는 자 안에 거하시는 그 영 곧 성령이시다. 우리는 이 영으로 말미암아 사랑의 덕을 주입받고, 우리의 그리스도인으로서 실존을 근원적으로 유지할 수 있는 힘을 얻는다. 따라서 그리스도인의 삶은—아퀴나스가 그의 설교를 통해 거기 모인 회중들에게 전하고 있는 것처럼—하나님의 영이 주시는 은사, 곧 성령의 선물이여야 하고, 또 그렇게 불려야 마땅하다.

4. 결론

아퀴나스가 그랬던 것처럼 은사라는 주제는 성령의 교리를 구원론으로 발전시키는 데—그리고 그 반대의 경우도 마찬가지로—도움이 된다. 제3장에서부터 5장까지 제시한 아퀴나스의 성령론은, 엄밀히 말해서, 성령 하나님이 사랑이시다는 설명이다. 즉, 그러한 '성령=사랑' 설명을 구성하기 위해 필요한 개념을 오롯이 제공한 사람은 아퀴나스이다.

그는 신성한 교회의 교리와 그 교리를 뒷받침하는 진리의 말씀을 고려하면서 성령론에 대한 연구를 삼위일체적 맥락에서 전개한다. 그리하여 그는 성령 하나님과 사랑 사이의 심도 있는 관계를 드러내는 데, 여기서 사랑이란 두 가지 의미를 지닌다.

한 가지 의미는 성령 그 자체이신 사랑(*amor*)이고, 다른 또 한 가지 의미는 성령의 신학적 미덕인 카리타스(*caritas*, 우정)적 사랑이다. 삼위일체신학을 우리 그리스도인의 삶을 이해하는 기초로 삼았던 아퀴나스는 그의 도덕신학을 교리신학에 기초하고 있다. 이 두 신학의 연결은 우리가 사랑하고 거룩해지는 이유와 목적이 하나님에 대한 교리, 특히 성령의 교리와 관련되어 있음을 보여 준다.

더욱이 성 토마스 아퀴나스는 그의 저술 활동을 통해서 뿐만이 아니라 자신의 삶과 일터를 통해서도—다른 모든 성인이 그러하듯이—은총 어린 우정(caritas)을 아름답게 드러낸다. 아퀴나스는 영적 스승이었다.[127] 그는 자신의 신앙을 삶으로 녹여내며, 성령 하나님에 대한 교리가 사랑의 삶에—삼위일체의 교리가 우정(caritas)의 삶에—교차되는 것을 발견했고, 그분의 은총 어린 우정(caritas)이 우리에게 비춰질 때 우리도 우리에게 삶을 은사로 주시는 사랑의 하나님을 맛보아 알게 된다는 것을 경험했다.

---

127 Torrell, *Saint Thomas Aquinas*, vol. 2: *Spiritual Master*.

제6장

더 위대한 사랑을 향해
아퀴나스, 웨슬리 그리고 성령 하나님 안에 거하는 삶

지금까지 이 책은 크게 두 부분을 다루었다. 1장과 2장은 현대 감리교 신학과 존 웨슬리의 성화 문제를, 3장부터 5장은 아퀴나스의 사랑에 기초한 성령론을 탐구했다. 이 장은 이 두 부분에서 얻은 결과를 통합한다. 그렇게 하는 것은 아퀴나스와 웨슬리가 사랑의 신학적 미덕을 기술하는 성령론적 언어를 회복하는 데 있어 서로를 보완할 수 있다는 것을 보여 줄 것이다.

1. 성령론 회복의 원천이 되는 아퀴나스와 웨슬리

아퀴나스와 웨슬리는 각자의 사고방식에 고유한 뉘앙스가 있다. 그러나 그들 모두는 성령과 사랑 사이의 연관성을 확인하고 신학 저술을 통해 그 연관성을 탐구했다는 공통점이 있다.

웨슬리안 학파는 토마스 아퀴나스에게서 무엇을 배울 수 있고, 토마스 학파는 존 웨슬리로부터 무엇을 배울 수 있을까?

그리고 이 두 가지 서로 다른 신학 전통은 교회의 일치를 구성하기 위한 성령론 회수 프로젝트에 어떤 기여를 할 수 있을까?

이 장에서는 이 문제에 대한 적절한 답을 찾기 위해 성령 하나님은 하나님의 내재적 삶뿐만 아니라 신자의 삶에서도 사랑이라고 주장한 아퀴나스와 웨슬리의 양립성과 차이를 살펴보고자 한다.

다시 말하지만, 아퀴나스와 웨슬리 사이에 존재하는 사상적 차이는 결코 간과될 수 없다. 제 아무리 공통된 영역이 있다고 하더라도, 섣부른 종합은 독이다. 게다가 두 신학자 사이의 신학적 성찰 방식에는 상당한 간극이 있다. 실례로 아퀴나스는 사변적 신학을 추구한 반면, 웨슬리는 자신의 지향이 실천적 차원에 있음을 확고히 드러낸다. 그게 다가 아니다. 그들 사이에는 개념적 차이가 있으며 그들이 사용하는 신학적 용어에도 일종의 아이러니가 있다.

즉, 그들의 신학적 용어가 정확히 일치하지 않더라도 유사한 주장이 나올 때가 있고, 그들의 신학적 용어가 일치하더라도 상호 모순적인 논증이 전개될 때가 있다. 그러므로 아퀴나스와 웨슬리 사이의 차이는 분명히 인정되어야 하며, 이에 준한 선행 연구가 반드시 뒤따를 필요가 있다. 그럼 신학적 용어가 완전히 같지는 않아도 유사한 주장을 하는 예인 미덕(virtue)과 기질(temper)의 개념부터 살펴보자.

1) 미덕과 기질

아퀴나스는 미덕에 대한 성찰에 특히 많은 관심을 기울였다. 그가 미덕을 정의하기 위해 선호한 방식은 롬바르드의 『명제집』을 수정하는 것이었는데, 아퀴나스에 따르면 미덕은 다음과 같다. 미덕은 "우리가 의롭게 사는 마음의 좋은 습관이니 이를 악용할 자가 없다."[1] 미덕에 대한 그의 계속되는 분석에서 아퀴나스는 사덕(四德)을 소개한다.[2]

(1) 지혜(prudence)[3]
(2) 정의(justice)[4]

---

1 *ST*, I–II, q. 55, a. 4c.
2 위의 책, I–II, q. 61; 그리고 좀 더 자세한 설명은 II–II, qq. 47–169.
3 위의 책, II–II, qq. 47–56.
4 위의 책, II–II, qq. 57–122.

(3) 불굴의 용기(fortitude)[5]
(4) 절제(temperance)[6]

그뿐만 아니라 아퀴나스는 보다 그리스도교적 의미를 담은 향주덕(向主德)도 소개한다.

(1) 믿음[7]
(2) 소망[8]
(3) 사랑[9]

지면의 제약으로 인해 위에서 언급한 미덕의 용어를 모두 분석하는 것은 불가능하지만, 미덕에 대한 아퀴나스의 두 가지 핵심 분석인 '습득되는(acquired) 미덕'과 '주입되는(infused) 미덕'은 아퀴나스와 웨슬리의 관계를 이해하는 데 중요하므로 주목할 가치가 있다. '습득되는 미덕'이란 인간이 영혼의 능력을 완성하여 본성의 선(善)을 추구하는 습관을 기르게 하는 덕을 말한다.[10] 반면에 '주입되는 미덕'이란 우리 자신의 타고난 능력을 올바로 사용하여 얻어지는 것이 아니라 하나님의 은혜로 값없이 주어지는 일종의 은사를 말한다.

특히, 전자와 후자의 차이점에 대해 한마디만 하자면, '주입되는 미덕'은 인간을 한 단계 더 높은 본성으로 끌어올리는 것을 목적으로 하며, 그 목적을 달성하기 위한 수단으로 사덕(四德)이 아닌 향주덕(向主德)을 지니고 있다는 점에서 '습득되는(acquired) 미덕'과 다르다.[11] 아퀴나스의 도덕신

---

5 위의 책, II–II, qq. 123–40.
6 위의 책, II–II, qq. 141–69.
7 위의 책, II–II, qq. 1–16.
8 위의 책, II–II, qq. 17–22.
9 위의 책, II–II, qq. 23–46.
10 위의 책, I–II, q. 63, aa. 2c, 4c.
11 위의 책, I–II, q. 62, a. 2 ad 1; I–II, q. 62, a. 3c.

학에서 '습득되는 미덕'과 '주입되는 미덕'이 차지하는 중요성은, 물론, 그가 미덕을 분석하기 위해 할애한 수많은 양의 질문에 의해서 드러난다고 할 수 있다.

하지만 무엇보다 중요한 것은 저 많은 양의 미덕에 관한 질문이 '어디에서' '무슨 맥락으로' 던져지고 있는가를 포착하는 데 있다. 아퀴나스는 미덕에 대한 자신의 수많은 질문을 하나님께로 나아가는 이성적 피조물의 운동을 다룬『신학대전』제1권 2부의 제62문과 제63문에서 다룬다. 따라서 미덕, 특히 믿음, 소망, 사랑의 신학적 미덕은 아퀴나스가 하나님을 향한 인간의 성화를 어떻게 그리고 무엇으로 간주하는지 보여 주는 핵심 개념이라고 할 수 있다.[12]

아퀴나스와 대조적으로 웨슬리는 미덕에 대해 거의 설명하지 않았다.[13] 그러나 웨슬리의 도덕신학 안에는 이와 관련된 주제 하나가 두드러지게 나타난다. 그것은 바로 그가 기질(temper)이라고 부른 것인데, 웨슬리는 기질을 가리켜 "영혼의 자세를 고정시키는" 안정적이고 지속적인 성품이라고 정의한다.[14]

따라서 기질이란 단순히 수동적인 감정이 아니다. 심지어 그것은 인간에게 동기를 부여하는 성품보다도 더 큰 어떤 것이다.

---

12 Joseph Wawrykow, *The Westminster Handbook to Aquinas* (Louisville, Ky.: Westminster John Knox Press, 2005, s.v., "virtue," 168.
13 웨슬리와 미덕과 관련된 주목할 만한 연구는 다음과 같다. Richard P. Heitzenrater, "The Imitatio Christi and the Great Commandment: Virtue and Obligation in Wesley's Ministry with the Poor," in *The Portion of the Poor: Good News to the Poor in the Wesleyan Tradition*, ed. M. Douglas Meeks (Nashville: Kingswood Books, 1995), 49–63; Lawrence D. Hulley, *To Be and To Do: Exploring Wesley's Thought on Ethical Behaviour* (Pretoria: University of South Africa, 1988); D. Stephen Long, *John Wesley's Moral Theology: The Quest for God and Goodness* (Nashville: Kingswood Books, 2005); and Kevin Twain Lowery, *Salvaging Wesley's Agenda: A New Paradigm for Wesleyan Virtue Ethics* (Eugene, Ore.: Pickwick Publications, Wipf and Stock Publishers, 2008).
14 John Wesley, *Explanatory Notes Upon the New Testament* (London: William Bowyer, 1755; reprint edition, London: Epworth Press, 1954), 1 Thes 2:17.

그렇다면 웨슬리에게 있어서 인간에게 동기를 부여하는 성품이란 무엇인가?

웨슬리는 그것을 가리켜 기질이 아니라, 흔히 말하는 '애정' 또는 '정념'이라고 말한다. 하지만 이를 두고도 학자들마다 의견이 분분하다. 누구는 기질이라고 하고, 또 다른 누구는 애정이라고 한다.[15] 이것은 사실 어느 정도 웨슬리가 자초한 측면이 있다. 일례로 그는 기질에 대한 정의를 하면서 애정의 관점을 사용한다.

> 기질은 애정이나 정념의 일부이지만, '습관화된' 것 즉 우리 마음속에 '상존하는' 것으로 정의하는 것이 적절하다.

사실 애매모호한 부분이 있긴 하지만 웨슬리가 정의한 기질을 정확히 말하자면 단순한 애정이나 정념은 아니다. 기질은 '습관화된' 애정이다.

그럼 이처럼 우리 마음속에 습관화된 애정으로서 기질은 어떤 작용을 하는가?

웨슬리의 설명에 따르면, 일반적으로 애정은 우리의 마음과 동일시되는데,[16] 기질이란 인간의 마음(애정)을 자극하고 지시하여 그 마음(애정)의 성향이 선한 선택과 행동으로 이어지도록 결정하는 습관이다. 보다 그리스도교적 표현으로 바꿔 말하자면, 웨슬리의 '기질'이란 외적인 성결의 기초이자 원천이 되는 내적인 성결의 문제이다.

즉, 웨슬리에게 있어서 거룩한 삶과 행위—곧 성화—란 거룩한 기질에서 나온다.[17] 이 같은 해석은 웨슬리의 성화론이 지닌 참여적 성격과 의미

---

15 참조. Gregory S. Clapper, *John Wesley on Religious Affections: His Views on Experience and Emotion and Their Role in the Christian Life and Theology* (Metuchen, N.J.: Scarecrow Press, 1989), 그레고리 S. 클래퍼(Gregory S. Clapper)의 연구에서 기질의 언어는 애정의 언어에 포함되는 경향이 있다.
16 예. *Minutes* (26 June 1744), Q. 4, in Wesley, *Works*, ed. Outler, et al., 10:131.
17 *Explanatory Notes*, 2 Corinthians 9:6에서 웨슬리는 사역이 기질에서 흘러나온다고 말한다.

를 설득력 있게 요약한 후 다음과 같이 주장하고 있는 랜디 매닥스에 의해 잘 포착되었다.

> 웨슬리는 인간의 진정한 행동에 동기를 부여하고 인도하는 데 있어 습관화된 애정의 역할을 강조하는 미덕의 심리학을 당연하게 여겼다. 따라서 그에게 사랑, 기쁨, 평화는 단순한 감정이 아니다. 그것들은 거룩한 기질이다. 이 거룩한 기질로부터 거룩한 생각이 나오고, 거룩한 말이 나오고, 거룩한 행동이 나온다. 그렇기 때문에 그는 성화의 본질이 외적인 법의 순응이 아니라, 신성한 성품에 참여함으로써 우리의 마음(애정)을 새롭게 하는 것이라고 거듭 강조했다.[18]

웨슬리에 따르면, 우리의 애정이나 정념이 새롭게 되는 것은 하나님이 자신의 고유한 삶을 우리에게 나누어 주셨기 때문이다. 그분이 우리에게 값없이 나눠 주신 거룩한 기질. 이 기질로 말미암아 우리의 생각, 우리의 말, 우리의 행동이 하나님의 것에 상응하게 된다. 그러므로 우리의 성화를 구성하는 것은 다른 것이 아니다. 바로 이 기질, 이 습관화된 애정이 우리의 성화를 서게도 하고 넘어지게도 한다.[19]

이 외에도 웨슬리의 기질론에 대한 많은 다른 해석이 있다. 이러한 해석은 대체로 웨슬리의 신학적 인간학에서 기질의 개념적 중요성을 파악하려고 한다. 일례로 토마스 레즈먼(Thomas Lessman)은 웨슬리의 신학에서 성령의 역할이 무엇인지를 탐구하는 한편, 다음과 같은 기질 해석을 전개한다.

---

18 Randy Maddox, *Responsible Grace: John Wesley's Practical Theology* (Nashville: Kingswood Books, 1994), 131.
19 "참된 종교란 하나님과 사람을 향한 올바른 기질입니다. 두 단어로 요약하면 감사와 은혜입니다. 우리의 창조자이며 최고의 후원자에게 감사하고, 우리의 동료 피조물들에게 향하는 은혜입니다. 다른 말로 하면, 이것은 우리의 마음으로 하나님을 사랑하는 것이고, 우리 자신과 같이 이웃을 사랑하는 것입니다"(Sermon 120, "The Unity of the Divine Being" [1789], § 16, in Wesley, *Works*, ed. Outler, et al., 4:66–67). 참조. Journal, 11 December 1785 (Wesley, *Works*, ed. Outler, et al., 23:382); and *A Thought on the Manner of Educating Children* (1783), 5, in Wesley, *Works*, ed. Jackson, 13:475–76.

웨슬리는—최소한 간접적으로 나마—현대 덕 윤리학(德倫理學)의 접근법으로 기술될 만한 것에 바탕을 두고 자신의 사유를 발전시켰다. 그러면서 레즈만은, 또한 웨슬리가 말한 성령의 열매가 단순히 성화의 결과일 뿐만 아니라 성화의 원동력으로도 이해되어야 한다고 주장한다.[20]

이런 식으로 보면, 사랑, 기쁨, 평화 그리고 영적 삶과 관련된 나머지 미덕은 모두 기질—곧 하나님의 은총으로 말미암아 '주입된' 애정 또는 정념—이며, 이는 단순히 우리가 거룩하다는 표지를 넘어 더 거룩할 수 있도록 (그리고 그 거룩함 안에서 지속적으로 성장할 수 있도록) 끊임없이 우리의 마음을 자극한다.

또한, 제프리 웨인라이트(Geoffrey Wainwright)는 웨슬리의 신학이 성령께서 자신을 은사로 주시는 것(효능)에 대한 불변성을 유지하도록 돕기 위해 스콜라주의적 '습성'(habitus)의 개념적 사용을 제안한다. 그런 다음 그는 믿는 자들의 진정한 변화가 성령의 지속적인 효과임을 확인하면서, 그 믿는 자들의 사역이—그들 자신의 것이 아니라—성령의 은사들로 남도록 한다.[21]

이밖에도 에드가르도 콜론-에머릭(Edgardo Colón-Emeric)의 해석은 팔복에 대한 웨슬리의 평가를 분석하면서, 이것(팔복)이야말로 정확히 웨슬리의 신학에서 기질이 담당하고 있는 역할이라고 본다.[22]

아퀴나스의 '미덕' 개념과 웨슬리의 '기질' 개념 사이에는 분명한 공통점이 존재한다. 그 공통점이란, 오직 은혜로 가능해진 믿음의 실천 안에서

---

20 Thomas Lessman, *Rolle und Bedeutung des Heiligen Geistes in der Theologie John Wesleys* (Stuttgart: Christliches Verlagshaus, 1987), 69-72.
21 Geoffrey Wainwright, "Perfect Salvation in the Teaching of Wesley and Calvin," in *Methodists in Dialog* 143-58, in particular 157.
22 Edgardo A. Colón-Emeric, *Wesley, Aquinas, and Christian Perfection: An Ecumenical Dialogue* (Waco, Tex.: Baylor University Press, 2009), 136-37. 이 평가는 아퀴나스와 웨슬리의 팔복에 관한 생각을 정리한 콜론-에머릭(Edgardo Colón-Emeric)의 연구 한 가운데서 이루어진다. D. 스테펀 롱(D. Stephen Long)은 또한 아퀴나스와 웨슬리의 산상수훈 설교를 비교하면서 상당한 유사점을 John Wesley's Moral Theology, esp. chs. 4 and 5에서 지적한다.

습관(habits)을 들이는 것이 미덕(아퀴나스의 경우)이고 기질(웨슬리의 경우)이라는 것이다. 물론 이 같은 공통점을 기술하는 그들의 글쓰기 스타일은 매우 다르다. 더욱이 아퀴나스와 웨슬리가 미덕과 기질을 정의함에 있어서 사용하고 있는 언어도 상당히 다르다.

하지만 두 신학자는 모두 덕을 세우고 경건한 삶을 증진시키는 일에 관심을 가지고 있었다. 따라서 그들 사이에 존재하는 일부 어휘의 차이가 미덕이나 기질의 개념의 내용과 관점의 근본적인 차이로 이어지지 않는다고 말할 수 있다.

그러나 이밖의 다른 경우에 있어서는 아퀴나스와 웨슬리 사이의 어휘의 차이가 너무 커서 그들의 입장이 완전히 모순된 것처럼 보인다. 특히, 성령과 그리스도인의 삶이란 주제에 연결된 다음의 두 가지 사례에서 그렇다.

(1) 웨슬리의 '확신'의 교리
(2) 아퀴나스의 '공로'에 대한 가르침

2) 확신

로마서 8:15-16과 갈라디아서 4:5-8과 같은 본문 읽기를 통해, 웨슬리는 확신의 교리를 펼쳤다. 웨슬리에게 확신이란 우리가 예수 그리스도에 대한 구원의 믿음을 통해 은혜로 입양된 하나님의 자녀라는 지식에 관한 것이다. 확신은 모든 그리스도인의 공통된 특권이며, 우리의 영과 더불어 우리가 하나님의 자녀임을 증언하는 성령 하나님의 자유롭고 은혜로운 행위로 말미암아 얻을 수 있다(롬 8:16).

웨슬리가 평생 동안 영적 순례를 계속할 수 있었던 이유는 확신 때문이다. 이 말은 (한편으로) 확신에 대한 웨슬리의 이해가 영적 순례와 더불어 끊임없이 발전하고 다듬어졌다는 뜻이다.[23] 하지만 (다른 한편으로) 그 말은 확신에 대한 그의 이해에 있어서 교리적 핵심이 되는 기초가 변하지 않고 일생 동안 유지되었다는 뜻이기도 하다.

실제로 웨슬리의 평생에 걸친 확신은 '성령의 직접적인 증거'에 근거하고 있다. '성령의 직접적인 증거'란, "신자의 영혼에 주어지는 하나의 내적 인상"이며, 이 내적 인상은 "하나님의 영이 저들의 영과 더불어 저희가 하나님의 자녀임을 증거"한다.[24] 그러나 성령의 직접적인 증거를 내적 인상으로 설명하는 웨슬리의 방식은 한편으로는 열광주의(fanaticism), 다른 한편으로는 무사 안일주의(complacency)의 문제가 있어서 웨슬리를 비판에서 자유롭지 못하게 만들었다.

결국, 이러한 비판에 대한 신학적 안전 장치를 마련하고자 웨슬리는 우리 자신의 영에 대한 간접적 증거의 필요성을 제기했다. 케네스 콜린스(Kenneth Collins)가 "신자들에게 확신의 건전함을 알리는 데 도움이 된 견제와 균형의 합성물"이라고 부른 것처럼, 웨슬리에게 있어서 우리 자신의 영의 간접적인 증거이다.

(1) 선한 양심
(2) 하나님의 명령에 대한 순종
(3) 중생의 흔적인 신학적 미덕들
(4) 성령의 열매[25]

---

23 이 교리에 대한 웨슬리의 이해의 미묘한 변화와 그 발전 과정의 기본적인 신학적 연속성은, 예를 들어, "The Witness of the Spirit," I (1746)과 *The Witness of the Spirit*, II (1767)라고 불리는 두 편의 설교를 비교할 때 드러난다. 두 설교 모두에서 웨슬리의 확신 교리는 성령의 직접적인 증거에 기초하고 있다. 그리고 두 번째 설교는 성경을 통하여 그리스도인들에 대해 증거하시는 성령 하나님의 증언이 그들의 삶에서 배양된 성령의 열매를 통해 확인될 수 있다고 선 굵게 강조하는 웨슬리의 성숙한 사상이 담겨 있다.
24 Sermon 11, The Witness of the Spirit, II, V.I, in Wesley, *Works*, ed. Outler, et al., 1:296.
25 Kenneth J. Collins, "Assurance," in William J. Abraham and James E. Kirby, eds., *The Oxford Handbook of Methodist Studies* (Oxford: Oxford University Press, 2009), 602-17, 특히 606.

이들 모두는 성령의 직접적인 증거에 균형적으로 동반된다. 일례로 웨슬리는 성령의 직접적인 증거와 성령의 열매 사이의 균형을 강조하면서 다음과 같이 말한다.

> 누구든지 성령의 열매와 격리된 어떤 가상의 성령의 증거를 신뢰해서는 안 된다는 것입니다. 만일 하나님의 영이 우리가 하나님의 자녀임을 참으로 증거하시면, 그 성령의 열매, 곧 사랑과 희락과 화평과 오래 참음과 자비와 양선과 충성과 온유와 절제(갈 5:22-23)가 결과로 따르는 것입니다.[26]

위의 구절에서 확인된 바와 같이, 웨슬리는 성화의 결과로 우리 안에 생기는 성령의 열매를 하나님이 우리 죄를 용서하시고 우리를 그의 거룩한 자녀로 영접하셨다는 우리 자신의 간접적인 증거로 보았다. 그러므로 이 간접적인 증거에 따른 확신은 모든 신자의 삶에 가능할 뿐 아니라 그들이 마땅히 받아 누려야 할 특권이라고 그는 강조했다.

아퀴나스의 경우에도 일종의 확신의 교리가 전개된다. 아퀴나스에 따르면, 인간의 영혼은 은총을 인지할 수 있는 잠재력이 있다. 그러나 가능성은 웨슬리에 비해 상당히 제한적이다. 대표적인 예로 아퀴나스는 『신학대전』 제1권 2부의 제112문에서 인간이 은총을 받았는지 아닌지를 알 수 있느냐는 질문에 "그럴 수 없다"라고 대답한다.[27]

이상의 예만 놓고 보면, 웨슬리가 우리 자신의 간접적인 증거라고 부른 교리, 즉 믿는 자들이 은혜로 말미암아 하나님의 자녀가 된 것을 성령을 통하여 아는 확신은 아퀴나스에 의해 철저히 부정당하는 것처럼 보인다. 그러나 아퀴나스의 "그럴 수 없다"는 대답을 둘러싼 논거를 자세히 살펴보면, 지금까지 보여 준 것과는 조금 다른 결과를 발견할 수 있다.

---

26   *The Witness of the Spirit*, II, V.I, in Wesley, Works, ed. Outler, et al., 1:297.
27   *ST*, I–II, q. 112, a. 5.

아퀴나스는 인간이 사물을 인지할 수 있는 세 가지 방법이 있다고 주장한다. 그런 다음 그는 은총에 대한 인간의 인식이 어느 정도 가능하지만 두 가지 면에서 제한적이라고 덧붙인다. 아마도 이러한 종류의 인식은 웨슬리의 확신의 교리와 직접적으로 동등하지 않은 것처럼 보일 수 있다. 하지만 다음과 같이 복잡한 논리를 아퀴나스로부터 읽으려는 시도는 두 신학자 사이에 의도치 않은 공통 분모를 보여 준다.

『신학대전』 제1권 2부의 제112문에 따르면, 우리가 하나님의 거룩하게 하는 은혜(성화 은총)를 받았다고 하는 사실을 알 수 있는 방식은 첫째로 '하나님의 계시'와 관련이 있다. 이 첫 번째 방식은 사도 바울의 예를 통해 설명될 수도 있는데, 하나님은 은총에 대한 인식을 당신의 특별한 사명에 따라 선택된 소수에게 "특별한 특권으로"(*ex speciali privilegio*) 계시하신다.[28]

또 다른 방식은 '표적을 사용하는 것'과 관련이 있다. 아퀴나스에 따르면, 인간이 하나님을 기뻐하고 그 속에 대죄(mortal sins)가 없음을 깨달으면 하나님의 성화의 은혜를 알 수 있다.[29] 이 두 번째 방식은 후기 웨슬리가 발전시킨 관점과 유사하다고 할 수 있지만, 사실 어느 쪽도 웨슬리의 확신의 교리와 완전히 동등하다고 할 수는 없다.

이는 아퀴나스가 제시한 또 다른 방식에서도 마찬가지다. 아퀴나스에 따르면, 우리가 하나님의 거룩하게 하는 은혜(성화 은총)를 받았는지 여부를 아는 세 번째 방식은 '우리의 지식에서 오는 것'과 관련이 있다. 웨슬리의 경우 '우리의 지식에서 오는 것'이라는 말은 우리의 확신에 대한 믿음의 확실성으로 해석될 여지가 있다.

그러나 아퀴나스의 경우에는 해석이 그리 간단하지가 않다. 결국, 우리가 성화 은총에 대한 아퀴나스의 세 가지 가능한 인식을 이해하려면, 우리는 먼저 아퀴나스가 고수한 '은총의 원리'를 알아야 한다. 하나님은 그분의 탁월함으로 인해 이 생에서 우리에게 알려질 수 없으며 하나님의 빛

---

28 위의 책, q. 112, a. 5c.
29 위의 책.

은 그분의 광대함으로 인해 이 생에서 우리가 접근할 수 없다(참고. 딤전 1:17).³⁰ 그리고 우리는 또한 두 신학자가 확신의 문제를 다룰 때 다른 용어를 사용하고 있다는 것을 겸손하게 인정해야 한다.³¹

이러한 차이는 결국 해결될 수도 있고, 또 해결되지 않을 수도 있다. 확신의 문제는 나중에 더 자세히 다뤄지겠지만, 지금부터 이처럼 선재적으로 다룬 이유는 그들 각자가 취한 입장이 신학에 대한 그들의 주된 접근 방식을 반영하고 있기 때문이다. 예를 들어, 웨슬리의 신학적 관심은 하나님의 임재 앞에 있는 신자의 현재 상태에 있다. 따라서 웨슬리는 신자의

---

30   위의 책, q. 112, a. 5c, ad 3.
31   이와 관련된 문제 중 하나는 은총과 성령의 위격 사이의 관계에 관한 것이다. 웨슬리는 실질적으로 은혜, 하나님의 임재와 능력 그리고 성령을 동일시한다. 그런데 이들을 동일하게 보는 것은 창조되지 않은 은총(uncreated grace)에 대한 동방 신학의 개념과 어떤 유사점이 있는 견해이다(참조. Lycurgus M. Starkey Jr., *The Work of the Holy Spirit: A Study in Wesleyan Theology* [Nashville: Abingdon Press, 1962], 33–37; 은총에 관한 웨슬리와 동방 기독교 사이의 이러한 유사성은 특히 Daniel Luby, *The Perceptibility of Grace in the Theology of John Wesley: A Roman Catholic Consideration* [Rome: Pontifical University of St. Thomas, 1994], 129–30, and Maddox, Responsible Grace, 86)에 의해 지적되었다. 아퀴나스는 자신의 입장, 즉 창조된 은총(created grace)에 대한 가톨릭의 이해를 주입된 습성(habitus)으로 잘 표현한다. 따라서 그는 성령이 창조된 은총(created grace), 즉 주입된 습성(habitus)에서 일정한 역할을 하고 있지만, 성령 자체가 창조되지 않은 은총(uncreated)이란 점에서 은총과 동일시되지 않음을 주장한다.
엄밀한 의미에서 아퀴나스와 웨슬리는 이 문제에 대해 서로 다른 것처럼 보인다. 그러나 Nicholas M. Healy가 제안(해석)한 아퀴나스의 은총 이해는 웨슬리의 해석자들에게 강한 공감을 불러일으킨다. 은총에 대한 아퀴나스의 논문은 "참으로 … 성령의 역사에 관한 논문이다. 왜냐하면, 성령의 자애로운 자기-양여적 파견이 곧 은총이기 때문이다. 이 자기-양여적 성령의 파견은 종종 은밀하게(*incognito*) 역사하지만, 그리스도인의 삶에는 항상 현존한다"(*Thomas Aquinas: Theologian of the Christian Life* [Burlington, Vt.: Ashgate, 2003], 111). 더욱이 웨슬리의 독자가 (Starkey와 같은) 제안을 해서는 안 된다. 스콜라 신학(특히 아퀴나스)의 형이상학적 헌신은 신적인 내재성(immanence)과 내주(indwelling)에 대한 성경적 개념을 무시하면서 하나님을 "동떨어지게" 만든다고 생각하는 것은 잘못된 것이다(Starkey, 35). 한 가지 예를 들자면, 아퀴나스는 우정의 모델을 사용하여 성령의 역사를 다루면서 *ScG* IV에서 성령에 관한 성경 본문을 설명한다(이 구절에 대한 앞선 5장의 논의 참조). 그의 설명은 그러한 오해를 없애기에 충분한 증거를 제공한다. 분명히 아퀴나스와 웨슬리는 모두 성령의 내주하심을 통한 하나님과의 삶의 친밀함을 설명한다. 따라서 그들의 차이점이 무엇이든 간에, 이 공통적이고 근본적인 관심을 간과해서는 안 된다.

현재 상태에 대한 성경적 해석인 확신의 은사를 강조한다. 반면에, 아퀴나스의 신학적 관심은 현재라기보다는 사변적이고 형이상학적인 것에 있다. 그리고 그는 신자의 현재 상태뿐만 아니라 사변적이고 형이상학적인 상태도 성경에 의해 뒷받침되고 있다고 보았다.[32]

3) 공로

아퀴나스와 웨슬리의 견해가 일치하지 않는 것처럼 보이는 또 다른 문제는 공로다. 아퀴나스는 공로에 대해 긍정적인 입장을 취하면서, 공로를 협력적 은총의 효과로 설명한다. 아퀴나스의 은총과 공로에 대한 자신의 연구에서 요셉 워리카우(Joseph Wawrykow)는 아퀴나스의 사상이 『명제집 주해』에서 『신학대전』에 이르기까지 어떻게 발전해 왔는지를 추적했다.

---

32 콜론-에머릭(Colón-Emeric)은 웨슬리안들이 확신의 교리와 관련하여 아퀴나스와 루터에 대한 비교 연구에서 오토 H. 페쉬(Otto H. Pesch)가 제안한 두 가지 신학 양식—즉 신학의 "실존"(existential) 양식과 "지혜"(sapiential) 양식—에 호소할 필요가 있다고 제안하면서, 전자는 웨슬리에 해당하고 후자는 아퀴나스에 해당한다고 말한다 (Colón-Emeric, *Wesley, Aquinas, and Christian Perfection*, 171-72). 이러한 두 가지 신학 양식을 가지고 페쉬(Pesch)가 의미하는 바는 다음과 같다. "실존(existential) 신학은 우리가 믿음의 순종으로 하나님께 복종할 때 우리 존재의 (믿음 안에서의) 자기 작용 '내부로부터' 신학을 수행하는 방식이다. 이러한 신학 수행 방식은 화자의 실제적인 믿음과 고백을 단순히 교리적 확증을 하는 데 필요한 전제로 받아들이는 것이 아니라, 재귀적(reflexive)으로 주제화(thematize)하는 데까지 나아간다. 지혜(sapiential)신학은—신학을 수행하는 방식이 화자의 실제적인 믿음과 고백을 신학적 주제로 반영하지 않고, 단지 일정한 전제로 삼는다는 점에서—우리 존재의 (믿음 안에서의) 자기 작용 '외부로부터' 신학을 수행하는 방식이다. 이러한 양식의 신학은 하나님이 계시(啓示)하신 세계, 인간, 역사에 대한 하나님 자신의 생각을 반영하고 요약하기 위해 노력한다"("Existential and Sapiential Theology—The Theological Confrontation between Luther and Aquinas," in Jared Wicks, ed., *Catholic Scholars Dialogue with Luther* [Chicago: Loyola University Press, 1970], 61-81, 특히 76-77). 이것은 어떤 면에서는 창의적이고 도움이 되는 구분이지만, '지혜'라는 양식의 신학에 대한 페쉬(Pesch)의 이해가 아퀴나스에게 적절하게 적용되는지에 대한 질문이 제기된다. 왜냐하면, "믿음 안에 있는 자신의 실존을 외부로부터 자기-작동시키는 일"은 아퀴나스가 지혜로 의미하고 있는 것과 반대되는 것처럼 보이기 때문이다. 참조. *ST*, I, q. 43, a. 5 ad 2.

그리고 다음과 같은 의미에서 아퀴나스의 공로 개념이 일관되게 풀이되고 있었단 사실을 발견했다. '공로'란 하나님이 주시는 보상에 대한 정당한 권리를 확립하는 것이다. 그리고 하나님이 어떤 행동에 대해 정당한 보상을 주신다는 성경적 가르침의 의미를 가지는 한, 철저히 성경에 근거한 개념이다(렘 31:16; 마 5:12).[33]

아퀴나스는 하나님이 우리에게 우리 자신의 노력으로 일할 수 있는 능력을 주셨고, 우리는 오직 이 능력의 분량만큼만—즉 하나님이 우리에게 주신 것만큼만—하나님의 상급으로 받을 수 있기 때문에, 하나님이 우리의 선한 일(공로)에 상을 주시는 근거는 하나님에게서 온다고 설명한다.[34] 더 정확하게 말하면, 선행(善行)을 공로로 만드는 것은 궁극적으로 하나님의 선행적(先行的)인 안수이다.

> 우리 자신의 행동은 그 행위가 일어나기에 앞서 선행적(先行的)으로 주어진 하나님의 안수로 인해 공로가 있다. 그러므로 하나님이 단순히 우리에게 빚진 자가 되는 것이 아니다. 하나님은 하나님 자신에게 빚진 자가 된다.[35]

어떤 행위를 가리켜 공로가 있다고 단언할 때 아퀴나스가 의미하는 바는 선행을 행한 사람이 하나님의 은혜와 상관없이 하나님에 대해 어떤 권리를 가질 수 있다는 뜻이 아니다. 하나님은 이런 식으로 우리에게 빚을 지지 않으신다. 그렇기에 하나님은 우리에게 어떤 식으로 든 빚을 지고 있다고 주장하기보다는, 하나님이 미리 안수를 해 주셨기 때문에 그분은 자기 자신에게 빚을 지고 계시다고 말하는 편이 훨씬 더 정확하다.

---

33 Joseph P. Wawrykow, *God's Grace and Human Action: "Merit" in the Theology of Thomas Aquinas* (Notre Dame, Ind.: University of Notre Dame Press, 1995), 특히 chs. 2 and 3.
34 *ST*, I–II, q. 114, a. 1c.
35 위의 책, I–II, q. 114, a. 1 ad 3.

이밖에도 아퀴나스는 자신의 공로 개념을 예정과 연결시킨다. 이를 간단히 설명하면 다음과 같다. 누구든지 자신의 행위에 공로가 있는 자는 영생을 누리도록 하나님이 값없이 선택한 사람이다. 은혜 없이는 아무도 영생을 공로로 얻을 수 없다.[36] 회심도 공로로 인정될 수 없고, 은혜 안에서 인내하는 것도 공로가 될 수 없다.[37] 근본적으로 구원은 하나님의 선물이다. 하지만 이 구원이 정확히 선물, 곧 하나님이 우리에게 값없이 주신 은사란 점에서 아퀴나스는 구원이 결코 우리에게 외재적(外在的)일 수 없다고 말한다.

다시 말해, 우리는 우리의 구원을 이루기 위한 일에 있어서 우리의 역할이 있으며, 이 공로에 대한 논의는 다름 아닌 저 역할에 대한 아퀴나스의 해설일 뿐이다.

아퀴나스는 확실하게 정의된 한도 내에서 긍정적인 의미로 공로를 말하고 있는 반면(개종이나 견인의 공로가 인간에게 없음), 웨슬리는 선행을 구원에 대한 공로로 이해하는 것을 거부하고 대신에 공로를 오직 그리스도에게서 찾는다.[38] 그러나 그 주제를 다루는 웨슬리의 방식은 아퀴나스만큼 면밀하

---

36 위의 책, I-II, q. 114, a. 2.
37 위의 책, I-II, q. 109 (esp. aa. 1-2, 5-7) and q. 111, a. 2c (은총 상태로의 전환은 움직일 수 없는 의지를 움직이는 자력적 도움(operative *auxilium*)의 은총에 의한 것이다); and I-II, q. 114, a. 9 and q. 109, a. 10 (견인의 은총은 공로가 될 수 없기 때문에 은총 안에 있는 사람이라도 견인을 위해서는 추가로 하나님의 도우심(*auxilia*)이 필요하다).
38 예를 들어, 웨슬리는 은혜의 수단에 관한 그의 설교에서 공로가 있는 것은 이러한 수단을 사용하는 것이 아니라 그리스도의 구원 사역임을 분명히 지적한다. "온갖 수단을 다 쓴다고 해도 우리는 단 한 가지의 죄도 속량할 수 없습니다. 죄인이 하나님과 화해(롬 5:10)할 수 있는 것은 그리스도의 피를 통해서 뿐입니다. 우리의 죄를 위한 다른 속량(요일 2:2; 4:10)이나 우리의 죄와 불결을 씻을 다른 샘물은 전혀 존재하지 않습니다. 그리스도를 믿는 사람은 누구나 그리스도를 신뢰하는 일 이외에는 전혀 공적이 없다는 것을 깊이 확신합니다. 자기가 그 어떤 행위를 하여도, 곧 기도를 드리거나 성경을 탐구하고 하나님의 말씀을 듣는다 거나 떡을 먹고 잔을 마시는 일을 하여도 공적은 없는 것입니다. 그러므로 만일 '그리스도께서 유일한 은총의 수단'이라는 표현이 그리스도께서 은혜를 받기 위한 유일한 공적이며 원인이라는 것을 뜻한다면, 그것은 하나님의 은혜를 아는 사람에 의해 부정될 까닭이 없는 것입니다. … 나는 실제로 하나님이 말씀을 성취하실 것이라는 사실, 그 방식으로 나와 만나시고 복 주실 것이라는 사실을 기대합니다. 그러면서 내가 한 행위나 의의 공적 때문이 아니요, 다만 하나님이 독

지 못하다.

『이성적이며 종교적인 사람들에게 보내는 추가적 호소』에서, 웨슬리는 공로를 이해하는 두 가지 단서를 제시한다. 하나는 그가 "엄격한"(strict) 또는 "적절한"(proper)이란 의미에서 부르고 있는 것이고, 다른 하나는 "느슨한"(looser) 의미에서 부르고 있는 것이다.

먼저 전자에 관해 웨슬리는 구원에 관한 공로가 인간의 행위에서 발견되는 것이 아니라, 오직 믿음으로 말미암아 그리스도 안에서 발견된다고 주장한다.

> 모든 공로가 하나님의 아들 곧 우리를 위하여 그분이 행하시고 고난받으신 일에 있느니라.[39]

그뿐만 아니라, 그는 자신의 형제 찰스에게 보낸 편지에서 다음과 같이 말한다.

> 내가 천 번을 말하였노니 사람이 의롭다 하심을 받기 전에는 선함이 있을 수 없도다. 전이나 후에도 공로는 없나니 … 이것이야말로 공로를 '적절한' 의미에서 이해하는 것이다.[40]

생자의 공로와 고난과 사랑에 의해서 그렇게 하시리라는 것을 압니다. 독생자는 언제나 하나님이 기뻐하시는 분입니다(마 3:17). … 당신의 마음속에 이것을 정해 두십시오. 즉, 단순히 이루어진 행위 그 자체(*opus operatum*)는 아무 유익이 없습니다. 하나님의 영 외에는 구원의 능력이 없습니다. 그리스도의 보혈 외에는 아무 공적이 없습니다. 따라서 하나님이 정하신 것일지라도 당신이 오로지 하나님만을 신뢰하지 않는다면 영혼에 은혜를 전혀 전달하지 못합니다. 다른 한편, 하나님을 참으로 신뢰하고 있는 자에게는 그가 외적인 은총의 수단과의 접촉이 끊기고 지구의 중심부에 갇혀 버린다고 해도 하나님의 은혜가 미치지 못할 것은 없습니다"("The Means of Grace," II.4, IV.2, V.4, in Wesley, *Works*, ed. Outler, et al., 1:382–83, 391, 396).

39 *A Farther Appeal to Men of Reason and Religion*, Pt. I, I.6, in Wesley, *Works*, ed. Outler, et al., 11:108.

40 Letter to Charles Wesley, August 3, 1771, in Wesley, *Letters*, 5:270.

하지만 "느슨한" 의미에서 웨슬리는—거의 아퀴나스와 동일한 방식으로—"공로가 있는"(meritorious)과 "보상받을 만한"(rewardable) 사이의 등식을 인정한다.[41]

기독교인의 삶에서 선행이 차지하는 위치에 대해 칼빈주의자들과 논쟁을 벌인 1770년도 『회의록』(Minutes)에서 웨슬리가 공로의 문제에 대하여 말하고 있는 바는 정확히 이런 의미에서 이해될 수 있다.[42] 거기에서 그는 "구원은 행위의 공로가 아니라 행위에 의한 조건이다"라고 말한 후, 다음과 같이 공로에 대한 자신의 견해를 피력한다.

> 우리는 공로란 말에 지독히도 겁에 질려 있습니다. 우리는 우리의 행위에 따라, 참으로 우리의 행위로 인해 보상을 받습니다.
>
> 그렇다면 '우리의 행위에 의해서'라는 것은 무엇을 의미합니까?
> 이 '행위에 의해서'라는 말은 '우리의 행위의 공로'(*secundum merita operum*)와 어떻게 다릅니까?
> 우리의 행위가 보상을 받을 만한 가치가 있기는 한 것입니까?
> 여러분은 이 둘을 구분하실 수 있습니까?
> 아니 대체 그 구분이 필요하긴 한 것입니까?
>
> 의심스럽습니다. 저는 그렇게 할 수 없습니다.[43]

---

41 "느슨한 의미에서 '공로가 있는'(meritorious)의 의미는 단지 '보상받을 만한'(rewardable)에 지나지 않기 때문이다"(위의 책). 아퀴나스는 공로(*meritum*)가 보상(*praemium*)이라는 그의 주장에서 기본적으로 동일한 요점을 제시한다(*ST*, I-II, q. 114, a. 1c).
42 칼빈주의적 반율법주의(antinomianism)에 반대하는 웨슬리의 투쟁에 대한 설명은 Earl P. Crow, "John Wesley's Conflict with Antinomianism in Relation to the Moravians and Calvinists" (Ph.D. diss., University of Manchester, England, 1964); and Allan Coppedge, *John Wesley in Theological Debate* (Wilmore, Ky.: Wesley Heritage Press, 1988)를 보라.
43 Wesley, *Works*, ed. Outler, et al., 10:393.

허나 이 말의 진위 여부를 두고 다툼이 일자, 웨슬리는 자신의 공로에 대한 개념을 좀 더 명확히 해 두어야할 필요를 느낀다. 그래서 그는 공로에는 서로 다른 두 가지 의미가 있다는 것을 재차 밝히면서 다음과 같이 자신의 말을 바로잡는다.

> 제 입장은 여전히 동일합니다. '엄격한'(strict) 의미에서 말하자면, 당연히 공로란 있을 수 없습니다. 공로는 단지 그리스도의 피 값에만 있을 뿐이고, 그렇기에 구원은 결코 행위의 공로로 되는 것이 아닙니다.
> 하나님의 손에서 가장 작은 것 하나라도 받을 자격이 우리에게 있습니까? 엄밀히 말하자면 없습니다. 우리의 존재도, 우리의 소유도, 우리의 행위도 전부 자격이 있을 수 없습니다. 그리고 이 모든 것은 다음과 같은 말에 지나지 않습니다. 만일 제가 공로라는 말을 엄밀한 의미로 받아들여야 한다면, 저는 주저하지 않고 그것을 완전히 포기할 것입니다. 허나 제가 그것을 '느슨한'(looser) 의미에서 보자면―물론 이 말은 제가 공로란 말을 사용하거나 그리스도가 아닌 다른 누구에게 돌리겠단 것은 아닙니다―나는 공로를 정죄하지 않을 것입니다. 따라서 나는 이 공로에 대해 말하면서 단 한순간도 나 자신에게 모순되게 말한 적이 없었다고 생각합니다.[44]

결과론적으로만 보자면, 웨슬리는 공로에 대해 스스로 모순된 말을 꺼내지 않는다. 하지만 그가 공로에 대한 개념을 사용할 때―그리고 논의할 때―좀 더 일관적이고 신중했어야 했다는 것은 분명하다. 그럼에도 불구하고 한 가지 확실한 것은 웨슬리가 모든 "엄격한" 공로를 그리스도 안에서 찾고 있다는 것이다.

그러나 지금 우리가 주목해야 할 세부적인 사항은 다음과 같다. 공로를 "느슨한" 의미로 이해하더라도 웨슬리는 그것을 하나님의 은총과 무관한 인간의 권리주장이나 또는 인간의 자의적이고 자율적인 성취라는 의미로

---

44 "Remarks on Mr. Hill's Farrago Double-Distilled," in Wesley, *Works*, ed. Jackson, 10:433.

말하지 않는다(이는 위에서 이미 언급한 것처럼, 아퀴나스도 마찬가지다). 도리어 그는 '하나님이 우리에게 특정한 역할을 값없이 허락하신다'는 맥락 위에 자신의 공로 개념을 위치시킨다. 그렇기 때문에 우리의 선행은, 웨슬리의 "느슨한" 공로 이해에 따르면, 오직 하나님의 은총으로 말미암아 가능한 것이며 하나님에 의해 은혜로운 상급을 받기에 합당한 것이다.

공로에 관한 아퀴나스와 웨슬리 사이의 대화를 이 이상 확장하는 것은 이 책의 연구 범위를 훨씬 뛰어넘는 것이다. 하지만 공로의 문제에 대한 그들의 입장을 자세히 살펴보면―앞선 확신의 교리에서와 마찬가지로―그들 사이의 유사점이 단지 표면상으로 드러나는 것보다 더 클 수 있다는 점이 나타난다. 따라서 이 점에 대해서 만큼은 보다 정확하게 기술할 필요가 있다.

아퀴나스와 웨슬리는 두 가지 근본적인 관심사를 서로 공유한다.

첫째, 그들은 둘 다 모든 구원이 하나님께로부터 온다는 주장을 지지하려고 한다. 아퀴나스는 하나님의 선행적(先行的)인 안수와 은사의 공여(供與)를 강조함으로써 그렇게 하고 있고 웨슬리는 구원의 공로적인 원인으로서 그리스도의 사역을 강조함으로써 그렇게 하고 있는데, 웨슬리의 이 같은 강조는 '우리를 위하여 구원을 행할 수 있는 분은 오직 그리스도이시다'고 하는 아퀴나스의 기독론에서 사역적인 측면을 보완할 수 있다.[45]

둘째, 그들은 둘 다 인간이 구원에 있어서 특정한 역할을 한다는 것을 긍정하려고 한다. 물론 인간의 역할은 부차적이다. 그리고 하나님의 은혜로운 도움에 전적으로 의존한다. 하지만 그들은 모두 인간의 역할이 진정한 의미의 역할이라고 보았다.

이상의 예들은 그들 사이의 분명한 공통점뿐만 아니라 차이점도 보여준다. 결국, 아퀴나스와 웨슬리의 견해가 어느 정도 양립할 수 있는지를

---

45 *ST*, I-II, q. 114, a. 6.

판단하기 위해서는 추가적인 신학적 성찰이 필요하다.[46] 이를 위해 필자는 앞선 4장에서 다룬 주제인 '은사의 성령론적 모티브'로 돌아가 공로를 둘러싼 아퀴나스와 웨슬리의 차이를 넘어설 수 있는 길이 그들의 성령신학 안에 있음을 후술(後述)할 것이다.

앞으로 여러 가지의 다양한 관련 주제가 언급될 수 있겠지만, 이 장의 남은 지면은 아퀴나스와 웨슬리의 신학적 방법론이나 가르침에 대한 전반적인 평가를 내리는 공간이 아니다. 확신의 교리나 공로에 대한 아퀴나스와 웨슬리의 실질적인 어휘 차이를 계속해서 다투는 공간도 아니다.

물론 이 같은 논쟁이 계속되면서 그들 사이의 독특한 자질이 드러날 수는 있다. 그렇기 때문에 필자는 그들 사이에 존재하는 차이점을 포기하지 않고 오히려 창조적 긴장으로 남게 할 것이다. 즉, 이 장의 남은 과제는 두 신학자의 갈라진 윤곽을 인식하고 그것을 비교하기 쉽도록 간결하게 정리하는 것이다.

아퀴나스와 웨슬리의 접근 방식과 강조점 그리고 심지어는 그들이 도달한 결론의 차이에도 불구하고, 그들은 그리스도인의 삶에 있어서 사랑과 성결을 증진하는 일에 공통적인 관심을 두고 있다. 그들의 공통된 관심은 아퀴나스와 웨슬리 사이의 방법론적 부동성(不同性)에도 불구하고, 사랑과 성결에 대한 비교 신학적 접근을 가능하게 할 만큼 충분하다.

그리고 아퀴나스와 웨슬리 사이에 공통적으로 존재하는 성령론적 모티프는 그들의 후손들에게 에큐메니컬적 기초를 제공하고, 사랑과 성결의 원인에 대한 성령론적 확증에서 상호 보완적인 해석을 가능하게 한다.

가톨릭과 감리교의 가르침에는 그리스도인의 삶에서 사랑과 성결을 강조하는 성령론이 있다. 이러한 기본적인 유사성은 가톨릭-감리교 에큐메니컬 대화에서 이미 관찰되었지만 아퀴나스와 웨슬리의 성령신학을 통해 더욱 발전될 수 있다. 뿐만 아니라, 최근 성령신학에 기초하여 갑작스러운

---

46   이를 위해 2007년 감리교인들이 서명하고 3자간 합의에 도달한 "칭의 교리에 관한 공동 선언"(Joint Declaration on the Doctrine of Justification)은 유력한 징조라고 할 수 있다.

호황을 누리고 있는 신학 동향 및 영성 생활의 온전한 회복을 위해서라도, 이 두 신학자들의 저서에서 논의되고 있는 성령론적 모티브를—그중에서도 특히 성령과 성화 사이의 적절한 연결을 강조하는 웨슬리의 성결 개념과 사랑과 성결의 적절한 깊이와 목적을 명확히 설명하는 아퀴나스의 실질적인 삼위일체 교리를—제대로 평가할 필요가 있다.

이는, 거꾸로 말하면, 현재 우리가 그렇게 하지 못하고 있다는 뜻이기도 하다. 하여 필자는 잠시 오늘날 우리 기독교 신학계에서 일반적으로 일어나고 있는 안타까운 실정, 곧 성령신학에 대한 신학적 방치의 현주소를 짚고 넘어가겠다.

4) 성령론에 대한 신학적 방치

이 장의 주된 논거 중 하나는 아퀴나스와 웨슬리가 성령론의 회복에 적절한 자원을 제공한다는 것이다. 이 같은 논거를 확립하기 위해서는 우선 왜 그러한 회복이 필요한지 검토해야 한다. 요컨대, 지금이 이 책의 서문에서 제기된 질문에 답할 적기다.

현대 서구 신학에서 성령의 교리가 다른 교리에 비해 상대적으로 소홀히 여겨지는 이유는 무엇인가?

따라서 앞으로의 논의에서는 현재 서구 신학 전반에 걸쳐 나타나고 있는 성령신학의 소홀 문제를 직접적으로 다루게 될 것이다. 그 과정에서, 한편으로는, 기독교 교리사를 통틀어 성령에 관한 가르침이 상당히 정교하게 이루어져 왔단 사실을 확인하게 될 것이다. 그러나, 다른 한편으로는, 신학자들의 일반적인 초점이 성령의 위격과 사역에 대한 연구보다는 기독론에 집중적으로 편향되어 있다는 사실을 발견하게 될 것이다.

현대 서구 신학에 만연한 '그리스도-중심성'을 확인하면서, 게리 베드콕(Gary Badcock)은 성령의 사상사적 "은폐"가 주로 기독론의 "거대한 정교함" 때문에—여러 시대에 걸쳐—일어났다고 설명한다.

성령을 그리스도의 영으로 설명한 바울의 가르침과 요한복음 14-16장에 있는 예수의 담론에 따라, 성령의 행위는, 일반적으로, 그리스도의 행위 아래에 숨겨져 있는 것으로 해석되어 왔다. 그리고 이러한 해석은 성령의 행위에 대한 탐구의 수준이 그리스도의 행위를 이해하기 위해 지속적으로 수행된 탐구의 수준에 훨씬 못 미치게 만드는 결과를 불러왔다.[47]

따라서 오늘날 서구 신학자들이 직면한 주요 과제는 보다 완전하고 명확한 성령의 교리를 구축하는 것이다. 원래 전통적인 성령론은 성자와 관련된 성령의 본질적인 측면을 중요하게 여기면서 기독론에 대한 종속을 거부한다.

이와 관련해 한 가지 유의미한 사례를 꼽는다면, 바로 베드콕이 될 것이다. 베드콕은 사랑과 진리의 주제를 강조하는 성령의 신학을 전개한 다음, 자신의 성령신학을 20세기부터 시작된—그리고 오늘날까지 다양한 형태로 지속되고 있는—삼위일체신학의 르네상스와 연결시킨다. 이와 같은 베드콕의 시도는 필자가 추구하고자 하는 이 책의 전체적인 논지와 일맥상통한다.

한 마디로 이 책은 성령론의 재발견을 위한 현장이다. 이 현장에서 베드콕이 지적한 바로 그 문제, 즉 성령의 교리를 신학적으로 무시하는 문제에 대한 해결책이 곧 발굴될 것이다. 단, 필자와 베드콕의 어떤 차이가 있다면, 필자가 신학적으로 아퀴나스와 웨슬리의 통찰, 특히 하나님의 사랑과 우정에 대한 그들의 가르침을 담고 있는 요한복음 14-16장의 담론에 의존한다는 것이다. 그럼, 이제 본격적으로 성자의 활동에 성령의 활동을 종속한 결과와 성령론의 신학적 방치를 견인한 원인을 살펴보자.

---

47   Gary D. Badcock, *Light of Truth and Fire of Love: A Theology of the Holy Spirit* (Grand Rapids: Eerdmans, 1997), 1–2.

5) 서구 신학의 신학적 위반: 성령론의 결핍(缺乏)

오늘날 서구의 전통적인 신학의 심각한 허점은 성령의 교리에 대한 불충분한 관심에서 기인한다는 주장이 널리 퍼져 있다. 실제로 "현대 서구 신학에는 성령론이 없다"는 주장들을 찬찬히 살펴보면, 대체로 그들의 비판적인 전거가 다음과 같이 동일하다는 것을 알 수 있다. 현대 서구 신학은 지나치게 기독론에 기초한 신앙의 형성을 추구해 왔고, 이는 결과적으로 성령의 것으로 여길 만한 어떤 것도 남겨 두지 않는 신학적 위반을 범했다.

여러 시대에 걸쳐 서구의 전통적인 신학을 비판해 온 동력의 전거도 사실상 매 한가지다. 결국, 다 성령은 어디에 있느냐는 우려에서 비롯된 것이다. 즉, 삼위일체 하나님의 사역을 설명한다고 하면서도, 성령의 사역에 대한 설명을 그 안에서 이어 갈 여지가 없다는 것. 바로 이 것이 저 모든 비판의 전거로 확인된다. 어쩌면 지난 세기에 시작된 삼위일체신학의 르네상스가 좋은 예가 될 수 있을 것 같다.

이 엄청난 부흥기 속에서도 여전히 성령에 관한 교리가 맹점으로 남아 있었으니 … 이보다 더 확실한 예가 또 있을까?

진작에 서구 신학의 신학적 위반을 알아챈 유진 로저스(Eugene Rogers)도 말한다. 비록 삼위일체의 교리에 대한 관심이 부활했지만, 성령의 위격과 사역에 대한 실질적인 성찰이나 설명은 여전히 부족하다. 이러한 부족은 대체로 아들(성자)에 대한 우리의 관심이 영(성령)을 뒤덮은 결과에서 기인한다. 하지만 무엇보다 근본적인 문제는 "성령이 할 수 있는 일은 무엇이든지 성자가 더 잘할 수 있다"는 가정에 있다.[48]

48　Eugene F. Rogers Jr., *After the Spirit: A Constructive Pneumatology from Resources Outside the Modern West* (Grand Rapids: Eerdmans, 2005), 33. 참조. ch. 1, entitled "Is There Nothing the Spirit Can Do That the Son Can't Do Better? Or, How the Spirit Puzzles a Trinitarian Revival"(19-32).

이 가정을 좀 더 노골적으로 표현하면, "성령에게 적합한 방식의 어떤 말이라도 성자에게 더 적합할 수 있기 때문에," 현대 서구 신학의 성령은 성자 앞에서 빛을 잃고 점차 더 작은 위격으로 전락하고 말았다.[49]

따라서 로저스가 『성령을 쫓아서』(After the Spirit)에서 추구하는 바는 성령의 위격과 사역에 대한 온전한 이해를 찾아 뒤쫓는 것이다. 그 과정에서 로저스의 연구는 이 책의 연구 범위를 훨씬 넘어섰지만, 로저스가 서구 신학의 신학적 위반 문제를 해결하기 위해 언급한 동방 신학에서의 성령 이해는 현대 서구 신학에 시사하는 바가 크다.

로저스의 역사신학적 성찰과 구성신학적 성령론을 담은 『성령을 쫓아서』(After the Spirit)는 로버트 젠슨(Robert Jenson)의 영향력 있는 논문 "영이 어디로 가버린 건지 궁금하다"(You Wonder Where the Spirit Went)를 기반으로 작성되었다.[50] 젠슨의 요점은 칼 바르트(Karl Barth)의 사상에서 성령의 논의가 거의 없다는 것이다. 하지만 젠슨은 또한 서구 기독교 신학 전반에 걸쳐 만연해 있는 비판도 전면에 부친다. 서구 신학에는 진정한 의미의 삼위일체론은 없고 양태론이나 이원론만 있다.

> 주지의 사실로서, 서구의 전통적인 가르침에는 몇 가지 결점이 있지만, 제 판단으로는 그중 하나만이 원칙상 진정한 결점이 아닌가 생각됩니다. 어떤 신학자라도 만일 그가 삼위일체의 교리를 단지 오래된 유물 정도로 취급하지 않는다면—즉 자신의 삶의 자리에 구애를 받지 않고 삼위일체의 교리를 사용한다면—당연히 그는 세 위격을 신적인 활동의 당사자들로, 그리고 "내재적으로" 취급하게 되어 있습니다. … 한데 서구식 교육의 문제는 이처럼 당연한 것이 그것을 필요로 하는 일에 어떠한 정당성도 거의 또는 전혀 제공하지 않는다는 것입니다. 아니, 어쩌면 그것은 아예 이 서방의 신학 전통 안에서 완전히 말소된 것일지도 모르겠습니다. 그런데 문제는 여기서 그치

---

49 위의 책, 9.
50 Robert W. Jenson, "You Wonder Where the Spirit Went," in *Pro Ecclesia* 2/3 (Summer 1993): 296–304.

> 지 않고 더 있습니다. 그것은 바로 이러한 종류의 결여가 특히 성령의 경우에는 더욱 심각하게 나타난다는 것입니다.
> 대체 모든 서방의 문제를 "필리오케"(filioque)에 귀속시킨 저 동방의 관점이 옳다는 말입니까 아니면 그르단 말입니까?
> 천하에 아우구스티누스도 성령에 대한 어려움을 느끼고 이를 유감없이 드러냈는데, 이는 그의 신학을 쫓고 있는 후손들도 마찬가지인 듯합니다.[51]

위에서 보듯이 젠슨은 삼위일체 교리에 대한 동방의 접근을 비판한다.[52] 그러나 그가 서방의 접근에 제기한 비판은 더 거세다. 좀 더 구체적으로 말하자면, 젠슨은 서구 신학의 전형적인 특징이 성령을 성부와 성자 사이의 사랑의 띠(vinculum amoris)로 설명하는 것에 있다고 주장한다.

그런데 이 '띠'는 구원사에 나타난 성령의 참 위격과 독특한 사역을 설명하기 어렵게 만든다고 젠슨은 말한다. 그 결과, 하나님의 영은 위격으로 보이지 않고 오히려 사물, 즉 아버지와 아들을 묶는 사랑의 '띠'로 보이게 된다.

그리고 아버지나 특히 아들과는 대조적으로 그 영에게만 귀속된 어떤 고유한 사역이 명확히 드러나지 않게 된다. 따라서 젠슨은 『조직신학』이라는 자신의 또 다른 주저에서 다음과 같은 문제가 현대 서구 신학에 존재하고 있다고 결론지었다.

> 서방에서 성령과 관련된 문제의 공통 요소는 다음과 같다고 제안될 수 있다. 하나님의 삼위일체 활동에 대한 신학의 설명에서 종종 성령이 주도적인 역할을 할 것으로 예상될 때 그분은 쉽게 사라지고 없어져 버린다.[53]

---

51 위의 책, 299.
52 "더욱이, 삼위일체 교리의 동방 신학적 형태는 비록 다른 결함이 있기는 하지만 동일하게 보인다"(위의 책).
53 Robert W. Jenson, *Systematic Theology*, vol. 1: *The Triune God* (New York: Oxford University Press, 1997), 153.

그럼에도 불구하고 현대 서구 신학은—"만약 우리가 그렇게 말할 수만 있다면"—"그 행위를 아버지와 아들에게 맡기는 영을 가지고 있는 것 같다." 이것이 결국엔 성령의 역할을, 심지어 그분의 위격까지도 구원의 경륜에서 충분히 명확하지 않게 남겨 두는 데도 말이다.[54]

로저스와 젠슨의 이러한 주장(비판)은 구원의 경륜에서 성령이 정확히 어떤 역할을 하는지에 대한 질문을 불러일으켰다.

성령의 사역이 성자의 사역에 의해 본질적으로 가려져 있다면, 무엇이 성령의 역사로 "남아 있을" 수 있을까?

성령의 참된 위격성이 '사랑의 띠'(*vinculum vinculum*)란 교리의 지나친 사용으로 말미암아 가려지고, 더 나아가 그 영이신 하나님을 위격적으로 행동하시는 "분"이 아니라, (결속이나 연결, 또는 어떤 의미의 사랑과 같이) 비-위격적인 "사물"로 여기는 일이 팽배하게 된다면, 정녕 성령이 하실 수 있는 일은 무엇일까?

브루스 마샬(Bruce Marshall)의 날카로운 표현을 빌리자면, "우리의 성령 하나님은 무엇을 해야 합니까?"[55]

아퀴나스의 『요한복음 주해』에 따르면, 삼위일체 하나님의 구원의 경륜에서 성령 하나님께 귀속되는 행위는 참으로 많다. 예를 들면, 우리를 하나님의 자녀로 삼으시는 행위나 가르치시는 행위가 전부 성령의 행위다. 이러한 각각의 행위는 하나님의 아들과 인간 사이에 특정한 관계를 불러

---

54 위의 책, 156.
55 Bruce D. Marshall, "What Does the Spirit Have to Do?" in Michael Dauphinais and Matthew Levering, eds., *Reading John with St. Thomas Aquinas: Theological Exegesis and Speculative Theology* (Washington, D.C.: The Catholic University of America Press, 2005), 62–77. 위와 같은 책에서 에머리도 이 주제에 대한 논문을 썼다. 이 논문에서 에머리가 관찰한 것은 아퀴나스가 요한복음을 주해할 때 중요한 교리적 원칙 중 하나로 삼은 것이다. "성령의 속성은 사랑이다. 성령께서 사랑의 근원이 되는 역사를 이루시는 것은 그가 친히—위격적으로—사랑이시기 때문이다"("Biblical Exegesis and the Speculative Doctrine of the Trinity in St. Thomas Aquinas' Commentary on St. John," in 위의 책, 23–61, 특히 38).

오면서도 명백히 성령에 귀속되는 행위가 된다. 우리를 하나님의 자녀로 삼으시는 성령의 행위는 "그분의 보내심을 받은 사람들을 그분의 영(성령)이 그분과 같은 자처럼 되게 하신다."

다시 말해, 성령은 우리를 그리스도와 같이 되게 하신다.[56] "성령께서 우리를 하나님의 자녀로 삼으시기 때문에 우리를 아들과 일치되게 하시는 이는" 바로 성령이다.[57] 따라서 성령은 우리에게 아들의 모양(likeness)을 각인하는 일을 담당하신다. (이러한 '각인' 행위는 후기 아퀴나스의 성령신학에서 주된 모티브로 자리잡았고, 특히 『신학대전』 제3권 제23문에서 보다 자세히 발전하였다.)[58]

아퀴나스의 『요한복음 주해』에서 특히 두드러진 또 한 가지 주제는 성령의 가르치는 행위, 즉 우리로 하여금 진리를 깨닫게 하시는 행위이다. 엄밀히 말하면, 성령은 진리 그 자체가 되신 그리스도에 대한 진리를 우리에게 가르치신다.[59] 물론 진리를 가르치는 역할은 성령에게만 있는 것은 아니다. 성부와 성자는 각각 그러한 역할을 가지고 있다. 더욱이 성부, 성자, 성령의 가르침은 서로 '분리'되거나 '분열'하지 않는다.

그럼에도 불구하고, 진리를 가르치는 성령의 방식은 성부와 성자의 방식과 독특한 방식으로 '구별'된다. 이 구별을 명확히 하기 위해, 아퀴나스는 성령과 성자의 파견을 구별하는 것처럼 진리를 가르치는 데 있어서 성령과 성자의 행위를 구별한다.

> 성자가 보냄을 받아 우리를 아버지께로 인도하는 것처럼, 성령도 보냄을 받아 신실한 성도들을 성자의 품으로 인도한다.[60]

---

56   *Ioan.*, 15, lect. 5, n. 2062.
57   위의 책, 14, lect. 6, n. 1957.
58   *ST*, III, q. 23 a.2, ad 3; and a. 1 ad 2.
59   *Ioan.* 1, lect. 8, n. 188; 14, lect. 2, n. 1868.
60   위의 책, 14, lect. 6, 1958.

진리를 가르치는 성령의 행위는 우리를 아들의 품으로 데려가서 아들 자신과 아버지에 관한 아들의 가르침을 이해할 수 있게 한다.

더욱이 아퀴나스가 어떤 특별한 행위를 오직 성령 하나님께 돌릴 때, 성령의 위격적 속성, 즉 사랑(*amor*)은 매우 중요한 개념으로 나타난다. 사실 성령과 사랑의 위격적 관계에 대한 논의는 이미 이 책의 3장부터 5장까지에서 충분히 다루어졌다. 그러므로 이 장은 성령의 고유한 행위에 대한 아퀴나스의 독특한 설명을 확인하는 데에만 초점을 맞출 것이며, 성령과 사랑의 위격적 속성에 대한 질문을 이 초점과 관련된 몇 가지 예증(例證)으로 제한할 것이다.

첫째로 생각해 볼 수 있는 예는 마샬이 정리한 아퀴나스의 『요한복음 주해』이다. 요한복음에 대한 아퀴나스의 주석을 읽고 요약한 마샬은 아퀴나스가 성령의 위격과 성령의 행위를 놀라운 방식으로 연결한다고 주장한다. 마샬에 따르면, 『요한복음 주해』에서 아퀴나스는 세 가지 논증에 따라 '성령의 위격'과 '성령의 행위' 사이의 관계를 연결한다.

첫째, '죄 사함'은 신적인 행위다.
둘째, 성령의 위격적 속성은 "사랑 그 자체"(*amor ipse*)이다.
셋째, '죄 사함'의 근거는 '사랑'이다.[61]

그러므로 사랑으로 말미암은 죄 사함의 신적 행위는 위격 안에서 전적으로 사랑이신 성령에게 돌려지는 것이 합당하다.[62] 이상의 예가 잘 보여주는 것처럼, 아퀴나스는 성령의 행위를 다른 위격의 행위에 종속하지 않고, 성령의 위격적 속성(*amor*)에 근거하여 오직 성령에게만 합당하게 귀속될 수 있는 행위가 무엇인지를 특정했다.[63]

---

61 위의 책, 14, lect. 4, n. 1916.
62 위의 책, 20, lect. 4, n. 2541.
63 Marshall, "What Does the Spirit Have to Do?," 77.

아퀴나스는 다른 서구 신학자들보다 성령의 고유한 행위에 대한 질문에 대해 더 실질적인 답을 가지고 있는 것처럼 보인다. 물론 앞서 말했듯이, 성령의 행위는 단독의 역사나 사건이 아니라, 성 삼위일체 하나님 전체의 역사다. 그러나 오직 성령 하나님께 귀속될 수 있는 행위를 구체화하는 것이 중요하다. 성령의 역할은 결코 성부(또는 성자)의 행위에 불필요한 것을 더하는 것이 아니다.

성령은 성부와 성자와 함께 세상의 구원을 이루는 일에 동등하게 관여하고 계시지만, 성령은 또한 다른 두 위격의 사역과 구별되게, 특히 그분 자신의 고유한 속성인 사랑(*amor*)에 따라 역사하신다. 한마디로, 성령 하나님은 구원 역사의 돕는 분이 아니라, 참되고 위격적인 행위자이시다. 따라서 마샬이 잘 결론짓는 것처럼 우리는 크게 두 가지 이유에서 아퀴나스와 함께 요한복음을 읽을 필요가 있다.

첫째, 성령께서 "성부와 성자의 일에서 오는 것 외에 다른 일을 행하지 않지만, 참으로 자신의 일을 가지고 계신다"는 것을 보기 위해서
둘째, 서구 신학도 성령신학의 결핍을 극복하는 일에 실질적으로 유용할 수 있는 자료를 가지고 있음을 보여 주기 위해서.[64]

마샬 외에 성령의 고유한 활동에 대한 아퀴나스의 독특한 설명을 확인시켜 주는 다른 예가 또 있다. 특히, 이 장의 목적(서구 신학 안에서 성령론의 결핍을 극복할 단서를 비판적으로 회수하는)을 보다 효과적으로 수행하기 위해

---

64 위의 책. 성령이 하는 일에 대한 아퀴나스의 설명은 정체성에 대한 문제를 제기한다. 이 복잡한 문제를 적절하게 다루는 것은 이 책의 연구 범위를 넘어서는 것이다. 따라서 다음과 같이 진술하는 것으로도 충분하다. 물론 관계적 동일성의 개념이 문제를 어느 정도 밝힐 수는 있다. 하지만 우리가 피조물적 생각에 따라 하나님을 표현하는 방식(*modus significandi*)에 문제가 있고, 또 그 문제가 우리를 일종의 부정신학(*apophaticism*)으로 제한하여 마치 "우리가 할 수 있는 최선은 … 원치 않는 추론을 차단하는 것이다"는 방어적 자세를 취하게 만든다 할지라도, 마샬이 설명한 두 번째 방향이 가장 전도 유망해 보인다(위의 책, 71-77, in particular, 76).

서는 그 예가 아퀴나스 자신의 말이어야 할 필요가 있다. 그러므로 이어지는 논의에서 필자는 아퀴나스의 저술—『신학대전』 제1권 1부의 제37문, 『대이교도대전』 4권, 『오순절 설교』(*Emitte Spiritum*)—을 고르게 검토하는 한편, 성령의 위격과 행위에 대한 아퀴나스의 신학적 통찰에 웨슬리가 중요한 인물로 참여할 수 있도록 할 것이다.

물론 웨슬리에게서 어떤 사변적인 엄격함이나 정교함을 기댈 수는 없다. 그럼에도 불구하고, 그는 자신의 독특한 목회 사역의 기초가 될 수 있는 성령신학을 발전시키고 유지했다. 다만, 이러한 독특한 맥락에서 전개된 웨슬리의 성령신학이 이 장의 목적에 어느 정도 부합할 것인지는 완전히 다른 문제다.

그러므로 필자는 웨슬리를 아퀴나스의 신학적 통찰에 참여시키는 것과 별개로 성령에 대한 웨슬리 자신의 견해를 자세히 검토할 것이다. 그리고 마지막으로 이상과 같은 고찰을 통해 얻은 아퀴나스와 웨슬리의 성령신학이 서구의 성령 회복에 얼마나 실질적으로 적용될 수 있는지를 주의 깊게 살펴볼 것이다.

6) 아퀴나스와 웨슬리의 성령

『요한복음 주해』이든, 아니면 『신학대전』, 『대이교도대전』, 『오순절 설교』(*Emitte Spiritum*)이든 상관없이, 성령에 대한 아퀴나스의 연구는 사랑과 밀접한 관련이 있기 때문에 중요하다.

이 책의 3장에서 5장까지는 사랑에 관련된 다양한 주제에 성령을 연결하고 있는 아퀴나스의 미묘한 뉘앙스를 탐구했다. 그리고 조금 더 앞서 2장에서는 아퀴나스와 마찬가지로 성령을 사랑(특히 완전한 사랑의 교리)와 연결시키고 있는 웨슬리의 성령 이해를 탐구했다.

위의 조사에서 얻은 통찰은 두 신학자 사이의 견해가 서로 공통된 결론(성령은 그리스도인을 삼위일체의 삶과 사랑, 또는 사랑이신 하나님의 형상으로 인도하는 분이다)에 이를 수 있다는 것과 현대 서구 신학의 성령론 회복에 기여할 가능성이 있다는 것을 시사한다.

앞의 세 장에서 발견된 몇 가지 결론에 의해 밝혀진 바와 같이, 아퀴나스의 사랑에 기반을 둔 성령론은 다음과 같은 세 가지 주요 단계로 정리될 수 있다.

첫째, 그것은 성령을 위격 안에 있는 사랑 또는 위격적인 사랑으로 설명한다(3장).[65]

둘째, 그것은 성령을 성부와 성자 사이의 상호 사랑으로 설명한다(4장).[66]

셋째, 그것은 구원의 경륜 안에서 성령이 주시는 사랑의 은사를 강조하면서 성령이 사랑이시기 때문에 일어나는 구원론적 함의를 설명한다(5장).[67]

이렇게 세 가지 단계로 이뤄진 설명은 아퀴나스에게 성령의 고유한 자아(*proprium*)인 사랑과 그리스도인의 삶의 중심이 되는 신학적 미덕인 사랑(우정 또는 애덕) 사이를 분명하게 연결할 수 있는 신학적 기초를 제공한다.

위의 세 단계 설명을 조금 더 살펴보자.

(1) 아퀴나스는 성령 하나님을 위격 안에 있는 사랑 또는 위격적인 사랑으로 설명한다. 이런 의미에서의 성령은 정확히 삼위일체 하나님의 한 위격, 곧 하나님의 삼위일체적 삶 내부(안)에서 사랑으로 발출해 나온 위격을 말한다. 아퀴나스에 따르면, 성령은 하나님 내부(안)에서 성부와 성자에 공통된 상호 사랑으로 산출된다.

하나님의 선(善)은 하나님 자신에 대한 사랑의 원칙(본질적 사랑)으로 작용하며, 이는 하나님의 의지 안에 있는 사랑의 각인뿐만 아니라 그에 상응하는 내적 발산, 즉 성부와 성자가 위격 안에서 사랑으로 내쉬는 성령(관

---

65 *ST*, I, q. 37, a. 1.
66 위의 책, I, q. 37, a. 2.
67 위의 책, I, qq. 38, 43; II–II, qq. 23–46.

넘적 사랑)을 발생시킨다. 하나님 내부(안)에 있는 성령의 내적 발출을 설명함으로서 아퀴나스는 또한 삼위일체 하나님 내부(안)에 존재하는 관계를 성령으로 식별한다.

성령은 관계다. 하나님 안에서 영속하는 관계. 이 관계가 성령이다. 왜냐하면, 성령이 바로 하나님 안에 있는 뜻대로 행하는 분이시고, 그분의 존재는 발출의 원리가 존재하는 것과 본질적으로 동일하기 때문이다. 이런 의미에서 성령은, 본질상, 어떤 내적 발출에 의해 생성되고 사랑—곧 성부와 성자가 서로 사랑하는 상호 사랑—으로 특징지어진 영속적 관계와 같다.[68]

(2) 아퀴나스는 성령 하나님을 상호 사랑, 즉 아버지와 아들이 서로 사랑하는 사랑으로 취급한다. 아퀴나스에 따르면, 성령은 위격 안에 있는 사랑인 한에서 성부와 성자의 상호 사랑이다. 그 이유는 위격 안에 있는 사랑으로서 성령 안에는 사랑하는 자의 사랑받는 자에 대한 관계로서 성부의 성자에 대한 관계와 성자의 성부에 대한 관계가 내포되어 있기 때문이다. 즉, 성령의 본질과 동일한 사랑(위격 안에 있는 사랑)이 성부와 성자에 대한 성령의 관계를 구성한다.

이는 마치 성부와 성자가 꽃들로 말미암아 꽃을 피우는 나무처럼 (*arbor est florens floribus*) 사랑을 산출하는 삼위일체 하나님의 한 위격인 성령(위격 안에 있는 사랑)으로 말미암아 서로를 사랑하신다(상호 사랑)는 말과 같다. 따라서 성령은 위격적인 사랑이며, 또한 상호 사랑이다.[69]

(3) 아퀴나스의 사랑에 기반을 둔 성령론을 구성하는 마지막 세 번째 단계는 사랑으로서의 성령의 구원론적 함의에 주의를 기울인다. 아퀴나스에 따르면, 사랑 그 자체와 동일한 하나님의 영, 곧 위격 안에서 '사랑'이시며 성부와 성자 사이의 상호 사랑이신 분을 통해 하나님은 당신의 사랑을 구원의 경륜 안에서 우리에게 부어 주신다.

---

68 위의 책, I, q. 37, a. 1. 이 책의 3장을 보라.
69 위의 책, I, q. 37, a. 1 ad 3; I, q. 37, a. 2. 이 책의 4장을 보라.

사랑, 특히 카리타스(caritas, 우정)적 사랑은 성령께서 세우신 하나님과의 우정의 문제이다. 성부께서 때를 따라 보내신 성령은 우리 안에 거하시고, 성령 자신의 위격을 구성하는 사랑(amor)으로 우리를 채우신다.

즉, 카리타스(caritas, 우정)적 사랑이란, 성령(amor)과 함께하는 우리 영혼의 신성한 참여(또는 교제)를 뜻한다.[70] 좀 더 논리적으로 풀이하자면, 사랑의 우정(caritas)에서 은총의 상태에 있는 자들은 성령(amor)을 통해 성 삼위일체 하나님의 성품에 참여하는 자들이 된다. 아퀴나스에게 성령 하나님은 우리를 거룩하게 하시는 은총의 선물 안에서 우리 마음 가운데 거하시고, 우리를 하나님과 같이 되게 하시며, 우리를 삼위일체 하나님의 내재적 삶과 사랑 안으로 인도하기 위하여 현세적 파견을 받은 분이다.[71]

『오순절 설교』(Emitte Spiritum)의 1부 설교(sermo)와 2부 강론(collatio)에서도 보면, 성령은 모든 삶에 생명을 주시고, 모든 존재와 운동의 근원이 되시는 사랑으로서 세상 가운데 자유롭게 보내진 분으로 묘사된다(1부).[72] 그뿐만 아니라 그분은 또한 우리의 실존에 편재하시고, 모든 성결의 원인이 되시며, 온 세상의 창조와 갱신 가운데 자신의 작용(효과)을 나타내는 분으로 묘사된다(2부).[73]

그러므로 아퀴나스의 성령 하나님은 우리 안에 내주하기 위하여 성부의 보냄을 받고, 우리를 그리스도 예수 안에서 하나님과 친구가 되게 하시며(요 15:12, 15), 하나님을 향한 우리의 사랑에 불을 붙이는 분이시다. 더욱이 그분은 사랑받는 자마다 사랑하는 자 안에 있는 것같이 우리도 하나님 안에 거하게 할 뿐만 아니라(요일 4:16), 아버지 하나님과 아들도 우리 안에 거하게 하신다(요 14:23; 요일 3:24). 그러므로 우리 그리스도인들의 삶과 구원 참여는 궁극적으로 성령을 통한 은사라고 아퀴나스는 말한다.[74]

---

70 위의 책, II-II, q. 23, a. 3 ad 3.
71 위의 책, I, q. 43, a. 3c; I, q. 43, a. 5 ad 2.
72 *Emitte Spiritum*, I.1-II.5.
73 위의 책, III.1-IV.5.
74 *ScG*, IV, ch. 21, par. 3. 아퀴나스의 구원론과 관련하여 사랑이신 성령의 의미는 이 책의 5장을 보라.

앞선 2장에서 언급한 것처럼, '성령을 통해 그리스도인은 하나님의 삶에 참여한다'는 주제는 웨슬리의 글에서도 두드러지게 나타난다. 웨슬리는 하나님에 대한 인간의 지식이 영을 통해 이루어진다는 것을 설명하기 위해 영적인 감각의 교리를 발전시켰다. 그는 또한 사랑 안에서 개인적, 사회적 성결을 추구하는 데 특별한 관심을 기울였다. 그런데 성결에 대한 이러한 관심은 성령에 대한 그의 이해와 매우 특별한 관련이 있다.

웨슬리에 따르면, 성령은 모든 사랑과 성결의 원인이다.[75] 따라서 우리 그리스도인의 삶과 마음속에 사랑과 성결을 이루시는 분은 성령 하나님이시다. 성령에 대한 이러한 이해는 이제 웨슬리로 하여금 한 걸음 더 나아가 우리 그리스도인들이 하나님을 알고 또 사랑하게 되는 것은 성령의 은총으로 말미암아, **영적 감각을 통해**, 하나님을 체험함으로써 이루어진다는 가르침을 확증하게 만들었다.

이런 점에서 볼 때, 웨슬리의 저 유명한 완전 성화의 교리는 사실상 성령의 역사가 중심이 되는 가르침이라고 할 수 있다. 아니, 보다 정확하게 말하자면, 성령 하나님에 대한 교리에 참여의 차원을 불어넣음으로써 활성화된 가르침이 바로 웨슬리가 말하는 완전 성화의 교리이다. 따라서 웨슬리가 전개한 삼위일체신학 안에는 구원론적 성령론의 강조로 특징지어진 그리스도인의 참여가 두드러지게 나타난다.[76]

위와 같은 웨슬리의 성령 이해는 그가 자신의 형제인 찰스 웨슬리와 공동으로 출판한 『오순절 송가』에서 다음과 같이 서정적으로 나타난다.

> 구원자의 기도를 받으사
> 은혜로운 보혜사를 보내신
> 이별의 주, 예수의
> 하늘에 대한 약속이 회복되었네.

---

75 *Letter to a Roman Catholic*, in Wesley, Works, ed. Jackson, 10:82.
76 이 책의 2장을 보라.

높은 곳으로 이제 오르신 그리스도시여
포로로 잡힌 자들을 포로로 이끄소서.
그의 원수들이 그에게서 받을 것은
은혜이니, 하나님 이시여 우리로 당신과 함께 살게 하소서.
하나님, 영원하신 내 주여,
필멸할 자들과 함께 당신의 거처를 만드소서.
우리는 천상을 담을 수 없으나,
당신은 우리 안에 천상이 거하도록 보증하소서.

주님은 결코 떠나지 않으리
겸손한 마음의 죄수를
주님은 그의 마음속에서 일하시며
그가 죄를 내어 쫓을 때까지 씨름하시리.

그곳에서 주님이 우리의 연약한 신음을 도우시며,
우리의 불완전한 탄식을 심화시키시네
그 곳에서 침묵 속에 중보하며,
말할 수 없는 기도로 탄식하시네.

오소서, 신성한 화평의 손님이시여,
우리의 성실한 마음에 들어 오소서.
성신이시여, 우리 맘을 격려하시고,
거기에 복음의 불을 붙이소서.

고통스런 투쟁의 관을 씌우소서,
원칙과 생명의 주님으로 덧입히소서.
우리 안에 신령한 생명을 새롭게 하소서,
당신은 은사요, 또한 그 은사를 주시는 분이십니다!

이제 내려와 땅을 흔드소서.
우리를 깨워 두 번째 탄생으로 일으키소서.
우리를 소생시키는 저 생명의 기운을 주사,
이제 발파하소서—그리하면 이 마른 뼈들이 살리이다!

당신이 우리 본성의 밤을 어루만질 때,
이 어둠이 빛으로 타오릅니다.
당신의 뒤덮는 날개를 펴사,
혼란에서 질서가 샘솟게 하소서.

고통과 죄와 슬픔이 그치고,
마침내 당신을 우리가 맛보면, 모든 것은 이제 평화입니다.
당신 안에 신령한 기쁨이 있음을 우리로 전하게 하소서,
진리의 빛도, 사랑의 불도….[77]

여기에서 웨슬리는 성령이 세상에 보냄을 받음으로써 그리스도께서 약속하신 "장차 오실 위로자", 곧 하나님의 삶 속에서 그리스도를 따르는 자들을 세우시고 확증하실 "보혜사"가 성취되었다고 가르친다(요 14:15-31). 이 은혜의 비밀 안에서 하늘도 능히 감당하지 못할 하나님이 성령으로 말미암아 우리의 마음 가운데 거하신다. 성령은 은사이면서 동시에 그 은사를 주시는 자다.[78] 이와 같이 성령은 우리 안에 있는 하나님의 형상과 실제적인 삶을 새롭게 하신다.

따라서 아퀴나스와 웨슬리는 비록 그들 고유의 뉘앙스와 표현 방식이 있기는 하지만 삼위일체 하나님의 삶 속에 우리가 참여할 수 있는 것은

77　John Wesley and Charles Wesley, *Hymns and Sacred Poems* (London: William Strahan, 1739), "Hymn for Whitsunday," 213–14.

78　참조. Augustine, *De Trinitate*, XV, 19, 그리고 이 요점에 대한 아퀴나스의 확언은 *ST*, I, q. 38, a. 2 ad 1.

"성령을 통해서만" 가능하다고 공통적으로 주장한다. 먼저 아퀴나스는 '위격 안에 있는 사랑으로서 성령'과 '성령에 귀속된 하나님의 경륜적 행위' 사이의 관계를 설명함으로써 '사변적인 것'과 '실천적인 것'을 '결합'한다.

다음으로 웨슬리는 영적 감각을 통해 하나님을 체험하는 지식을 얻는 것의 중요성을 강조하고, 하나님과 이웃에 대한 사랑 안에서 하나님의 형상이 새롭게 된 것을 성령의 행위로 돌린다.[79]

각각의 경우에서 사랑과 성령의 연관성은 매우 중요하게 나타난다. 그리고 성령의 고유한 일을 설명함에 있어서도 매우 유사한 측면이 강조된다. 더욱이 이러한 공통점은 또한 아퀴나스와 웨슬리의 요한복음 14-16장 주해에서도 엿보인다. 참으로 그들 모두에게 있어서 성자는 성령에 대해 말씀하시는 분이시다.

따라서 성자와 성령 사이에는 어떤 특별한 연결이 내포되어 있다. 그러나 두 위격이 연결되어 있다고 해서 반드시 성자가 성령의 일을 숨기거나 대리하는 것은 아니다.

성령의 일은 그들 모두가 공히 인정하는 것처럼 성령께 속한다. 그러므로 이상의 예에 근거하여 다음과 같이 말하는 것이 합당하다. 아퀴나스와 웨슬리 모두에게 성령 하나님은 그분 자신의 고유한 일 곧 그리스도에게 속한 자들을 삼위일체 하나님의 삶 속으로 인도하는 일을 행하고 계신다.

이밖에도 웨슬리 형제의 『오순절 송가』가 아퀴나스의 『오순절 설교』 (*Emitte Spiritum*)의 많은 주제와 함축적이지만 깊이 반향을 일으키고 있다는 것은 놀라운 사실이다. 이상의 두 저작을 보면, 그들 모두가 성령 하나님의 현세적 파견에 대해 언급하고 있는 것을 볼 수 있다. 물론 약간의 차이가 있을 수 있다.

예를 들어, 아퀴나스는 성자뿐만 아니라 성부와 관련해서도 성령의 파견을 명시적으로 언급하는 반면, 웨슬리는 성자와 관련해서만 언급한다 (하지만 웨슬리의 『오순절 송가』에서 성부가 성자의 기도를 받는 분으로 언급되어 있

79　Aquinas의 실증적 인식에 대한 유사한 이해는 *ST*, I, q. 43 ad 2를 보라.

다고 말함으로써 이 약간의 차이에 이의를 제기할 수도 있다).

두 저작 사이의 또 다른 유사점은 아퀴나스와 웨슬리 모두가 성령의 내주하심, 곧 하나님의 백성 안에서 사랑과 성결을 일으키는 하나님의 영의 현존을 강조하고 있다는 것이다. 또한, 은사의 개념도 그들 사이에 존재하는 여러 유사점들 가운데 하나다. 아퀴나스가 오순절의 의미를 『오순절 설교』(Emitte Spiritum)에서 암시적으로—그러나 그의 『신학대전』에서 명시적으로—성찰할 때 그리고 웨슬리 형제가 오순절의 의미를 『오순절 송가』에서 성찰할 때, 은사의 개념은 주된 역할을 한다.

이상의 유사점들은 웨슬리에 대한 아퀴나스의 직접적인 영향에서 비롯된 것이 아니다(만일 있다면, 단지 암묵적으로나 간접적으로만 지각할 수 있는 정도일 것이다).[80]

그렇다면 그들 사이의 유사점은 어디에서 온 것일까?

확신컨대, 그들 사이의 유사점은 그들이 공유한 모든 지식의 뿌리, 곧 진리를 가르치는 성령의 작용적 은총(계시)에서 비롯된 것으로 보인다. 앞선 5장에서 언급한 것처럼, 아퀴나스와 웨슬리가 성령의 행위를 작용(효과)의 관점에서 설명할 때 핵심이 된 주제는 '성령으로 말미암은 가능해진 현실', 곧 '삼위일체 하나님의 내재적 삶 속에 우리가 참여할 수 있게 되었다'는 것과 관련이 있다.

그런데 이 같은 주제가 아퀴나스의 『오순절 설교』(Emitte Spiritum)와 웨슬리 형제의 『오순절 송가』에 의해 서로 다른 형식이지만 매우 유사한 내용으로 전개됨에 따라, '그들 사이에 암시된 상호 연결'보다 더 깊은 '실재와의 연결'이 드러난다.

---

80 웨슬리의 저작물 전체에 걸쳐 아퀴나스에 대한 언급은 다소 일반적이며 아퀴나스의 직접적인 영향을 나타내지 않는다. 그러나 한 가지 분명한 것은 웨슬리가 아퀴나스에 대해서 결코 모를 수 없었다는 것이다. 예를 들어, 그는 감리교 설교자들에게 "스콜라학파의 심오함이나 스코투스 혹은 아퀴나스의 명민함은 아닐지라도, 유용한 과학의 첫 번째 기초이자 일반 원칙이라고 할 수 있는 형이상학"에 대한 이해를 추구하면서, 자신의 목회 사역을 지적으로 준비하라고 요청했다(Wesley, *Works*, ed. Jackson, 10:482).

다시 말해, 그들 사이의 유사점은 그들 사이의 상호 영향이 아니라 다른 모든 그리스도인과 함께 그들도 삼위일체 하나님의 내재적 삶 속에 참여하게 하신 성령의 작용적 은총(계시)에서 비롯된 것이다.

지금껏 우리는 아퀴나스와 웨슬리 사이의 유사점을 확인하는 한편, 그들의 성령론이 지닌 구원론적 상보성에 상응할 만한 몇 가지 요인들을 충분히 서술했다. 그러므로 이제 필자가 앞서 언급한 두 가지 비판, 즉 서구 신학에 만연한 두 가지 결함에 대한 논의로 넘어가는 것이 합리적이다. 하나님의 구원 경륜 안에서의 성령의 행위를 이해하는 문제와 관련하여 서구 신학에 제기된 두 가지 비판이 있다.

(1) 성령의 중요성이 성자에 의해 퇴색되었다.
(2) 성령의 참된 위격이 간과되었다.

그러나 성령에 대한 아퀴나스와 웨슬리의 이해는 이 두 가지 비판에 적합한 신학적 해법을 제시한다. 그러므로 서구 신학의 두 가지 비판을 다루는 이 장의 나머지 부분은 주로 (아퀴나스와 웨슬리에 의한) '해결'의 관점에서 진행될 것이다.

(1) '성령의 중요성이 성자에 의해 퇴색되었다'는 서구 신학의 첫 번째 비판은 다음과 같은 문제를 제기한다.
성령의 기독론적 일식(日蝕)이 아퀴나스와 웨슬리 안에서 발견되는가?
아퀴나스에 비해 웨슬리의 신학은 덜 체계적이다. 특히, 성령에 대한 그의 설명은 매우 파편화되어 있으며 덜 기술적이다. 따라서 위의 문제를 푸는 '순서'는 웨슬리에서 시작해 아퀴나스로 진행하는 것이 합리적이다. 그리고 웨슬리에 관한 한 그 '방법'은 웨슬리의 설교나 편지에 여기저기 흩어져 있는 공리보다는 다음의 세 가지 주제(성령과 밀접한 관련이 있고 웨슬리의 사상 전반을 아우르는)에 대한 포괄적 이해를 구하는 것이 적합하다.

첫 번째 주제는 영적 감각의 교리와 관련이 있다. 웨슬리는 영적 감각을 성령의 행위와 연결한다. 둘 사이의 연관성은 이미 2장에서 언급했지만, 이 단계에서 중요한 것은 언급된 연관성만이 아니라 이에 대한 웨슬리의 주장을 명확히 하는 것이다. 웨슬리에 따르면, 우리 인간은 성령이 행하시는 일을 알 수 없다. 우리가 알 수 있는 것은 오직 성령의 감동으로 말미암아 일어나는 사랑, 기쁨, 평화와 같은 효과(작용)이다.[81]

그런데 '우리가 알 수 있다'는 사실의 근거는 우리 자신에게서 오지 않는다. 따라서 우리가 성령의 일하심으로 말미암아 일어난 사랑, 기쁨, 평화와 같은 효과(작용)를 알 수 있는 근거는 성령의 구속사적 행위, 보다 정확하게는 성령에 의해 은혜롭게 회복된 인간의 독특한 지각 수단인 영적 감각에서 온다.

영적 감각을 성령과 관련하여 설명했던 웨슬리는 이제 영적 감각을 믿음과 관련하여 설명하기 시작한다. 예를 들어, 『우리 자신의 영의 증거』에서 웨슬리는 믿음을 다음과 같이 정의한다.

> 믿음만이 눈에 보이지 않는 사항의 그 증거, 확신, 실증입니다. 믿음에 의하여 우리의 이해력의 눈이 열리고, 그 속에 신적인 빛이 부어지며, 우리는 '하나님의 법의 기이한 것'을 봅니다.[82]

믿음에 대한 이 같은 정의는 이제 『성경적 구원의 길』에 이르러 성령의 행위와 관련이 있는 것으로 명시되는데, 여기서 웨슬리는 히브리서 11:1

---

[81] 웨슬리가 설명하듯이, 그가 말하는 감각이란 "[성령이] 작용하는 방식이 아니라, 성령이 그리스도인 안에서 작용하는 은총"이라는 의미이다(*A Farther Appeal to Men of Reason and Religion*, Pt. I, V.2, in Wesley, *Works*, ed. Outler, et al., 11:140; 참조. 위의 책, I.6, in Wesley, *Works*, ed. Outler, et al., 11:108). 이 점에서 웨슬리는 아퀴나스와 매우 흡사하다. 아퀴나스의 경우에도 우리 인간은 우리 자신에게 은혜가 있다고 확신할 수 없다. 은혜의 원리요 대상이신 하나님을 근본적으로 알 수 없기 때문이다(*ST*, I-II, q. 112, a. 5c).

[82] Sermon 12, "The Witness of Our Own Spirit" (1746), § 8, in Wesley, *Works*, ed. Outler, et al., 1:304.

을 취하여 믿음의 일반적인 의미를 다음과 같이 설명한다.

> [일반적으로 믿음이란] 하나님과 하나님께 속한 것들에 관한 초자연적인 증거, 또는 인간 영혼에게 비추어진 영적 빛, 어떤 초자연적 시야나 지각을 뜻하는 것입니다. 그러므로 성경은 '하나님이 빛을 주신다' 또는 '식별하는 힘을 주신다'는 말을 하고 있는 것입니다. 사도 바울도 말하기를 "어두운 데서 빛이 비취리라 하시던 그 하나님이 예수 그리스도의 얼굴에 있는 하나님의 영광을 아는 빛을 우리 마음에 비취셨느니라"(고후 4:6)라고 하였고, 또 어떤 곳에서는 "우리 이해(마음)의 눈을 밝히사"(엡 1:18)라고 말한 것입니다. 성령께서 우리의 영혼의 눈을 여시며 밝히시는 두 가지 작용에 의하여 눈으로 볼 수 없고(고전 2:9) 생래의 귀로도 들을 수 없는 것들을 이 영혼의 눈으로 보는 것입니다. 그래서 우리는 하나님께 속하여 보이지 않는 모든 것을 볼 수 있는 것입니다.[83]

이 말을 보다 더 각별하게 취급하여, 웨슬리는 또한 믿음을 다음과 같이 해석한다.

> 이 믿음이라는 말은 하나님이 그리스도 안에 계셔서 세상을 하나님과 화목하게 하시는 것(고후 5:19)에 대한 증거요, 확신일 뿐 아니라, 그리스도께서 나를 사랑하셨고 나를 위하여 자기 자신을 주셨다는(갈 2:10) 하나님의 증거요, 확신인 것입니다.[84]

그러므로 믿음에 대한 웨슬리의 성숙한 이해는—콜린스가 특히 "의롭다 칭하는 믿음"(justifying faith)에 대한 그의 논평에서 지적했듯이—기독론적 차원과 성령론적 차원을 모두 포함한다.

---

83 *The Scripture Way of Salvation*, II.1, in Wesley, *Works*, ed. Outler, et al., 2:160–61.
84 위의 책, II.2, in Wesley, *Works*, ed. Outler, et al., 2:161.

의롭다 칭하는 믿음은 예수 그리스도의 삶과 죽음과 목회의 구속적 성격을 떠나서는, 혹은 성령의 역사를 통해 믿는 자가 은총을 넘치도록 받는 경험적 신뢰와 확신을 떠나서는 온전히 인식할 수 없다.[85]

영적 감각과 관련된 웨슬리의 믿음 개념은 비록 그리스도의 중심성을 밝히고 있지만 완전히 거기에 잠겨 있지는 않다. 오히려 그는 성령의 역할을 인정하고 하나님의 구원의 경륜에서 성령 하나님의 위격에 기인한 행위를 더욱 강조한다.

두 번째 주제는 하나님의 형상(*imago Dei*)과 관련이 있다. 하나님의 형상이란 관념은 웨슬리의 구원론에서 가장 중요한 주제이며, 이 주제가 논의될 때 그는 성령론적으로 가장 중요한 요소를 드러낸다. 위르겐 바이스바흐(Jürgen Weissbach)가 "존 웨슬리의 신학 사상에 나타난 새로운 인간성"에 관한 연구에서 지적했듯이, 웨슬리는 신자 안에 있는 하나님의 형상의 갱신이란 관념에 특히 관심을 가지고 있었다.[86] 그리고 성령을 통해 하나님의 형상이 새롭게 되는 것이 곧 구원이라고 설명했다.

> [구원은] 그들의 마음속에 부어지는 하나님의 사랑입니다[롬 5:5에 대한 성령론적 해명]. 그들은 [이제] 모든 사람에 대해서 사랑을 느끼며, 모든 의로움과 참된 성결로 하나님의 형상을 새롭게 합니다.[87]

이 새롭게 되는 역사(갱신)는 "모든 성결의 원천이 되시고, 우리 안에 당신의 고유한 형상을 채워가시는" 하나님과 함께 매일 성장하는 것이며, "우리의 영은 이로 말미암아 우리를 지으신 하나님의 형상을 따라 날마다

---

85 Kenneth J. Collins, *The Theology of John Wesley: Holy Love and the Shape of Grace* (Nashville: Abingdon Press, 2007), 169.

86 Jürgen Weissbach, *Der neue Mensch im theologischen Denken John Wesleys* (Stuttgart: Christliches Verlagshaus, 1970).

87 Sermon 129, "Heavenly Treasure in Earthen Vessels" (1790), I.3; letter to John Oglevie, August 7, 1785, in Wesley, *Letters*, 7:283.

새롭게 됩니다."[88] 이상의 설명에서 알 수 있듯이, 하나님의 형상으로 새롭게 되는 것은 하나님이 "우리 안에 그분의 영으로 역사하는" 문제라고 할 수 있다.[89]

그러므로 웨슬리에 따르면, 우리를 거룩하게 하는 성화 은총을 주시고, 우리를 하나님의 형상으로(또는 웨슬리가 종종 하나님의 '도덕적인 형상'이라고 부른 '의'와 '성결'로) 회복시키는 일은 성령의 고유한 행위이다.[90]

세 번째 주제는 성화와 관련이 있다. 웨슬리의 성화 개념은 특성상 '참여적'이다. 그리고 이 참여적 특성의 성화 개념은 앞선 두 가지 주제('영적 감각'과 '하나님의 형상으로의 갱신')에서도 그런 것처럼 성령론적이다. 웨슬

---

88 Sermon 28, "Upon Our Lord's Sermon on the Mount, VIII" (1748), § 4, in Wesley, *Works*, ed. Outler, et al., 1:614.
89 "Justification by Faith," II.1, in Wesley, *Works*, ed. Outler, et al., 1:187.
90 예를 들어, 웨슬리의 그의 설교 "신생"에서 하나님의 형상을 세 가지 방법으로 묘사한다. 아이작 와츠(Isaac Watts)의 1740년 저작인 『인류의 파멸과 회복』(*Ruin and Recovery of Mankind*)에서 이 용어를 차용한 웨슬리는 하나님의 형상이 자연적 형상(natural image), 정치적 형상(political image), 도덕적 형상(moral image)이라는 세 가지 방식으로 이해될 수 있다고 주장한다(참조. Wesley's quotations from Watts in *The Doctrine of Original Sin, According to Scripture, Reason, and Experience: In Answer to Dr. Taylor* [1756], pp. 225, 261). 웨슬리는 다음과 같이 설교한다. 하나님이 자신의 형상대로, 즉 하나님의 형상대로 인간을 창조하셨다. 즉, "하나님 자신의 불멸성의 모습, 즉 자연적 형상(natural image)을 따라, 뿐만 아니라 이해력과 자유 의지와 여러 가지 감정을 가진 영적 존재로서, 또는 '바다와 고기와 땅 위의 만물을 지배하는'[창 1:26-27] 이 세상의 지배자인 정치적 형상(political image)으로서, 그뿐만 아니라 사도 바울의 말과 같이 '의로움과 참 거룩함'[엡 4:24]을 지닌 도덕적 형상(moral image)으로 인간을 지으셨습니다. 이러한 하나님의 형상(image of God) 속에서 인간이 창조된 것입니다"("The New Birth," I.1 in Wesley, *Works*, ed. Outler, et al., 2:188). 우리를 자신의 형상으로 창조하신 하나님의 은사는 인간으로 하여금, 웨슬리가 말한 것처럼, "하나님을 수용"(capable of God)할 수 있게 만든다("The General Deliverance," I.5, III.6, 12 in Wesley, *Works*, ed. Outler, et al., 2:441, 448, 450). 그러나 죄의 문제, 즉 하나님께 대한 우리의 비극적이고 자발적인 반항은 하나님이 우리를 만드신 이 형상을 훼손한다. 그 결과 우리에게 절실히 필요한 것은 하나님의 형상을 새롭게 하는 것이다—'우리 안에 하나님의 형상을 새롭게 해야 한다'는 것은, "한 가지만으로도 족하니라"라고 하는 설교에서도 밝히고 있는 것처럼, 웨슬리가 가장 선호하는 구원에 대한 설명 중 하나다 (Wesley, *Works*, ed. Outler, et al., 4:352-59). 그러한 쇄신은 하나님의 형상의 세 가지 차원 모두에 영향을 미치지만, 주로 그것이 가장 필요한 영역, 즉 죄의 문제로 손상된 하나님의 도덕적 형상을 다룬다. 자비로우신 하나님은 예수 그리스도와 성령을 통하여 우리 안에 있는 하나님의 형상을 새롭게 하시려고 풍성히 공급하신다.

리는 삼위일체 하나님과의 참된 사귐을 누리는 자들의 삶을 '성결'로 특징 짓는다. 그런 다음 모든 성결의 "직접적인 원인"을 성령 하나님으로 식별한다.[91]

따라서 은혜로 가능해진 성결(삼위일체 하나님과의 사귐)은 웨슬리의 관점에서 볼 때 다음과 같은 방식으로 성령 하나님과 관련이 있다고 할 수 있다. 성령의 교통 안에서 우리는 성부와 성자와의 끊임없는 친교에 참여할 수 있으며, 이러한 참여를 통해 우리 마음에 하나님과 이웃에 대한 사랑이 가득 채워지는 것을 경험할 수 있다. 웨슬리의 이 같은 성령론적 구원론은, 엘머 코일러(Elmer Colyer)에 따르면, 우리의 일반적인 구원 이해를 "삼위일체론적"이며 "참여적"으로 발전시키는 데 크게 기여한다.

> 이생과 내생에서 우리의 운명은 삼위일체 하나님과의 연합, 우리 서로 간의 연합 그리고 모든 피조물과의 연합이다.[92]

웨슬리에게 있어 이 신-인간의 연합은 우리를 거룩하게 하는 하나님과의 참된 교제이며, 삼위일체 하나님의 삶 안에 있는 이 참된 교제의 장으로 우리를 부르시고 거룩하게 하시는 분은 성령 하나님이시다.

웨슬리의 성령론에 대한 더 심도 있는 조사는 이것보다 더 확실한 결론을 이끌어 낼 수 있다. 그러나 이미 밝혀진 것은 현대 서구 신학의 맹점으로 간주되는 두 가지 비판 중 첫 번째 비판이 웨슬리에게는 거의 적용되지 않는다는 것이다.

---

91 *Letter to a Roman Catholic*, in Wesley, Works, ed. Jackson, 10:82.
92 Elmer M. Colyer, "Trinity," in William J. Abraham and James E. Kirby, eds., *The Oxford Handbook of Methodist Studies* (Oxford: Oxford University Press, 2009), 508. 모든 피조물과의 친교에 관한 이 마지막 요점은 웨슬리의 설교 "새로운 창조"의 결론에 대한 언급이다. "모든 이에게 왕관이 씌워지고 하나님과 깊고, 친밀하고, 방해받지 않는 친교가 이루어질 것입니다. 삼위일체 하나님과 그 안에 있는 모든 피조물과의 끊임없는 기쁨이 있게 될 것입니다"("The New Creation," § 18, in Wesley, *Works*, ed. Outler, et al., 2:510).

앞에서 논의한 세 가지 주제, 즉 영적 감각, 하나님의 형상, 성화에 의해 제안된 웨슬리의 성령신학에는 성령의 '기독론적 일식(日蝕)'이 없다. 오히려 다소 실천적인 성령 이해와 삼위일체 하나님의 구원의 경륜 안에서 성령의 행위에 기인한 것이 무엇인지에 대한 명확한 설명이 제시된다.

'성령의 참된 위격이 간과되었다'는 서구 신학의 두 번째 비판에 대해서는, 웨슬리의 신학 방법과 목표가 '실천적' 또는 (이전에 제안된 바와 같이) '구원론적'이었단 사실을 다시 한번 염두에 둘 필요가 있다.[93] 웨슬리는 아퀴나스와 달리 삼위일체 하나님의 내재적 삶이라는 관점에서 성령의 위격을 거의 언급하지 않았다. 그는 단지 위격적 신비에 호소하는 것으로 만족했고,[94] 주로 구원의 경륜 안에서 계시된 성령의 역사에 관심을 가졌다.

그렇기 때문에—엄격한 의미에서 말하자면—우리는 삼위일체 하나님의 신격(Godhead) 안에 있는 성령의 위격에 대해 웨슬리가 얼마만큼 정확한 이해를 가지고 있었는지 알 수 없다. 그리고 이러한 모호성은 서구 신학에 대한 두 번째 비판이 애초에 웨슬리에게 적용되는 것을 어렵게 만든다.

그럼에도 불구하고, 웨슬리가 성령의 위격에 대해 충분히 관심과 주의를 기울였는가는 좀 더 살펴볼 필요가 있다. 웨슬리는 성령의 내적(*ad intra*)인 삶에 구체적으로 관여하지는 않았지만, 성령의 참된 위격을 확증하는 방식으로 성령의 외적(*ad extra*)인 활동을 설명했다. 이러한 설명 방식은 주로 성령의 위격적 행위가 두드러지게 나타나는 주제인 '하나님의 구원 사역'(예. 입양)이나 바로 위에서 언급한 '영적 감각', '하나님의 형상', '성화'에서 확인할 수 있다.

---

93 이 책의 2장을 보라.
94 참조. 웨슬리는 『삼위일체에 대하여』에서 사실과 방식을 구별했는데, 여기서 그는 하나님이 '하나 안에 셋'(three-in-one)이라는 사실을 분명히 확언하지만, 이것이 정확히 어떤 방식으로 그렇게 되는지에 대한 이해를 주장하진 않는다(*On the Trinity*, § 15, in Wesley, *Works*, ed. Outler, et al., 2:384). 다른 곳에서와 마찬가지로 여기에서 웨슬리의 성찰은 그의 근본적인 구원론적 관심에 의해 인도되며, 이에 대해 그는 신적인 경륜 안에서의 하나님의 활동에 초점을 맞춘다.

이미 앞서 논의된 주제를 재차 부연할 필요가 없으므로, 윌리엄 아르넷(William Arnett)의 연구가 제안한 해석 한 가지만 덧붙이자면, 성화는 웨슬리의 성령론을 이해하기 위한 가장 넓은 범주를 나타내며, 그 범주의 중심에는 성령의 위격적 임재와 선택 의지가 있다.[95]

더욱이 웨슬리의 글에 자주 등장하는 "성령"과 "영성"의 친밀한 관계도 무시할 수 없다. 그 이유는 아우틀러도 자세히 설명하고 있는 것처럼 "성령"과 "영성"의 친밀한 관계가 웨슬리의 영성신학에서 성령의 위격을 더욱 분명하게 만들기 때문이다.[96]

결국, 웨슬리가 성령의 참 위격을 강조하는 서구 신학자로 인정받는 데에는 나름의 이유가 있다.[97] 웨슬리는 두 번째 비판(서구 신학의 특징으로 간주됨)을 단순히 회피하지 않았다. 그는 성령과 성화와 사랑이 하나님의 구원과 그리스도인의 삶에 대한 실천적인 이해에서 서로 밀접하게 연관되어 있음을 보여 주었으며, 이것은 우리에게 더욱 풍성한 성령론을 회복하는 데 도움이 되는 자료를 제공하기에 충분하다.[98]

실천적 신학 방법에 따라 웨슬리가 제공한 성령론은 분명 현대 서구 신학에 공통적으로 나타난 두 가지 문제에 적합한 응답을 제공하고 있다. 하지만 아퀴나스가 보여 준 사변적 신학의 깊이와 넓이를 감안할 때, 사실상 저 두 가지 비판에 더 직접적으로 관여한 인물은 아퀴나스라고 해도 과언이 아니다.

'현대 서구 신학의 성령은 성자 앞에서 빛을 잃고 점차 더 작은 위격으로 전락하고 말았다'는 날카로운 비판에 맞서 싸운 또 다른 서구 신학자

---

95 William M. Arnett, "The Role of the Holy Spirit in Entire Sanctification in the Writings of John Wesley," *Wesleyan Theological Journal* 14/2 (Fall 1979): 15–30.

96 Albert C. Outler, "A Focus on the Holy Spirit: Spirit and Spirituality in John Wesley," *Quarterly Review* 8/2 (1988): 3–18.

97 예. F. LeRon Shults and Andrea Hollingsworth, *The Holy Spirit* (Grand Rapids: Eerdmans, 2008), 62.

98 이러한 관련 주제에 주의를 기울이면서 웨슬리의 성령론에 대한 보다 자세한 설명을 찾아볼 수 있는 책은 Starkey, *The Work of the Holy Spirit*이다.

아퀴나스로 돌아가 보자. 잘 알려진 바와 같이 아퀴나스의 성령론은 거의 연구되지 않은 영역이지만, 아퀴나스가 성령에 관해 쓴 글의 양은 결코 적지 않다.

예를 들어, 『요한복음 주해』에서 아퀴나스는 하나님의 구원 경륜의 다양한 측면을 성령의 위격과 연결한다. 그리고 성령이 성부와 성자와 함께 세상의 구원을 이루는 일에 동등하게 관여하고 계시지만, 다른 두 위격과 구별되게, 특히 그분 자신의 고유한 속성인 사랑(amor)에 따라 역사하신다는 점을 식별한다. 이런 점으로 미루어 볼 때, 성령에 대한 아퀴나스의 이해는 성령의 기독론적 일식(日蝕)과는 거리가 멀며 철저히 삼위일체적인 것처럼 보인다.

이밖에도 아퀴나스의 성령론을 엿볼 수 있는 작품들이 있다. 그중 가장 대표적인 예가 『신학대전』 제1권 1부이다. ST, I, qq. 37-8에서 아퀴나스는 신적인 발출과 파견에 대한 설명하는데, 먼저 그는 신적인 발출이 내적 행위에 의해서만 하나님 안에 존재한다는 것을 관찰한다. 그리고 이어서 지적 본성에서의 내적 행위는 지성 또는 의지의 작용에 의한 것이기 때문에 하나님 내부(안)에는 어느 정도의 상호 유사성을 지니고 있는 두 가지 발출이 있음을 확립한다.

(1) 지성에 따른 말씀(Word)의 발출과
(2) 의지에 따른 사랑(Love)의 발출.[99]

그러나 '지성에 따른 말씀(Word)의 발출'과 '의지에 따른 사랑(Love)의 발출'은 또한 여러 면에서 구별될 수 있다. 우선 이들은 각각에 맞는 이름이 있다. 아퀴나스의 추론에 따르면, 말씀(Word)의 발출은 출생(generation)이라고 불리는 것이 옳다. 왜냐하면, 말씀(Word)의 발출은 마치 출생과 같이 자신의 고유한 모양에 따라—유사성(닮음)을 통해—지성 안에 거주하

99　ST, I, q. 27, a. 3c.

기 때문이다.¹⁰⁰

그뿐만 아니라, 하나님 안에서 이해하는 것(understanding)과 존재하는 것(existing)은 서로 동일한 행위이기 때문에 지성에 따른 말씀(Word)의 발출은, 또한 성부와 같은 본성으로 영속(자존)한다.¹⁰¹ 반면에, 하나님 안에 있는 사랑(Love)의 발출을 출생(generation)이라고 이름하는 것은 옳지 않다.

그 이유는 말씀(Word)의 발출은 지성 안에 있는 유사성(닮음)에 의한 것인 반면, 사랑(Love)의 발출은 의지 안에 있는 일정한 경향 또는 성향에 의한 것이기 때문이다. 한 마디로 사랑(Love)의 내적 발출이란, 어떤 대상을 향한 충동이나 운동에 의한 것이다.

> 그러므로 하나님 안에서 사랑의 양태로 발출하는 것은 출산된 자로서 이거나 아들로서 발출하는 것이 아니라 오히려 영으로서 발출한다. 이런 명칭으로 표시되는 것은 생명적인 어떤 움직임과 충동인데 그것은 어떤 사람이 사랑에서 어떤 것을 행하기 위해 움직여지고 충동되는 것과 같은 것이다.¹⁰²

하나님 안에서의 의지의 발출에는 고유한 이름이 없지만, 그것은 "영의 발출이기 때문에 영발이라고 이름할 수 있다."¹⁰³ 그러므로 위의 논의에 기초하여 아퀴나스의 성령론은 특히 성령의 위격과 관련하여 다음과 같은 두 가지 함의를 갖는다.

(1) 성령과 성자는 하나님 내부(안)에서 발출해 나온 두 위격이란 점에서 서로 연관되어 있다.

---

100   위의 책, I, q. 27, a. 2c.
101   위의 책, I, q. 27, a. 2 ad 2; 참조. I, q. 14, a. 4.
102   위의 책, I, q. 27, a. 4c.
103   위의 책, I, q. 27, a. 4 ad 3.

(2) 성령과 성자는 각자의 내적 발출에 합한 이름과 성격을 가진다는 점에서 서로 구별된다.

이와 동일한 방식의 설명이 '신적인 파견'에 대한 아퀴나스의 후속 논의에서도 계속된다. 다시 말해, 아퀴나스의 성령론에서 특히 신적인 파견에 대한 설명은 앞서 논의한 신적인 위격에 대한 이해에 기초하고 있다.[104] 따라서 아퀴나스는, 또 다시, 성령과 성자 사이에 존재하는 어떤 '관련성' 뿐만 아니라, 일련의 '차이'(구별)도 지적하는데, 이러한 방식의 설명은 아퀴나스가 성령에서 기인할 수 있는 행위(또는 사역)를 보다 명확하게 설명하는 데 도움이 된다.

'신적인 파견'에 대한 설명에서 아퀴나스가 연결한 성령과 성자 사이의 독특한 관계는 『신학대전』 제1권 1부의 제43문 1항과 2항 그리고 4항의 결론과 밀접한 관련이 있다. 참고로 제43문 1항은 '파견된다는 것이 하나님의 어떤 위격에 적합한가'의 문제를 다루고 있다.

제43문 2항은 '파견은 영원한 것인가, 혹은 시간적인 것인가'의 문제를 다루며, 제43문 4항은 '파견된다는 것이 성부에게 적합한가, 아니면 성자와 성령에게 적합한가'의 문제를 다룬다. 이 일련의 문제들을 다루면서 아퀴나스가 도달한 결론은 성자와 성령이 세상의 어떤 일을 위해 시간 안에서 보내심(파견)을 받았다는 것이다.

그러나 '신적인 파견'과 관련하여 아퀴나스가 도달한 결론에는 성자의 파견과 성령의 파견 사이에 존재하는 일련의 차이(구별)에 대한 설명도 다뤄져 있다. 일단 '불가시적으로 파견되는 것이 성자에게 적합한가'를 고찰한 아퀴나스는 성령의 행위가 성자의 행위에 압도(포괄)되는지 여부를 가리는 질문에 대한 각종 이설(異說)을 펼친다. 신적인 위격의 파견은 위에

104　아퀴나스가 설명하는 것처럼, 신적 파견에는 시간적 효과가 추가된 영원한 발출이 포함된다(위의 책, I, q. 43, a. 2 ad 3).

서 말한 바와 같이 일종의 발출이다.[105]

> 그런데 성자의 발출과 성령의 발출은 각기 다르다. 그러므로 양자가 파견된다면 그들의 파견도 각기 달라야 한다. 따라서 성자의 파견과 성령의 파견 중 어느 하나는 여분의 것이 될 것이다. 그 이유는 어느 쪽의 파견으로도 피조물을 거룩하게 하기에 충분하기 때문이다.[106]

위의 이설(異說)은 성자의 파견은 충분하고 성령의 파견은 불필요한 추가일 뿐이라고 가정한다. 그런 점에서 성자는 성령보다 더 빛난다는 서구 신학의 첫 번째 비판과 매우 유사하게 들린다.

그러나 아퀴나스는 위와 같은 이설(異說)에 반대하여 다음과 같이 성자의 파견과 성령의 파견을 결정적으로 구분한다. '신적인 파견'은 위에서 말한 바와 같이, 파견된 위격의 '기원'과 '은총에 의한 삶'을 내포하는 것이기 때문에, 만일 우리가 '기원'에 관한 한의 파견에 대해 말한다면, 성자의 파견은 성령의 파견에서 구별된다. 그것은 마치 출생이 발출에서 구별되는 것과 같다.

그러나 만일 '은총의 결과'에 관한 한에서의 파견에 대해 말한다면, 이두 파견은 은총의 근저에 있어서 공통된 것이다. 그러나 그것들은―한 쪽의 파견에 따른 결과가 지성의 비춤(illumination)이고, 다른 쪽의 파견에 따른 결과가 감정의 타오름(kindling)이기 때문에―결과에 있어서 구별된다.[107]

이상의 반론이 잘 보여 주듯이, 아퀴나스는 신적 발출에 대한 설명을 다시 참조하여 두 위격, 즉 성자와 성령의 파견 사이에 구별이 가능함을 보여 준다. 그리고 또한 다음과 같은 사실도 명확히 한다. 각 파견은 그 특정

---

105 위의 책, I, q. 43, aa. 1, 4.
106 위의 책, I, q. 43, a. 5 obj. 3.
107 위의 책, I, q. 43, a. 5 ad 3.

임무에 고유한 효과(작용)를 생성하기 때문에, 한쪽의 파견이 다른 쪽의 파견 없이 생각될 수 없다.

단, 성령에게 특정한 것은 하나님에 대한 영혼의 갈망을 자극하는 효과(작용)이며, 이는—아퀴나스가 나중에 7항에서 설명하듯이—영원히 발출하는 사랑이지만 성화의 원인으로서 시간 속에서 가시적인 파견을 받은 성령의 고유한 행위에 적합하다.[108]

신적 발출과 파견에 대한 위의 성찰에서 볼 수 있듯이, 아퀴나스는 성령론을 기독론과 연관시킨다. 그러나 동시에 그는 두 교리를 구별하여 성령의 위격과 행위를 분명히 했다. 그러므로 그의 성령론에서 성령은 성자에 의해 가려지지 않는다. 오히려 성령은 삼위일체 하나님의 구원 경륜에서 성부와 성자와 동등한 역할을 하는 분으로 묘사된다.

『요한복음 주해』에서와 같이 성경 구절에 직접 주석 노트를 달거나, 『신학대전』에서와 같이 사변적 추론을 통해 신적 발출과 파견을 설명할 때, 아퀴나스는 성령으로부터 오는 어떤 특정한 행위가 있다고 주저 없이 말한다. 아퀴나스가 예시한 성령의 고유한 행위는 성령의 고유한 속성, 특히 사랑(*amor*)의 위격적 속성에 따라 우리를 하나님과 친구가 되게 하고, 죄를 용서하며, 우리 안에서 우리를 거룩하게 하는 것이다.

따라서 아퀴나스가 성령에 대해 논증하는 방식은 서구 신학의 신학적 위반(성령 교리의 부족)으로 이어지지 않는다. 오히려 그것은 성 삼위일체 하나님의 제3위격과 관련된 독특한 행위, 즉 성령의 고유한 자아(*proprium*)인 사랑과 깊은 연관이 있는 역할에 주의를 기울이면서 성령의 구별된 구속사-내-의 활동을 명확히 기술해 낸다.

서구 신학에 제기된 두 번째 비판, 곧 '성령은 성자 앞에서 빛을 잃고 점차 더 작은 위격으로 전락하고 말았다'는 비판은 젠슨의 비판과 관련이 있다. 앞서 언급한 바와 같이 젠슨은 성령을 성부와 성자 사이의 '사랑의 띠'로 묘사하는 서구 신학이 성령의 참된 위격과 행위를 분별하는 데 실패했

---

108   위의 책, I, q. 43, a. 7c.

다고 비판한다. 분명 젠슨의 비판은 옳은 구석이 있다. 성령을 '띠'(*vinculum*)로 이해하는 데 과도한 무게를 두는 것은 문제를 일으킨다.

만일 성 삼위일체 하나님의 제3위격을 구별하는 주된 특징이 아버지와 아들을 매는 사랑의 '띠'(*vinculum*)에 불과하다면, 그 영이신 성령은 사실상 거의 위격적으로 보이지 않고, 오히려 비-위격적인 어떤 '사물'에 불과한 것처럼 보일 수밖에 없다. 그렇다면 결국 문제 해결의 실마리는 이 '띠'(*vinculum*)의 문제를 어떻게 이해하고 처리하느냐에 달려 있다.

아퀴나스는 '상호 사랑', 즉 아버지와 아들을 매는 '띠'(*vinculum*)의 문제를 어떻게 다루고 있는가? 그의 접근 방식은 젠슨의 비판에 대해 어떤 해결책을 제시해 줄 수 있는가?

앞서 3-5장에서 논의한 내용은 아퀴나스가 젠슨이 비판한 문제를 다루는 데 있어 상당히 균형 잡힌 견해를 갖고 있음을 보여 준다. 젠슨의 말대로 성령을 단순히 '사랑의 띠(*vinculum*)'로만 해석하는 것은 성령의 참된 위격과 행위를 훼손할 수 있다. 그러나 아퀴나스는 성령의 고유한 속성에 합당한 원리로서 '사랑의 띠(*vinculum*)'가 균형 있게 표현될 수 있음을 확인하면서 다음과 같은 세 단계의 성령론을 구성했다.

(1) 성령은 위격 안에 있는 사랑이다.
(2) 성령은 상호 사랑이다.
(3) 사랑이신 성령은 구원론적인 의미를 가지고 있다.

성령의 고유한 이름인 사랑(*amor*)에 대한 연구에서, 아퀴나스는 그 영이신 성령이 아버지와 아들을 매는 '상호 사랑' 또는 '사랑의 띠'(*vinculum amoris*)라고 말하지만, 확실히 이 주제가 그의 성령론을 논의하는 출발점이 되진 않는다. 그의 논의의 출발점은 하나님의 의지에 의해 내재적으로 발출 하는 분이 성령이라는 이해에 기초한 위격적인 사랑으로서 성령에 있다.

아퀴나스에 따르면, 성령은 성부와 성자와의 기원적 관계에 따라 '위격 안에 있는 사랑'이며, '비-위격적인 사물'이 아니라 자신의 고유한 자아(*proprium*)를 사랑으로 가지고 계신 '참된 위격'이다.

따라서 하나님 안에 있는 사랑에 대한 아퀴나스의 연구가 위격적이라는 말은, 아퀴나스가 하나님의 영 곧 성령에 대한 참된 위격성을 분명히 하고 있다는 뜻이다.[109]

게다가 아퀴나스는 성령을 '상호 사랑'으로 설명하기 위해 필요한 용어들의 균형을 맞춘다. 사랑이신 성령의 위격에 분명한 주의를 기울이는 방식으로 맞춰진 이 용어들의 균형은, 일차적으로, 성령을 성부와 성자 사이의 '사랑의 띠'로 설명하는 기능을 한다.

하지만, 궁극적으로, 이 균형은 아퀴나스의 사랑에 기반을 둔 성령론에 있어 두 번째 단계에 해당하는 문제, 즉 성령을 위격적 사랑으로 이해하려는 그의 관념과 매우 중요한 관계를 지닌다. 실제로 '상호 사랑'이라는 용어가 아퀴나스에게 궁극적인 관심의 대상이 되는 경우는 다음 진술과 같이 성령을 위격적 사랑으로 이해하려고 할 때이다.

> 사랑으로서 성령 안에는 사랑하는 자의 사랑받는 자와의 관계로서 성부의 성자와 관계가 내포되며, 그 역의 관계도 내포된다.[110]

물론 '상호 사랑'은 로저스와 젠슨과 같은 일부 해석가로 하여금 성령의 비-위격화에 의문을 제기하게 할 수 있다. 그러나 아퀴나스의 '상호 사랑' 표현의 정확한 요지는 성령이 성부와 성자의 '상호 사랑'으로만 축소될 수 없다는 것이다. 보다 정확히 말해서, 성령은 단순히 상호 사랑이 아니라, 성 삼위일체 하나님의 위격 안에서 산출된 위격적 사랑이다.

---

109   위의 책, I, q. 37, a. 1.
110   위의 책, I, q. 37, a. 1 ad 3.

『신학대전』 제1권 1부에서 엿볼 수 있는 성령에 대한 이해도 같은 맥락에서 해석을 발전시킨다. 일부 해석가들은 아퀴나스의 해석에서 '위격적 사랑'이 먼저인지, '상호 사랑'이 먼저인지에 대해 논쟁을 벌이고 있지만, 아퀴나스의 핵심 논거는 여기에서도 '위격적 사랑'과 '상호 사랑'을 분리하거나 차별하는 방식으로 성령을 이해할 수 없다는 것이다. 따라서 아퀴나스에게 있어서 성령 하나님은 참으로 성부와 성자와 사이의 사랑(*amor Patris et Filii*)이면서 '동시에' 참으로 신적인 위격이시다.

비록 아퀴나스의 성령에 관한 논의의 무게추가 점차 시간이 지남에 따라 '위격적 사랑'에서 '상호 사랑'으로 넘어가지만, 이는 어디까지나 첫 번째 단계(위격적 사랑이신 성령)를 기반으로 한 아퀴나스 성령론의 두 번째 단계임을 시사할 따름이다. 성령의 내적 발출을 위격 안의 사랑으로 이해하는 것은 삼위일체 안에 영속하는 관계, 즉 성령의 위격 그 자체가 관계라는 사실을 파악할 수 있도록 도와준다.

다시 말해, 성령은 그 자체로 내재적 발출에 의해 산출되고 사랑(*amor*)에 의해 성부와 성자에 대한 기원적 관계의 문제로 특징지어진 하나님-내-영속적 관계이다. 그러나 성령은 또한 위격 안에서 정확히 사랑인 끈(*vinculum*)이다. 좀 더 풀이해서 다시 설명하면, 성령은 성부와 성자로부터 위격 안의 사랑으로 발출해 나와 자신 안에서 성부와 성자의 관계를 사랑하는 자와 사랑받는 자의 관계로 표출하는 상호 사랑이다.[111]

성령이 상호 사랑이시기에 합당한 이유는 그 자체로 위격 안에서 사랑이신 사랑이 성령이면서 동시에 성부와 성자에 대한 성령의 기원적 관계를 구성하기 때문이다. 그러므로 성령은

(1) 꽃들로 말미암아 꽃피는 나무와 유비적으로 동일한 방식에 따라 하나님 안에서 발출된 '위격적 사랑'이면서 동시에

---

111 위의 책.

(2) 성부와 성자가 서로에 대해 갖고 있는 '상호 사랑'이다.[112]

성령으로 상호 사랑으로 풀이한 아퀴나스는 이제 다음 단계로 넘어간다. 아퀴나스의 성령론에서 세 번째에 해당하는 이 마지막 단계에서 성령론의 구원론적 함의가 드러난다. 아퀴나스에 따르면, 성부와 성자가 서로에 대해 갖고 있는 사랑은 우리를 향한 하나님의 사랑과 동일하다.

따라서 상호 사랑으로 성령을 확증하는 일은 비록 일차적으로는 삼위일체 하나님의 내재적 삶과 관계에 관한 것이지만, 이차적으로는 하나님과 피조물의 관계, 특히 성령의 고유한 자아(proprium)와 은사, 우정, 자선 사이의 관계와 관련이 있다.[113]

요약하면, 성령에 대한 아퀴나스의 이해를 더욱 발전시키는 것은 상호 사랑이다. 우선 상호 사랑은 하나님 안에서 정확히 위격적인 사랑을 식별하는 데 도움이 된다. 그러나 상호 사랑은 또한 성부와 성자의 기원 관계(아버지-아들; 사랑하는 자-사랑받는 자)를 특징으로 하고 있는 하나님 안에서의 영속적인 관계를 식별하는 것도 가능하게 하기 때문에 '성부와 성자의 영속적인 관계(상호 사랑)가 성령이다'는 아퀴나스의 말은 '의지의 작용에 따라 내재적으로 발출해 나온 사랑이 성령이다'는 말과 같다.

즉, 성령의 위격을 확인하기 위해 필수적인 것은 성령을 '끈'(vinculum)의 관점으로 설명하는 것에 있다. 그러나 아퀴나스가 성령을 상호 사랑으로 확인하면서 전개한 논의는 성령이 참 위격이라는 주장에 그치지 않고, 성령의 현세적 파견 개념과 함께 성령론적 구원론에 대한 논의로까지 확장된다.

결국, 아퀴나스의 성령론에 대해 우리는 다음과 같은 결론을 도출할 수 있다. 성령에 대한 아퀴나스의 이해는 젠슨의 비판을 피할 수 있을 만큼 균형 잡혀 있다. 하나님의 영은 무엇보다도 참 위격, 곧 성부와 성자와의 기원적 관계에 따라 사랑을 자신의 고유한 자아(proprium)로 갖고 계신 신

---

112 위의 책, I, q. 37, a. 2c.
113 위의 책, I, q. 38; 참조. ScG, IV 그리고 *Emitte Spiritum*.

적 위격이다.

이처럼 참으로 위격 안에서 사랑이신 성령은 영원히 하나님 '안'에서 발출해 나오시며, 성부와 성자를 결합하는 '사랑의 끈'이시고, 시간 안에서 하나님 '밖'으로 파견되어 교회를 세우시고, 성도들 안에 거하시며, 우리 마음에 하나님에 대한 사랑과 이웃에 대한 하나님 안에서의 (또는 하나님으로 말미암은) 사랑의 불을 지피신다. 이 모든 일에서 성령의 위격은 이상하게 묻히거나 숨겨져 있는 것이 아니라 오히려 확증되고 계시된다.

아퀴나스와 웨슬리는 서구 신학 전통에서 성령론의 회복을 이끌 두 명의 중요한 신학자. 두 신학자는 삼위일체와 구원론의 함의를 동시에 드러내는 성령론, 특히 사랑의 성령론을 발전시켰다는 점에서 주목할 만하다.

그들 각각은 성령 하나님의 위격과 행위를 묘사하기 위해 고유한 뉘앙스를 사용하긴 했지만, 그들의 글에는 상당한 양의 상호 보완성이 존재한다. 일례로 아퀴나스와 웨슬리는 '사랑'과 '성결'을 그리스도인의 삶의 중심 주제일 뿐만 아니라 성령론을 구축하는 주요 수단으로 취급한다.

물론 두 신학자가 성령론을 구축하기 위해 취한 접근 방식은 약간 다르다. 아퀴나스는 자크 마리탱(Jacques Maritain)이 "사변적으로 실용주의적"이라고 부르는 방식을 채택한 반면 웨슬리는 "실천적으로 실용주의적"인 방식을 취한다. 그러나 이러한 방법론적 차이에도 불구하고, 그들 모두는 성령 하나님에 대해 전반적으로 동일한 입장을 견지하고 있다.[114]

다른 말로 하면, 아퀴나스와 웨슬리는 겉보기에는 조금 다르지만 '사랑'과 '성결'이라는 공통점 위에 한쌍의 상호 보완적인 성령론을 펼친 서구

---

114 "우리의 가장 큰 활동은 하나님에 대한 열정과 관상적 일치입니다. 여기서 중요한 것은 이 활동에 관련된 신학자들의 과학이 단지 사변적으로만 실용적인 것이 아니라, 실천적으로도 실용적이라는 것을 이해하는 것입니다. 다시 말해서, 신학자들의 과학은 우리에게 완전이 무엇인지 알려 줄 뿐만 아니라 우리를 완전으로 인도하기도 합니다. 따라서 그것은 영성의 대가, 영혼의 수행자, 성덕의 장인, 우리의 비참한 마음에 고개를 숙이고 그 마음을 최고의 기쁨으로 인도하기 위해 어떤 희생이라도 하고자 하는 인자에 대한 과학입니다"(Jacques Maritain, *The Degrees of Knowledge*, trans. Gerald Phelan, in *The Collected Works of Jacques Maritain*, ed. Ralph McInerny [Notre Dame, Ind.: University of Notre Dame Press, 2002], 7:335-36).

신학자이다. 따라서 토마스 학파와 웨슬리안 학파를 포함한 서구 기독교 신학자들은 아퀴나스와 웨슬리의 성령론에서, '하나님의 영이신 성령께서 우리 그리스도인들을 삼위일체 하나님의 삶과 사랑으로 이끄신다'는 것과 '삼위일체 하나님과 사랑의 교제를 누리는 우리의 삶이 곧 성령(사랑) 안에 거하는 삶이란 것'을 공통적으로 확인할 수 있다.

2. 토마스 학파와 웨슬리안 학파: 성령 안에서, 성령에 대하여 상호 개선하기

성령과 사랑을 그리스도인의 삶에서 연결시킨 아퀴나스와 웨슬리의 성령론적 공통점을 고려할 때, 이 둘을 평가하는 중요성의 범위는 그들의 신학 전통을 물려받은 사람들에게도 이른다. 따라서 필자는 이 둘 사이의 성령에 관한 상호 보완이 어떠한 잠재성과 의의를 가지는 지에 대해 한편으로는 웨슬리안 학파를 위해, 다른 한편으로는 토마스 학파를 위해, 추가적으로 고려하고자 한다.

1) 웨슬리안들을 위한 아퀴나스?

보다 설득력 있는 신학적 용어로 성화의 교리를 재고할 필요가 있다는 최근의 호소에 대한 응답으로써 웨슬리안들은 아퀴나스가 여러 방면에서 취하고 있는 교리적 접근 방식의 이점을 누릴 수 있다. 우선 첫 번째 이점은 사랑으로서 성령에 대한 아퀴나스의 교리와 그 의미에 관한 것이고, 웨슬리안들에게 흥미로울 수 있는 두 번째 이점은 아퀴나스의 은총론에 관한 것이다.

먼저 아퀴나스의 사랑에 기초한 성령론에는 (앞선 3장부터 5장까지 설명된) 세 가지 특징이 있는데, 이러한 특징들은 그리스도인의 완전에 대한 웨슬리의 교리를 웨슬리안들이 해석하고 개발하는 문제에 있어서 잠재적인 교훈으로 부각될 수 있다.

더 구체적으로 말하자면, 웨슬리의 성화 교리를 재고하기 위해 아퀴나스의 성령론을 이해하는 것은 다음과 같은 이유로 웨슬리안에게 특히 유용하다. 아퀴나스는 자신의 성령론을 삼위일체적 맥락에 두었다. 이 맥락 위에서 아퀴나스는 성령을 사랑 그리고 그리스도인의 삶에 있어서 핵심인 성결의 문제와 깊이 연관 지었다.

이러한 방식으로 접근된 성령론은 아퀴나스의 성화에 대한 이해, 즉 우리 그리스도인의 삶에서 사랑과 성결의 기초와 목적이 무엇인지에 대한 아퀴나스의 이해가 삼위일체론, 특히 성령론과 밀접하게 연관되어 있음을 보여 준다.

그러나 여기서 중요한 것은 성화에 대한 웨슬리의 이해도 아퀴나스와 마찬가지로 삼위일체의 맥락에서, 특히 성령론과 깊이 관련되어 있다는 것이다. 이 사실은 누군가에게는 단순한 발견일 수도 있고 논쟁거리일 수도 있다. 그러나 또 다른 누군가에게는 건설적인 신학의 신호가 될 수 있다. 즉, 웨슬리의 성화 교리를 재고하기 위해 아퀴나스를 읽는 것은 웨슬리안들이 여전히 웨슬리적이면서 보다 건설적인 신학을 추구하는 방법일 수 있다.

이 방법이 사실인지 여부는 아직 알 수 없지만, 이어지는 논의에서 필자는 아퀴나스의 성령론의 각각의 특징을 차례로 검토하고 그것들을 웨슬리의 성화 교리에 통합함으로써 웨슬리 신학의 성령론적 갱신을 위한 토대를 마련할 것이다.

앞선 3장에서 언급한 바와 같이, 성령과 사랑에 대한 아퀴나스의 논의는 문맥과 내용 면에서 삼위일체 교리와 밀접하게 관련되어 있다. 특히 아퀴나스가 삼위일체론을 전개하는 가운데 성령과 사랑에 대한 논의를 위치시키고 있단 사실은 성령론과 삼위일체의 다른 교리들—예를 들어, 발출, 관계, 위격, 파견—사이의 연관성을 탐구하는 데 유익할 뿐 아니라, 삼위일체의 교리야말로 성령론의 기초라는 사실을 입증한다.

웨슬리의 실천신학을 추구하는 대부분의 웨슬리안은 아퀴나스의 사변적 신학에 별로 관심을 보이지 않을 것이다. 오히려 그들은 그리스도인의 삶의 실제적이고 실천적인 의미를 강조하는 데에만 관심이 있다. 그럼에도 불구하고, 『신학대전』 제1권 1부에서 아퀴나스가 보여 준 것은 결코 웨슬리안들에게 무의미한 것이 아니다.

자고로 성령론이란, (아퀴나스가 잘 보여 준 바와 같이) 그 근거가 삼위일체에 있는 법이며, 바로 그러한 이유에서 성령께 속한 사역은 반드시 삼위일체의 용어로 이해되어야 한다.

이는 웨슬리의 경우도 마찬가지였다. 더 정확히 말하면, 성화에 대한 웨슬리의 성령론적 해명은—비록 그것이 은연중이라 할지라도—삼위일체적이다. 따라서 그것을 이해하는 접근 방식은 삼위일체적일 필요가 있으며, 이는 아퀴나스의 논지에 대한 필자의 호소가 상당히 개연적인 추론임을 입증한다. 다시 말해, 웨슬리안들은 아퀴나스의 사상을 참조함으로써, 웨슬리의 성화론을 보다 더 풍성하게 만들 수 있다.

전통적으로 성령 중심의 성화론을 수용해 온 웨슬리는 그의 저술 전반에 걸쳐 성령과 성화를 밀접하게 연관시켰을 뿐만 아니라 그것을 그리스도인의 삶에 대한 이해의 중심으로 삼았다. 이러한 사실에 비추어 필자는 앞선 2장에서 현대 웨슬리안 신학자들이 다른 동료 신학자들이 아니라 웨슬리 자신에게서 성령에 대한 웨슬리의 이해를 이끌어 낼 수 있다고 결론지었다. 그리고 이러한 결론에 대한 전망으로서 필자는 웨슬리의 성령론적 성화론에 함축된 삼위일체신학에 대한 현대 웨슬리안 신학자들의 더 큰 공감의 필요성을 제기했다.

웨슬리안들은 존 데쉬너(John Deschner)가 웨슬리의 "가정된 신학"(presupposed theology)이라고 부른 것을 웨슬리로부터 회복하는 데 힘써야 한다. 비록 웨슬리가 "길 모퉁이에서 설교할 때 강조한 것은 아니지만", 데쉬너는 웨슬리가 가정하고 있었던 "신학의 근본"은 삼위일체론이라고 주장한,[115] 앞선 2장에서 필자가 관찰한 내용도 사실 데쉬너의 주장과 같은 맥락이다. 명

---

115 John Deschner, *Wesley's Christology: An Interpretation*, 2nd ed. (Grand Rapids: Zondervan, 1988), xii.

시적이지는 않지만, 성결에 대한 웨슬리의 이해는 삼위일체적이다.

더욱이 완전 성화에 대한 웨슬리의 전거는 한편으로는 성결과 사랑 사이의 관계를 함축하고 다른 한편으로는 삼위일체와 성결 사이의 관계를 암묵적으로 내포한다. 따라서 웨슬리의 성화론을 삼위일체적으로 해석하는 문제는 항상 거저 주어지는 것이 아니라 깊은 반성과 건설적인 숙고 및 갱신이 요청된다.

바로 이 지점에서 아퀴나스가 웨슬리안들에게 중요한 도움이 된다. 아퀴나스는 성화의 삼위일체적 깊이와 목적을 웨슬리안들이 더 명확하게 설명하도록 도울 뿐만 아니라, 그러한 설명이 여전히 웨슬리의 "가정된 신학"(presupposed theology) 위에 세워지도록 하는 데 기여할 것이다. 예를 들어, 아퀴나스가 한 것처럼 성령론의 삼위일체적 맥락을 식별하는 것은 그 방향으로 가는 확실한 첫 번째 단계다.

삼위일체적 관점에서 성령의 행위를 이해하는 것은 이미 그러한 분별력을 수반하는데, 이것이 웨슬리의 경우에 의미하는 것은 성화와 삼위일체 사이의 분명한 연결이다. 즉, 아퀴나스의 사상은 웨슬리에서 완전히 벗어나지 않고 오히려 웨슬리 자신의 영적, 신학적 통찰을 정확히 확증하고 확장한 것이다.

아퀴나스가 제시한 '성령'과 '사랑' 사이의 연결은 웨슬리안들이 아퀴나스의 성령론을 진정 유익한 가르침으로 보는 또 다른 이유일 수 있다. 아퀴나스의 사랑은, 근본적으로, 신학적 용어다. 특히, 사랑(*amor*)은 아퀴나스가 이를 성령의 고유한 이름으로 제시할 만큼 신학적인 함의를 담고 있다.[116]

또한, 사랑(*amor*)은 성령의 고유한 자아(*proprium*)를 지칭하기도 하고, 카리타스(*caritas*, 우정)적 사랑의 신학적 미덕 곧 하나님이 인간 영혼에 주입한 애정의 덕을 지칭하기도 한다는 점에서 항상 그리고 궁극적으로 하나

116　*ST*, I, q. 37.

님과 연결되어 있다.¹¹⁷ 간단히 말해서, 아퀴나스에게 사랑은 하나님에 관한 것이며 따라서 그리스도인의 삶에서 가장 중심적이고 심오한 의미와 관련이 있다고 말할 수 있다.¹¹⁸

물론 웨슬리 또한 사랑을 하나님의 "사랑하는" 속성으로 이름하면서 사랑을 하나님과 밀접하게 연관시킨다.¹¹⁹ 웨슬리의 성화에 대한 설명에 생기를 불어넣는 성령론적 요소는 사랑과 성결의 영이신 하나님과 특히 밀접하게 관련된 신학, 즉 사랑과 성결의 신학을 발전시킬 가능성이 있으며, 이 가능성은 아퀴나스의 중요한 통찰에 의해 더욱 보완될 수 있다. 아주 기본적인 수준에서, 아퀴나스와 웨슬리는 또한 요한일서 4:7-8, 13과 로마서 5:5의 가르침을 통해 하나님의 사랑과 성령의 은사 사이의 연결을 식별해 낼 수 있다.

그러나 오늘날의 치료 중심적인 시대에 사랑은 단순한 인간의 감정이나 느낌의 문제로 축소되는 경향이 있다. 이 경우 사랑의 본질적이고 신학적인 요소는 상실되고, 쉽게 무시되고, 잘못 해석되거나 심지어 값싼 취급을 받기도 한다.

오늘날 웨슬리의 성화론을 회복하고 갱신하고자 하는 학자들이 직면한 가장 큰 도전은 이러한 경향에 맞서 웨슬리가 지속적으로 설교한 진정한 가능성, 즉 '은총 안의 완전한 사랑'의 신학적 의미를 되찾는 것이다.

웨슬리의 사랑 개념은 그 자체로 이미 신학적이다. 그러므로 신학적 지식과 진리가 없이는 결코 이해될 수 없다.

잘 알려진 바와 같이 웨슬리는 종종 감리교인들에게 "생각하고 생각하게 하라"는 원칙을 가르쳤다. 그러나 이 원칙을 적절한 문맥과 분리하여 이해하는 것은 오해의 소지가 있다. 왜냐하면, 그 원칙 전체가 "기독교의

---

117 위의 책, I–II, q. 62, a. 1c.
118 예. "[그리스도]께서 우리를 위하여 목숨을 버리셨으니 이로써 우리가 사랑을 알고 우리도 서로를 위하여 목숨을 버리는 것이 마땅하니라 … 사랑은 여기 있으니 우리가 하나님을 사랑한 것이 아니요 오직 하나님이 우리를 사랑하사 우리 죄를 위하여 화목제로 그 아들을 보내셨음이니라"(요일 3:16; 4:10).
119 Wesley, *Explanatory Notes*, 1 Jn 4:8.

뿌리를 공격하지 않는 모든 의견에 대해 우리는 '생각하고 생각하게 하라'"고 말하고 있기 때문이다.[120]

본질적인 진리를 위태롭게 하지 않는 한, 웨슬리는 감리교인들이 기꺼이 의견의 자유를 가져야 하고 다른 사람들에게도 동일한 자유를 장려해야 한다고 가르쳤다. 그러나 이러한 웨슬리의 권고가 본래 의도와 다르게 왜곡된 경우가 많았고, 이를 보다 못한 웨슬리 신학자 아우틀러는 동료 웨슬리안들에게 다음과 같이 외쳤다.

> 만일 감리교가 신학적인 무관심으로 인해 정당하게 비판을 받는다면, 그것은 어디까지나 웨슬리 자신에게서 비롯된 것은 아니다.[121]

웨슬리는 항상 진리와 사랑의 일치를 강조했다. 이를 단적으로 보여 주는 예는 웨슬리의 『참 이스라엘 사람』인데, 여기서 웨슬리는 프랜시스 허치슨(Francis Hutcheson)이 『미와 덕의 관념의 기원에 관한 탐구』(1725)에서 제안한 동료 피조물에 대한 사랑과 자선을 비판한다.[122]

허치슨에 따르면, 미덕의 본질은 사랑이다. 하지만 사랑에 대한 그의 전거는 자율론적 윤리 이론이다. 따라서 웨슬리는 허치슨의 사랑 개념에는 아무런 신학적 근거가 없다고 비판한다.

그리고 그리스도의 "크고 첫째 되는" 계명(마 22:38)에 따라 오직 하나님의 사랑만이 "우리 이웃 사랑의 참된 기초와 다른 모든 덕의 참된 기초"이기 때문에,[123] 그리스도인의 사랑은 진리와 성결에 결합되어야 한다고 설교한다.

---

120 *The Character of a Methodist*, § 1, in Wesley, *Works*, ed. Outler, et al., 9:34.
121 Wesley, Works, ed. Outler, et al., 1:220, fn. 7.
122 Sermon 90 (1755), in Wesley, *Works*, ed. Outler, et al., 3:278-289.
123 위의 책, § 2, in Wesley, *Works*, ed. Outler, et al., 3:280.

그러므로 이것이 진정하고도 견고한 미덕입니다. 진리만으로는 안됩니다. 진리를 따르는 것만으로도 안됩니다. 이것은 진정한 미덕의 특징이지 그 것의 본질은 아닙니다. 비록 목표에 더 가깝다고 할지라도 사랑만으로도 안됩니다. 왜냐하면, 어떤 의미에서 "사랑은 율법의 완성"이기 때문입니다 (롬 13:10). 진리와 사랑이 합쳐진 것이 미덕이나 성결의 본질입니다.[124]

웨슬리가 계속 말하고 있는 것처럼, 사랑은 분명히 선한 삶의 일부이지만 "그것의 올바른 기초는 믿음에서 비롯된 사랑, 즉 하나님이 내 죄를 속하기 위해 독생자를 이 땅에 주셨다는 완전한 확신으로부터 말미암은 하나님의 사랑"에 고정되어 있다.[125] 그래서 웨슬리는 여기서 참된 미덕과 성결이 진리와 사랑의 관계에 있어서 필수적이라는 사실을 분명하게 밝힌다.

그러나 참된 미덕, 성결 또는 진리가 웨슬리의 사랑에 대한 설명에서 항상 명시적으로 표현되는 것은 아니다. 따라서 웨슬리의 "생각하고 생각하게 하라"는 원칙은 앞서 언급한 왜곡과 오해의 소지, 즉 웨슬리의 것으로 추정된 비-신학적 사랑의 무분별한 실천 및 허용으로 이어지곤 했다.[126]

그러므로 웨슬리와의 철저한 탐구는 사랑에 대한 신학적 이해를 적절하게 보존하는 데 확실히 도움이 될 수 있지만, 여기서의 (사랑에 대한) 탐구는 웨슬리 자신이 제공하는 것보다 훨씬 더 많은 것을 필요로 한다.

---

124 위의 책, II.11, in Wesley, *Works*, ed. Outler, et al., 3:289.
125 위의 책.
126 예. "비슷하게 생각할 수는 없지만, 똑같이 사랑할 수는 없을까?"("Catholic Spirit," § 4, in Wesley, *Works*, ed. Outler, et al., 2:82). 이 수사학적 질문은 웨슬리가 다른 곳에서 열거한 본질적 진리, 즉 "우리 주의 성육신과 영원히 복되신 삼위일체, 그리고 '하나님의 모든 말씀인 성경'(the oracles of God)에 담긴 다른 모든 교리를 둘러싼 불일치 문제를 간과하는 것으로 오해될 가능성이 높다("The Way to the Kingdom," I.6; 웨슬리에게 "the oracles of God"은 하나님의 모든 말씀인 성경을 일관된 전체로 취급한 표현 중 하나다; 참조. 롬 3:2; 히 5:12; 벧전 4:11; 행 7:38). 이 수사학적 질문의 맥락에서, 웨슬리는 그가 중요하지만 궁극적으로 비본질적인 문제라고 생각한 견해나 예배 방식의 차이를 구체적으로 언급한다.

신학적 지식 또는 진리와 사랑 간의 관계를 탐구하는 일에 있어 웨슬리보다 더 많은 것을 줄 수 있는 이가 바로 아퀴나스다. 아퀴나스는 진리와 사랑의 관계를 실질적으로 고찰하는 한편, 하나님에 대한 지식과 자애의 관계를 통합한 대표적인 서구 신학자 중 한 사람이다.

이 같은 그의 사상을 요약하기 위해, 잠시 시간을 내어 마이클 셔윈(Michael Sherwin)의 탁월한 저서인 『진리와 사랑으로: 성 토마스 아퀴나스의 도덕신학에 나타난 자애와 지식』을 살펴보겠다. 아퀴나스에 대한 셔윈의 탐구는 다음의 두 가지 질문을 통해 수행된다.

(1) "진리(지식)에 대한 사랑(자애)의 관계는 무엇인가?"
(2) "사랑(자애)의 신학은 어떠한 미덕 또는 성결에 관련하여 어떠한 의미를 지니고 있는가?"[127]

이 중 특히 첫 번째 질문이 현재 논의 중인 연구와 밀접한 관련이 있는데, 셔윈은 사랑(자애)의 행위가 실천적 이성의 추론 이전에 단독으로 일어난다는 일련의 아퀴나스 해석자들과 달리 다음과 같은 해석을 추가한다. 아퀴나스의 지성과 의지는 모든 인간적 행위에서 협력적으로 작동하며,[128] 진리(지식)과 사랑(자애)은 지성과 의지 사이의 관계와 유사한 방식으로 상호 연결되어 있다.[129]

127　Michael Sherwin, OP, *By Knowledge and By Love: Charity and Knowledge in the Moral Theology of St. Thomas Aquinas* (Washington, D.C.: The Catholic University of America Press, 2005), xxii.
128　아퀴나스가 인간 선택에 대한 성숙한 설명을 제공하는 *De malo* 6을 보라. 그리고 인간의 행동에서 설명 수준의 지성과 행동 수준의 의지가 서로 어떻게 움직이는지를 다루는 *ST*, I-II, q. 9, a. 1 ad 3를 보라.
129　지식과 사랑의 상호 의존성에 대한 아퀴나스의 설명에서 의지는 사랑하는 사람에 대한 더 큰 지식을 향해 지성을 이동시키는 반면, 더 깊은 지식에 대한 의지의 욕망 자체는 사랑하는 사람에 대해 이미 무엇인가를 알게 된 지성에 의존한다(예. 아퀴나스가 지식에 대한 사랑의 의존성을 다룬 *ST*, I-II, q. 28, a. 2c, 그리고 황홀경에 대한 논의에서 사랑에 대한 지식의 의존성을 다루면서, 아퀴나스가 "사랑은 사랑하는 자가 사랑받는 자 위에 머물게 하며 … 오로지 한 가지 위에 머무는 것은 다른 것에서 마음을 멀어지게 한다"라고 언술한 I-I, q. 28, a.

그러므로 사랑(자애)은 하나님에 대한 진리(지식)과 독립적으로 존재하는 것이 아니며, 사랑(자애)의 행위도 실천적인 추론이나 구체적인 행위와 관련 없이 일어날 수 없다. 즉, 지성과 의지는 아퀴나스의 도덕신학에서 서로 분리되어 있는 것이 아니라, 오히려 진리(지식)와 사랑(자애)에 대한 셔윈의 유용한 요약이 잘 보여 주고 있는 것처럼 서로 밀접하게 관련되어 있다.

> 사랑받는 자를 얻는 일에는 진리가 우선하며, 사랑받는 자를 향해 나아가는 일에는 사랑이 우선한다.[130]

아퀴나스가 설명하는 신학적 미덕도 이와 유사한 의미를 보여 준다. 거기서도 아퀴나스는 진리와 사랑의 관계를—지식과 자애의 관계를—상호 침투적이고, 통합적으로 다룬다. 이는 결국 아퀴나스의 사상에서 사랑의 행위가 신앙의 지식, 곧 진리를 전제로 하고 있기 때문이다. 사랑은 언제나 진리로 하여금 활력을 얻고, 더 나아가 하나님과의 연합의 목적을 향해 나아가도록 인도한다.[131]

진리와 사랑, 지식과 자애가 상호 의존적이라는 아퀴나스의 설명은 분명히 그 자신의 정교한 도덕신학과 도덕심리학의 특징을 가지고 있으며, 이는 웨슬리의 독자들에게 그다지 매력적이지 않을 수도 있고, 반대로 엄청난 호소력을 가질 수도 있다. 하지만 그들이 진리와 사랑에 관해 아퀴나스가 도달한 결론의 중요성을 이해하려고 저 복잡한 아퀴나스의 사상을

3c).
130 Sherwin, *By Knowledge and By Love*, 120.
131 예. *ST*, II–II, q. 4, a. 7: "마지막 목적은 의지에 있기 전에 지성에 있어야 한다. 의지가 지성에 의해 이해되는 한을 제외하고는 어느 쪽으로도 움직이지 않기 때문이다." 아퀴나스는 사랑에 대한 믿음의 구조적 우위성을 확인하면서도, 믿음보다 사랑에 더 큰 존엄성을 부여한다. "하나님을 사랑하는 것은 하나님을 아는 것보다 (이생의 삶에서) 더 위대한 것이기 때문에, 하나님에 대한 사랑은 하나님에 대한 지식을 전제로 한다"(위의 책, II–II, q. 27, a. 4 ad 2). 한편, 믿음을 마지막(끝)까지 인도하는 데는 사랑이 지식보다 우선한다(위의 책, II–II, q. 4, a. 5c).

일일이 다 추적할 필요는 없다.

　단지 진리와 사랑은 떼려야 뗄 수 없는 관계라는 그의 통찰을 이해하는 것으로 충분하다. 왜냐하면, 바로 이 통찰이 웨슬리안들로 하여금 다음과 같은 신학적 개념에서 사랑을 발전시킬 수 있도록 하는 것이기 때문이다. 믿음의 빛으로 밝혀진 사랑, 그리하여 하나님께, 그리고 믿음이 주는 진리—곧 하나님을 아는 지식—에 깊이 뿌리를 내린 사랑.

　웨슬리에게 사랑은 매우 중요한 개념이다. 웨슬리는 자신의 모든 사상을 종합적인 사상 체계로 만들진 않았지만 다소 직접적인 방식으로 하나님과 사랑의 관계를 연결하고 그 관계에서 성령이 누구인지 유추했다. 성령에 대한 웨슬리의 이 같은 접근은 웨슬리의 설교나 편지에 대한 주의 깊고 광범위한 읽기를 통해 파악될 수 있다.

　그러나 그것은 또한 웨슬리 자신의 영적, 구원론적 직관의 일부와 연결될 때, 그리고 웨슬리보다 더 완전한 형태로 사랑의 성령론적 문법을 구사한 아퀴나스의 신학적 인식과 연결될 때 보다 더 분명히 파악될 수 있다. 따라서 웨슬리의 사랑에 기반을 둔 성령론을 탐구함에 있어서 오늘날 웨슬리안들에게 필요한 것은 다음의 두 가지라고 할 수 있다.

　하나는 웨슬리 자신에 대한 더 철저한 읽기이고, 다른 하나는 아퀴나스와의 열린 대화이다. 이 두 가지 방식을 통해 웨슬리안들은 값싼 버전, 피상적이거나 감상적인 차원의 사랑 이해에 맞서 싸워야 한다. 오직 믿음의 빛으로 밝혀진 진리를 통해 사랑을 이해해야 하고, 신학적인 기반 위에 사랑을 세워야 하며, 웨슬리가 거듭하여 성령께 돌린 사랑이 진정으로 하나님의 "진리를 기뻐하는"(참조, 고전 13:6) 사랑임을 확인해야 한다. 그래야만 웨슬리의 사랑, 성결, 성화—곧 완전한 사랑의 교리—가 구성적으로 회복되고 새로워질 수 있다.

　아퀴나스가 성령과 사랑의 연결로 세운 삼위일체적 기초는 그리스도인의 삶을 설명할 때도 사용된다. 아퀴나스가 『신학대전』 제1권 1부에서 말했듯이, 성부와 성자가 성령으로 서로 사랑한다는 것을 이해하는 한 가지 양태는 아버지께서 그 영으로 아들만 사랑하시는 것이 아니라 그 영으로 자기 자신과 우리 피조물까지도 사랑하신다는 통찰이다.

이 통찰은 특히 아퀴나스가 하나님의 내재적 삶과 사랑을 관념적 의미의 사랑으로 논하는 데서 비롯된다. 아퀴나스에 따르면, 누군가 말한다는 것이 말을 산출하는 것과 같은 것이고 꽃핀다는 것이 꽃들을 산출한다는 것과 마찬가지로, 하나님에 있어 사랑한다는 것은—관념적 의미에서—"사랑을 발출한다"는 것을 의미한다.

보다 구체적으로 말하자면, 나무가 꽃들로 말미암아 꽃핀다고 하는 것과 같이 성부는 성령 혹은 발출하는 사랑으로 말미암아 서로를 또 우리를 사랑한다.[132]

이런 의미에서의 사랑은 피조물과의 관계를 언제나 부차적으로 가져온다. 하나님은 성령을 통해 자기 자신을 그리고 모든 피조물을 사랑하신다. 하나님 자신의 신적인 선(善)에 대해 하나님이 갖고 계신 사랑으로 발출해 나온 하나님의 영, 곧 성령으로 말미암아 하나님은 모든 것 위에 하나님 자신을 사랑하신다.

이는 모든 것 위에 가장 좋은 것이 바로 '최고의 선(善)'이신 하나님 바로 자신이기 때문이다. 우리를 사랑하시는 연유도 이와 유사한 양태의 사랑 이해에서 비롯된다.

즉, 하나님이 우리를 사랑하시는 것은 오직 하나님 자신으로의 관계 '안'에서 비롯된다.[133] 허나 이같이 복잡한 뉘앙스의 궁극적인 결론은 하나님이 자기 자신을 사랑하시는 것과 똑같은 사랑, 곧 성령으로 우리를 사랑하신다고 하는 놀랍도록 심오한 논증, 곧 구원의 선언으로 이어진다.

하나님은 하나님의 영으로 말미암아 하나님의 하나님 자신에 대한 사랑과 다름 없는 사랑을 우리 위에 부으시고, 우리를 하나님의 내재적 삶 속에 완전히 잠기게 하신다. 우리를 그분 안에 담그심으로써 우리 안에 거하시는 하나님. 아퀴나스는 후에 신적인 위격의 파격에 관한 문제를 다룰 때 하나님에

---

132 위의 책, I, q. 37, a. 2c.
133 위의 책, I, q. 37, a. 2 ad 3.

대한 이 같은 설명을 계속한다. 여기서 그는 다음과 같이 말한다.

하나님은 성화 은총의 은사를 통해 마치 하나님이 하나님 자신의 처소에 있는 것처럼 우리 안에 실제로 거하신다.[134] 하나님은 성령으로 우리를 사랑하시며, 하나님께로 축성된 처소에 거하시는 것과 같이 우리 안에 거하신다. 이와 같이 아퀴나스는 하나님에 대한 풍부한 개념을 가지고 우리 안에 은혜로 말미암아 가능해진 삶, 곧 삼위일체 하나님의 거룩한 삶에 참여할 수 있는 심연에 대해 말한다.

아퀴나스의 사상에서 교리 신학과 도덕신학은 극히 본질적이고 직접적인 방식으로 연결되어 있다. 다시 말해, 그리스도인의 삶에 대한 아퀴나스의 설명이 삼위일체 교리에 대한 참여적 관점에서 설명된 것처럼, 그의 도덕신학은 교리 신학에 기초를 두고 있다. 이 분명한 연결은 구원론적으로 상당히 중요한 함의를 가지고 있으며, 하나님의 신성한 '내주'와 '참여'라는 주제에 주의를 이끈다.

하나님의 신성한 '내주'와 '참여'라는 주제를 발전시키면서 아퀴나스는 예수 그리스도 안에 있는 구원에 대한 성경적 증거를 자신만의 독특한 방식으로 제시했다. 그런데 이와 유사한 방식의 논증이 아퀴나스 외에 웨슬리 안에서도 나타난다.

실제로 웨슬리는 예수 그리스도 안에 있는 구원에 대한 성경적 증거를 자신의 신학적 요지로 제시하는 한편, 그리스도인의 삶에 대한 참여적 이해 곧 성령의 은총적 행위(성화와 조명)로 말미암아 하나님과 함께 그리고 하나님 안에 우리가 참여할 수 있게 되었다는 논증을 확언한 바 있다.

물론 웨슬리가 토마스주의자는 아니었다. 그러나 웨슬리는 확실히 아퀴나스와 공통점이 많았고 자신도 모르는 사이에 많은 양의 신학적 사유를 아퀴나스와 공유했다. 아퀴나스와 웨슬리는 특히 D. 스테판 롱(D. Stephen Long)이 '참여'와 '조명'의 형이상학이라고 불렀던 광범위한 기독교 전통을

---

134   위의 책, I, q. 43, a. 3.

공유했는데,[135] 롱에 따르면 웨슬리는 아퀴나스가 예시한 도덕신학의 전통에 위치할 수 있다.

더욱이 롱은 웨슬리와 아퀴나스가 그리스도인의 삶을 바라보는 한 가지 유사한 방식을 취하고 있음을 성공적으로 논증하고 있는데, 롱이 이를 입증하면서 결론한 바는 다음과 같다.

> 그들은 모두 삼위일체 하나님의 내재적 삶과 사랑에 참여한다는 주제를 보존하는 방식으로 성화에 대한 기독교적 개념을 표현한다.[136]

물론 웨슬리는 아퀴나스와 동일한 기술 언어를 사용하지 않는다. 그러나 성화(聖化)와 같은 기독교적 개념에 대한 웨슬리의 이해는 그리스도 안에 있는 삶이나 하나님의 신성한 본성에 참여하는 것(벧후 1:4)이라는 롱의 주장은 백번 옳다. 그렇기 때문에 아퀴나스와의 신학적 대화와 교류는 웨슬리안들이 웨슬리의 사상과 마찬가지로 그들 자신의 신학적 사상을 심화하고 명료하게 하는 데 도움이 될 수 있다.

다른 말로 하면, 사랑과 성결은 삼위일체의 교리, 특히 성령의 교리와 관련이 있다. 따라서 이러한 교리적 연관성을 일찍이 분별한 아퀴나스는 웨슬리의 사상에서 성화와 구원과 같은 신학적 기본 요소를 삼위일체적으로 확립하고, 또 그 안에 담긴 참여 모티브를 성령론적으로 강조하는 데 사용될 수 있다.

아퀴나스의 사랑에 기반을 둔 성령론은 『신학대전』 제1권 1부에서 다음의 세 가지 주제와 맥락으로 전개되었다.

(1) 삼위일체론적 맥락
(2) 성령을 사랑에 깊이 연관시키는 성령 중심적 사랑신학

---

135 Long, *John Wesley's Moral Theology*, 188–94.
136 위의 책, 174.

(3) 그리스도인의 삶의 기초로서 역할을 하는 삼위일체의 교리

이 세 가지 주제 및 맥락은 아퀴나스의 사상에서 비롯된 일종의 신학적 하부 구조를 나타내며, 여기에서 웨슬리안은 성화에 대한 웨슬리의 암묵적 견해가 삼위일체적이라는 사실을 회복하고 활성화하는 데 유용한 방법을 찾을 수 있다.

아퀴나스에게 시선을 돌림으로써 얻을 수 있는 두 번째 잠재적 이점은 웨슬리의 그리스도인의 완전(완전 성화)에 대한 해석과 관련된 영원한 도전 중 하나인 '순간적 차원'과 '점진적 차원'을 보다 명확하고 균형 있게 다룰 수 있다는 것이다. 일례로 콜론-에머릭은 아퀴나스의 은총론이 그리스도인의 완전에 대한 두 가지 주요 해석 진영 사이의 명백한 교착 상태를 극복하는 데 도움이 된다고 밝힌다.

콜론-에머릭이 말하고 있는 두 가지 주요 해석 진영에는 각 진영을 대표하는 현대 신학자들이 있는데, 둘 다 웨슬리의 구원론이 순간적 차원과 점진적 차원을 모두 허용하고 있다고 해석한다. 그러나 이 두 진영의 해석 간에는 순간이 먼저인지, 점진이 먼저인지에 대한 논쟁이 있다.

먼저 한 쪽 진영은 매닥스로 대표된다. 매닥스는 "웨슬리가 기독교의 공동 결정체로 여겼던 두 가지 진리 사이의 중요한 긴장을 유지하려는" 시도로 "책임적 은총"(responsible grace)이란 개념을 상정한다.

> 하나님의 책임적 은총이 없이는 우리는 구원받을 수 없습니다. 하나님의 은총은 우리의 참여 없이는 구원하지 않습니다.[137]

그리고 은총에 대한 웨슬리의 이해가 인격적이며 협력적이라는 관찰에 기초하여 매닥스는 웨슬리의 구원이 점진적인 과정으로 해석되어야 한

---

137 Maddox, *Responsible Grace*, 19.

다고 결론한다.[138] 매닥스는, 물론, 웨슬리가 시간의 어느 한 순간에 일어나는 완전 성화에 대해 언급하고 있다는 사실을 잘 알고 있다. 그리고 완전 성화의 즉각적인 가능성이 웨슬리의 "독특한 특징"이라는 것도 잘 알고 있다.

하지만 매닥스는 순간적인 변화보다 성결 안에서의 점진적인 성장이라는 주제를 더 강조한다. 왜냐하면, "성화의 (전체적인) 개념, 즉 하나님의 은총과 인간의 협력이 지속적으로 이뤄지는 여정이야말로 웨슬리 안에서 가장 특징적인 속성"이기 때문이다.[139]

오직 하나님만이 주도권을 가지고 계신다. 그러나 하나님은 인간과 함께 일하신다. 하나님은 책임적 은총으로 가능해진 인간의 자유롭고 참된 응답과 함께 지속적이고 강제적이지 않은 구원을 이루어 가신다.

다른 한쪽 진영에는 콜린스가 있다. 콜린스는 점진적 성화가 웨슬리의 구원론에서 확실한 위치를 차지한다는 것을 인정하지만, 그 자체가 하나님과 사람이 구원을 위해 함께 일한다는 주장을 의미하지는 않는다고 말한다.

> 신인협력설은 은총에 대한 웨슬리의 이해의 전체 범위를 대표하지 않는다.[140]

더욱이 '하나님과 사람이 구원을 위해 함께 일한다'는 주장은 웨슬리가 하나님 홀로의 사역을 나타내는 것으로 이해한 은총, 즉 콜린스가 "값없이 주시는 은총"(free grace)이라고 부른 것을 충분히 강조하지 못한다.[141] 따라서 콜린스는 다음과 같이 말한다.

---

138 위의 책, 87.
139 위의 책, 190.
140 Collins, *The Theology of John Wesley*, 12
141 위의 책.

> 웨슬리는 은총을 협력적인 것으로 간주하지만 … 접속적인 방식에서는 신적인 도움으로, 실재적인 의미에서는 하나님 홀로의 사역으로 간주했다.[142]

그러므로 구속의 과정에서 하나님의 행위와 인간의 행위를 모두 표현하는 신-인 협력의 패러다임은—웨슬리의 관점에서 볼 때—하나님의 유일한 활동과 그에 상응하는 구원의 순간적 요소에 대한 적절한 주의를 통해 균형 잡혀야 한다. 요컨대 여기서 요구된 것은 매덕스의 관점을 "좀 더 넓은 접속"(even larger conjunction)으로, 즉 하나님의 유일하고 즉각적인 사역도 충분히 고려된 것으로 포섭하는 것이다.[143]

콜론-에머릭의 관찰에 기초하여, 우리는 아퀴나스의 은총론, 특히 작용 은총(operative grace)과 협력 은총(cooperative grace) 사이의 구별에서 성화에 대한 웨슬리안들의 해석학적 이견(異見)을 해결할 수 있는 한 가지 가능성을 발견할 수 있다. 실제로 매덕스나 콜린스가 웨슬리를 읽기 위해 제안한 해석의 관점(점진적/순간적)은 은총을 분류하기 위해 아퀴나스가 제안한 다음 네 가지 범주와 뚜렷한 유사성을 가지고 있다. 작용(operative)과 협력(cooperative), 상존(habitual)과 조력(actual). 그러나 둘 사이의 유사점을 보다 명확하게 하기 위해서는 아퀴나스의 네 가지 은총 범주에 대한 간략한 설명과 이해가 필요하다.

『신학대전』 제1권 2부의 제111문 2항에 따르면, 의지가 운동(moved)되었지만 운동(moving)하진 않고 오직 하나님만이 운동자(mover)일 경우 이것을 작용 은총(*gratia operans*)이라 부른다. 이에 반해 의지가 운동(moved)될 뿐 아니라 운동(moving)하기도 할 경우 이것을 협력 은총(*gratia cooperans*)이라 부른다.[144] 전자의 경우, 행위(작용)은 오직 하나님께만 귀속된다.

---

142 위의 책.
143 위의 책.
144 *ST*, I–II, q. 111, a. 2.

하지만 후자의 경우, 행위(작용)은 하나님뿐만 아니라 인간의 의지에도 귀속된다. 그래서 버나드 로너간(Bernard Lonergan)은 상존 은총과 조력 은총에 관한 개념을 풀이하면서 다음과 같이 진술한다.

> 상존 은총 안에서 하나님의 행위(작용)은 습관을 주입하며, 그 주입된 습관이 자유로운 행동으로 이어질 때 협력이 된다. 조력 은총 안에서 하나님의 행위(작용)은 협력이 되고자 하는 목적의 의지에 영향을 미친다(단, 이 목적의 의지가 효과적인 수단의 선택으로 이어질 때).[145]

콜린-에머릭도 이어서 설명한다.

> 이런 작용 은총과 협력 은총 사이의 구별로 순간적이냐 아니면 점진적이냐고 하는 고르디아스적 논쟁의 매듭이 풀린다. 하나님의 모든 행위(작용)은 한편으로 작용 은총이다. 따라서 그것은 순간적이다. 다시 말해, 상존적으로 작용하는 은총 안에서 덕을 주입하는 일과 조력적으로 작용하는 은총 안에서 의지를 행동으로 환원시키는 일은 순간적으로 일어난다. 하지만 하나님의 모든 행위는 다른 한편으로 협력 은총이다. 따라서 그것은 점진적이다. 즉, 주입된 덕과 행동에 대한 의지를 행사하는 것은 순간적이지 않고 점진적이다. 이는 하나님의 부족 때문이 아니라, 우리의 의지와 행동이 일시적이기 때문이다.[146]

웨슬리 자신은 작용 은총과 협력 은총을 구별한 적이 없다. 그러나 아퀴나스가 은총에 관하여 구별한 네 가지 범주는

---

145 Bernard Lonergan, *Grace and Freedom: Operative Grace in the Thought of St. Thomas Aquinas* (Toronto: University of Toronto Press, 2000), 147.
146 Colón-Emeric, *Wesley, Aquinas, and Christian Perfection*, 175.

(1) 성화의 순간적 차원과 점진적 차원 사이의 관계에 대한 웨슬리의 중요한 관심의 일부를 반영하고,
(2) 웨슬리의 성화론을 해석하는 사람들에게 새로운 관점에서 개념적 명료성을 제공하며,
(3) 구원에 있어서 하나님의 주권이 어떻게 강조되어야 하는지에 대한 설명을 부연한다. 그러나 무엇보다도 그것은
(4) 그 오래된 점진적인 대 순간적인 성화 논쟁을 넘어 앞으로 나아갈 길을 제시한다.

작용 은총과 협력 은총은 순간적 성화와 점진적 성화 사이의 차이로 인해 빚어진 웨슬리의 완전론 논쟁에 개념적 명료성을 제공한다. 다시 말하지만, 작용 은총은 유일하게 운동하시는 분으로서 하나님에게 귀속되는 행위(작용)을 나타내며, 그 자체로 그것은 영혼에 덕을 주입하는 것(상존적 작용 은총)과 같이—그리고 의지를 행동으로 환원하는 것(조력적 작용 은총)과 같이—순간적(즉각적)이다.[147]

한편, 협력 은총은 인간이 협력하는 점진적인 하나님의 행위(작용)을 의미한다.[148] 그렇다면 이제 콜린-에머릭이 콜린스와 매닥스를 통해 관찰한 관계, 즉 웨슬리와 아퀴나스의 은총 개념 사이의 양립성을 보다 명확히 해보자.

콜린스의 "값없이 주시는 은총"(free grace)은 아퀴나스의 "작용 은총"(gratia operans)과 유사하고 매닥스의 "책임적 은총"(responsible grace)은 아퀴나스의 "협력 은총"(gratia cooperans)과 유사하다. 각각의 유사성은 크게 두 가지 관점에서 다음과 같이 설명할 수 있다. 먼저 앞선 두 은총의 공통점은

---

147 *ST*, I–II, q. 111, a. 2c.
148 위의 책.

(1) 하나님만이 유일한 행위자이시며
(2) 하나님의 유일한 행위의 효과가 즉각적임을 함축하고 있다는 점이다.

그리고 후자의 두 은총이 갖는 공통점은

(1) 하나님의 유일한 행위가 인간으로 하여금 하나님과 협력하게 하며
(2) 하나님의 유일한 행위의 효과는 하나님-인간의 협력 과정에서 점진적임을 함축하고 있다는 점이다.

결국, 아퀴나스의 용어는 웨슬리안들의 성화 논쟁이 갖고 있는 주요 특징들을 명확히 하는데 도움을 주면서, 각각의 해석이 지닌 고유한 가치를 따로 떼어 내는 역할을 한다. 다시 말해, 콜린스의 경우에 강조된 바는 하나님의 단독 사역으로서 은혜이고, 매닥스의 경우에 돋보인 것은 은혜로 말미암아 하나님과의 진정한 협력의 기회를 갖게 된 인간이다.

이 두 가지 해석의 요지는 아퀴나스의 용어 안에서 각기 고유한 가치를 지닌다. 하지만 그것은 또한 은총에 대한 아퀴나스적 범주 안에서 상호 보완적이기도 하다. 따라서 최근 콜린스가 요청한 "더 큰 결합"은 주목할 만한 시도라고 할 수 있다. 그는 웨슬리의 구원을 이해하기 위해

(1) 하나님의 단독 사역과 신-인 협력 사이의, 그리고
(2) 웨슬리의 성화론에 담긴 순간적 요소와 점진적 요소 사이의 효과적인 결합 및 균형을 요청한 바 있다.[149]

---

149 Collins, "The State of Wesley Studies in North America: A Theological Journey," *Wesleyan Theological Journal* 44/2 (Fall 2009): 7–38, in particular 38; Collins, *The Theology of John Wesley*, 76.

물론 이 같은 그의 요청은 일차적으로 구원에 있어서 하나님의 주권을 분명히 확인하는 것에 있다. 하지만 그러한 확인조차도—앞서 그가 요청한 "더 큰 결합"의 문제와 마찬가지로—아퀴나스에 의해서 충분히 만족될 수 있다. 작용 은총과 협력 은총 사이의 구별을 통해 이 천상의 박사가 증명한 것처럼 말이다.[150]

더욱이 아퀴나스의 용어는 웨슬리를 어떻게 해석하는 것이 최선인가에 대한 논의를 진전시키기 위해 필요한 새로운 관점이라는 점에서 의의가 있다. 지난 20년 동안 웨슬리 해석을 지배한 학자들은 콜린스와 매덕스였다. 기브 또는 테이크(Give or Take)가 거의 없는 교환이 수없이 이루어졌고, 그 결과 둘 사이의 논쟁이 매우 극명해졌다.

결국, 이 극명한 논쟁으로 인한 해석학적 딜레마를 풀기 위해서는 새로운 목소리의 등장이 시급하다. 아니 그 딜레마를 해결하는 데 도움이 된다면 감리교 전통 밖에서라도 목소리를 내야 하는 상황에 이르렀다.

아퀴나스에 대한 호소는 확실히 이러한 필요를 채우는 데 도움이 된다. 그러나 이러한 호소를 근거로 웨슬리를 이해하는 것은 결코 쉬운 일이 아니다. 예를 들어 예정의 문제에 관해서는 두 신학자의 접근 방식이 완전히 다르다(콜린-에머릭은 예정의 문제에 대해 가능한 화해를 설명하지만).[151]

그러나 아퀴나스의 이중적 은총 구조(작용과 협력, 상존과 조력)가 콜린스와 매덕스에 의해 제시된 "값없이 주시는 은총"(free grace)과 "책임적 은총"(responsible grace)에 대해 갖고 있는 유사성은 아퀴나스에 대한 호소가 성화에 대한 웨슬리안들의 더 나은 연구에 크게 이바지할 수 있는 잠재적 이점이란 사실을 확실히 한다.

요컨대, 웨슬리안들이 더 설득력 있는 신학적 용어로 성화를 계속 재고한다면 그들은 아퀴나스에게서 더 많은 것을 배울 수 있고 또 배울 것이다.

---

150 참조. Colón-Emeric, *Wesley, Aquinas, and Christian Perfection*, 264 fn. 124.
151 위의 책, 176-78.

첫째, 그들은 아퀴나스의 성령론에서 몇 가지 교훈을 얻을 수 있다. 앞서 언급한 바와 같이 아퀴나스는 『신학대전』을 통해 삼위일체의 맥락에서 성령의 교리를 탐구했다. 이 때 다뤄진 신학적 주제는

(1) 사랑(*amor*)으로서 성령,
(2) 성령에 기초한 사랑의 신학,
(3) 그리스도인 삶을 구성하는 삼위일체 하나님이었다.

이 일련의 탐구에서 아퀴나스의 주된 목적은 사랑과 성결을 삼위일체론, 특히 성령론과 관련시키는 것이었다. 그리고 이러한 관련 조치를 통해 아퀴나스는 사랑과 성결의 깊이와 목적을 성령론적으로 설명할 수 있었다. 그러므로 아퀴나스의 성령신학을 통해 우리는 웨슬리가 함축적으로 제시한 구원의 삼위일체적 이해에 맞는 일종의 이론적 배경을 얻을 수 있다.

마치 아퀴나스가 웨슬리안들로 하여금 더 웨슬리적인 사람이 될 수 있도록 허용해주고 있는 것처럼 말이다.

둘째, 그들은 아퀴나스의 은총론에서 순간적 차원과 점진적 차원에 대한 성화 논쟁의 해법을 얻을 수 있다. 아퀴나스는 은총을 "작용 은총"(*gratia operans*)과 "협력 은총"(*gratia cooperans*)으로 구분했다. 아퀴나스의 은총 구분은 웨슬리안들로 하여금 콜린스의 "값없이 주시는 은총"(free grace)과 매덕스의 "책임적 은총"(responsible grace) 사이의 교착 상태를 넘어 두 은총의 고유한 신학적 가치를 식별할 수 있게 하고 더 나아가 균형 잡힌 방식으로 종합할 수 있게 한다.

다시 말해서 아퀴나스에 대한 호소는 웨슬리안들로 하여금 구원에 있어서 하나님의 주권적 우선성과 인간의 응답과 협력의 진정성을 일제히 확증할 수 있게 해 준다. 그러므로 아퀴나스는 웨슬리를 더 잘 이해하는 데 필요한 개념적 명료성을 제공하고, 아퀴나스에 대한 더 나은 인식은 웨슬리안들이 더 나은 웨슬리안이 될 수 있도록 해 준다고 말할 수 있다.

2) 토마스 학파를 위한 웨슬리?

한편, 가톨릭 신자들도 웨슬리로부터 일정 수준의 유익을 얻을 수 있다. 웨슬리가 모든 기독교인에게 필수적인 것으로 강조한 사랑 안에 있는 개인적 사회적 성결과 같이 웨슬리가 열렬히 강조한 것들은 가톨릭 평신도와 성직자 모두에게 유익할 수 있다. 실제로 웨슬리의 신학적 메시지에 대한 이해는 특히 아퀴나스가 대표하는 가톨릭 신학과 영성에 대해 같은 종류의 관심을 불러일으키는 데 도움이 될 수 있다.

성화는 그리스도 안에 있는 삶에 대한 아퀴나스의 비전에서 두드러진 주제이다. 그리고 그 주제는 아퀴나스를 해석하는 다양한 학자 사이에서 더욱 발전될 수 있다.[152] 특히, 웨슬리의 '완전한 사랑'에 대한 설명은 아퀴나스의 사상에 담긴 주제들—즉 성화, 카리타스(*caritas*, 우정), 성령—에 대한 재발견과 재평가를 견인할 수 있다.

따라서 아퀴나스와 웨슬리의 조합은 상당히 유익하다. 더욱이 아퀴나스도 웨슬리와 마찬가지로 구원의 실제적, 실천적 의미에 주의를 기울였다(물론 그런 의미가 이따금씩 그의 사상에서 과소평가되긴 했지만). 그러므로 웨슬리는 아퀴나스의 저작에서 여러 중요한 가닥들을 회복시키는 데 기여할 수 있으며, 토마스 학파가 보다 더 나은 토마스주의자가 될 수 있도록 도울 수 있다.

웨슬리는 사변적 신학자가 아니라, 실천신학자 또는 구원론자라고 할 수 있다. 그는 설교, 저술, 교육, 목회 감독의 업무에서 그가 "실천적인 신

---

152 참조. 철학자가 아닌 신학자로서의 아퀴나스에 대한 해석은 토렐의 글, 특히 아퀴나스에 대한 두 권의 전기에 반영되어 있다. *Initiation à saint Thomas d'Aquin: Sa personne et son oeuvre*, 2nd ed., Vestigia, Pensée antique et médiévale, 13 (Fribourg: Éditions du Cerf–Éditions Universitaires de Fribourg, 2003; ET: *Saint Thomas Aquinas*, vol. 1: *The Person and His Work*); 그리고 *Saint Thomas d'Aquin, maître spirituel: Initiation à saint Thomas d'Aquin*, 2nd ed., Vestigia, Pensée antique et médiévale, 19 (Fribourg: Éditions du Cerf–Éditions Universitaires de Fribourg, 2003; ET: *Saint Thomas Aquinas*, vol. 2: *Spiritual Master*).

학"(practical divinity)이라고 불렀던 것을 몸소 실천했다.[153] 심지어 콜린-에머릭은 웨슬리의 실천신학이 완전을 추구하는 가톨릭 신자들의 좋은 본보기가 될 수 있다고 말한다.

마치 "토마스 아퀴나스의 사변적 신학을 실천적 신학으로; 갈멜산에 오르는 관상가의 삶이 아니라 평야로 내려오는 실천가의 삶으로 이끈 십자가의 성 요한"에 견줄 만한 실천가라고 말이다.[154] 진실로 웨슬리는 실천적인 신학을 자신의 사명으로 여긴 사람이다. 그는 그리스도 안에 있는 삶의 희망을 사람들에게 제공하는 것이야말로 감리교의 사명이라고 보았다. 그래서 그는 감리교 교구의 성전과 설교 처소, 심지어 야외 들판과 탄광에 이르기까지 이 희망의 메시지를 가능한 한 널리 전파했다.

그뿐만 아니라, 웨슬리는 우리의 일상생활에서 하나님의 임재와 변화시키는 능력을 체험할 수 있다고 보았다.

> 하나님은 우리의 지식이 자라게 하시고, 우리의 죄를 사하시며, 우리의 본성을 새롭게 하십니다. 곤경에 처한 우리를 인도하시고, 슬픔에 처한 우리를 위로하시며, 믿음 안에서 우리가 자라게 하십니다. 하나님으로 말미암아 우리가 그리스도의 형상을 닮고 우리 삶 속에 성령의 열매를 맺습니다.

이상의 "대중적 논증"(ad populum)을 통해 알 수 있듯이, 웨슬리는 "완전을 정의할 뿐만 아니라 뭇 성도들을 완전으로 인도하는" 자, 곧 복음의 중심인 성결에 대한 "보편적"이고 "대중적"인 소명을 전파한 실천가였다.[155]

바로 이런 맥락에서 토마스 학파는 웨슬리로부터 얻을 수 있는 바를 특정할 수 있다. 토마스 학파는 웨슬리로부터 신자들의 삶 속에 나타난 하나

153　예. *A Collection of Hymns for the Use of the People Called Methodists*의 서문, § 4, in Wesley, *Works*, ed. Outler, et al., 7:74.
154　Colón-Emeric, *Wesley, Aquinas, and Christian Perfection*, 8-9.
155　웨슬리의 대중적인 논증(*ad populum*)에 대해서는 Wesley, *Works*, ed. Outler, et al., 1:103을 보라. 콜론-에머릭은 웨슬리를 완전의 실천가이자 교사로 설명한다(*Wesley, Aquinas, and Christian Perfection*, 181).

님의 지속적인 역사—특별한 방식 안에서 성령께 귀속된 역사—를 통해 이루어지는 삶의 성결, 마음의 성결에 대한 강조를 배울 수 있다. 아퀴나스는 『대이교도대전』 4권의 성령을 통한 하나님과의 우정에 대한 놀라운 구절에서, 그리고 그의 산상수훈 독해에서, 성령의 변화시키는 활동(성결)에 대한 예리한 인식 및 통찰을 보여 준다.[156]

사실 토마스 학파는 성결에 대한 아퀴나스의 강조를 간과하지 않았다. 그러나 거기에는 더 발전할 여지가 분명히 남아 있다는 것도 간과할 수 없는 사실이다.

그렇다면 웨슬리는 정확히 어떤 것에 기여할 수 있을까?

웨슬리는 "인간 영혼 안에 있는 하나님의 생명"을 증진함으로써 성경적 성결을 전파하는 데 전념한 인물이다.[157] 이 같은 그의 헌신에 비추어 볼 때, 웨슬리 신학에 대한 실천적 이해는 아퀴나스의 해석자들에게 성화에 대한 새로운 관심을 가져 줄 것이며, 이는 그들의 연구를 풍부하게 할 뿐만 아니라 그간 홀대받아 온 아퀴나스의 실천적 영성 및 다른 여러 관련 주제들에 빛을 비춰 줄 것이다.

---

156 *ScG* IV에 대한 이 책의 5장을 보라. 또한, 아퀴나스와 웨슬리의 산상수훈의 비교를 롱과 콜론-에머릭은 덕과 팔복에 초점을 맞춰 유능하게 해석했다(Long, *John Wesley's Moral Theology*, 141-65; Colón-Emeric, *Wesley, Aquinas, and Christian Perfection*, 125-47). 후자는 특히 다음 사실에서 약간의 의미를 찾는다. 아퀴나스에게 있어서 종교인을 위한 권고와 일반 기독교인을 위한 계율 사이의 구별은 팔복에 대한 읽기에서 다른 곳보다 덜 분명할 뿐만 아니라, 그가 『신학대전』에서 설명하는 것처럼, "신적인 사랑의 완성은 예외 없이 모든 사람을 위한 계율이므로 천국의 완성(*perfectio patriae*)도 이 계율에서 제외되지 않는다"는 것이 드러나지도 않는다(*ST*, II-II, q. 184, a. 3 ad 2). 다시 말해서, 아퀴나스는 구원에 필요한 완전이 권고의 문제인 완전보다 덜 완전하다고 주장하지만, 그리스도께서 이 산상수훈에서 묘사하신 성결과 완전의 삶(마5:48)은 일부 사람들을 위한 것이 아니라, 당신을 따르는 모든 사람을 위한 주님의 부르심이라고 주장한다(Colón-Emeric, *Wesley, Aquinas, and Christian Perfection*, 138-40).

157 참조. 웨슬리가 사무엘 워커(Samuel Walker)에게 보낸 편지, 1756년 9월 3일, "내게 한 가지 견해가 있습니다. 그 견해는 내가 할 수 있는 한, 생명력 있고 실용적인 종교를 장려하는 것입니다. 그리고 하나님의 은혜로 말미암아 인간의 영혼 속에 하나님의 생명을 낳고, 보존하며, 증가시키는 것입니다"(Wesley, *Letters*, 3:192).

가톨릭 신자들은 웨슬리 안에서—특히 성화에 기반을 둔 웨슬리의 구원론과 함께—가톨릭 신학과 영성의 특징을 보여 주는 구원론의 전형을, 곧 아퀴나스가 상당한 예증을 통해 지향한 (그러나 자주 간과된) 구원론과 유사한 모형을 발견할 수 있다. 아퀴나스가 묘사한 그리스도인의 삶은 하나님의 삶에 피조물이 참여함으로써 얻는 성결과 관련이 있다.

그런데 이 성결에 관련한 아퀴나스의 설명에는 성화, 카리타스(caritas, 우정) 그리고 성령과 같은 아퀴나스 신학의 주요 주제들이 관련 모티브로 포함되어 있다. 그럼에도 불구하고 성결 자체에 대한 토마스 학파의 연구는 웨슬리안들의 웨슬리 연구에 비해 상대적으로 미진한 부분이 있다. 물론 아퀴나스를 웨슬리와 동일한 선상에 놓고 평가할 수는 없다. 그 반대의 경우도 마찬가지다.

하지만 우리가 웨슬리의 완전한 사랑의 교리, 즉 아퀴나스도 (웨슬리만큼이나) 지대한 관심을 둔 바 있는 성령과 사랑의 관계에 대한 교리적 이해를 고찰할 때 그 둘은 공히 성령을 그리스도인의 삶에 연결한 신학자라고 할 수 있으며, 바로 이러한 이유 때문에도 성령을 그리스도인의 삶에 병치한 아퀴나스와 웨슬리의 공통된 접근은 좀 더 상호 보완적인 시각에서 다뤄질 필요가 있다.

다시 말해서, 웨슬리와의 더 깊은 신학적 대화는 토마스 학파가 아퀴나스의 사상에 대한 보편적(또는 대중적) 토대를 마련하고, 성령론에 대한 아퀴나스의 사랑 기반 탐구에 대한 실천적 측면을 회복하도록 이끌 수 있다.[158]

---

158 이 두 번째 섹션—**토마스 학파를 위한 웨슬리?**—의 상대적인 간결함은 아퀴나스와 웨슬리 사이의 방법론적 차이에 의해 상당 부분 설명될 수 있다. 성령의 교리에 대한 기술적인 설명은 신학적으로 정렬된 문법이나 구별을 요구한다. 이러한 관점에서 필자는 토마스 학파가 웨슬리에게서 배울 수 있는 것보다 웨슬리안이 아퀴나스에게서 더 많이 배울 수 있다고 믿는다. 그러나 이 믿음은 웨슬리를 비판하는 것과는 아무 상관이 없다. 그것은 단지 웨슬리에게 맡겨진 특별한 은사뿐만 아니라 아퀴나스의 비범한 신학적 철저함과 엄격함도 우리가 인식할 필요가 있다는 것과 관련이 있을 뿐이다. 게다가 웨슬리의 공헌은 신학적 통찰이나 교양의 영역이 아니라 복음 전파와 삼위일체 하나님과의 교제를 통해 마음과 삶의 성결을 증진하려는 복음주의적 열심에서 비롯된다. 이 책의 연구에서는 좀 더 정교한 교리를 구성하기 위해 이 경험적-실

3) 공로와 확신 재검토하기: 토마스와 웨슬리안 학파를 위한 상호 발전 가능성

지금까지 논의되고 확인된 바와 같이, 그리스도인의 삶에 대한 아퀴나스와 웨슬리의 공통된 생각은 다음과 같은 주제를 포함한다. '사랑의 중심성', '성령과 사랑 사이의 관련성', '신적인 내주하심을 통한 인간의 변화', '성령을 통해 성결을 구현하라는 보편적 요청.' 이러한 공통점들은 '성령', '사랑', '성화'와 같은 주제에 관해 토마스와 웨슬리안 학파 사이의 유익한 교류가 가능함을 보여 준다. 하지만 이러한 가능성이 그들 사이에 존재하는 엄연한 차이를 자동적으로 해결해 주지는 않는다. 특히, 공로와 신념에 대한 아퀴나스와 웨슬리의 견해가 너무 달라 토마스와 웨슬리안 학파의 공동 연구 가능성을 애초부터 부정하는 것처럼 보인다.

과연 두 학파는 아퀴나스와 웨슬리 사이의 명백한 차이를 넘어 상호 이익이 될 수 있을까?

그들 사이의 상호 이익은 공로와 확신에 대한 아퀴나스와 웨슬리의 견해차를 줄일 수 있을까?

아니면 그들 사이의 견해차가 결국 토마스와 웨슬리안 학파의 공동 연구 가능성을 무효화하게 될까?

증적 차원을 조금 덜 언급한다. 하지만 그 차원은 여전히 성령론을 구성하는 데 필수적인 요소이다. 결국, 필자가 이 교리를 통해 말하고자 하는 것도 정의(定義)하는 문제가 아니라, 삶을 살아가는 문제이다. 그런 이유로 웨슬리는 여기에서 또 다시 "실천적으로도 실용적인 신학자들의 과학은 우리에게 완전이 무엇인지 알려 줄 뿐만 아니라 우리를 완전으로 인도하기도 합니다"라고 말한 마리탱의 개념을 예시(例示)하는 자로 생각될 수 있다 (Maritain, *The Degrees of Knowledge*, 336). 물론 감리교인들은 아퀴나스에 대한 이해를 통해 특정 교리의 기술적 문제에 대한 추가적인 명확성을 얻을 수 있다. 그리고 이 명확성을 설명하는 데 더 많은 지면을 할애한 것도 사실이다. 그러나 상대적으로 좁은 지면 할당이 실용적 실천(*praxis*)의 중요성을 훼손하지 않으며 그 중요성은 아무리 강조해도 지나치지 않다.

아퀴나스와 웨슬리가 공로와 확신이라는 주제에 대해 서로 다른 결론에 도달했다는 것을 최소한 말로는 부인하기 어렵다. 그만큼 웨슬리는 "엄격한"(strict) 의미에서 공로를 거부했다. 비록 그가 공로에 대한 "느슨한"(looser) 방식의 이해에 어느 정도의 합법성을 부여하긴 했지만, 어디까지나 웨슬리가 선호한 것은 어떻든 그러한 방식의 공로 개념을 사용하지 않는 것이었다.[159]

게다가 웨슬리가 매우 제한된 방식으로 공로를 허용한다는 것은 아퀴나스가 공로로 의미하고자 하는 것과 정확히 일치하지 않는다. 이제 확신의 경우에는, 공로와 달리, 문제를 느끼는 쪽이 바뀐다. 이번에 반대하는 쪽은 웨슬리가 아니라 아퀴나스다. 아퀴나스에 따르면, 인간은 계시를 통해서나 다른 어떤 감미로운 경험을 통해 은혜를 받았다는 어느 정도의 지식을 얻을 수 있다.

하지만 인간에게 그러한 지식이나 인식의 가능성이 있다는 것은 하나님의 초월성에 근거하지 않는다. 아니, 보다 정확히 말하자면, 인간은 초월로부터 어떤 것도 스스로 추론할 수 없다.[160] 더욱이 인간이 은혜를 받았다고 하는 것을 아는 지식에 대해 아퀴나스가 허용하는 방식은 웨슬리가 확신으로 의미하고자 하는 것과 거의 일치하지 않는 것처럼 보인다.

그럼에도 불구하고, 이들 사이에는 겉으로 보이는 것보다 훨씬 더 실질적인 수준의 합의가—특히 성령과 그리스도인의 삶이라는 두 가지 주제와 관련하여—있는 것 같다. 따라서 이 같은 차이점 외에도 아퀴나스와 웨슬리의 공로와 확신 개념에 어떤 공통점이 있는지 검토할 필요가 있다.

우선 공로와 관련하여, 아퀴나스는 성령을 은사로 설명한다. 분명히 아퀴나스의 설명은 이 논란의 여지가 있는 문제를 고려하는 데 새로운 관점을 제공해 줄 수 있다. 여기서 특히 두드러지는 아퀴나스의 근본적인 주장

---

159 참조. 웨슬리가 그의 형제 찰스에게 보낸 편지, 1771년 8월 3일, Wesley, *Letters*, 5:270.
160 *ST*, I–II, q. 112, a. 5.

은 다음과 같다. 『신학대전』 제1권 1부의 제38문에서 명확히 나타난 것처럼, 아퀴나스는 인간의 능력 자체가 신성한 본성에 참여하는 데 아무 소용이 없다고 보았다.

그럼 인간은 어떻게 신적인 것에 참여할 수 있는가?

아퀴나스에 따르면, 그것은 위로부터 거저 주어져야만 한다.[161] 따라서 그리스도인의 삶은 하나의 선물로, 보다 정확히 말하자면 성령의 은사로 식별되어야 마땅하다 (이는 앞선 5장에서 밝힌 아퀴나스의 핵심 논제이기도 하다). 신에 참여하는 인간과 성령의 은사―이 둘 사이의 상호 관계는 아퀴나스가 공로를 논의하는 핵심 맥락이다. 그러므로 공로에 대한 아퀴나스의 물음이 『신학대전』에서 '은총과 은총의 효과'라는 제목으로 등장하는 것은 사실 너무나 당연한 것이라고 할 수 있다.

사실 이러한 은총의 맥락을 떠나서는 아퀴나스의 공로를 이해할 수 없다. 아퀴나스는 처음부터 끝까지 공로에 대한 모든 이야기를 하나님의 은총과 연관시킨다. 한 마디로, 하나님이 성령을 통해 신자들에게 진정으로 자신의 삶을 나누어 주시는 선행적(prior)이고 값없는(free) 은사, 바로 그 은총의 선물이 공로를 이해하는 아퀴나스의 핵심 맥락이자 전제이다.

이밖에도 아퀴나스는 공로가 협력 은총(cooperative grace)의 효과(결과)라고 말한 뒤, 은총 안에 있는 사람이 적정(適正, condign)적으로―즉 어떤 행위의 고유한 가치에 따라서―영생을 얻을 수 있는지 여부를 고려한다.[162] 아퀴나스의 주장에 따르면, 어느 한 개인의 공로적 행위가 단순히 인간의 자유 의지의 결과인 한, 그 행위는 적정 공로(condign merit)의 문제가 아니다.

오히려 그 행위는 재량 공로(congruous merit)―즉 어떤 행위에 대한 성임된 가치, 또는, 충분한 근거가 전제된 기대―에 관련한다. 그러므로 어느 한 개인의 공로 행위가 인간의 자유 의지의 결과인 한, 그 결과에 대한 하나님

---

161 위의 책, I, q. 38, a. 1c.
162 위의 책, I-II, q. 114, a. 3.

의 보상 근거는 그 행위가 재량(裁量, congruent)적이란 점에서 합당하다.163

인정하건대, 공로에 대한 웨슬리의 후기 입장은 ST, I-II, q. 114, a. 3에서 아퀴나스가 내린 결론에 부합하지 않는다. 그것은 웨슬리가 적정 공로와 재량 공로를 아퀴나스식으로 구분하지 않았기 때문에 특히 더 그렇다. 그러나 이러한 용어상의 차이점에도 불구하고, 그들의 공로에 대한 입장이 어떤 성격을 가지고 있는지를 분석하는 것은 일반적으로 감리교(그리고 더 광범위하게는 개신교)와 가톨릭 사이에서 생각할 수 있는 것보다 훨씬 더 크고 깊은 수준의 양립 가능성을 보여 준다.

웨슬리는 종종 로마가톨릭의 공로 개념으로 간주되는 것에 반대했으며 인간은 "쓸모없는 종"이라고 가르쳤다. 웨슬리의 이러한 가르침은 특히 1779년도 논문 "천주교에 대한 진중한 고찰"(Popery Calmly Considered)에 잘 표현되어 있으며, 여기에서 웨슬리는 다음과 같이 자신의 견해를 기술한다.

> 로마 교회는 "선한 행실은 참으로 영생을 얻을 만한 공로"라고 가르칩니다. 이것은 우리 구주께서 가르치신 것과 완전히 반대됩니다. "이와 같이, 너희도 명령을 받은 대로 다 하고 나서 '우리는 쓸모없는 종입니다. 우리는 마땅히 해야 할 일을 하였을 뿐입니다' 하여라"(눅 17:10). 그것을 행하라는 명령, 그 명령에 순종하는 은혜 그리고 "비교할 수 없을 정도로 영원하고 크나큰 영광"(고후 4:17)은 모든 인간의 순종에서 어떤 공로에 대한 주장이라도 영원히 차단합니다.164

---

163 위의 책, I-II, q. 114, a. 3c. 참조. q. 114, a. 1c, 여기서 아퀴나스는 하나님과 인간 사이에 "매우 큰 불평등"이 있으며 "인간의 모든 선은 하나님에게 기인한다"라고 설명한다.

164 Popery Calmly Considered, II.2, in Wesley, Works, ed. Jackson, 10:143. 가톨릭에 대한 웨슬리의 견해는 당대의 성공회에서 흔히 볼 수 있었던 신랄한 비판(예. 웨슬리가 1686년 존 윌리암스(John Williams)가 출판한 A Catechism Truly Representing the Doctrines and Practices of the Church of Rome with an Answer thereunto를 요약/발췌한 A Roman Catechism, faithfully drawn out of the allowed writings of the Church of Rome: With a Reply thereto[1756])에서 놀라울 정도로 화해하는 정신(예. A Letter to a Roman Catholic [1749])

웨슬리는 가톨릭의 가르침에서 행위에 의한 구원(칭의)의 개념을 가정하고 있는 것 같다. 그래서 그는 가톨릭의 가르침과 거리를 둔다. 그러나 아퀴나스가 공로에 대해 말할 때 그가 말하고 있는 것은 칭의의 은총이 아니다. 아퀴나스에게도 칭의의 은총은 공로로 얻을 수 있는 것이 아니다.

그럼 아퀴나스가 말하고 있는 공로란 무엇인가?

그것은 어떤 행위에 대한 가치를 말한다.[165] 즉, 하나님이 우리의 선한 행실에 어떠한 가치를 값없이 매겨 주신다는 것이 아퀴나스의 공로 개념이며, 이러한 개념적 이해는 웨슬리 안에서도 확인될 수 있는 원리 가운데 하나이다. 실제로 이 원리는 웨슬리가 그의 『신약성서 주해』(*Explanatory Notes Upon the New Testament*)에서 누가복음 17:10에 대해 주석했을 때 확증되었다.

> "우리는 쓸모없는 종입니다. 우리는 마땅히 해야 할 일을 하였을 뿐입니다"—우리 인간은 하나님께 선을 행할 수 없다. 무익한 종이라 칭히는 자는 복이 있나니, 가련하여라 하나님이 그렇다고 칭한 자여. 허나 우리가 하

에 이르기까지 훨씬 더 복잡하고 다양했다. 데이비드 M. 채프먼(David M. Chapman)은 *In Search of the Catholic Spirit: Methodists and Roman Catholics in Dialogue* (Peterborough, U.K.: Epworth Press, 2004), 6-43의 서두에서 웨슬리와 로마가톨릭교에 대한 자세하고 솔직한 검토를 제공한다. 웨슬리와 1778년 가톨릭 구호법(Catholic Relief Act of 1778) 반대자들과 동맹에 대한 간략한 논의는 Colin Haydon, Anti-Catholicism in Eighteenth-Century England, c. 1714-80: A Political and Social Study (Manchester, U.K.: Manchester University Press, 1993), 63-65, 210-11을 보라(참고로, 웨슬리는 가톨릭이 개신교에 해치지 않도록 항상 형법에 의해 제지되어야 하지만 가톨릭을 박해할 의도는 없다고 공언한다). 아우틀러에 따르면, 성공회의 반가톨릭 정서를 계승한 웨슬리가 "교황 제도"와 "로마 교회의 오류"에 대해 우려를 표명한 것은 사실이지만, 그는 "언제나 드 렌티(De Renty), 로페즈(Lopez), 페넬론(Fénelon) 등과 같은 정통 로마가톨릭 교인들의 경건과 헌신을 신중하게 고려(흠모)했다. 따라서 그는 진정한 '보편 정신'(catholic spirit)에는 가톨릭이 포함되어야 한다고 항상 주장했다"(Wesley, *Works*, ed. Outler, et al., 2:71, fn. 32). *Methodists and Papists: John Wesley and the Catholic Church in the Eighteenth Century* (London: Darton, Longman & Todd, 1995)에서 데이비드 버틀러(David Butler)는 웨슬리와 감리교 및 교황청의 관계에 대한 보다 자세한 설명을 제공한다.

165 *ST*, I-II, q. 114, aa. 2, 5.

나님께 무익할지라도, 우리가 하나님을 섬기는 것은 우리에게 무익할 수 없다. 이는 하나님이 자신의 약속 안에서 은혜로 영원한 상급에 합당한 값을 우리의 착한 행실에 치르시기 때문이다.[166]

여기에서 이 구절에 대한 웨슬리의 해석은, 공로의 문제에서 웨슬리와 아퀴나스 사이에 상당한 정도의 실질적인 유사점이 있을 수 있음을 시사한다. 그것은 확실히 그들 사이에 존재하는 용어상의 차이점보다 더 큰 것이다. 특히, 웨슬리는 하나님이 우리의 선행에 대해 값을 치르시고, 하나님의 약속에 따라 영원한 상급을 주신다고 강조한다.

그러한 강조는, 또한 아퀴나스가 공로에 관해 앞서 언급한 몇 가지 요점과 매우 유사하다. 그러므로 아퀴나스와 웨슬리가 공로의 문제에 대해 진정으로 깊은 합의에 도달할 수 있으며, 이 합의는 문맥상 하나님의 은총과 밀접하게 관련되어 있다는 점에 주목할 가치가 있다.

『신학대전』 제1권 2부의 제114문으로 가면, 이제 아퀴나스는 은사(선물)의 모티브와 그리스도인의 삶과 관련된 성령의 중심성을 설명한다(여기서 아퀴나스의 공로 개념이 웨슬리의 관점에서 진정으로 수용 가능하다는 것이 웨슬리안들에 더 분명해진다). 아퀴나스에 따르면, 우리의 공로적 행위가 성령의 은총에서 흘러나오는 한, 그 행위는 반드시 고려될 수 있어야 한다. 그리고 이 같은 관점에서 우리가 행한 공로는 영생에 합당한 적정(condign) 가치가 있다고 판단되어야 한다.

> 그 공로의 정도는, 요한복음 4:14의 말씀에서와 같이, 우리를 영생으로 인도하는 성령의 능력에 달려 있습니다. "내가 주는 물은, 그 사람 속에서, 영생에 이르게 하는 샘물이 될 것이다." 그러므로 사람의 수고는 그 수고한 사람을 신적인 성품에 참예하게 만들고, 더 나아가 로마서 8:17의 말씀에서와 같이 하나님의 자녀로 입양하사 마땅히 그 권리로 기업을 얻게 하시는 은총의

---

166 Wesley, *Explanatory Notes*, Luke 17:10.

가치에 따라 보상을 받습니다. "자녀이면 상속자입니다."[167]

이런 관점에서 볼 때, 어떤 수고나 행위에 따른 보상이란 것은 순전히 하나님의 은총의 선물(은사)과 성령의 능력에 따라 받는 것이다. 신자들 안에 거하시는 성령은 영생의 효능적 원인(efficient cause)이다.[168]

우리가 하나님의 삶에 참여하고, 은총에 의해 양자가 되어 위로부터 상속을 받는 것—이 모든 것은 바로 성령의 임재와 능력을 통해서만 가능한 일이다.

그러므로 아퀴나스의 공로 개념은 인간의 성취와는 거리가 멀다. 오히려 그것은 하나님의 은총의 효과, 즉 우리에게 "값없이 주시는 은총"(free grace)의 선물이 일하신(outworking) 결과로 이해될 수 있으며, 또 반드시 그렇게 이해되어야 마땅하다. 이는 재량 공로(congruent merit)와 같이 더 특별한 경우에서도 마찬가지로 적용된다. 우리의 재량(congruent)적 공로가 칭의에 대한 하나님의 사역의 토대 위에 기초하고, 인간이 응답하는 은총의 지속적인 공급 안에 기반되어 있는 한, 거기엔 결코 예외가 있을 수 없다.[169]

결국, 아퀴나스의 공로 개념이 궁극적으로 의미하는 바는 매우 분명하다. 아퀴나스는 하나님이 인간을 만드실 때, 그가 하나님이 상을 주실 일을 능히 감당할 수 있도록 능력을 주실 뿐 아니라 그러한 일에 필요한 은혜도 부어 주신다고 보았다.

따라서 참된 의미의 선행은 하나님이 은총 안에 있는 자들에게 무엇인가 빚을 지고 있다거나, 또는 하나님이 은총 안에 있는 자들에게 어떤 식

---

167 *ST*, I–II, q. 114, a. 3c.
168 위의 책, I–II, q. 114, a. 3 ad 3.
169 아퀴나스가 칭의에 대해 말하는 방식은 중요하며, 인간 구원을 위한 하나님의 은총의 절대적 필요성을 일깨워 주는 유용한 역할을 한다. 아퀴나스는 칭의를 하나님의 사역일 뿐만 아니라 하나님의 "가장 위대한 사역"이라고 식별한다(*maximum opus Dei*; 위의 책, I–II, q. 113, a.9). 다시 말하지만, 아퀴나스가 계속해서 제공하는 공로에 대한 설명은 불경건한 사람의 가치를 능가하는 하나님의 은총의 선물에 대한 그러한 확증의 맥락에서만 의미가 있다.

으로 든 빚을 지고 있다고 말하지 않고도 확증될 수 있다. 아니, 엄밀히 말하면, 하나님은 빚진 자다. 단 우리에게 아니라, 그분 자신에게—곧 우리에게 은총을 선물로 주시는 근원이요, 참된 하나님이 되시는 자기 자신에게 빚진다.[170] 이러한 은총의 빛 아래, 오직 은총의 빛 아래에서 아퀴나스는 행위 자체를 설명하는 문법을 제공한다.

아퀴나스에게 행위의 개념은 은총과 별개의 근거나 자율적 요구에 근거하지 않는다. 행위는 선물이다. 은사다. 하나님의 순전하시고 풍성하신 선하심에 따라 성령의 능력이 신실한 자들 안에서 발현된 것이다. 왜냐하면, 아퀴나스가 분명히 언급한 것처럼, 우리 안에 있는 모든 선(善)은 마침내 하나님께 귀속되기 때문이다.[171]

하나님의 선하심을 확언하는 더 넓은 맥락에서 인간 행위의 자리를 설명하는 것도 (아퀴나스만큼이나) 웨슬리의 근본적인 관심사 중에 하나다. 웨슬리에 따르면, 구원은 믿음을 통한 은혜로 뿌리를 내리지만, 행위는 어떤 의미에서의 최종 구원을 위해 필요하다. 그가 "결혼 예복에 대하여"(On the Wedding Garment)에서 설명하듯이, 성결은 구원을 위한 이차적 의미에서 필요하며, 성결의 중요성은 오직 예수 그리스도의 인격 안에 계시된 하나님의 고유한 '의'와 '공로'로도 충분하단 맥락 안에서만 의미를 가진다.

> 의심할 여지없이 그리스도의 의는 영광에 이르는 모든 사람에게 필요합니다. 또한, 모든 하나님의 자녀에게 개인적인 거룩함도 있어야 합니다. 그러나 여기에 차이점이 있다는 것을 분명히 알아야 합니다. 전자는 우리에게 하늘나라에 가는 권리를 주는 것이고(entitle), 후자는 자격을 주는 것(qualify)입니다. 그리스도의 의가 없이는 영광을 얻을 수 없고, 거룩함이 없이는 자격을 가질 수 없습니다. 전자에 의해서 우리는 그리스도의 지체, 하나님의 자녀, 하늘나라의 상속자가 되며, 후자에 의해서 "빛의 성도들의 유업

---

170 위의 책, I–II, q. 114, a. 1 ad 3.
171 위의 책, I–II, q. 114, a. 1c.

을 이어받습니다"(골 1:12).[172]

구원에 대한 웨슬리의 비전에서 그리스도의 의와 공로 그리고 그리스도인의 성결을 구별함으로써 웨슬리는 후자를 전자에 기초하면서 동시에 양측 모두의 본질적인 특성을 유지한다. 이렇게 하여 행위의 "보상받을 만한"(rewardable) 성격은 그리스도의 인격 안에 있는 하나님의 은총의 빛 아래 그 의미를 갖게 된다.[173]

더욱이 웨슬리의 정확한 표현은 "그리스도의 의가 없이는 아무도 영광을 얻을 수 없다"라는 것이다. 다시 말해, 웨슬리는 사실상 우리가 마치 어떤 권리를, 특별히 그리스도 안에서, 가지고 있는 것처럼 말한다. 그리고 이처럼 그리스도 '안'에 있는 인간의 권리는, 아퀴나스의 관점에서, 본질상 공로를 의미한다.[174]

아퀴나스는 웨슬리가 명시적으로 도출하지 않은 미묘한 차이를 통해 공로를 확인한다. 한 마디로 그들은 이 문제를 서로 다른 방식에서 접근한다. 그러나 그들은 그리스도인의 삶에서 선행이 차지하는 위치에 대해 공통된 견해를 가지고 있으며, 예수 그리스도 안에 있는 하나님의 선하심과 거저 주시는 은혜를 근본적으로 강조한다.

『신학대전』 제1권 2부의 은총에 관한 논문의 맥락에서 아퀴나스의 공로에 대한 설명을 고려하면—그리고 특히 선물(은사)의 모티브에 주의를 기울이면—아퀴나스와 웨슬리가 모두 긍정하는 기본적인, 그러나 상당히 주목할 만한 신념을 밝히는 데 도움이 된다. 이 공통점이 공로 개념에 대한 최종적인 차이점을 해결하기에 충분할 수도 있고 충분하지 않을 수도

172　Sermon 127, "On the Wedding Garment" (1790), § 10, in Wesley, *Works*, ed. Outler, et al., 4:139-48, 특히 144.
173　웨슬리의 "느슨한"(loose) 의미에서의 공로 개념—행위를 "보상받을 만한"(rewardable) 것으로 허용한—에 대해서는 1771년 8월 3일 그의 동생 찰스에게 보낸 편지를 보라 (Wesley, *Letters*, 5:270.).
174　예. *ST*, I-II, q. 114, a. 6, 여기서 아퀴나스는 오직 그리스도만이 우리를 위해 구원의 공로를 행하실 수 있다고 설명한다.

있지만(사실 이 문제를 여기서 완전히 해결할 필요는 없다), 그것은 토마스와 웨슬리안 학파가 이 주제와 관련하여 처음에 가정할 수 있었던 것보다 더 많은 공통점을 발견할 수 있도록 하며, 따라서 아직 성취되지 않은 더 많은 진전을 약속할 수 있도록 한다.

다음으로 확신의 문제는 은사(선물)란 주제와 관련이 있다. 웨슬리와 아퀴나스 사이의 용어상의 차이점을 감안할 때, 확신을 둘러싼 양자 간의 엄격한 합의는 불가능해 보인다. 그러나 흥미롭게도 확신은 웨슬리와 아퀴나스가 공유하고 있는 기본적인 관심이 무엇인지를 가장 분명하게 밝혀 주는 개념 가운데 하나이기도 하다. 웨슬리에게 확신은 성령의 행위다.

따라서 확신은 은사, 곧 하나님이 성령을 통해 우리의 영과 더불어 우리가 하나님의 은총으로 말미암아 하나님의 (입양된) 아들과 딸이 되었음을 증거하는 선물이다(롬 8:16-17).[175] 하나님이 그런 선물을 우리에게 주시는 것은 우리에 대하여 하나님이 어떤 의무나 빚을 지고 계시기 때문이 아니다. 그것은 단순히 그리스도 '안'에 나타난 하나님의 선하심과 자비, 즉 그분의 끝없는 사랑 때문에 우리에게 주어진다.

웨슬리는 아퀴나스보다 더 강렬하게 하나님 앞에 선 신자들의 현재 상태를 질문했다. 인간의 현존재에 대한 실존적 관심. 이러한 실존적 관심에서 비롯된 실천신학적 방법론. 이 모든 것이 웨슬리와 아퀴나스 사이의 차이를 다시 반영한다. 즉, 웨슬리가 지향하는 바는 실천적이고, 실용적이며, 실존적이다.

웨슬리는 자신의 설교나 신학적 가르침을 통해 그리스도인의 현재 상태에 초점을 맞추었다. 다시 말해, 웨슬리는 자신의 신학에 가장 중요한 것이 하나님의 은혜 아래 사는 그리스도인의 실재라고 믿었고, 이 실재의 일부로서 우리 그리스도인들은 마음에 넘쳐흐르는 하나님의 용서를 '확신'하는 은혜로운 특권을 가지고 있다고 보았다.

---

175 웨슬리는 바로 이 구절에 대한 그의 두 설교에서 이 성경적 개념을 설명한다("The Witness of the Spirit, I and II," in Wesley, *Works*, ed. Outler, et al., 1:269-98).

실제로 웨슬리는 이 확신에 대한 믿음이 너무나 커서 어느 시점에 이르러 그것을 "하나님이 온 인류에게 전하라고 [감리교인들에게] 주신 증거 중 중요한 일부"라고 설명하기도 했다.[176] 그런데 이처럼 중요한 확신은 웨슬리의 사상 속에서 때때로 영적 감각을 통해 우리에게 전달되는 것으로 해석되었다. 이미 언급한 바와 같이, 웨슬리의 영적인 감각은 성령의 활동으로 각성되고 자극된 초자연적 감각이란 의미를 가지고 있다.

따라서 웨슬리의 확신은 그 안에 매우 분명한 성령론적 근거를 가지고 있다. 보다 구체적으로 말하자면, 이 영적 감각은 우리가 우리 죄를 깨닫고 회개하여 그리스도 안에서의 구속으로 향하도록 이끌 뿐 아니라, 우리가 마음과 삶의 성결 안에서 하나님과 이웃을 더 깊이 사랑하므로 참으로 새로운 피조물, 곧 하나님의 사랑받는 자녀가 되었다는 사실을 확신할 수 있도록 이끈다.

그리고 이 (영적 감각으로 말미암은) 모든 것은, 웨슬리에 따르면, 하나님의 값없는 선물이자 모든 믿는 자가 그들의 구원을 이루는 일에 있어서 감당해야 할 역할로 부여하신 은사다.[177]

아퀴나스도 (웨슬리와 같이) 은총의 지각 가능성에 대해 말한 바 있다. 하지만 아퀴나스의 인식 가능성은 웨슬리가 나중에 제안한 확신 개념과 정확히 일치하지 않는다. 아마도 아퀴나스는 하나님의 초월성을 보존하려는 특유의 관심 때문에 웨슬리의 확신 개념을 완전히 긍정할 수 없었을 것이다.[178]

---

176 *The Witness of the Spirit*, II, I.4, in Wesley, *Works*, ed. Outler, et al., 1:285.
177 참조. "On Working Out Our Own Salvation," 여기서 웨슬리는 빌립보서 2:12-13에 대해 설교하면서, 하나님의 먼저 일하시고 능력을 주시는 은혜의 선물이라는 맥락에서 인간의 역할을 설명한다. "'하나님께서 일하시니 그러므로 너희도 일하라'는 말씀에는 아무 모순이 없으며, 오히려 밀접한 관계가 있음을 알게 될 것입니다. 즉, 이것은 다음과 같은 두 가지 면에서 연결되는 말씀입니다. 첫째로는 하나님께서 일하시니 그러므로 너희도 일할 수 있다는 것이요. 둘째로는 하나님께서 일하시니 그러므로 너희도 일해야만 한다는 것입니다"(Sermon 85, "On Working Out Our Own Salvation" [1785], III.2, in Wesley, *Works*, ed. Outler, et al., 3:199-209, in particular 206).
178 *ST*, I-II, q. 112, a. 5c.

그럼에도 불구하고, 이들 사이의 언어적 모순을 해결할 수 있는 어떤 유사점이 웨슬리의 확신 개념과 아퀴나스의 경험을 통한 지식(cognitio experimentalis) 개념 사이에 존재한다. 아퀴나스의 경험을 통한 지식(cognitio experimentalis) 개념은 한편으로는 성자와 성령의 파견(missiones)과 관련이 있고, 다른 한편으로는 우리가 하나님과 친교하는 관계(연합)와 관련이 있다. 따라서 그 개념은 웨슬리와의 놀라운 접점을 드러낸다.[179]

아퀴나스에 따르면, 우리의 경험을 통한 지식(cognitio experimentalis)은 앞서 언급한 두 가지 주제—파견과 연합—와 흥미롭게 연결된다. 그리고 이 같은 연결은 웨슬리가 확신에 대한 교리적 기초를 성령과 성자의 파견에 둠으로써 강조한 것과 매우 유사하다. 아니, 더 구체적으로 말하자면, 신적인 파견을 체험적 지식과 연결하여 우리를 하나님과의 연합으로 이끄는 것이 바로 성자와 성령의 파견이라고 본 웨슬리의 가르침과 아퀴나스의 경험을 통한 지식(cognitio experimentalis) 개념은 놀랍도록 유사하다.[180]

그러므로 우리가 하나님의 자녀로 입양되었다는 웨슬리의 확신 개념은 아퀴나스의 믿음의 확실성(certitudo fidei)이 아니라 경험을 통한 지식(cognitio experimentalis) 개념과 더 일치하는 것으로 보이며, 이는 이들 사이의 개념적 유사성에도 불구하고 용어적 차이는 불가피하다는 것을 보여 준다.[181]

---

179 ST, I, q. 43, a. 5 ad 2 외에도 아퀴나스는 『명제집 주해』에서 이러한 연결을 설정한다. "하나님의 어떤 위격이 어떤 자에게 파견되기 위해서는 이 어떤 자가 일종의 은총의 선사에 의해 파견되는 바로 그 하나님의 위격에 동화되어야 한다. 그런데 성령은 사랑이기 때문에 영혼은 사랑의 덕, 즉 애덕의 은사에 의해 성령에 동화되고, 더 나아가 하나님께 연결된다. 그러므로 지식은 사랑이신 성령을 기초로 한 준(準)-실증적 체험이다"(*non qualiscumque cognitio sufficit ad rationem missionis, sed solum illa quae accipitur ex aliquo dono appropriato personae, per quod efficitur in nobis conjunctio ad Deum, secundum modum proprium illius personae, scilicet per amorem, quando Spiritus Sanctus datur. Unde cognitio ista est quasi experimentalis*) (*In I Sent.*, d. 14, q. 2, a. 2 ad 3).

180 앞서 언급했듯이, 웨슬리가 자신의 1780년도 『감리교도라고 불리는 사람들을 위한 찬송가 모음집』(*Collection of Hymns for the Use of the People Called Methodists*)을 "실증적이고 실천적인 신학의 소조직"으로 설명한 부분을 보라 (Preface to *A Collection of Hymns for the Use of the People Called Methodists*, in Wesley, *Works*, ed. Outler, et al., 7:74).

181 이것은 다른 곳에서 자세히 설명되어야 할 요점이다. 필자는 아퀴나스와 웨슬리 사이에 이러한 정도의 일치를 볼 수 있도록 도와준 브루스 마샬(Bruce Marshall)에게 빚을

그러나 어떤 사람이 아퀴나스의 제자라면, 적어도 그는 웨슬리의 확신 교리가 지니고 있는 실천적, 목회적 관심에 큰 어려움 없이 공감할 수 있어야 할 것이다. 아퀴나스에게도 신학은 단순한 지적 활동이 아니다. 물론 아퀴나스에게 신학은 먼저 하나님에 대한 관상이다. 누구도 이것을 부정할 수 없다.

하지만 그는 또한 신학을 믿음의 실천으로, 즉 구원을 정확히 목표로 하는 종교적 훈련과 경건한 생활의 실천으로 보았다.

그럼 웨슬리에게서 토마스 학파가 얻을 수 있는 것이 무엇이겠는가? 그것은 하나님이 진정으로 그리스도 안에서 인간에게 자신의 삶을 열어 주셨고, 성령을 통해 우리에게 그 삶에 참여할 수 있는 몫을 주셨다고 하는 복음의 메시지가 참되고 진실하다는 신앙, 곧 모든 그리스도인의 공통된 믿음에 기초하여 웨슬리가 주의를 기울인 성령의 신학일 것이다. 확신에 대한 웨슬리의 이해는 이러한 공통된 믿음에 기초하고 있다. 그리고 이 같은 웨슬리의 이해는—아퀴나스가 자신의 방식으로 그것을 얼마나 발전시키거나 변형시켰는지에 상관없이—아퀴나스 사상의 핵심이다.

따라서 공로와 확신의 주제로 아퀴나스와 웨슬리를 비교하는 것은 비록 공로와 확신의 용어적 차이를 완전히 해결하지는 못하더라도 아퀴나스와 웨슬리 사이에 여전히 존재하는 공통된 이해(또는 토대)가 무엇인지를 명확히 하는 데 기여할 뿐만 아니라 새로운 해석(또는 관점)의 가능성도 주입할 수 있다.

정리하면, 아퀴나스와 웨슬리의 공로 및 확신 개념 사이에는 일정한 관련성이 존재한다. 그 관련성은 모두 성령의 행위를 강조한다는 사실에서 비롯된다—예를 들어, 아퀴나스의 경우에는 '공로', 즉 하나님이 은총의 선물로 성령을 통해 우리에게 주신 공로를 설명하는 적정 공로(condign merit)의 개념이 성령과의 연관성을 지닌다.

지고 있다.

그리고 웨슬리의 경우에는 확신, 즉 하나님이 은혜롭게 당신의 자녀로 삼으신 자들에게 성령 안에서 그리고 성령을 통하여 부어 주신 영적 감각(또는 지식)의 개념이 성령의 행위를 강조한다. 그러므로 공로에 대한 아퀴나스의 이해가 하나님이 그리스도 안에서 성령을 통해 "값없이 주신 은총"(free grace)의 선물로 인해

(1) 우리가 하나님의 삶에 참여할 수 있게 되었고
(2) 하나님의 사랑받는 자녀가 되었다는 의미로 이어질 수 있다면, 웨슬리가 발전시킨 확신의 교리는, 성격상, 아퀴나스의 공로 개념과 크게 다르지 않게 된다.

오히려 그것은 아퀴나스에 의해 시작된 사상의 궤적이 웨슬리에 의해 실용적이고, 실천적이며, (심지어는 페쉬가 지적한 바와 같이) 실존적으로 확장된 것일 뿐이다.[182] 그러므로 웨슬리는, 아퀴나스와는 다르지만 반드시 양립할 수 없는 방식은 아닌 수준에서, 하나님 앞에 선 인간의 현재적 지위가 은총의 상태 안에 머물고 있는 것임을 실존적이고 인식적인 차원에서 확증한다.

다시 말해서, 웨슬리는 인간이 은총의 자리 안에 머물 수 있을 뿐만 아니라, 그렇게 머물고 있음을 다음의 두 가지 증거를 통해 인식하고 확신할 수 있다고 믿었다.

(1) 우리 자신의 영의 간접적 증거(하나님 안에서 기뻐하는 내적 인식과 성령의 열매)와
(2) 성령께서 값없이, 은혜롭게 증언하신 직접적 증거.

---

182 참조. Otto H. Pesch, "Existential and Sapiential Theology—The Theological Confrontation between Luther and Aquinas," in Jared Wicks, ed., *Catholic Scholars Dialogue with Luther* (Chicago: Loyola University Press, 1970), 61–81.

공로에 대한 아퀴나스의 설명과 확신에 대한 웨슬리의 이해는 '용어적' 차이에도 불구하고 궁극적으로 양립할 수 있는 목적, 즉 성화의 표가 있는 특정한 삶의 방식을 지향한다. 다시 말해, 아퀴나스와 웨슬리는 신적인 선(善)과 은사를 입은 삶과 삼위일체 하나님을 찬양하는 성령 안에서의 삶이라는 공통의 목표를 공유하고 있다.

아퀴나스에게 공로의 궁극적인 목적은 어느 정도 적절한 한도 내에서 인간적인 행위의 정당성을 찾아 확립하는 것에 있지 않다. 오히려 경건하지 않은 자들을 값없이 의롭다 하시고, 그들이 그들 자신의 구원을 이루는 일에 동참할 수 있도록 넘치는 은혜를 부어 주신 하나님의 선하심을 밝히는 것에 있다.[183]

한 마디로, 아퀴나스의 공로에 대한 설명은 하나님의 영광을 위해 사는 삶을 촉진하는 데 기여한다. 이는 웨슬리의 확신에 대한 설명에 있어서도 마찬가지다. 웨슬리의 확신 교리는 그 자체를 목적으로 두지 않는다. 그것은 오히려 웨슬리가 구원의 길이라고 칭한 더 큰 맥락 위에서 이해되어야 한다.

즉, 진정한 확신은—웨슬리가 자주 강조한 것처럼—성령의 열매가 즉각적으로 뒤따른다. 성령의 은혜를 선물로 받아 누린 삶에 대한 말과 행동의 증거가 지속적으로 뒤따른다.[184] 그러므로 웨슬리의 확신이나 아퀴나스의 공로나 그 목적은 궁극적으로 모든 선(善)의 근원이시며, 모든 은혜를 주시는 하나님께 영광을 돌리는 신실한 삶을 통해 성결에 이르는 것이다.

물론 공로와 확신의 미묘한 뉘앙스를 모두 같은 것으로 취급할 수는 없다. 그러나 아퀴나스와 웨슬리가 공유한 공통 기반과 공통 목표는 놀라울 정도로 양립 가능하며, 토마스와 웨슬리안 학파에 의해 더욱 육성-발전될 수 있다.

---

183 *ST*, I–II, q. 113(작용 은총의 효과로서의 칭의에 관하여), q. 114(협동 은총의 효과로서의 공로).
184 "The Witness of the Spirit, I and II," in Wesley, *Works*, ed. Outler, et al., 1:269–98.

게다가 각 인물의 사상에 담긴 송영적 요지를 감안할 때, 그들의 차이는 반드시 해소되어야 할 어떤 것으로보다는 하나님을 찬양하는 삶의 더 큰 배경을 제시해 주는 새로운 관점으로 읽힐 수 있다. 왜냐하면, 그런 공로와 확신으로 말미암은 은총 안에서의 성결이야말로 진정으로 선한 삶이고, 하나님의 입양된 모든 사람에게 진정으로 합당한 삶이기 때문이다.

그런 의미에서 아퀴나스와 웨슬리는 함께 송영을 부를 수 있다. 그리고 그들의 상속자인 우리도—우리가 아퀴나스와 웨슬리의 각각의 입장에서 지시한 목적을 추구한다면—마찬가지로 같은 성가를 부를 수 있다.

종합하면, 공로와 확신의 문제와 관련하여 특정 어려움이 남아 있더라도, 토마스와 웨슬리안 학파는 각각 이러한 문제에 대한 웨슬리와 아퀴나스의 입장을 정리하고, 공통의 관심사를 식별하여, 보다 유사한 실천적, 송영적 목적으로 발전시킬 수 있다. 더욱이 이 두 인물은 성령과 그리스도인의 삶에 대한 몇 가지 핵심적인 믿음을 공유하면서 사랑의 구체적인 중요성을 다루었다.

그뿐만 아니라 성령과 사랑의 관계에 주목했고, 특히 이 성령-사랑 관계가 우리 안에 거하시는 분을 통한 성화와 관련이 있다고 가르쳤다. 이와 같은 유사성은 토마스와 웨슬리안 학파가 서로에게서 자기 자신들에 대해 무엇인가를 발견할 수 있는 가능성(잠재력)을 만든다.

한 예로 콜린-에머릭의 시도를 들 수 있다. 콜린-에머릭은 그리스도인의 완전에 관한 그의 담론에서 웨슬리와 아퀴나스를 가상의 대화자로 연결하고, 그들의 대화를 오랫동안 숙고한 후에 다음과 같이 결론지었다.

> 토마스를 읽는 것은 감리교인들이 더 나은 웨슬리안이 될 수 있도록 도울 수 있고, 웨슬리를 읽는 것은 토마스 학파가 더 나은 가톨릭 신자가 되는 데 도움이 될 수 있다.[185]

185　Colón-Emeric, *Wesley, Aquinas, and Christian Perfection*, 181.

콜린-에머릭의 결론이 올바르게 지적하는 바와 같이, 여기서 궁극적인 요점은 학문적 신학의 두 가지 분과가 아니라 두 가지 교회 전통에서 생겨난 것이다. 다시 말해서 아퀴나스와 웨슬리의 성령 하나님 연구에 의해 제기된 중요한 함의는 교회론적이어야만 한다.

그러므로 이 책의 연구의 다음 순서는 가톨릭-감리교 에큐메니컬 대화를 위해 신중하게 고려되어야 하며, 이를 위해 필자는 다시 한번 은총의 선물(은총, 은사)이라는 개념을 유익하게 사용할 것이다.

3. 가톨릭-감리교 대화에서 성령과 은사의 나눔

위에서 설명한 아퀴나스와 웨슬리 사이의 성령론적, 구원론적 보완성은 성령신학의 회복 연구와 가톨릭-감리교 교회 간의 에큐메니컬 대화에 중요한 의미를 갖는다. 두 기독교 전통 사이의 성령론적 상보성은 이미 가톨릭-감리교 에큐메니컬 대화에서 인정되었으며, 이는 아퀴나스와 웨슬리의 신학에 대한 추가적인 통찰을 통해 더욱 확장될 수 있다.

이러한 확장 가능성을 설명하기 위해 이 마지막 장의 나머지 섹션에서는 국제 가톨릭-감리교 에큐메니컬 대화의 개요에 따라 '성령과 은사의 나눔'이라는 주제를 탐구할 것이다.

1) 국제 가톨릭-감리교 대화에 대한 간략한 개요

1967년 이래로 가톨릭과 감리교는 '세계감리교협의회'(WMC)와 로마가톨릭교회 간의 대화를 위한 합동 위원회의 작업을 통해 서로 간의 공식적인 에큐메니컬 대화를 국제적 차원에서 수행해 왔다. 지난 50여 년 이상 이어진 가톨릭-감리교 에큐메니컬 대화의 결과는 5년에 한 번 발행되는 보고서 형식으로 제공되었다.

그리고 연례 회의의 주제는 이전 보고서와 기타 관련 에큐메니컬 및 신학적 텍스트를 적절히 고려하여 선택되고 다루어졌다. 그러나 정작 이 국제적 대화를 유명하게 만든 것은 단순히 가톨릭 신자와 감리교 신자 사이의 공식 채널이 있다는 점이 아니라, 일반적으로 생각되는 것보다 더 많은 공통점이 그들 사이에 있고, 그것이 계속해서 그들 사이의 신학적 수렴을 주도하고 있다는 점이다.[186]

에큐메니컬 대화는 서로를 알아가는 것을 목표로 공통의 교리적, 윤리적, 목회적 문제에 대한 준비 토론으로 시작되었다. 이러한 준비 토론에는 기독교 영성, 가정, 성찬례, 목회 사역 및 권위와 같은 주제가 포함되었다 (1971년과 1976년 보고서 참조).

이 준비 단계 후에 가톨릭-감리교 합동 위원회는, 가톨릭과 감리교 신학의 광범위한 관점을 개괄함으로써, 가톨릭과 감리교 신자를 계속해서 분열시키는 교리적, 구조적 차이를 궁극적으로 해결할 교리적 틀을 만드는데 일조했다.[187]

여기서 특히 중요한 것은 그러한 교리적 틀을 구성하는 데 사용된 최초의 교리가 1981년 "성령에 대한 합의된 진술을 향하여"(Towards an Agreed Statement on the Holy Spirit)라는 제목의 보고서를 통해 언급된 교리, 즉 성령의 교리라는 것이다.[188] 이 보고서는 성령의 위격과 행위에 관하여 가톨릭

---

[186] *In Search of the Catholic Spirit*에서 채프먼은 존 웨슬리부터 현재에 이르기까지 감리교와 로마 카톨릭 사이의 대화에 대한 포괄적인 설명을 제시한다.

[187] 1996년 보고서 *The Word of Life: A Statement on the Revelation and Faith*의 결론에서 합동 위원회는 대화의 진행을 이 두 단계(즉, 첫째, 공통 관심사의 교리적, 윤리적, 목회적 문제에 대한 상호 인식과 사전 고려; 둘째, 분열적인 문제를 다루기 위한 틀로서 더 넓은 신학적 관점 그리기)로 요약했다. 그리고 결론적으로 이전 대화의 중요한 질문 중 일부를 추가로 다룰 수 있는 대화의 세 번째 단계에 대한 개요를 제안했다(*The Word of Life: A Statement on Revelation and Faith*, Report of the Joint Commission for Dialogue between the Roman Catholic Church and the World Methodist Council [Lake Junaluska, N.C.: World Methodist Council, 1996], § § 131-32).

[188] *Towards an Agreed Statement on the Holy Spirit*, Report of the Joint Commission for Dialogue between the Roman Catholic Church and the World Methodist Council (Lake Junaluska, N.C.: World Methodist Council, 1981).

과 감리교 사이에 상당한 수렴이 가능함을 보여 주며, 양측이 성령의 완전한 신성과 위격 모두를 인정하고 있음을 확인한다.

> 성령은 하나님이 자신의 백성에게 주신 선물입니다. 그분은 생명의 주관자입니다. 그분은 생명을 주시는 분입니다. 그리고 그분은 인류의 변화와 구원을 위해 손 내미시는 사랑의 하나님입니다.[189]

물론 성령의 위격에 관한 교리가 가톨릭과 감리교 사이에 분열의 영역이 된 적은 없다. 하지만 가톨릭-감리교 합동 위원회는 "다양한 전통적 강조와 표현 양식이 분열이나 불화의 원인이 되지 않고 오히려 상호 보완적일 수 있다"는 것을 입증했다.[190] 그리고 웨슬리와 가톨릭 영성의 주류 신학이 서로 유사할 뿐만 아니라 그 안에서 새로운 의미를 찾을 수 있다는데 동의했다. 그 결과 양측은 다음과 같은 공통된 결론에 도달했다.

> 이러한 수렴은 '그리스도 안에서 하나됨'에 대한 우리 자신의 영적 자각을 키우고, 장차 그리스도교 일치의 대의를 달성하는 데 중요한 의미를 가질 수 있습니다. 따라서 우리는 양측의 복잡한 유산을 개선(또는 교정)하는 것이 우리 각자의 지역 교회에 유익하고 오늘날 성령 안에서 하나가 되는 경험을 향상시킬 것이라는 데 동의했습니다.[191]

사실, 아퀴나스와 웨슬리에 대한 필자의 연구는 가톨릭과 감리교인들이 이미 성령 안에서 경험한 일치를 심화하려는 시도 중 하나에 불과하다. 그러기에 본 연구의 주된 목적은 "성령에 대한 합의된 진술을 향하여"(Towards an Agreed Statement on the Holy Spirit)에 토대를 마련하는 것이라고도 볼 수 있다.

---

189 위의 책, § 11.
190 위의 책, § 7.
191 위의 책, § 25.

1986년, 가톨릭-감리교 에큐메니컬 대화는 "교회에 관한 성명서"(Towards a Statement on the Church)라는 제목의 보고서를 작성했다. 교회론에 관한 이 공식 보고서에서 언급된 양자 대화의 최종 목표는 "신앙과 선교와 성사 생활의 완전한 친교"였다.[192] 이러한 목표를 염두에 두고, 가톨릭-감리교 에큐메니컬 대화는 1991년부터 5년마다 발행된 후속 보고서를 통해 다음과 같은 주제를 지속해 나갔다.

사도 전통(1996), 계시와 신앙(1996), 가르치는 권위(2001), 교회에 대한 추가 성찰(2006). 그리고 1995년 5월 25일 교황 요한 바오로 2세가 공포한 회칙 "하나되게 하소서"(Ut Unum Sint)의 요구 사항에 따라—즉 "선물(은사)의 교환" 원칙에 따라—가톨릭 신자와 감리교 신자 간의 관계 발전에 기여할 구체적인 원리와 제안을 제시했다.[193]

이밖에도 가톨릭-감리교 에큐메니컬 대화는 그들의 교회론에 관한 최근 보고서 "구세주 그리스도를 만나다: 교회와 성례전"(Encountering Christ the Savior: Church and Sacraments)에서 교회의 일곱 성사와 교회 자체의 성사적 성격을 다루었다.[194] 이 모든 보고서가 만장일치로 보여 주고 있는 것처럼, 가톨릭과 감리교 사이의 완전하고 가시적인 일치를 방해하는 몇 가지 중요한 요소가 여전히 장애물처럼 남아 있다.

그럼에도 불구하고, 가톨릭-감리교 에큐메니컬 대화를 통해 이미 수렴된 성령론 및 기독교 영성을 고려할 때 그리고 필자의 탐구를 통해 추가된 아퀴나스-웨슬리의 성령론적 상보성을 감안할 때, 가톨릭-감리교 에큐메니컬 대화의 지속적인 발전 및 관계 개선은 앞으로도 매우 희망적일 것으로 보인다.

---

192 *Towards a Statement on the Church*, Report of the Joint Commission for Dialogue between the Roman Catholic Church and the World Methodist Council (Lake Junaluska, N.C.: World Methodist Council, 1986), § 20.
193 *Ut Unum Sint*, § 28.
194 *Encountering Christ the Savior: Church and Sacraments*, Report of the Joint Commission for Dialogue between the Roman Catholic Church and the World Methodist Council (Lake Junaluska, N.C.: World Methodist Council, 2011).

그리고 가톨릭 신자와 감리교 신자가 성령 하나님을 통해 하나님으로부터 받은 은총의 선물을 아낌없이 공유한다면(특히 2006년 보고서의 주제에 따라), 그들 사이의 일치로 가는 길은 삼위일체 하나님의 더 큰 일치(요 15:12)를 향해 도약할 것이다.

2) 가톨릭, 감리교 그리고 성령 안에서 나누는 은사

은사를 나누는 것은 가톨릭-감리교 에큐메니컬 대화, 특히 2006년도 보고서 "그리스도 안에서 당신에게 주어진 은혜"에서 다루어진 주제다. 그러므로 두 교회 전통의 신학자들은 은사 나눔에 관한 2006년도 보고서를 좀 더 주의 깊게 읽을 필요가 있다.[195]

본 연구의 초점을 고려할 때, "그리스도 안에서 당신에게 주어진 은혜"에서 특히 주목할 만한 점은 은사의 교회론적 위치를 설명하는 데 있어서 가톨릭과 감리교 사이에 상당한 합의가 있다는 것이다.

2006년 보고서는 지난 수십 년간의 에큐메니컬 대화를 통해 도달한 "상당한 양의 합의", 즉 "가톨릭과 감리교가, 사실상, 하나님의 교회에 관한 믿음과 우선 순위를 서로 공유하고 있다"는 공통된 견해를 주로 분석한다.[196] 그리고 특히 성령과 그리스도인의 삶을 위한 교회의 본질과 사명을 '삼위일체적으로' 밝히는 데 중점을 두고 있다.

간단히 말해서, "그리스도 안에서 당신에게 주어진 은혜"는 두 교회 전통이 하나님의 교회에 대한 다음과 같은 사실을 공유하고 있다고 확증한

---

195   이 보고서에 대한 자세한 논의는 Kenneth M. Loyer, "Progress and Possibility: Ecumenism at the 2006 World Methodist Conference," in *Ecumenical Trends* 35/9 (October 2006): 9-14, in particular 11-14를 보라.

196   *The Grace Given You in Christ: Catholics and Methodists Reflect Further on the Church*, Report of the International Commission for Dialogue between the Roman Catholic Church and the World Methodist Council (Lake Junaluska, N.C.: World Methodist Council, 2006), § 97.

다. '하나님의 교회는 성 삼위일체 하나님의 삶을 나누어 가진다.'[197] 2006년 보고서를 계속 검토하면, 세 가지 주(主) 제목이 눈에 띈다.[198]

첫 번째 주(主) 제목은 교회가 "성부 하나님의 백성과 가족"이란 것이고,[199]

두 번째 주(主) 제목은 교회가 "성육신하신 성자 하나님, 곧 예수 그리스도의 몸과 신부"란 것이다.[200]

세 번째 주(主) 제목은 교회가 "거룩한 성령 하나님의 살아 있는 성전"이란 것이다.[201]

이 세 가지 주(主) 제목 아래 정리/종합된 가톨릭-감리교의 교회 이해는 다음과 같다.

'삼위일체 하나님의 영원한 교제가 교회 안으로 흘러 들어온다.' 그렇다!

삼위일체 하나님의 내재적 삶을 구성하는 비-가시적 코이노니아가 그리스도의 몸된 교회, 곧 가시적 코이노니아로 흘러 들어온다.[202] 교회는 그리스도의 삶, 죽음, 부활의 표, 삼위일체 하나님의 표,[203] 오순절의 표를 입고 있다.[204] 그러므로 삼위일체 하나님의 소유된 가시적 코이노니아로서 성령을 통해 은총의 선물을 받은 교회는 세상의 구원을 목표로 하는 하나님의 거룩한 사역에 동참해야 한다.[205]

---

197 위의 책, § 51.
198 위의 책, §§ 54-59.
199 위의 책, §§ 54.
200 위의 책, §§ 55-57.
201 위의 책, §§ 58-59.
202 위의 책, §§ 60, 51.
203 위의 책, §§ 67-71.
204 위의 책, § 72.
205 위의 책, § 51.

참으로 하나님의 삶에 참여하는 것은 독생자를 보내실 뿐 아니라, 오순절날 사도들에게 보혜사를 보내 주신 성부 하나님의 구원 목적에 동참하는 것이다. 가톨릭과 감리교는 이미 교회의 본질과 사명에 대해 "광범위한 합의"를 공유하고 있다.[206]

교회에 대한 놀라운 삼위일체적 진술은 현재 가톨릭과 감리교 사이에 상당한 깊이의 일치가 있음을 보여 준다. 그러한 합의는 다년간의 가톨릭-감리교 에큐메니컬 대화의 결실이며, 그 자체가 성령의 은사(선물)이다.

가톨릭과 감리교 사이의 교회론에 대한 이러한 합의는 "그리스도 안에서 당신에게 주어진 은혜"의 세 번째 장에서 더욱 중요한 진전을 이룬다. 가톨릭과 감리교는 이제 서로의 교회적 특성을 상호 인정하기로 공언한다.

> 이제 우리는 서로의 구체적인 실재로 돌아가야 합니다. 서로의 눈을 바라보아야 하고, 사랑과 존경을 담아 우리가 본 그리스도와 복음 그리고 교회의 진리를 상호 간에 인정해야 할 때입니다.[207]

이러한 공언은 가톨릭-감리교 에큐메니컬 대화에서 "매우 중요한 성과"를 구성한다. 말 그대로 가톨릭과 감리교는 사상 처음으로 "서로의 교회됨을 참으로 인정하는" 진술을 시작한 것이다.[208]

그렇다면 이러한 공적 진술의 시작이 목적하는 바가 무엇인가?

> "그리스도 안에서 당신에게 주어진 은혜"에 따르면, 서로의 교회됨을 가톨릭과 감리교가 공적으로 진술하는 목적은 '로마가톨릭교도와 감리교도가 세상에서 그리스도를 섬기는 일에 합력하여 선을 이루라는 것'에 있다고 밝힌다.[209] 그러므로 가톨릭과 감리교 신자가 서로의 교회적 특성을 인

---

206 위의 책, § 141.
207 위의 책, § 97. 참조. *Lumen Gentium*, § 8.
208 Report of the Joint Commission for Dialogue, *The Grace Given You in Christ*, § 141.
209 위의 책, § 97.

식할 수 있는 참된, 원칙적 방법은 "은사의 교환"(exchange of gifts)을 염두에 두고 확인되어야 마땅하다.²¹⁰

먼저 은사의 교환에 대한 감리교측의 견해를 보면, (과거에 일반적으로 받아들여진 것보다 훨씬 더 많은) 감리교회의 성도들이 로마가톨릭 신자들을 동료 기독교인으로, 삼위일체 하나님에 대한 공통된 믿음의 파트너로 인정하는 것을 볼 수 있다. 더욱이 과거의 감리교인들은 로마가톨릭교회를 항상 긍정적으로 보지 않았지만, 이제 그들은 로마가톨릭교회를 "참된 교회"이자 구원을 위한 은총의 수단으로 인정하고, 또 그럴 수 있다.²¹¹

어디 그뿐인가?

이제 감리교는 로마가톨릭교회의 사역자들을 "은혜롭고 열매 있는 사역"을 수행하는 "하나님의 대리자"로 인정한다.²¹² 비록 성례전과 관련하여 그들 사이에 약간의 차이점이 남아 있지만, 감리교는 로마가톨릭교회의 세례가 하나의 거룩하고 보편적이며 사도적인 교회에 들어가는 것임을 인정한다.²¹³

그리고 더 나아가 감리교인들은, 가톨릭 신자들이 높이 평가하는 다양한 전례적 요소와 자선 사업의 경우와 마찬가지로, 로마가톨릭교회 내에서 개인적, 사회적 성결(감리교에서 평가되는 방식과 유사)에 대한 강조가 있음을 매우 긍정적으로 확인한다.²¹⁴

다음은 은사의 교환에 대한 가톨릭측의 견해를 보자. 제2차 바티칸 공의회의 에큐메니즘에 관한 교령에 따라, 가톨릭은 "감리교 자체가 구원의 신비에 있어서 특별하고 중요한 존재"임을 인정한다. 그리고 감리교 공동체가 "가톨릭 신자들이 가톨릭교회에 맡겨졌다고 믿는 은총과 진리의 충

210　위의 책. 참조. *Ut Unum Sint*, § 28.
211　Report of the Joint Commission for Dialogue, *The Grace Given You in Christ*, § 107.
212　위의 책, § 108.
213　위의 책, § 109.
214　위의 책, § 110.

만함 속에" 거하는 한, 하나님이 감리교 공동체를 과거에도 그런 것같이 오늘날 현재에도 하나님의 구원의 도구로 사용하실 것이라고 인정한다.[215]

가톨릭은 감리교 안에서 "강력한 삼위일체 신앙"과 하나님의 성육신 하신 말씀(Word), 곧 우리를 하나님과 친교 안에서—그리고 하나님 안에 있는 뭇 성도들과 연결 안에서—성결한 삶으로 부르신 예수 그리스도에 대한 "큰 애착"을 매우 긍정적으로 확인한다.[216] 가톨릭은 감리교의 여러 핵심 특징들 가운데, 특히 성결의 추구, 선교에 대한 헌신, 친교나 연결이라는 관점에서 본 그리스도인의 삶을 매우 소중하게 생각한다.[217]

그리고 감리교인들이 교회의 일치를 위해 그동안 헌신한 것을 모두 인정하고, 또 깊이 감사한다.[218] 따라서 가톨릭은 '삼위일체 신앙', '성결 추구', '선교에 대한 헌신', '그리스도교 연합의 가시적 추구'에서의 일치와 관련하여, 로마가톨릭교도들과 감리교인들이 "우리 교회의 완전한 친교 안에서 서로의 신앙을 확실히 보완해 줄 것"이라고 본다.[219]

더욱이 전체 보고서의 선언 가운데 일부가 "가톨릭은 그러한 친교를 통해 [그와 같이 강력한 신앙을] 얻게 될 것임을 주저 없이 선언한다"라고 보고하고 있는데,[220] 이는 감리교 형제 자매들에 대한 가톨릭 신자들의 인식이 더할 나위 없이 높아지고 있음을 보여 준다.

2006년 보고서는 양측 모두에게 잠재적인 도움과 혜택이 될 수 있는 특정한 지점들을 계속해서 확인한다. 예를 들어, 감리교인들은 로마가톨릭 교회의 일치 안에서의 다양성과 보편성 모두를 배울 수 있다. 그리고 그들은 또한 가톨릭의 가르침에서 찾을 수 있는 더 발전된 성찬신학도 배울 수 있다.[221]

---

215 위의 책, § 121. 참조. *Unitatis Redintegratio*, § 3; *Lumen Gentium*, § 8.
216 Report of the Joint Commission for Dialogue, *The Grace Given You in Christ*, § 122.
217 위의 책, § 121.
218 위의 책, § 125.
219 위의 책, § 126.
220 위의 책.
221 위의 책, § 111.

반면에 가톨릭 신자들은 "하나님이 우리가 성경을 읽을 때, 우리에게 인격적으로 말씀하신다고 하는 생생한 느낌으로" 성경을 대하는 감리교도들의 헌신적 성경 읽기를 배울 수 있다. 그뿐만 아니라 그들은 또한 평신도 사역에 대한 감리교회의 이해와 실천 그리고 찬송을 통한 신앙 고백을 배울 수 있다.[222]

물론 가톨릭과 감리교 모두가 숙고해야 할 더 많은 사안이 남아 있지만, "그리스도 안에서 당신에게 주어진 은혜"는 그러한 사실이 언급되었다는 것 자체만으로도 이미 진보요, 진전의 확실한 신호임에 틀림없다고 결론을 내린다.

가톨릭-감리교 에큐메니컬 대화 덕택에 가톨릭과 감리교 신자들은 서로를 더 많이 이해하게 되었다. 그리고 그들 서로에게서 그리스도와 교회의 표식을 인식하게 되었다. 또한, 그들은 "모두 하나가 되기를 … 세상으로 믿게 하려 함이니라"(요 17:21)라고 말씀하신 예수 그리스도께 더 가까워지면서, 서로에게 더 가까워졌고, "신앙, 선교, 성사 생활에서 완전하고 가시적인 일치"를 다음 대화의 목표로 제시했다.[223]

비록 이 목표가 아직 달성되지는 않았지만, 가톨릭-감리교 에큐메니컬 대화의 2006년도 보고서 "그리스도 안에서 당신에게 주어진 은혜"는 두 교회 전통 사이에서 최근 몇 년 동안 보여진 많은 중요한 발전에 탁월한 기여를 했다.

지금까지 필자가 수행한 연구는 아퀴나스와 웨슬리가 본 성령 하나님과 그리스도인의 삶에 관한 것이다. 필자의 연구는, 결과적으로, 교회가 하나님의 삶에 참여한다는 가톨릭과 감리교의 공동 선언을 확고히 하고, 더 확장하는 데 공헌할 것이다.

---

222 위의 책, § 126.
223 위의 책, § 12; 참조. Report of the Joint Commission for Dialogue, *Towards a Statement on the Church*, § 20.

이러한 에큐메니컬 공헌이 본 연구의 결과를 통해 가능하다고 생각하는 이유는 아퀴나스와 웨슬리가 그리스도인의 삶에 있어서 사랑의 중심성, 성령과 사랑의 연결, 성화의 수단으로서 성찬례, 성령을 통한 하나님 참여로서 성화를 강조하는 방식 때문이다. 그리스도인의 삶에 대한 아퀴나스와 웨슬리의 설명 방식은 오직 교회 안에서 현실이 되는 삶을 가리키며, 장-마리 틸라르(Jean-Marie Tillard)가 1986년 보고서의 성명에서 "교회에 대한 가장 아름다운 정의 중 하나를 대신할 만하다"[224]라고 간결하게 표현한 바와 궤적을 같이한다.

> 하나님이 세상을 이처럼 사랑하사 우리로 그와 교통하게 하시려고 그의 아들과 영을 보내셨습니다. 이 성자와 성령의 보냄으로 말미암아 하나님의 삶(생명) 안에서의 친교가 흘러나왔고, 이는 곧 그리스도의 제자인 교회의 가시적 코이노니아를 통해 세상에 밝히 드러났습니다.[225]

따라서 위의 아퀴나스와 웨슬리의 비교 연구를 통해 필자가 최종적으로 내린 결론은 다른 어떤 역할을 하기 위한 것이 아니라 그리스도 예수 안에서 성령으로 말미암아 가능하게 된 하나님과 이웃과의 교제를 더욱 강력하게 뒷받침하기 위함이다.

더욱이 아퀴나스나 웨슬리와 같은 각 교회 전통의 주요 인물에 대한 연구는 성령 하나님과 그리스도인의 삶에 대한 더 깊은 교회론 설명을 용이하게 한다. 다시 말해서, 아퀴나스와 웨슬리에 대한 필자의 결론은 가톨릭과 감리교가 하나님의 삶에 참여하는 교회에 대해 공통적으로 가지고 있는 것을 더욱 발전시킬 수 있다.

---

224 J. M. R. Tillard, "Commentary on 'Towards a Statement on the Church,'" *One in Christ* 22 (1986), 259–66, 특히 260.
225 Report of the Joint Commission for Dialogue, *Towards a Statement on the Church*, § 1.

웨슬리의 성화 교리는 가톨릭이 인정할 수 있는 부분이 많고, 아퀴나스의 성령론도 감리교인들의 공감을 얻을 수 있는 부분이 많다. 각 신학자의 핵심은 하나님 아버지께서 그리스도인들에게 사랑의 영 안에 있는 삶, 아들 안에 있는 삶, 그리스도의 몸(교회) 안에 있는 삶을 주신다는 것이다. 그러나 그들의 핵심은 두 교회 전통에 완전히 새로운 것처럼 들리지 않는다.

삼위일체적 교회 이해는 이미 1986년 가톨릭-감리교 에큐메니컬 대화 보고서를 통해 두 교회 전통에 주어졌다. 그럼에도 불구하고, 예를 들어 성령 하나님에 대한 아퀴나스의 다음 통찰은 거기에 새로운 관점을 덧붙일 수 있다. 하나님이 성령을 통해 세상에 대한 하나님의 사랑이 얼마나 깊은지 말씀하실 때, 그분이 말씀한 사랑은 성부가 성자를 사랑하는 것과 같은 사랑이다.

하나님은 은총의 삶 속에서 자신과 더불어 사귀는 자들을 변화시키신다. 성령을 통해 우리의 하나님 형상을 날마다 새롭게 하신다. 그 결과 우리는 그리스도와의 더 친밀한 사귐을 얻고, 이로써 그분의 몸된 교회와 더 밀접한 연합에 이를 수 있다. 어떤 의미에서 그러한 사귐, 연합은 가톨릭과 감리교가 이 땅의 다른 교회들과 더불어 이미 공유하고 있는 은총의 선물일 것이다.

하지만 그것은 "신앙과 선교와 성사 생활의 완전한 친교"라는 최종 목표가 아직 우리 앞에 놓여 있고 앞으로 가야 할 길도 뚜렷하다는 또 다른 의미에서 아직 완전히 공유되지 않은 은사이기도 하다.[226]

국제 가톨릭-감리교 에큐메니컬 대화의 모든 보고서는 가톨릭과 감리교 사이의 차이를 가리지 않으면서도, 완전하고 가시적인 그리스도교적 일치로 가는 길을 닦는 성령의 지속적인 활동에 주목한다. 특히, 2006년 보고서에서 가톨릭-감리교 합동 위원회는 이러한 성령의 활동을 예견하는 데 매우 적합한 통찰을 제시하고 있으며, 이는 삼위일체 하나님과의 더 깊은 연합을 향해 나아가야 할 각 교회 전통의 사명을 다음과 같이 소명한다.

---

226 위의 책, § 20.

기독교 공동체가 사분오열되어 있습니다. 이처럼 분리된 그들이 그리스도께 더 가까이 나아가려면, 그들은 서로를 향해 나아가야 합니다. 그들은 성령 안에서 하나되고, 분열해선 안 됩니다. 가톨릭과 감리교는 각 교회가 예수 그리스도의 복음에 필수적이라고 믿는 교리적 문제를 아직 해결하지 못해 서로 간의 완전하고 가시적인 일치를 이루지 못하고 있습니다. 그럼에도 불구하고 우리는 더 깊은 코이노니아로 우리를 이끄시는 성령을 의지하고 신뢰합니다. 그러므로 모든 분리는 그리스도를 따르고자 하는 자들에게 항상 일시적일 뿐이며 결코 결정적일 수 없습니다. 오직 그리스도만이 그를 추종하는 자들이 함께 모일 때를 아십니다. 따라서 우리 믿는 자들의 할 일은 그분의 오심을 기다리고, 우리를 연합하시는 성령의 활동에 전심으로 반응하는 것입니다.[227]

그리스도 안에서 완전하고 가시적인 일치를 이루는 유일한 길은 성령을 통하는 것이다. 오직 사랑의 영으로 우리는 기독교 교회의 분열의 상처를 치유할 수 있다.

가톨릭과 감리교는 지상의 다른 모든 기독교인과 마찬가지로 삼위일체 신앙에 가까워질수록 서로 더 가까워질 것이다. 하나님은 성령을 통하여 그리스도 예수 안에 있는 우리를 하나님의 삶 속으로 인도하신다. 아퀴나스와 웨슬리는 우리를 하나님의 삶 속으로 인도하시는 성령을 가리켜, 기독교의 모든 진리 가운데 핵심이라고 정의한다. 이런 점에서 그들은 서로 구별되면서도 상호 보완적으로 연결될 수 있는 관계를 가지고 있다.

좀 더 구체적으로 이 관계의 상보성을 풀이하면, 아퀴나스에게 성령은 삼위일체 하나님의 삶 속에서 성부와 성자로부터 발출해 나온 위격적 사랑이다.[228] 또한, 위격적 사랑이신 성령은 꽃들로 말미암아 꽃피는 나무와 같이 영원히 서로 사랑하시고 구원의 경륜 안에서 우리를 사랑하시는 성

---

227 Report of the Joint Commission for Dialogue, *The Grace Given You in Christ*, § 44.
228 *ST*, I, q. 37, a. 1c.

부와 성자의 상호 사랑이시다.[229]

이어서 웨슬리에게 성령은 삼위일체 하나님의 내재적 삶 속에 있는 사랑의 영이다. 성령과 사랑의 이 같은 관계는 또한 다음의 송영 송을 통해 우리 가운데 거하시는 사랑으로 표현되기도 한다.

> 오소서, 성신이여, 우리 맘에 영감을 주사,
> 당신의 능력을 보이소서.
> 오래된 예언의 불과 근원이시여,
> 생명의 샘, 그리고 사랑이시여.
>
> 비둘기로 임하신 성령이여 날개를 펴소서.
> 우리 본성의 밤을 품으시고,
> 우리의 무질서한 영혼의 활동 위로 운행하소서.
> 그리고 이제 빛이 그곳에 있게 하옵소서.
>
> 그러면 우리는 하나님을 하나님으로 알리이다.
> 우리 안에 당신이 거하시고,
> 이 땅의 모든 성도와 함께 계신다면,
> 사랑의 심연, 신성한 그것이 빛나며, 소리쳐 외치리라.[230]

성령 하나님과 그리스도인의 삶에 관한 아퀴나스와 웨슬리의 가르침을 뒷받침하고 알리는 것은 물론, 이 땅의 모든 교회의 것이기도 한 성경은 아퀴나스와 웨슬리의 신학 작업에 연료를 공급하는 방식으로 성령과 사랑을 연결한다. 그리고 서구 신학자들에 의해 긴 시간 땅 속에 묻힌 성령론

---

229 위의 책, I, q. 37, a. 2c.
230 John and Charles Wesley, *Hymns and Sacred Poems* (London: W. Strahan, 1740), stanzas 1, 3, and 4, 42–43.

에 대해, 특히 성령의 위격과 행위에 대해 신선한 통찰을 불러일으킨다.

> 우리에게 주신 성령으로 말미암아 하나님의 사랑이 우리 마음에 부은 바 됨이니(롬 5:5).

> 사랑하는 자들아 우리가 서로 사랑하자 사랑은 하나님께 속한 것이니 사랑하는 자마다 하나님으로부터 나서 하나님을 알고 사랑하지 아니하는 자는 하나님을 알지 못하나니 이는 하나님은 사랑이심이라 … 그의 성령을 우리에게 주시므로 우리가 그 안에 거하고 그가 우리 안에 거하시는 줄을 아느니라 … 하나님은 사랑이시라 사랑 안에 거하는 자는 하나님 안에 거하고 하나님도 그의 안에 거하시느니라(요일 4:7-8, 13, 16).

4. 성령에 관한 웨슬리와 아퀴나스의 교훈: 하나님의 삶(생명)과 사랑에 참여하는 정치

마침내 우리는 1장과 2장에서 확인한 문제로 돌아갈 준비가 되었다. 현대 감리교 전통은 개인의 주관적 영성과 정치적/환원주의적 당파주의의 덫에서 해방된 성화론을 신학적 기반 위에 구성해야 할 문제를 가지고 있다. 이러한 문제를 적절하게 평가하기 위해 우리는 웨슬리의 성화론, 아퀴나스의 사랑에 기반을 둔 성령론 그리고 이 두 신학자 사이의 여러 차이점과 양립 가능성을 검토했다.

그렇게 함으로써 우리는 자연스럽게 사랑이신 성령에 대한 아퀴나스와 웨슬리의 통찰을 얻었고, 이를 현대 감리교 전통의 문제에 적용할 수 있는 유익을 얻을 수 있었다.

현대 감리교 신학은 크게 두 가지 문제에 봉착해 있다. 하나는 성화에 대한 웨슬리의 가르침을 너무 주관적이거나 정적인 것으로 왜곡하고 있다는 것이고, 다른 하나는 사회적, 정치적 영향 또는 관련성에 대한 뿌리 깊은 관심을 가지고 감리교 신학의 성격 자체를 정치적/환원주의적 당파주의로 몰아넣고 있다는 것이다.

적어도 이 두 가지 측면에서 볼 때, 현대 감리교 신학은 웨슬리 전통의 신학적 핵심을 이미 잃어버렸거나 잃을 위험에 처해 있다고 할 수 있다. 아직 뚜렷한 대책도 마련되지 않았다. 단지 성령의 위격과 행위에 대한 관심의 회복만이 유일한 대안으로 보일 뿐이다.

앞의 두 가지 문제 중 첫 번째 문제와 관련하여, 앞선 2장은 성화에 대한 웨슬리의 이해를 연구하는 현대 감리교 신학자들에게 충분히 신학적인 근거와 방향을 제시해 줄 수 있다. 웨슬리에게 있어서, 그리스도인의 완전은 신자의 삶 속에 내주하시는 성령을 통해 예수 그리스도 안에서 하나님의 완전한 사랑에 참여하는 것이다. 이러한 참여는 성결에 대한 개인주의적 몰이해가 아니라, 그리스도의 몸인 교회 안에서 우리가 서로 사랑을 나누고 참된 사귐을 얻는 삶을 강조한다.

그러므로 그리스도인의 삶은 단순히 예수 그리스도와의 개인적인 만남이 아니다. 그리스도인의 완전도 정적인 이해를 옹호하지 않는다. 웨슬리에게 그리스도의 삶이란 공동체적이고 역동적이며, 지속적인 것이다. 그리고 그리스도인의 완전이란 하나님의 완전한 사랑 안에서 우리 마음에 사랑을 채우고, 하나님과 이웃 사랑을 하기 위한 능력을 성장시켜 나가는 것이다. 이런 점에서 현대 감리교 신학의 개인주의이고 정적인 성화 몰이해를 해결할 수 있는 길은 참으로 웨슬리적 가르침을 상기하는 것에 있다고 할 수 있다.

이와 더불어, 웨슬리의 성화에 대한 이해는 더 유익한 방식으로 발전해야 마땅하다. 보다 구체적으로 말하자면, 웨슬리의 성화론은 비록 암묵적이긴 하지만 삼위일체적이다. 그리고 이러한 삼위일체적 성화 이해는 아퀴나스에 의해, 즉 아퀴나스가 성령과 그리스도인의 삶에 접근한 방식에 의해 더 풍성한 신학적 깊이와 풍요를 누릴 수 있다.

예를 들어, 아퀴나스는 성찬례(자기 백성의 성화와 양육을 위해 자기 백성에게 자신을 내어 주시는 그리스도의 거룩한 성사)에서 그리스도의 몸인 교회의 지체들이 서로 나누는 사랑, 곧 상호 사랑의 표징을 발견한다. 아퀴나스에 따르면, 이 상호 사랑의 성례전적 표징은 다음과 같은 의미를 갖는다.

그리스도인이 성찬에 참여하는 것은 자신의 삶을 하나님과 하나로 묶는 더 큰 실재, 더 큰 사랑의 현실로 동참하는 것을 의미한다. 그리스도인의 성찬 참여가 이처럼 역동적인 삼위일체적, 성령론적 함의에 신학적으로 연결될 수 있다면, 이 같은 연결은 또 다시 성화에 대한 개인주의이고 정적인 이해에 대한 교정자가 되지 않을 수 없다.

그러므로 현대 감리교 신학은 그들 안에 있는 신학적 오류, 즉 개인주의적, 정적, 또는 단순히 정치적이기만 한 피안을 벗어나 성화에 대한 보다 완전한 신학을 발전시키기 위해, 필자가 제안한 자료(특히 아퀴나스)에 충실할 필요가 있다.

사실 성화론을 세속화하려는 경향인 두 번째 문제는 첫 번째 문제보다 더 시급한 검토가 필요하다. 현대 감리교 신학은 특정한 사회적, 정치적 영향이나 관련성을 찾기 위해 성화론의 많은 부분을 수정해 왔다. 그러나 이러한 성화론의 무분별한 수정은 지양되어야 하며 보다 신중하게 접근될 필요가 있다. 그런 점에서 현대 감리교 신학에게 필요한 것은 또 다시 기독교 성령론에 대한 철저한 회복과 발전이다.

아이러니하게도, 성령론의 철저한 회복과 발전은 현대 감리교 신학의 정치신학을 풍요롭게 하는 데 도움이 될 수 있다. 성령께 더 깊이 다가갈수록 현대 감리교 신학자들과 윤리학자들은 빈곤과 정의, 인권, 환경 및 기타 긴급한 사회 문제에 더 깊이 다가갈 수 있다. 성령은 그들이 더 본질적인 차원을 이끌어 내는 데 도움을 주실 뿐 아니라, 그들이 그러한 불의와 맞서 싸울 때 어떤 결과와 결론을 가져오게 될지를 분명히 해 준다.

현대 감리교 신학은 이미 결정된 정치적 신념에 기초하여 웨슬리의 신학 전통을 수정하거나 세속화해선 안 된다. 성령의 능력과 역동성을 보다 비판적으로—무엇보다 아퀴나스와 웨슬리의 성령론적 신학의 관점에서—상기하는 것이 더 중요하다. 아니, 그렇게 하는 편이 훨씬 더 현대 감리교 신학의 웨슬리 전통을 새롭게 하고 예수 그리스도의 복음에 의해 형성된 정치신학의 진정한 의미를 드러낼 것이다.

삼위일체 하나님의 삶과 사랑에 참여하는 것은 정치 공학 자체보다 신학적으로 더 견고하고 유망한 주제인 반면, 전자를 특징짓는 참여의 정치는 후자에 공통적인 성령의 행위를 축소할 뿐이다.

1장에서 우리는 해방신학 전통에서 파생된 현대 감리교 신학의 한 분야를 검토함으로써 두 가지 핵심적인 주제가 거기에 담겨 있음을 확인했다.

(1) 세상에서 하나님의 사역의 지속과
(2) 생명의 증진

그러나 이들 각각의 주제는 해방신학이 아니라 성령을 통해, 곧 하나님이 성령을 통해 인간을 하나님의 삶과 사랑에 참여하게 하셨다는 신앙의 고백을 통해 더 확장되고 더 풍성해질 수 있다.

일례로 '하나님이 인간으로 하여금 자신의 삶 속에 참여하게 하셨다'는 말은

(1) 세상에서 계속 역사하시리라고 말씀하신 하나님의 약속에 대한 새로운 시각을 갖게 하고,
(2) 우리 힘으로는 도저히 할 수 없는 일에 대한 원동력이 하나님의 삶 속에 참여하는 것으로부터 주어짐을 발견할 수 있게 한다.

마찬가지로, 생명을 증진시키는 가르침, 관행, 사회 구조의 발전에 대한 관심도 삼위일체론, 성령론에 대한 새로운 관심을 통해 보다 더 진전될 수 있다. 성령을 "생명의 수여자"로 이름한 기독교 신조는 생명을 창조하고 유지하는 삼위일체 하나님의 사역을 성령의 위격과 특별한 방식으로 연관시켜 왔다.

성부와 성자에게서 영원히 나오는 그 영의 내재적 신비에 대해 성령은 그들과 함께 경배와 영광을 받으신다. 그리고 구원의 경륜에서는 "선지자

들을 통하여 말씀하신" 것과 하나의 거룩하고 보편적이며 사도적인 교회를 이루신 것에 대해 속성의 전유를 받으신다. 따라서 정리하면, 그리스도의 몸인 교회는 성령의 생기를 불어넣으시는 역사에 의해 은혜롭게 유지되는 하나님의 사랑과 정의의 공동체다. 그러므로 교회는 자신의 가르침과 실천 안에서 생명을 증진시키고, 성령의 역사를 세상에 나누는 사회 구조의 모범으로 부름 받았다.

성령 하나님과 그리스도인의 삶에 대한 아퀴나스와 웨슬리의 설명은 성령을 통하여 성 삼위일체 하나님의 본성에 우리가 가장 깊이 참여하는 비전을 제공한다. 웨슬리는 이 같은 비전에 대하여 적어도 두 가지 차원의 기여를 한다.

첫째, 웨슬리의 신학에는 성령을 통해 열린 생생한 감각이 강조되어 있다. 특히, 두드러진 예는 영적 감각에 대한 웨슬리의 교리인데, 이 교리에 따르면 진정한 그리스도인은 "하나님의 영이 그의 마음속에서 역사하시는 은총을 내적으로 지각하게 된다."[231]

그리고 "모든 이해를 넘어선 평화"(빌 4:7)에 대해 내적으로 깨닫게 되고, "말로 다할 수 없으며, 영광에 가득 찬 하나님 안에서의 기쁨"(벧전 1:8)을 수차에 걸쳐 느끼게 되고, "그에게 주신 성령에 의해서, 그의 심령 속에 빛을 발하시는 하나님의 사랑"(롬 5:5)을 깨닫게 된다.[232] 그러므로 진정한 그리스도인이 하나님 자신의 삶에 참여하고 은총 안에 성장하는 길은 영적 감각의 훈련을 통해 열린다.

> 이것들을 사용함으로써 그는 하나님과 하나님이 보내 주신 예수 그리스도와 그리고 그의 내적 왕국에 속하는 모든 사실에 대한 지식이 날로 증대해 갑니다. 이제는 그가 산다(*to live*)고 말할 수 있습니다. 성령에 의해서 하나

---

231 "The New Birth," II.4, in Wesley, *Works*, ed. Outler, et al., 2:193.
232 위의 책.

님이 그를 깨우셨기 때문에(벧전 3:18) 그는 예수 그리스도를 통해서 하나님께 산 생활을 하게 됩니다(롬 6:11). 그는 세상이 알지 못하는 '하나님 안에 계신 예수 그리스도와 함께 감추어진 삶'(골 3:3)을 살아가게 됩니다. 하나님은 실제로 우리의 영혼에 끊임없이 생기를 불어넣으십니다. 그리고 인간의 영혼은 하나님을 향해 호흡합니다. 하나님의 은혜는 인간의 마음속에 내려오고, 기도와 찬양은 하늘을 향해 올라갑니다. 하나님과 인간의 교제를 통해 성부와 성자의 교제가 일종의 영적 호흡을 통하여 인간의 영혼에 있게 됨으로 하나님의 생명은 영혼 속에 지속됩니다. 그래서 '그리스도의 장성한 분량'(엡 4:13)에 이를 때까지 하나님의 자녀들은 성장합니다.[233]

이 구절이 시사하는 바와 같이, 그리스도인의 삶의 중심에는 우리로 하여금 예수 그리스도 안에서 하나님에 대하여 살게 하시는 성령의 능력이 있다.

둘째, 웨슬리는 성화론의 기반을 성령론에 둔다. 예를 들어, 『로마가톨릭에게 보내는 편지』에서 웨슬리는 성결과 성령의 관계를 분명히 했다. 그는 "성부와 성자와 동등하신 하나님의 무한하고 영원하신 영이 그 자신 안에서 완전히 거룩할 뿐만 아니라 우리 안에 있는 모든 거룩함(성결)의 직접적인 원인"이라는 믿음을 고백한다.[234] 그런 다음 웨슬리는 성령의 성화 행위를 다음과 같이 기술한다.

> 우리의 이해를 밝히 열어 주시고, 우리의 의지와 애정을 바로잡아 주시고, 우리의 본성을 새롭게 하여 주시고, 우리의 인격을 그리스도와 연합해 주시고, 우리에게 양자의 영을 보장해 주시고, 우리의 행동을 이끌어 주시고, 우리의 영혼과 몸이 하나님의 영원하고 완전한 행복에 이르도록 성화/정화시켜 주신다.[235]

---

233 위의 책.
234 *Letter to a Roman Catholic*, in Wesley, *Works*, ed. Outler, et al., 10:82.
235 위의 책.

웨슬리에게 있어서, 성화 은총의 행위자, 곧 성령 하나님은 하나님이 거룩하신 것처럼 우리를 거룩하게 만드시는 분이요, 하나님 안에서 우리가 참으로 행복하고 인격적인 교제를 누릴 수 있도록 하시는 분이시다.

아퀴나스 역시 자신의 역할을 충실하게 수행했다. 그리고 무엇보다 '하나님 안에 참여하다'는 교리의 발전에 기여했다. 이 때 아퀴나스가 특히 주목한 것은 성령의 교리가 삼위일체적 맥락 위에 놓여야만 한다는 것이었다. 그런데 아퀴나스가 삼위일체적 맥락에 주목한 이유는 단지 성령론의 삼위일체적 근거를 찾기 위함만은 아니었다.

거기에는 또 다른 핵심적 이유, 성화에 대한 고려가 있었다. 즉, 인간이 거룩해지는 문제는 성령의 속성에 근거한 행위이며, 이 성령의 행위는 삼위일체 하나님 안에 근거와 목적을 가지고 있다. 이 지점에서 다시 한번 상기해야 할 것은 아퀴나스가 『신학대전』 제1권 1부의 제37문에서 성령의 위치를 삼위일체 하나님의 삶 속에서 관조한 것이다.

이 때 아퀴나스는 성령의 내적인 발출에 대한 관조를 통해 성령 하나님의 위격이 삼위일체 하나님 안에서의 영원한 관계임을 파악한다. 그리고 이어지는 통찰에서 아퀴나스는 성령에 의한 성부와 성자의 상호 사랑이 지닌 또 다른 요점, 즉 성부가 성령을 통해 성자를 사랑하실 뿐 아니라 자기 자신과 우리도 사랑하신다는 것을 파악한다.[236]

결국, 아퀴나스가 말한 성령의 위격이란, 하나님이 자기 자신을 사랑하시는 사랑과 동일한 사랑이면서 동시에 우리를 사랑하시는 그 사랑과도 동일한 사랑을 의미한다. 더욱이 하나님은—아퀴나스가 신적인 위격의 파견에 대한 설명을 통해 분명히 밝힌 것처럼—우리를 거룩하게 하시는 은총의 선물(성화 은총)을 통해, 마치 하나님 자신의 거룩한 처소에서와 같이, 우리 안에서도 실제로 내주하신다.[237] 그리하여 우리는 하나님께 봉헌됨이 되고, 성 삼위일체 하나님 안에서—성 삼위일체 하나님에 의해—거

---

236 *ST*, I, q. 37, a. 2c and ad 3.
237 위의 책, I, q. 43, a. 3.

룩함(성화)을 얻는다.

한 마디로, 아퀴나스의 성 삼위일체 하나님은 그분의 영으로 말미암아 인간을 사랑하시고, 그분의 영의 선물(성화 은총)로 말미암아 인간 안에 내주하셔서, 마침내 인간이 그분의 내재적 삶에 참여할 수 있도록 허락하신 분이시다.

성령의 은혜로운 돌봄 안에서 성결의 의미를 파악한 웨슬리와 삼위일체의 교리 안에서 성령과 성화의 의미를 파악한 아퀴나스를 고려할 때, 우리는 다음과 같은 사실을 알 수 있다. 아퀴나스와 웨슬리의 신학 사상은 성령론적 구원론의 참여적 이해를 반영하고 있다.

그리고 참된 성결의 문법이 인간을 하나님의 친구로 만드시는 성결의 영(아퀴나스가 기술한 개념)을 통해 점점 더 깊어질 수 있는 성화(웨슬리의 특징적인 주제)임을 설명한다. 또한, 모든 충실한 그리스도인의 특권이 "사랑의 성사"(*sacramentum caritatis*)를 통한 하나님과의 진정한 친교임을 강조한다.[238]

한 마디로, 성령에 관한 아퀴나스와 웨슬리의 삼위일체적 통찰은 신학 전반과 정치의 관련성 모두가 하나님의 삶 속에로의 공동체적 참여 외에 다른 어떤 것에도 근간하고 있지 않음을 보여 준다.

특히, 아퀴나스의 접근은 웨슬리 사상의 신학적 함의를 명확히 하는 이점이 있다. 즉, 이 책의 전반에 걸쳐 다양한 방식으로 기술된 바와 같이, 웨슬리의 성화론은 암묵적으로만 삼위일체적이며, 이는 아퀴나스 신학을 통해 제시된 실질적이고 명시적인 유형의 삼위일체적 근거에 의해 강화될 수 있다. 그러한 강화의 가능성과 강화 없는 신학의 지속은 '아퀴나스에게서 배울 수 있는 것'과 '아퀴나스를 간과함으로써 잃어버릴 수밖에 없는 것'을 정확히 구분한다.

---

238 아퀴나스는 성찬례를 *ST* III, q. 73, a. 3 ad 3와 III, q. 78, a. 3 ad 6에서 "사랑의 성사"(*sacramentum caritatis*)라고 부른다. 그리고 *HLS*, 57:1에서 웨슬리 형제는 이 성례전을 통해 "하나님의 모든 생명으로" 그의 백성을 채우신 하나님을 언급한다.

우선 아퀴나스의 신학에 공감하고 세심한 주의를 기울이는 것(강화)은 감리교와 웨슬리 신학자들이 성화론을 보다 깊고 확고한 신학적 토대 위에 세울 수 있도록 해 준다. 그러나 그러한 공감이나 주의가 없다(간과)면, 성결에 대한 현대 감리교 신학의 가르침은 죽은 편지나 역사적 유물로 남게 될 것이다. 항상 그렇듯이, 성화는 감리교 교리의 핵심이다. 그리고 이 핵심 교리의 갱신은 오늘날 현대 감리교 신학에서 매우 시급한 문제다.

그러므로 감리교는 아퀴나스와 같은 외부 신학자들에게 도움을 청해야 한다. 아니, 그런 호소를 통해서 감리교 전통이 그 자체로 더 활기차고, 더 일관된 신학 전통으로 발전될 수 있도록 해야 한다. 그래야만 더 분명한 초점이 감리교 교리의 핵심, 곧 하나님과 하나님 안에 있는 삶으로 향할 수 있다.

성화에 대한 아퀴나스와 웨슬리의 이해는 각각의 고유한 뉘앙스를 가지고 있지만 현저하게 상호 보완적이다. 그리고 두 신학자가 성화에 대해 발견하고 설명한 것은 그들의 시대는 물론 우리 시대까지도 초월한 진리다. 그 초월적 진리는 가톨릭과 감리교 전통 내에서(또는 그 너머에서) 신학 이론과 실천을 살아 역동하게 하기에 충분하다. 왜냐하면, 사랑과 성결과 성령의 관계가 복음의 핵심, 곧 하나님의 마음으로 우리를 인도할 만큼 깊고 아름답기 때문이다.

> 이러므로 내가 하늘과 땅에 있는 각 족속에게 이름을 주신 아버지 앞에 무릎을 꿇고 비노니 그의 영광의 풍성함을 따라 그의 성령으로 말미암아 너희 속사람을 능력으로 강건하게 하시오며 믿음으로 말미암아 그리스도께서 너희 마음에 계시게 하시옵고 너희가 사랑 가운데서 뿌리가 박히고 터가 굳어져서 능히 모든 성도와 함께 지식에 넘치는 그리스도의 사랑을 알고 그 너비와 길이와 높이와 깊이가 어떠함을 깨달아 하나님의 모든 충만하신 것으로 너희에게 충만하게 하시기를 구하노라 우리 가운데서 역사하시는 능력대로 우리가 구하거나 생각하는 모든 것에 더 넘치도록 능히 하실 이에게 교회 안에서와 그리스도 예수 안에서 영광이 대대로 영원무궁하기를 원하노라(엡 3:14-21).

결론

토미스트와 감리교도 간의 더 나은 상호 개선을 위한 추가 경로

토미스트와 감리교도가 상호 이해와 발전에 있어 계속 성장할 수 있는 가능성은 무한하다. 결론적으로 다음 다섯 가지 방법은 그러한 가능성으로 이어지는 추가 경로를 나타낸다.

첫째, 주요 텍스트(원문)에 몰입하는 것은 두 전통 사이에 더 큰 신학적 친밀도를 높이는 데 도움이 될 수 있다. 만일 원문에 근거한 독해가 어느 방향에서나 호의적이라면, 즉 감리교도가 아퀴나스를 읽고 반대로 토미스트가 웨슬리를 읽을 때 서로 공감할 수 있다면, 그러한 독해는 새로운 탐구 영역을 식별할 가능성을 찾기에 충분한 잠재력을 지니고 있다고 할 수 있다.

둘째, 이러한 인물들 각각의 배후에 있는 출처를 조사하는 것도 분명해야 한다. 각 사람을 독립적으로 검토할 때도 마찬가지다. 실제로 아퀴나스 연구와 웨슬리 연구는 종종 아우구스티누스 전통 내에서 개별적으로 취급된다. 이 모든 연구는 아퀴나스와 웨슬리가 아우구스티누스 전통에 서 있음을 보여 준다.[1] 그러나 그들의 아우구스티누스 해석이 반드시 수렴되는

---

[1] 예. Michael Dauphinais, Barry David, and Matthew Levering, eds., *Aquinas the Augustinian* (Washington, D.C.: The Catholic University of America Press, 2007); and John W. Wright, "'Use' and 'Enjoy' in John Wesley: John Wesley's Participation within the Augustinian Tradition," *Wesley and Methodist Studies* 6 (2014): 3–36.

것은 아니다. 항상 차이가 있다.

따라서 각 사람이 그들의 공통된 전통(아우구스티누스)을 어떻게 발전시켰는지 탐구하는 것은 매우 귀중한 추가 연구 주제가 될 수 있다.

셋째, 토미스트와 감리교도 간의 더 나은 상호 개선을 위한 또 다른 (세 번째) 방법은 각 전통 내의 주요 텍스트(원문)를 해석한 저명한 신학자들을 비판적으로 비교하는 것이다. 감리교 측에서는 존 플레처(John Fletcher), 리처드 왓슨(Richard Watson), 윌리엄 버트 포프(William Burt Pope)가 대표적이며, 가톨릭 측에서는 카예탄(Cajetan), 성 토마스의 존(John of St. Thomas), 레지날드 개리구 라그랑쥬(Réginald Marie Garrigou-Lagrange) 그리고 자크 마리탱(Jacques Maritain)의 작품이 대표적이다.

비슷한 맥락에서 에드가르도 콜론-에머릭(Edgardo Colón-Emeric)은 이미 감리교 신학자 제인 쿠퍼(Jane Cooper)를 아퀴나스와, 가톨릭 신학자 그레고리오 로페즈(Gregorio López)를 웨슬리와 창의적으로 연결했다. 그리고 어느 한 전통의 특징적인 강조점이 다른 전통에서도 작동하고 있음을 발견했다.[2]

이러한 접근 방식의 변형으로 우리가 또한 생각해 볼 수 있는 것은 어느 한 전통의 뛰어난 이론가나 실천가를 다른 전통의 핵심 인물과의 확장된 대화 채널로 직접 불러오는 것이다. 가령 예를 들면, 웨슬리의 신학에 스콜라주의적 문법을 도입한 존 플레처(John Fletcher)를 아퀴나스의 은총-본성 이해와 관련시키는 검토라든지, 경험적 통찰을 가지고 아퀴나스의 사변적 신학 방법을 보완한 십자가의 성 요한(St. John of the Cross)을 웨슬리의 실용적, 실천적 신학에 연결시키는 검토를 생각해 볼 수 있다.[3]

---

2   Edgardo A. Colón-Emeric, *Wesley, Aquinas, and Christian Perfection An Ecumenical Dialogue* (Waco, Tex.: Baylor University Press, 2009), 185–98.

3   두 번째 예시와 관련된 유용한 출처는 Réginald Marie Garrigou-Lagrange, *Perfection chrétienne et contemplation selon S. Thomas d'Aquin et S. Jean de la Croix* (Saint-Maximin, éd. de La Vie Spirituelle [1923]; ET: *Christian Perfection and Contemplation, According to St. Thomas Aquinas and St. John of the Cross*, trans. Sr. M. Timothea Doyle [St. Louis: Herder, 1937])이다. 여기서 레지날드 개리구 라그랑쥬(Réginald Marie Garrigou-Lagrange)는 개념적으로 정교한 아퀴나스의 저

넷째, 두 전통의 신학자들은 아퀴나스와 웨슬리에 대한 공동 연구의 기초로 주제적 접근을 취할 수 있으며, 스타일이나 내용에서 이들 사이의 유사점과 차이점에 주의를 기울일 수 있다. 이 네 번째 방법은 다른 방법과 마찬가지로 가톨릭 신학과 감리교 신학의 발전에 기여할 수 있는 잠재력을 개발할 수 있으며, 이와 관련하여 주목할 만한 연구 중 하나는 두 전통 사이에서 이미 시도된 성례전신학이다. 그러나 성례전에 대한 비교-신학적 연구가 현재 두 전통 사이에서 완전히 수렴된 것은 아니다.[4]

실제로, 아퀴나스와 웨슬리 그리고 그들의 신학적 상속자들의 성사적 현존과 실천에 대한 비교 연구는 아직 미완의 과제로 남아 있다.

다섯째, 가능한 방법은 아퀴나스와 웨슬리 신학에 대한 공동 연구를 에큐메니컬 대화 및 그러한 대화의 수용/발전에 의도적으로 연관시키는 것이다. 그 대표적인 예가 칭의론인데, 이는 최근 가톨릭-루터교 세계 연맹과 함께 감리교 연합이 발표한 "칭의 교리에 관한 공동 선언문"(the Joint Declaration on the Doctrine of Justification)의 결과로 수렴되고 있다. 아퀴나스와 웨슬리의 칭의에 대한 이해를 분석하는 일은 이미 수렴된 저 에큐메니컬 선언문을 통해 그 토대를 마련할 수 있다.

그러나 그 분석이 지닌 참된 의의는 이 중요한 교리에 대해 두 전통이 이미 도달한 수렴의 정도를 보다 심화할 수 있다는 것에 있다. 따라서 지금은 전문 신학자들 사이에서 거의 주목을 받지 못하고 있지만 이러한 방식으로 칭의에 대한 아퀴나스와 웨슬리의 견해를 분석하는 것은 기독교의

술과 십자가의 성 요한의 경험적 저술을 종합하고, 또 그렇게 함으로써 영적 삶에 대한 신학적으로 풍부한 설명을 제공한다. 현재 이 설명은 여러 면에서 감리교인들과 웨슬리안들의 공감을 불러일으키고 있다.

4 성찬례의 시간적 삼중구조에 대한 필자의 논문을 보라. 이 논문에서 필자는 웨슬리의 Hymns on the Lord's Supper가 성찬을 기념적, 실증적, 예후적 표지로 가르치고 있는 아퀴나스의 사상과 일치할 수 있음을 논증하였다 ("Memorial, Means, and Pledge: Eucharist and Time in the Wesleys' Hymns on the Lord's Supper," *Proceedings of the Charles Wesley Society* 11 [2006-2007]: 87-106). 또한, 아퀴나스와 웨슬리의 성찬신학을 직접적으로 비교하는 연구는 Stephen B. Sours, "Eucharist and Anthropology: Seeking Convergence on Eucharistic Sacrifice between Catholics and Methodists" (Ph.D. thesis, Duke University, 2010)를 보라.

가시적 일치를 위해 가톨릭교회와 감리교회 모두를 중재하시는 예수 그리스도가 대제사장적 기도에 부응하는 것이다(요 17:20-23). 다시 말해서 에큐메니즘의 부흥을 견인할 마지막 방법은 학문적 신학을 에큐메니컬 신학과 보다 명확하게 연결 짓는 것이다.

　이 다섯 가지 방법은 역사적이고, 구성적이다. 그리고 무엇보다 에큐메니컬적이다. 가톨릭과 감리교 및 기타 이해 당사자들은 이 방법에서 아퀴나스의 정신과 웨슬리의 정신이 사실상 동일한 영, 곧 공통의 신성한 근원인 성령 안에 있음을 발견하게 될 것이다. 그리고 그들이 함께 나아가야 할 길의 의미를 깨닫게 될 것이다.

참고 문헌

Primary Sources for Thomas Aquinas

Aquinas, Thomas. *The Aquinas Prayer Book: The Prayers and Hymns of St. Thomas Aquinas*. Translated and edited by Robert Anderson and Johann Moser. Manchester, N.H.: Sophia Institute Press, 2000.

_____. *Commentaire de L'Épître aux Romains*. Translated by Jean-Éric Stroobant de Saint-Éloy, OSB. Paris: Les Éditions du Cerf, 1999.

_____. *Compendium theologiae*. Vol. 42, Opera omnia, Leonine edition, Cura et studio fratrum praedicatorum. Rome and Paris: 1882–present.

_____. *De caritate. ET: On Charity*. Translated with an introduction by Lottie H. Kendzierski. Milwaukee: Marquette University Press, 1960.

_____. *Emitte Spiritum*. Translated by Jeremy Holmes and Peter Kwasniewski. Faith and Reason 30, nos. 1–2 (2005): 108–39.

_____. *Expositio et lectura super epistolas Pauli apostoli*. Edited by R. Cai. Rome: Marietti, 1953.

_____. *In duo praecepta caritatis et in decem legis praecepta*, expositio. Vol. 16, Opera omnia. Parma: Typis Petri Fiaccadori, 1865.

_____. *Liber de veritate catholicae fidei contra errores infidelium seu Summa contra Gentiles*, t.2–3. Edited by P. Marc, C. Pera, P. Caramello. Marietti: TauriniRomae, 1961.

_____. *Quaestiones disputatae*. Rome: Marietti, 1965.

_____. *Sancti Thomas de Aquino opera omnia iussu Leonis XIII P.M. edita*. Rome: Typographiapolyglotta, 1882ff.

_____. *Scriptum super Sententiis magistri Petri Lombardi, t. 1*. Edited by P. Mandonnet. Paris: P. Lethielleux, 1929.

_____. *Summa contra Gentiles*. Translated by A. C. Pegis, et al. Notre Dame, Ind.: University of Notre Dame Press, 1975.

_____. *Summa Theologiae*. Matriti: Biblioteca de Autores Cristianos, 1961–1965.

_____. *Summa Theologiae*. Vol. 7: Father, Son and Holy Ghost (1a. 33–43). Translated and notes by T. C. O'Brien. London: Blackfriars, 1976.

_____. *The Summa Theologica of St. Thomas Aquinas*. Translated by Fathers of the English Dominican Province. Allen, Tex.: Christian Classics, 1948.

_____. *Super Evangelium Sancti Ioannis Lectura*. Edited by R. Cai, OP. Turin: Marietti, 1952. ET: Commentary on the Gospel of St. John. Translated by Fabian R. Larcher, OP. Albany: Magi Books, 1998.

Primary Sources for John and Charles Wesley

Wesley, Charles. *Hymns on the Trinity*. Bristol: Pine, 1767; facsimile reprint, Madison, N.J.: Charles Wesley Society, 1998.

Wesley, Charles, and John Wesley. *Hymns and Sacred Poems*. London: Strahan, 1740. http://www.divinity.duke.edu/wesleyan/docs/jwmoderncollections/ 05_Hymns_and_Sacred_Poems_(1740)_mod.pdf. Accessed March 1, 2010.

_____. *Hymns on the Lord's Supper*. Bristol: Felix Farley, 1745; facsimile reprint, Madison, N.J.: Charles Wesley Society, 1995.

Wesley, John. *Explanatory Notes Upon the New Testament*. London: William Bowyer, 1755; reprint edition, London: Epworth Press, 1954.

_____. *The Letters of John Wesley*. Edited by John Telford. 8 vols. London: Epworth Press, 1931.

_____. *A Plain Account of Christian Perfectionas Believed and Taught by the Reverend Mr. John Wesley, From the Year 1725, to the Year 1777*. Bristol, 1777; reprint edition, London: Epworth Press, 1952.

_____. *The Works of John Wesley*. Edited by Thomas Jackson. 14 vols. Grand Rapids: Zondervan, 1958–1959.

_____. *The Works of John Wesley*. Edited by Albert C. Outler, et al. 35 vols. Nashville: Abingdon Press, 1984ff.

Other Sources

Abraham, William J. "Christian Perfection." In William J. Abraham and James E. Kirby, eds., *The Oxford Handbook of Methodist Studies*. Oxford: Oxford University Press, 2009, 587–601.

Albin, Thomas R. "Experience of God." In William J. Abraham and James E. Kirby, eds., *The Oxford Handbook of Methodist Studies*. Oxford: Oxford University Press, 2009, 379-97.

The Apostolic Tradition. *Report of the Joint Commission for Dialogue between the World Methodist Council and the Roman Catholic Church*. Lake Junaluska, N.C.: World Methodist Council, 1991.

Arnett, William M. "The Role of the Holy Spirit in Entire Sanctification in the Writings of John Wesley." *Wesleyan Theological Journal* 14 no. 2 (1979): 15-30.

Augustine. De Trinitate libri XV, Cura et studio W. J. Mountain, auxiliante Fr. Glorie, Corpus Christianorum Series Latina. Vol. LA, Aurelli Augustini Opera, Pars XVI, 2. Turnholti: Typographi Brepols Editores Pontificii, 1968. ET: The Trinity. Translated by Edmund Hill, OP. Hyde Park, N.Y.: New City Press, 1991.

Badcock, Gary D. *Light of Truth and Fire of Love: A Theology of the Holy Spirit*. Grand Rapids: Eerdmans, 1997.

Baker, Frank. "John Wesley and Practical Divinity." *Wesleyan Theological Journal* 22 no. 1 (1987): 7-15.

Bourassa, François. "Adoptive Sonship: Our Union with the Divine Persons." *Theological Studies* 13 (1952): 309-35.

_____. "Dans la communion de l'Esprit Saint: Étude théologique I." *Science et Esprit* 34 (1982): 31-56.

_____. "Dans la communion de l'Esprit Saint: Étude théologique II." *Science et Esprit* 34 (1982): 135-49.

_____. "Dans la communion de l'Esprit Saint: Étude théologique III." *Science et Esprit* 34 (1982): 239-68.

_____. "L'Esprit Saint, 'Communion' du Père et du Fils (I)." *Science et Esprit* 29 (1977): 251-81.

_____. "L'Esprit Saint, 'Communion' du Père et du Fils (II)." *Science et Esprit* 30 (1978): 5-37.

_____. *Questions de théologie trinitaire*. Rome: Presses de l'Université Grégorienne, 1970.

_____. "Le Saint-Esprit unité d'amour du Père et du Fils." *Sciences ecclésiastiques* 14 (1962): 375-415.

_____. "Sur la propriété de l'Esprit, Questions disputées (I)." *Science et Esprit* 28 (1976): 243-64.

_____. "Sur la propriété de l'Esprit, Questions disputées (II)." *Science et Esprit* 29 (1977): 23-43.

Boyle, John F. "The Ordering of Trinitarian Teaching in Thomas Aquinas' Second Commentary on Lombard's Sentences." In E. Manning, ed., Thomistica. *Recherches de Théologie ancienne et médiévale*, Supplementa 1. Leuven: Peeters, 1995, 125–36.

Boyle, Leonard E. "Alia lectura fratris Thome." *Mediaeval Studies* 45 (1983): 418–29.

Butler, David. *Methodists and Papists: John Wesley and the Catholic Church in the Eighteenth Century*. London: Darton, Longman & Todd, 1995.

Browne, Peter. *Limits of Human Understanding*. London: William Innys, 1728.

Burgess, Stanley M. *The Holy Spirit: Medieval Roman Catholic and Reformation Traditions*. Peabody, Mass.: Hendrickson, 1997.

Campbell, Ted A. *John Wesley and Christian Antiquity: Religious Vision and Cultural Change*. Nashville: Kingswood Books, 1991.

Carter, David. "The Grace Given You in Christ: Some Reflections." *Ecumenical Trends* 36, no. 2 (February 2007): 6–12.

_____. "Spiritual Ecumenism in the Wesleyan Tradition." *Ecumenical Trends* 37, no. 4 (April 2008): 1–4. Catechism of the Catholic Church. New York: Image Books, 1995.

Cell, George Croft. *The Rediscovery of John Wesley*. New York: Henry Holt, 1935; reprint, Lanham, Md.: University Press of America, 1983.

Chapman, David M. "Forty Years On: Catholic-Methodist Dialogue, 1967–2007." *Ecumenical Trends* 36, no. 3 (March 2007): 5–10, 15.

_____. *In Search of the Catholic Spirit: Methodists and Roman Catholics in Dialogue*. Peterborough, U.K.: Epworth Press, 2004.

_____. "Methodism and the Future of Ecumenism." In William J. Abraham and James E. Kirby, eds., *The Oxford Handbook of Methodist Studies*. Oxford: Oxford University Press, 2009, 449–67.

Clapper, Gregory S. *John Wesley on Religious Affections: His Views on Experience and Emotion and Their Role in the Christian Life and Theology*. Metuchen, N.J.: Scarecrow Press, 1989.

Collins, Kenneth J. "Assurance." In William J. Abraham and James E. Kirby, eds., *The Oxford Handbook of Methodist Studies*. Oxford: Oxford University Press, 2009, 602–17.

_____. "The State of Wesley Studies in North America: A Theological Journey." *Wesleyan Theological Journal* 44 no. 2 (2009): 7–38.

_____. *The Theology of John Wesley: Holy Love and the Shape of Grace*. Nashville: Abingdon Press, 2007.

Colón-Emeric, Edgardo A. *Wesley, Aquinas, and Christian Perfection: An Ecumenical Dia-*

logue. Waco, Tex.: Baylor University Press, 2009.

Colyer, Elmer M. "Trinity." In William J. Abraham and James E. Kirby, eds., *The Oxford Handbook of Methodist Studies*. Oxford: Oxford University Press, 2009, 505–21.

Congar, Yves. *I Believe in the Holy Spirit*. Vol. 1. Translated by David Smith. New York: The Seabury Press, 1983.

Coppedge, Allan. *John Wesley in Theological Debate*. Wilmore, Ky.: Wesley Heritage Press, 1988.

Crow, Earl P. "John Wesley's Conflict with Antinomianism in Relation to the Moravians and Calvinists." Ph.D. diss., The University of Manchester, England, 1964.

Cubie, David L. "Wesley's Theology of Love." *Wesleyan Theological Journal* 20 no. 1 (1985): 122–54.

Dabney, D. Lyle. "Pneumatology in the Methodist Tradition." In William J. Abraham and James E. Kirby, eds., *The Oxford Handbook of Methodist Studies*. Oxford: Oxford University Press, 2009, 573–86.

Deschner, John. *Wesley's Christology: An Interpretation*. 2nd ed. Grand Rapids: Zondervan, 1988.

Dondaine, H. F. "'Alia lectura fratris Thome'? (Super I Sent.)." *Mediaeval Studies* 42 (1980): 308–36.

_____. "Saint Thomas et la Procession du Saint-Esprit." *In Saint Thomas D'Aquin, Somme Théologique, La Trinité, I*. Paris: Desclée & Cie, 1962, 387–409.

Emery, Gilles, OP. "Biblical Exegesis and the Speculative Doctrine of the Trinity in St. Thomas Aquinas' Commentary on St. John." In Michael Dauphinais and Matthew Levering, eds., *Reading John with St. Thomas Aquinas: Theological Exegesis and Speculative Theology*. Washington, D.C.: The Catholic University of America Press, 2005, 23–61.

_____. "The Doctrine of the Trinity in St Thomas Aquinas." In Thomas Weinandy, Daniel Keating, and John Yocum, eds., *Aquinas on Doctrine: A Critical Introduction*. London: T&T Clark, 2004, 45–65.

_____. "Trinitarian Theology as Spiritual Exercise in Augustine and Aquinas." In Michael Dauphinais, Barry David, and Matthew Levering, eds., *Aquinas the Augustinian*. Washington, D.C.: The Catholic University of America Press, 2007, 1–40.

_____. *The Trinitarian Theology of Saint Thomas Aquinas*. Translated by Francesca Aran Murphy. Oxford: Oxford University Press, 2007.

_____. "Trinity and Creation." In Rik Van Nieuwenhove and Joseph Wawrykow, eds., *The Theology of Thomas Aquinas*. Notre Dame, Ind.: University of Notre Dame Press,

2005, 58–76.

_____. *Trinity, Church, and the Human Person: Thomistic Essays. Faith and Reason*. Studies in Catholic Theology and Philosophy. Naples, Fla.: Sapientia Press, 2007.

_____. Trinity in Aquinas. Ann Arbor, Mich.: Sapientia Press, 2003.

_____. *Encountering Christ the Savior: Church and Sacraments. Report of the Joint Commission for Dialogue between the Roman Catholic Church and the World Methodist Council*. Lake Junaluska, N.C.: World Methodist Council, 2011.

Fuchs, Lorelei F. *Koinonia and the Quest for an Ecumenical Ecclesiology: From Foundations through Dialogue to Symbolic Competence for Communionality*. Grand Rapids: Eerdmans, 2008.

_____. *The Grace Given You in Christ: Catholics and Methodists Reflect Further on the Church. Report of the International Commission for Dialogue between the World Methodist Council and the Roman Catholic Church*. Lake Junaluska, N.C.: World Methodist Council, 2006.

_____. *Growth in Agreement. Report of the Joint Commission for Dialogue between the World Methodist Council and the Roman Catholic Church*. Lake Junaluska, N.C.: World Methodist Council, 1971.

_____. *Growth in Understanding. Report of the Joint Commission for Dialogue between the World Methodist Council and the Roman Catholic Church*. Lake Junaluska, N.C.: World Methodist Council, 1976.

Hammond, Geordan and Peter S. Forsaith, eds. *Religion, Gender, and Industry: Exploring Church and Methodism in a Local Setting*. Eugene, Ore.: Wipf and Stock, 2011.

Haydon, Colin. *Anti-Catholicism in Eighteenth-Century England, c. 1714–80: A Political and Social Study*. Manchester: Manchester University Press, 1993.

Healy, Nicholas M. *Thomas Aquinas: Theologian of the Christian Life*. Burlington, Vt.: Ashgate, 2003.

Heitzenrater, Richard P. "God with Us: Grace and the Spiritual Senses in John Wesley's Theology." In Robert K. Johnston, L. Gregory Jones, and Jonathan R. Wilson, eds., *Grace Upon Grace: Essays in Honor of Thomas A. Langford*. Nashville: Abingdon Press, 1999, 87–109.

_____. Wesley and the People Called Methodists. Nashville: Abingdon Press, 1995.

Hulley, Leonard D. "An Interpretation of John Wesley's Doctrine of Perfect Love." *Theologia Evangelica* 23 (March 1990): 21–29.

Hütter, Reinhard. "The Directedness of Reasoning and the Metaphysics of Creation." In Paul J. Griffiths and Reinhard Hütter, eds., *Reason and the Reasons of Faith*. New

York: T&T Clark, 2005, 160-93.

Jenson, Robert W. *Systematic Theology. Vol. 1: The Triune God.* New York: Oxford University Press, 1997.

_____. "You Wonder Where the Spirit Went." *Pro Ecclesia* 2 no. 3 (Summer 1993): 296-304.

John Paul II. *Ut Unum Sint.* Boston: Pauline Books and Media, 1995.

Johnson, Mark. "'Alia lectura fratris Thome': A List of the New Texts of St Thomas Aquinas found in Lincoln College, Oxford, MS. Lat. 95." *Recherches de Théologie ancienne et médiévale* 57 (1990): 34-61.

_____. *John of St. Thomas, Cursus theologicus. ET: Gifts of the Holy Ghost.* Translated by Dominic Hughes, OP. London: Sheed & Ward, 1951.

Jones, Scott J. *John Wesley's Conception and Use of Scripture.* Nashville: Kingswood Books, 1995.

Jordan, Mark D. "Theology and Philosophy." In Norman Kretzmann and Eleonore Stump, eds., *The Cambridge Companion to Aquinas.* Cambridge: Cambridge University Press, 1993, 232-51.

Keaty, Anthony. "The Holy Spirit as Love: A Study in the Pneumatology of Thomas Aquinas." Ph.D. diss., University of Notre Dame, 1997.

_____. "The Holy Spirit Proceeding as Mutual Love: An Interpretation of Aquinas' Summa Theologiae, I.37." *Angelicum* 77 (2000): 533-57.

Krapiec, Albertus. "Inquisitio circa Divi Thomae doctrinam de Spiritu Sancto prout amore." *Divus Thomas* 27 (1950): 474-95.

Kwasniewski, Peter. "Aquinas's Sermon for the Feast of Pentecost: A Rare Glimpse of Thomas the Preaching Friar." *Faith and Reason* 30, nos. 1-2 (2005): 99-107.

Langford, Thomas A. "John Wesley's Doctrine of Sanctification." *Bulletin of the United Church of Canada Committee on Archives and History* 29 (1980-1982): 63-73.

_____. *Practical Divinity: Theology in the Wesleyan Tradition.* 2 vols. Nashville: Abingdon Press, 1998.

Lee, Hoo-Jung. "Experiencing the Spirit in Wesley and Macarius." In Randy L. Maddox, ed., *Rethinking Wesley's Theology for Contemporary Methodism.* Nashville: Kingswood Books, 1998, 197-212.

Lessman, Thomas. *Rolle und Bedeutung des Heiligen Geistes in der Theologie John Wesleys.* Stuttgart: Christliches Verlagshaus, 1987.

Lindström, Harald. *Wesley and Sanctification: A Study in the Doctrine of Salvation.* Stockholm: Nya Bokförlags Aktiebolaget, 1946.

Lonergan, Bernard. *Grace and Freedom: Operative Grace in the Thought of St. Thomas Aquinas*. Toronto: University of Toronto Press, 2000.

Long, D. Stephen. *John Wesley's Moral Theology: The Quest for God and Goodness*. Nashville: Kingswood Books, 2005.

Loyer, Kenneth M. "'And to Crown All': John Wesley on Union with God in the New Creation." *Methodist Review* 1 (2009): 109–25.

_____. "Memorial, Means, and Pledge: Eucharist and Time in the Wesleys' Hymns on the Lord's Supper." *Proceedings of The Charles Wesley Society* 11 (2006-2007): 87–106.

_____. "Progress and Possibility: Ecumenism at the 2006 World Methodist Conference." *Ecumenical Trends* 35, no. 9 (October 2006): 9–14.

Luby, Daniel. *The Perceptibility of Grace in the Theology of John Wesley: A Roman Catholic Consideration*. Rome: Pontifical University of St. Thomas, 1994.

Maddox, Randy L. *Responsible Grace: John Wesley's Practical Theology*. Nashville: Kingswood Books, 1994.

Malet, Antoni. *Personne et amour dans la théologie trinitaire de Saint Thomas d'Aquin*. Paris: J. Vrin, 1956.

Mansini, G. "Similitudo, Communicatio, and the Friendship of Charity in Aquinas." In E. Manning, ed., Thomistica. Recherches de Théologie ancienne et médiévale, *Supplementa* 1. Leuven: Peeters, 1995, 1–26.

Maritain, Jacques. *Distinguer pour unir, ou les degrés du savoir*. 5th ed. Paris: Descle'e, de Brouwer et cie, 1948. ET: The Degrees of Knowledge. Translated by Gerald Phelan. Vol. 7 in Ralph McInerny, ed., The Collected Works of Jacques Maritain. Notre Dame, Ind.: University of Notre Dame Press, 2002.

Marshall, Bruce D. "Aquinas the Augustinian: On the Uses of Augustine in Aquinas' Trinitarian Theology." In Michael Dauphinais, Barry David, and Matthew Levering, eds., *Aquinas the Augustinian*. Washington, D.C.: The Catholic University of America Press, 2007, 41–61.

_____. "Quod Scit Una Uetela: Aquinas on the Nature of Theology." In Rik Van Nieuwenhove and Joseph Wawrykow, eds., *The Theology of Thomas Aquinas*. Notre Dame, Ind.: University of Notre Dame Press, 2005, 1–35.

_____. "What Does the Spirit Have to Do?" In Michael Dauphinais and Matthew Levering, eds., *Reading John with St. Thomas Aquinas: Theological Exegesis and Speculative Theology*. Washington, D.C.: The Catholic University of America Press, 2005, 62–77.

Matthews, Rex D. "'Religion and Reason Joined': A Study in the Theology of John Wesley." Th.D. diss., Harvard University, 1986.

McCormick, K. Steve. "Theosis in Chrysostom and Wesley: An Eastern Paradigm on Faith and Love." *Wesleyan Theological Journal* 26, no. 1 (1991): 38–103.

Mealey, Mark. "Taste and See That the Lord is Good: John Wesley in the Christian Tradition of Spiritual Sensation." Ph.D. diss., University of St. Michael's College, Toronto, 2006.

Meeks, M. Douglas, ed. *Trinity, Community, and Power: Mapping Trajectories in Wesleyan Theology*. Nashville: Kingswood Books, 2000.

_____. ed. *What Should Methodists Teach? Wesleyan Tradition and Modern Diversity*. Nashville: Kingswood Books, 1990.

Merriell, D. Juvenal, CO. *To the Image of the Trinity: A Study in the Development of Aquinas' Teaching*. Toronto: Pontifical Institute of Mediaeval Studies, Toronto, 1990.

_____. "Trinitarian Anthropology." In Rik Van Nieuwenhove and Joseph Wawrykow, eds., *The Theology of Thomas Aquinas*. Notre Dame, Ind.: University of Notre Dame Press, 2005, 123–42.

Miles, Rebekah L. "Happiness, Holiness, and the Moral Life." In Randy L. Maddox and Jason E. Vickers, eds., *The Cambridge Companion to John Wesley*. Cambridge: Cambridge University Press, 2010, 207–24.

Moore, D. Marselle. "Development in Wesley's Thought on Sanctification and Perfection." *Wesleyan Theological Journal* 20, no. 2 (1985): 29–53.

Mühlen, Heribert. *Der Heilige Geist als Person: In der Trinität, bei der Inkarnation und im Gnadenbund: Ich-Du-Wir*. Münster: Aschendorff, 1988.

Nicolas, M.-J. "Théologie dogmatique." *Revue Thomiste* 47 (1947): 137–58.

Nygren, Anders. *Agape and Eros*. Translated by Philip S. Watson. Philadelphia: Westminster Press, 1953.

Oord, Thomas Jay and Michael Lodahl. *Relational Holiness: Responding to the Call of Love*. Kansas City, Mo.: Beacon Hill Press, 2005.

Orcibal, Jean. "The Theological Originality of John Wesley and Continental Spirituality." In R. E. Davies and E. G. Rupp, eds., *A History of the Methodist Church in Great Britain*. Vol. 1. London: Epworth Press, 1965, 83–111.

Osborne, Catherine. "The nexus amoris in Augustine's Trinity." *Studia Patristica* 22 (1987): 309–14.

Outler, Albert C. "A Focus on the Holy Spirit: Spirit and Spirituality in John Wesley." *Quarterly Review* 8 no. 2 (1988): 3–18.

_____. "A New Future for 'Wesley Studies': An Agenda for 'Phase III.'" In M. Douglas

Meeks, ed., *The Future of the Methodist Theological Traditions*. Nashville: Abingdon, 1985, 34–52; reprint: 1991, 126–42.

_____. ed. and "Introduction." *In John Wesley*. New York: Oxford University Press, 1964.

_____. "John Wesley: Folk Theologian." *Theology Today* 34 (1977): 150–60; reprint, 1991, 56–74.

_____. *The Wesleyan Theological Heritage: Essays of Albert C. Outler*. Edited by Thomas C. Oden and Leicester R. Longden. Grand Rapids: Zondervan, 1991.

Owens, Joseph, CSsR. "Aristotle and Aquinas." In Norman Kretzmann and Eleonore Stump, eds., *The Cambridge Companion to Aquinas*. Cambridge: Cambridge University Press, 1993, 38–59.

Pelikan, Jaroslav. "The Doctrine of Filioque in Thomas Aquinas and its Patristic Antecedents: An Analysis of Summa Theologiae, Part I, Question 36." In Armand A Maurer, ed., St. Thomas Aquinas, 1274–1974: *Commemorative Studies*. Vol. 1. Toronto: Pontifical Institute of Mediaeval Studies, 1974, 315–36.

Penido, Maurílio T.-L. "A propos de la procession d'amour en Dieu." *Ephemerides theologicae lovanienses* 15 (1938): 338–44.

_____. "Gloses sur la procession d'amour dans la Trinité." *Ephemerides theologicae lovanienses* 14 (1937): 33–68.

Pesch, Otto H. "Existential and Sapiential Theology—The Theological Confrontation between Luther and Aquinas." In Jared Wicks, ed., *Catholic Scholars Dialogue with Luther*. Chicago: Loyola University Press, 1970, 61–81.

_____. *Die Theologie der Rechtfertigung bei Marin Luther und Thomas von Aquin*. Mainz: Matthias Grünewald, 1967.

Pinnock, Clark. Flame of Love: A Theology of the Holy Spirit. Downers Grove, Ill.: InterVarsity Press, 1996.

Porter, Jean. "Right Reason and the Love of God: The Parameters of Aquinas' Moral Theology." In Rik Van Nieuwenhove and Joseph Wawrykow, eds., *The Theology of Thomas Aquinas*. Notre Dame, Ind.: University of Notre Dame Press, 2005, 167–91.

Powell, Samuel M. "A Trinitarian Alternative to Process Theism." In Bryan P. Stone and Thomas Jay Oord, eds., *Thy Nature and Thy Name is Love: Wesleyan and Process Theologies in Dialogue*. Nashville: Kingswood Books, 2001, 143–67.

Puglisi, James F. "A Catholic View of Methodist-Catholic Dialogue." *Ecclesiology* 2 no. 3 (2006): 268–83.

Quantrille, Wilma J. "Introduction." *In Charles Wesley, Hymns on the Trinity*. Facsimile reprint. Madison, N.J.: The Charles Wesley Society, 1998, vii–xiii.

_____. "The Triune God in the Hymns of Charles Wesley." Ph.D. diss., Drew University, 1989.

Rack, Henry D. "Early Methodist Visions of the Trinity." *Proceedings of the Wesley Historical Society* 46 (1987-88): 65-69.

_____. *Reasonable Enthusiast: John Wesley and the Rise of Methodism*. Nashville: Abingdon Press, 1993.

Rattenbury, J. Ernest. *The Eucharistic Hymns of John and Charles Wesley*. London: Epworth Press, 1948.

_____. *The Evangelical Doctrines of Charles Wesley's Hymns*. London: Epworth Press, 1941.

Rieger, Joerg. *Christ & Empire: From Paul to Postcolonial Times*. Minneapolis: Fortress Press, 2007.

_____. with John L. Vincent, eds. *Methodist and Radical: Rejuvenating a Tradition*. Nashville: Kingswood Books, 2003.

Rigl, Thomas. *Die Gnade wirken lassen: Methodistische Soteriologie im ökumenischen Dialog*. Paderborn: Bonifatius, 2001.

Rikhof, Herwi. "Trinity." In Rik Van Nieuwenhove and Joseph Wawrykow, eds., *The Theology of Thomas Aquinas*. Notre Dame, Ind.: University of Notre Dame Press, 2005, 36-57.

Rogers, Eugene F., Jr. *After the Spirit: A Constructive Pneumatology from Resources Outside the Modern West*. Grand Rapids: Eerdmans, 2005.

Root, Michael. "The Indwelling Spirit and the Agency of the Church: A Lutheran Perspective on the Catholic-Methodist International Dialogue." *Ecclesiology* 2, no. 3 (2006): 307-23.

Rousselot, Pierre. *Pour l'histoire du problème de l'amour au Moyen Age*. Münster: Aschendorff, 1908. ET: The Problem of Love in the Middle Ages: A Historical Contribution. Edited by A. Vincelette and P. Vandevelde. Marquette Studies in Philosophy, 24. Collected Philosophical Works of Pierre Rousselot, 2. Milwaukee: Marquette University Press, 2001.

Runyon, Theodore. *The New Creation: John Wesley's Theology Today*. Nashville: Abingdon Press, 1998.

Schlimm, Matthew R. "The Puzzle of Perfection: Growth in John Wesley's Doctrine of Perfection." *Wesleyan Theological Journal* 38, no. 2 (2003): 124-42.

Schockenhoff, Eberhard. "The Theological Virtue of Charity (IIa IIae, qq. 23- 46)." Translated by Grant Kaplan and Frederick G. Lawrence. In Stephen J. Pope, ed., *The Ethics of Aquinas*. Washington, D.C.: Georgetown University Press, 2002, 244-58.

Schütz, Christian. "Die Heilige Geist—Liebe in Person." *Internationale katholische*

Zeitschrift "Communio" 34 (2005): 333–40.

Sherwin, Michael, OP. "Aquinas, Augustine, and the Medieval Scholastic Crisis Concerning Charity." In Michael Dauphinais, Barry David, and Matthew Levering, eds., *Aquinas the Augustinian*. Washington, D.C.: The Catholic University of America Press, 2007, 181–204.

_____. *By Knowledge and By Love: Charity and Knowledge in the Moral Theology of St. Thomas Aquinas*. Washington, D.C.: The Catholic University of America Press, 2005.

Shults, F. LeRon and Andrea Hollingsworth. *The Holy Spirit*. Grand Rapids: Eerdmans, 2008.

Smith, Timothy L. *Thomas Aquinas' Trinitarian Theology: A Study in Theological Method*. Washington, D.C.: The Catholic University of America Press, 2002.

_____. *Speaking the Truth in Love: Teaching Authority among Catholics and Methodists. Report of the Joint Commission for Dialogue between the World Methodist Council and the Roman Catholic Church*. Lake Junaluska, N.C.: World Methodist Council, 2001.

Starkey, Lycurgus M., Jr. *The Work of the Holy Spirit: A Study in Wesleyan Theology*. Nashville: Abingdon Press, 1962.

Stevick, Daniel B. *The Altar's Fire: Charles Wesley's Hymns on the Lord's Supper*, 1745. Peterborough, U.K.: Epworth Press, 2004. Suchocki, Marjorie. "Wesleyan Grace." In William J. Abraham and James E. Kirby, eds., The Oxford Handbook of Methodist Studies. Oxford: Oxford University Press, 2009, 540–53.

Thompson, Andrew. "From Societies to Society: The Shift from Holiness to Justice in the Wesleyan Tradition." *Methodist Review* 3 (2011): 141–72.

Tillard, J. M. R. "Commentary on 'Towards a Statement on the Church.'" *One in Christ* 22 (1986): 259–66.

Todd, John Murray. *John Wesley and the Catholic Church*. London: Hoddard & Stoughton, 1958.

Torrell, Jean-Pierre Torrell, OP. *Aquinas's Summa: Background, Structure, and Reception*. Translated by B. M. Guevin. Washington, D.C.: The Catholic University of America Press, 2005.

_____. *Saint Thomas Aquinas*. Vol. 1: The Person and His Work. Revised edition. Translated by Robert Royal. Washington, D.C.: The Catholic University of America Press, 2005.

_____. *Saint Thomas Aquinas*. Vol. 2: Spiritual Master. Translated by Robert Royal.

Washington, D.C.: The Catholic University of America Press, 2003.

———. *Towards an Agreed Statement on the Holy Spirit. Report of the Joint Commission for Dialogue between the World Methodist Council and the Roman Catholic Church*. Lake Junaluska, N.C.: World Methodist Council, 1981.

———. *Towards a Statement on the Church. Report of the Joint Commission for Dialogue between the World Methodist Council and the Roman Catholic Church*. Lake Junaluska, N.C.: World Methodist Council, 1986.

Tuttle, Robert Gregory, Jr. *Mysticism in the Wesleyan Tradition*. Grand Rapids: Zondervan, 1989. Unitatis Redintegratio. http://www.vatican.va/archive/hist_councils/ii_vatican_council/documents/vat-ii_decree_19641121_unitatis-redintegratio_en.html. Accessed March 12, 2010.

———. *The United Methodist Hymnal*. Nashville: United Methodist Publishing House, 1989.

Vanier, Paul. *Théologie trinitaire chez Saint Thomas D'Aquin: évolution du concept d'action notionnelle*. Montreal: Institut d'Études Médiévales, 1953.

Van Nieuwenhove, Rik. "'Bearing the Marks of Christ's Passion': Aquinas' Soteriology." In Rik Van Nieuwenhove and Joseph Wawrykow, eds., *The Theology of Thomas Aquinas*. Notre Dame, Ind.: University of Notre Dame Press, 2005, 277–302.

Vickers, Jason E. "Albert Outler and the Future of Wesleyan Theology: Retrospect and Prospect." *Wesleyan Theological Journal* 43, no. 2 (2008): 56–67.

———. "Christology." In William J. Abraham and James E. Kirby, eds., *The Oxford Handbook of Methodist Studies*. Oxford: Oxford University Press, 2009, 554–72.

———. *Wesley: A Guide for the Perplexed*. London: T&T Clark, 2009. Wainwright, Geoffrey. Doxology: The Praise of God in Worship, Doctrine and Life. New York: Oxford University Press, 1984.

———. "Introduction." *In Hymns on the Lord's Supper*. Madison, N.J.: Charles Wesley Society, v–xiv.

———. *Is the Reformation Over? Catholics and Protestants at the Turn of the Milennia*. Milwaukee: Marquette University Press, 2000.

———. "Methodists and Roman Catholics: Bilateral Dialogue in a Multilateral Context." *Ecclesiology* 2, no. 3 (2006): 285–305.

———. *Methodists in Dialog*. Nashville: Kingswood Books, 1995.

———. "The Sacraments in Wesleyan Perspective." *Doxology* 5 (1988): 5–20.

———. "Trinitarian Theology and Wesleyan Holiness." In S T Kimbrough Jr., ed., *Orthodox and Wesleyan Spirituality*. Crestwood, N.Y.: St. Vladimir's Seminary Press,

2002, 59-80.

_____. "Wesley's Trinitarian Hermeneutic." *Wesleyan Theological Journal* 36, no. 1 (2001): 7-30.

Walsh, Liam G., OP. "Sacraments." In Rik Van Nieuwenhove and Joseph Wawrykow, eds., *The Theology of Thomas Aquinas*. Notre Dame, Ind.: University of Notre Dame Press, 2005, 326-64.

Wawrykow, Joseph P. *God's Grace and Human Action: "Merit" in the Theology of Thomas Aquinas*. Notre Dame, Ind.: University of Notre Dame Press, 1995.

_____. "Grace." In Rik Van Nieuwenhove and Joseph Wawrykow, eds., *The Theology of Thomas Aquinas*. Notre Dame, Ind.: University of Notre Dame Press, 2005, 192-221.

_____. *The Westminster Handbook to Thomas Aquinas*. Louisville, Ky.: Westminster John Knox Press, 2005.

Weissbach, Jürgen. *Der neue Mensch im theologischen Denken John Wesleys*. Stuttgart: Christliches Verlagshaus, 1970.

Williams, A. N. *The Ground of Union: Deification in Aquinas and Palamas*. New York: Oxford University Press, 1999.

Williams, Colin. *John Wesley's Theology Today*. Nashville: Abingdon Press, 1960.

Wood, Charles M. "Methodist Doctrine: An Understanding." *Quarterly Review* 18 (1998): 167-82.

_____. *The Word of Life: A Statement on Revelation and Faith*. Report of the Joint Commission for Dialogue between the World Methodist Council and the Roman Catholic Church. Lake Junaluska, N.C.: World Methodist Council, 1996.

Wynkoop, Mildred Bangs. "Theological Roots of the Wesleyan Understanding of the Holy Spirit." *Wesleyan Theological Journal* 14, no. 1 (1979): 77-98.

_____. *A Theology of Love: The Dynamic of Wesleyanism*. Kansas City, Mo.: Beacon Hill Press, 1972.

Yong, Amos. *Spirit of Love: A Trinitarian Theology of Grace*. Waco, Tex.: Baylor University Press, 2012.